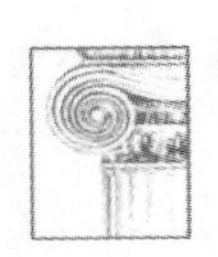

法学名师讲堂

A COURSE IN INSURANCE LAW

保险法新论

（第二版）

黎建飞 /著

图书在版编目(CIP)数据

保险法新论/黎建飞著.—2版.—北京:北京大学出版社,2014.6
(法学名师讲堂)
ISBN 978-7-301-24407-4

Ⅰ.①保… Ⅱ.①黎… Ⅲ.①保险法-中国-高等学校-教材 Ⅳ.①D922.284

中国版本图书馆CIP数据核字(2014)第134516号

书　　名:保险法新论(第二版)
著作责任者:黎建飞　著
责 任 编 辑:邓丽华
标 准 书 号:ISBN 978-7-301-24407-4/D·3604
出 版 发 行:北京大学出版社
地　　址:北京市海淀区成府路205号　100871
网　　址:http://www.pup.cn
新 浪 微 博:@北京大学出版社
电 子 信 箱:law@pup.pku.edu.cn
电　　话:邮购部62752015　发行部62750672　编辑部62752027
出版部62754962
印 刷 者:北京鑫海金澳胶印有限公司
经 销 者:新华书店
730毫米×980毫米　16开本　26.75印张　509千字
2009年9月第1版
2014年6月第2版　2014年6月第1次印刷
定　　价:48.00元

第二版序言

本书初版面世已经有些年头了。此间,我国有了2009年修订的《保险法》,有了最高人民法院2009年《保险法》司法解释一、2013年《保险法》司法解释二,还有了《保险经纪机构监管规定》《保险专业代理机构监管规定》《保险公司股权管理办法》等规范性文件的施行,当然更增加了近年来呈现的最新案例和资料,以及可供保险法学界分享的2012年、2013年的保险行业经营数据。这些,都构成了本书修订再版的理由,也成就了本书修订再版的新意。

作者修订本书时,正在耶鲁大学访问学习。与耶鲁大学同处康州的康涅狄格大学位于该州首府哈特福德市,市内有四十家美国大保险公司的总部,由此被称为美国的"保险业都市"。因此,我前往康大法学院所在地西哈特福德拜访了保险法中心主任帕特丽夏教授。这位全美著名学者在金融服务监管上尤为见长,曾经在美国财政部参与建立了新的消费者金融保护局,在教学中专注金融产品、消费者福利和系统性风险。通过法律、经济和实证的分析透视三者的关系,最早发出了次级贷款危机的警报,并且就此前往美国国会作证。帕特丽夏教授的学术地位奠定在她所出版的三本专业书籍上,尤其是她与凯瑟琳·C.恩格尔合著的、2011年由牛津大学出版的新书《次贷病毒:鲁莽的信用、失灵的监管及其下一步》被认为是第一本提供给政府未能采取行动的全面金融改革立法的书。当她把这本精装书签赠给我时,书中有关"保险公司与监管"的论述使我的修订得以受益。

作为美国保险业发源地的康涅狄格州,在很长时期里都是美国人均收入最高的州。这深刻地反映了经济发展与保险业务的关系,或者说保险业务在经济发展中的作用和意义。我国的保险业务和保险立法都得益于我国经济体制的改革开放,并且伴随着改革开放发展壮大。2009年修订的《保险法》更强调保护投保人、被保险人的合法权益,突出了加强监管和防范风险,对保险业依法合规经营提出了更高的要求。相关的规定具体到保险索赔时,保险公司如果认为需补交有关证明和资料,应当及时一次性通知对方,目的就在于解决保险"投保容易理赔难"的问题。这既是为了满足社会的需求,也是使保险实务更加符合保险的本义。法律是为了社会生活的需要而出现并发挥作用的,同样也受到社会生活本身的制约和影响。尤其像《保险法》这类从商业交往中产生并随之发展变化的法律,遵守商业交往本身的发展轨迹尤为重要。以我国《保险法》体例为例,我国1995年颁布和2002年修订的《保险法》

的体例都是“第二章 保险合同”,“第一节 一般规定”,“第二节 财产保险合同”,“第三节 人身保险合同”。这是保险业务和保险法律产生和发展的自然轨迹,也是相关研究和学术研究的自然逻辑。遵循这一逻辑,无论是立法体例,还是教学科研会显得顺理成章,自然而然。但是,我国2009年修订的《保险法》却把“第二章 保险合同”规定为:“第一节 一般规定”,“第二节 人身保险合同”,“第三节 财产保险合同”。这样的改变可能响应了近年来的热门词汇“以人为本”,或者受到了此前《宪法》的修改或者其他法律制定或者修订在体例上的影响,但却既不符合保险业和保险法产生、发展与变化的自身规律,也给相应的教学和科研带来逻辑上的麻烦。前些年,我国台湾地区保险法学的一位著名学者就此专门向我表达了困惑和不解,也转达了海外学者对此的普遍看法。类似的不合逻辑,还出现在我国《劳动合同法》中。在劳动法范畴内,世界各国对于劳动者解除劳动合同这一行为基本不作规定,或至多规定在雇主解雇及其限定后,因为失去工作对于劳动者而言并非是一项权利,或者至少不是大多数劳动者所需求的权利,相关的立法应当重点关注雇主的解雇权及其限制。我国《劳动合同法》一改《劳动法》中的顺序,把劳动者炒雇主的鱿鱼置为首选。这样的立法体例貌似以劳动者为重,实则并非劳动者需要之重。

写上这些,只是在我国《保险法》及其他法律日趋完善的社会进程中,作一点瑕不掩瑜的标注,以为下一步的我国法律的健全与完善提供参考。

特别感谢我的博士生张振华,把工作与研究密切结合并勤于思考的他使作者和本书都同时受益。

黎建飞

2014年3月

第一版前言

保险是什么？有人说它是“人类文明发展至此最佳之制度”，发挥了人性中“自助助人，人溺己溺；有福同享，有难同当”的高贵情操。也有人把它看成包治百病的灵丹妙药，以至于在法学学术论文中常常出现以“保险”来兜底相关对策的现象。对此，有人不以为然地指出：保险不过是人类社会无可奈何的选择，而且还是人类社会中一项最没有效益的创造。

尽管见仁见智，但“5·12”地震很快就引发出“谁为巨灾损失买单”的保险诘难。面对大量房屋倒塌、灾民痛失亲朋和家园的现实，人们热切期望地震损失由保险公司来赔偿。不仅出门在外，从交通工具到住店游览，无一不需“保险”；就算人在家中，从财产毁损到人身灾病，也能保尽保。

可见，无论毁誉，保险仍然保险地存在并发展着。因为它虽然不能消灭危险，却能消灭或减轻危险的后果；虽然它不能创造财富，却能为遭遇不测的人创造财富创造条件；虽然它不能克制病故，却能救治病痛、慰藉生存；虽然它不能抗住地震，却能为地震后的重建添置砖瓦。

在一定意义上，保险如同“方舟”：海洋的泉源都裂开了，巨大的水柱从地下喷射而出，天上的窗户都敞开了，大雨日夜不停，水迅速上涨，比最高的山巅都要高时，只有方舟载着生的希望。保险也如同“避难所”：日本是建立避难场所较早也是较为完备的国家。20世纪20年代，日本关东大地震中死了相当多的人，其中大部分是被大火烧死的。从那时起，日本政府对突发事件就有了很强的防范意识，并将应急避难写进了法律。20世纪末，日本全国就已基本建立了应急避难所。每当灾难发生，避难所可以为居民提供暂时的应急避难场所，但也只能是提供给居民临时避难之用。灾后家园的重建，依靠的还是保险等其他措施。

保险法是什么？已有数百年历史且至今生存的劳埃社，由爱德华·劳埃德(Edward Lloyd)在伦敦泰晤士河畔开设的咖啡馆起家。咖啡馆中往来皆无闲人，全是海陆贸易商人、船主、航运经纪人、保险商，进而促成英国议会1871年由议院通过了《劳合社法》。商人们通过商会和协会等自律组织，形成交易规则，并把交易规则演变成法律，进而有了1906年英国女王签署并颁布的、成为世界各国保险法范本的“海上保险法”。又或是地中海上罗德岛由船东及商人们起草并公布的被誉为世界保险法起源的罗德《海商法》，都表明了保险法与商业的密不可分，与商人的密切联系：它是为商业经营活动服务的，是由商人们经商需求引发并发展起来的。由于这样的背景，保险法如同其他商法一样，主要体现的是商人的意志和商业的需要。

所以，保险法中的基本原则——“保险利益”、“损失补偿”，都是减法的原则——通过限制保险标的和赔偿金额来减少保险公司的经营风险；保险法中的基本义务——“告知义务”、“通知义务”，都是加法的义务——通过增加投保人的义务来免除保险公司的赔偿责任。以至于在人们的风险意识、保障意识不断加强，越来越多地选择为自己的生命、财产安全购买保险的今天，“投保容易理赔难”几成顽症。车险赔案长期拖而不决、保险公司定损定责不合理；寿险中销售误导、业务员夸大分红型保险产品的收益水平、不讲明退保费用、现金价值和费用扣除等关键要素，等等，严重影响了保险在人们心目中的“形象”。

但是，法律毕竟是法律。法律在本质上的公正与公平不会被或者说至少不会长久地被人为地扭曲。2009 年 2 月 28 日第十一届全国人民代表大会常务委员会第七次会议修订的《中华人民共和国保险法》（以下简称《保险法》）被人们认为“直指理赔难”，修订后的《保险法》更注重对投保人权益的保护。针对保险销售、代理人利用了《保险法》中存在的漏洞，在明知投保人没有如实告知的情况下承保，等保险事故发生后又以投保人未履行如实告知义务为由拒赔的情况，修订后的《保险法》规定已知投保人没有如实告知还把保险产品卖给了投保人的，保险合同有效。针对保险公司以材料不完整为借口拖延理赔的情况，修订后的《保险法》规定投保人索赔时，如果保险公司认为其材料不完整应当“及时一次性书面”通知被保险人补充提供。此外，保险公司在收到索赔申请后（除另有约定外），应当在 30 日内作出核定，并应将核定结果书面通知投保人。如果明确了属于理赔范围，保险公司要在赔付协议达成后 10 天内支付赔款，不属于保险责任的，要在核定之日起 3 天内发出拒赔通知书并说明理由。修订后的《保险法》增加了“不可抗辩”条款，强调“免责条款”必须以保险公司在投保单、保险单或者其他保险凭证上作出“足以引起投保人注意”的提示，并对该条款的内容向投保人作书面或口头说明为前提。

这些修订和变化切合我国实际地平衡了保险法律关系双方当事人的利益，尤其是有效地保证了投保人的合法权益。这是《保险法》的新发展。《保险法》随着保险的发展而发展，并通过矫正保险中的瑕疵保险而促进着保险的发展。这是法律与社会的一般关系，也是保险法律与保险事业发展的客观规律。

本书第一、四编由黎建飞撰写，第二、三编由王卫国撰写。

黎建飞

2009 年 3 月 16 日

目录

CONTENTS

第一编　绪　　论

第二编　保险合同总论

第三编　保险合同分论

第四编　保险业法论

第一编

绪　　论

第一章　保险概述

第一节　保险与危险

保险是以危险的存在为前提的,没有危险就没有保险。保险的基本功能在于消化损失、分散危险。自然灾害和意外事故是造成人们财产损失或人身伤亡危险的主要来源,为将这些危险分散和消化,保险以危险为经营对象,对因危险造成的损失给予补偿。

一、危险概述

(一) 危险的概念

在人类的生产与生活中,危险处处存在,给人们的生产、生活造成严重威胁。危险事故的发生给人们带来伤害和损失,但危险及损失的发生具有不确定性,即危险是客观存在的现象,但危险是否发生是不确定的,损失发生的时间、地点、程度及其承担的主体是不确定的。损失的不确定性是危险固有的内在本质,危险损失的不确定性是其最为显著的特性,也是保险得以存在的理由和原因。

从理论上讲,危险包括主观危险和客观危险。主观危险是指危险是主观的、个人的和心理上的一种观念,是人们主观上的一种认识。客观危险则以危险的客观存在为前提,以对危险事故的观察为基础,以数学和统计观点加以定义,危险可以用客观的尺度来衡量和测算。根据概率论,危险的大小决定于灾害事故发生的概率及其发生后果的严重性。

此外,人们还有相近的一些表述。"危险是自然界客观存在的,人们时时警惕的,足以造成社会财富损毁和影响人们的生活安全的随机现象。"[①]"危险是实际情况与预期结果的偏离。"[②]危险是在一定情况下有关未来结果的客观疑惑;危险应当解释为某种损失的发生是不确定的;等等。这些概念的相近性在于都包含了一个基本内容,即危险是损失的不确定性;危险是灾害或事故发生的不确定性;危险是人们对未来不确定事件的担忧和疑虑。或者说:危险是人们忧虑的、客观上存在着的能

① 李嘉华:《保险学概论》,中国金融出版社 1983 年版,第 41 页。
② 魏润泉:《国际保险通论》,中国金融出版社 1991 年版,第 29 页。

致人以严重后果但又无法知道是否会发生的一种潜在灾难。倘若灾害肯定发生，损失事先能够确定，不能称之为危险；倘若设想某种灾害肯定不会发生，也不能称之为危险。

（二）危险的特征

根据“危险”的基本内容，我们可以从以下几个方面来把握危险的特征。

1. 客观性

危险是客观存在的，并非人的心理作用。尽管人们在一定的条件下可以改变危险存在和发生的条件，进而降低危险发生的频率与损失程度，但不可能消灭危险。各种灾害是自然规律运行的客观现象，是人力不可抗拒的危险；对于各种人为事故，无论怎样努力，都只能避免个别事故而不可能从整体上消除事故威胁。所以危险是不以人们的主观意志为转移的，它独立于人的主观意识之外而存在。

人们的生活中，危险是无处不在、无时不有的。人们在生产、生活中会面临各种各样的灾害和意外事故，各种自然灾害、疾病、伤害、战争等侵袭着现实社会中的人，无论人们的年龄、性别、职业、职务怎样，无论身在何时、身处何地，人们总会面临各种各样的危险。现在可以用客观尺度来测度危险，即人们可以根据概率论来度量危险发生的概率大小。同时，危险的客观性也表现在它的时间状态中，即危险是永远存在的，过去、现在和将来都有。随着科学技术的发展、社会生产力的提高和自然、社会环境的改变，人们所面临的某些危险会消失，但也会有一些新的危险产生。旧的风险源消灭了，新的风险又会产生。每项发明创造都可能会带来新的危险因素。危险的客观性必然要求进行危险管理，并采取保险等化解危险的措施。

2. 偶然性

危险虽然是一种客观存在，但危险的发生却是偶然的。危险的偶然性主要表现在四个方面：(1) 危险发生与否不能确定。即危险的因素是客观存在的，但是否发生却是不能确定的。绝对不能发生或肯定能发生的事件不是危险。危险确实存在，而不一定发生；发生的可能性小，不发生的可能性大。(2) 危险发生的时间不能确定。即危险肯定会发生，但于何时发生却是不能确定的。如人的生、老、病、死肯定会发生，但一个人将来何时会生病、何时会死亡谁也无法预测。所以人的死亡、伤残或疾病均属于保险危险。(3) 危险导致损失不能确定，即自然灾害或者意外事故是否会造成损失以及损失的大小是无法确定的。(4) 危险发生的地点和损失承担主体不能确定。即某种灾难在何地区发生，发生后由谁来承担损失是不确定的。

正由于危险的偶然性，投保人才有投保的要求，保险人才有承保的可能。如果人们确信某种危险绝对不会发生，他们就不会去找保险公司投保；相反，如果保险人知道被保险人要求投保的某种危险已经发生或者肯定即将发生，自然也不会予以承保了。

3. 损失性

危险的后果必然是造成人们的某种损失，也就是说，危险导致的结果中至少有一种是人们所不愿意接受的。危险的后果必然是对人身及其财产的安全造成威胁、形成危害，损失是危险的必然结果，只是损失的程度不同。危险的后果最终都是由人来承担的，危险对人们的生命和财产造成损害或损失，对人类构成威胁。人们因此才有必要以保险等方式来管理危险。

4. 可测性

危险是一种损失的随机不确定性，但在许多的不确定中，某一结果的发生具有一定的规律，可以在概率论和数理统计的基础上，利用损失分布的方法来计算危险损失发生的概率和损失的大小。概率论是从数量的角度来研究随机现象，并从中获得这些随机现象所服从的规律。有一些现象就个别来看是无规则的，但是通过大量的试验和观察以后，就其整体来看却呈现出一种严格的、无偶然性的规律。根据大数法则，风险单位数量愈多，实际损失的结果更接近预期的损失额。

保险正是在这一数理基础上，长时期地积累大量危险损失的资料数据，进行分析，计算出不同危险的损失概率，将个别危险单位遭遇损失的不确定性，变成多数危险单位可以预知的损失，使保险费的计算较为准确。否则，保险事业本身就成为一种冒险。

5. 可变性

危险的可变性表现在许多方面。如危险的性质是可以变化的，当社会的政治及经济结构改变后，危险的性质会发生变化。经济结构的转型增加了人们的失业风险。民情、风俗习惯的改变也都影响到危险的性质。危险的种类也是可以变化的，如科技的发明会改变危险的种类。汽车的出现使道路交通事故成为重要的危险，飞机的发明使人类面临的危险扩展到了天空。医学的发达降低了人们死亡的风险，核能的应用增加了人类前所未有的危险。危险发生概率的大小可以随着人们对危险认识的提高和管理措施的完善而发生变化，某些危险在一定程度上能得到控制，可降低其发生的频率和损失程度。

6. 多样性

人类所遭受的自然灾害和意外事故是多种多样的。随着社会的进步，危险越来越多，损失越来越大。就个人而言，导致其损失发生或危险增加的因素是多种多样的，因各人年龄、性别、职业、健康状况、生活环境、工作条件、生活范围以及性格、嗜好、工作方式、方法等方面的不同而不同。人们也有可能恶意或故意做出不利于他人的事情或行为，引起人们的财产受损或人员伤亡。欺诈、纵火、盗窃、抢劫等都是导致损失发生或损失增加的因素。甚至在投保后，也会因人们对待损失的态度导致危险的增加或减少。例如，在投保了财产保险后，如果发生灾情，受灾者不积极主动地抢救受灾物资,就会使受灾情况更加严重;有的人投保了住院医疗保险后,生了病宁愿多住几天医院而不愿早日回去工作;等等。

【背景资料】 **2013 年中国的大灾难**

"4·20"四川雅安芦山大地震

2013 年4 月20 日8 时零2 分,四川省雅安市芦山县(北纬30.3,东经103.0)发生7.0 级地震,震源深度13 公里。截至4 月24 日14 时30 分,四川省芦山"4·20"7.0 级强烈地震共计造成196 人死亡,失踪21 人,11470 人受伤。截至4 月23 日12 时,中国人保财险共接到地震报案447 笔,其中意外伤害险4 笔;企财险101 笔;家庭财产保险(包括农房险)242 笔;能繁母猪7 笔;工程险5 笔;车险85 笔;责任险3 笔。已经赔付24 笔共计148.5 万元,其中企财险部分105 万元,家庭财产保险3.4 万元,人身伤亡部分赔款40 万元,能繁母猪赔款0.1 万元。中国人寿理赔支援小组已初步确认25 位公司客户在地震中遇难,41 人受伤,目前已经对10 人进行了赔付,总金额为45.34 万元。据中国人寿资料,中国人寿在雅安地区共承保客户85.51 万人次,总保额561.84 亿元。

"10·7"菲特台风

2013 年第28 号台风"菲特"于10 月7 日凌晨1 时15 分以强台风强度登陆福建福鼎市沙埕镇,是自1949 年以来在10 月份登陆我国陆地(除台湾和海南两大岛屿外)的最强台风。截至10 月9 日9 时,浙江省6 人因灾死亡,浙江、福建、上海三地受灾人口超过800 万人。其中,浙江宁波、温州、台州等11 市81 个县(区、市)795.4 万人受灾,6 人死亡,93.9 万人紧急转移;4900 余间房屋倒塌或严重损坏,1.7 万间一般损坏;农作物受灾面积447.6 千公顷,其中绝收面积34.8 千公顷;直接经济损失188.7 亿元。宁波余姚成为重灾区,余姚市全城受灾,70%以上城区受淹,交通瘫痪,因为进水导致部分变电所、水厂、通行设备障碍,供电供水出现困难。据浙江保监局初步统计,截至10 月13 日17 时,浙江省(不含宁波)各产险公司共接到因台风"菲特"造成损失的各类报案7.36 万件,报损26.04 亿元。其中,机动车辆保险接报案5.47 万件,报损4.79 亿元;企业、工程等财产保险接报案7821 件,报损17.87 亿元;政策性农业保险接报案8201 户,报损3.15 亿元;政策性农村住房保险接报案2926 户,报损2286 万元。灾情面前,很多保险公司加紧了救灾、理赔的力度,但另一个不容忽视的现实是,这也意味着,这一年又有不少的保险公司要面临亏损了。

"11·8"海燕台风

2013 年第30 号台风"海燕"在11 月8 日登陆并重创菲律宾后,于11 日晚在广西南宁境内减弱为热带气压。受其影响,近期华南部分地区出现狂风暴雨,引发洪涝等灾害。截至11 月12 日上午12 时,海南、广西两地因灾死亡已达10 人。截至11 月12 日10 时,海南、广西、广东3 省(自治区)有313.3 万人受灾,7 人死亡,4 人失踪,18.2 万人紧急转移安置;900 余间房屋倒塌,8500 余间不同程度损坏;农作物受灾面积295.2 千公顷,其中绝收25.5千公顷;直接经济损失44.7亿元。其中,海南183.2万人受灾,5人死亡(3人建筑物倒塌所致,2人高空坠物所致),直接经济损失39.7亿元;广西121万人受灾,2人死亡(溺水所致),4人失踪,直接经济损失4.6亿元;广东9.1万人受灾,直接经济损失3900余万元。

“11·22”青岛爆炸事故

2013年11月22日上午,青岛丽东化工厂附近的青岛中石化东黄输油管道发生泄漏,抢修中起火爆炸。截至12月2日,此次事故共造成62人遇难,医院共收治伤员136人。截至12月5日,财产险方面,企财险报案19笔,占总报案数的8.05%,估损1224万元,占总估损金额的77.4%。车损险报案165笔,占总报案数的69.9%,估损328万元,占总估损金额的20.7%。工程机械设备综合险报案40笔,估损15万元。在人身险方面,身故赔偿案件已完成需支付金额的94.3%。其中,中国人寿、太平洋人寿等8家公司已完成身故保险金给付285.7万余元,占总身故赔偿金额的94.3%。而在人伤案件中,除新华人寿、泰康人寿2家公司完成人伤保险金给付0.9万元外,由于大部分受伤人员仍在住院治疗,目前尚无法完成最终鉴定赔付。

二、危险的管理

危险管理是人们对各种偶然事故的认识、控制和处理。当事人可以通过采用合理的经济和技术手段对危险加以处理,以尽量小的成本去争取最大的安全保障和经济利益。各种经济单位,如个人、家庭、企业以及其他法人团体都可以成为独立的危险管理的主体。在危险管理的过程中,对危险进行识别和衡量,采取合理的手段有目的地、有计划地控制危险和处理危险,目的是以尽可能小的成本来换取最大的安全保障和经济利益。

人们在实践中形成的危险管理方法有以下几种。

(一) 避免危险

避免危险又称为损失规避、损失回避,是通过放弃活动以消除某一特定危险带来的损失,是放弃或拒绝承担危险。人们实施某种行为使得某些事件不可能发生时,这种行为就是避免危险,这是危险处理中最简单也是最消极的方法。避免危险有两种情况:第一,从一开始就放弃,从根本上免除危险损失;第二,在活动中途放弃某些危险活动。采用避免危险的方法往往需要放弃某项活动,从而失去与这项活动相关联的利益,也失去了原本可能获得的收益。避免的方法并不是任何危险都能适用的,有些危险是无法回避的。有时避免一种危险可能又产生另一种危险。所以回避危险的方法并不能完全消除危险。

(二) 预防危险

预防危险是指在损失发生前为了消除或减少可能引起损失的各项因素而采取

具体措施,降低危险事故发生的概率。预防措施有两种:一是防止措施,即消除造成危险损失的原因;二是保护措施,指保护可能受到伤害和处在危险状态中的人和物。预防危险是尽可能地采取措施防损和减损,目的是在合理的人类活动和费用水平上将损失降低到最小。预防危险也是一种有效控制方式,但其范围和效果也是有限的,尤其是当预防成本大于损失时更会降低人们的选择冲动。

(三)危险转移

危险转移是危险管理人将其所面临的危险转移给他人。这实际上是通过合理的措施,将危险及其损失从一个主体转移给另一个主体,即转移损失发生及其程度的不确定性。危险转移分为直接转移和间接转移。直接转移指危险管理人将可能产生危险的活动或可能发生危险损失的财产直接转移给他人。间接转移指危险管理人将危险发生引起的经济损失或人身伤亡,通过承包、出租、担保等方式和签订保险合同方式转移给他人。前者是危险管理人与他人签订承包、租赁、保证合同,规定某类危险引起的损失由承包人、租赁人等负责;后者就是指危险管理人通过与保险公司签订保险合同将危险转嫁给保险人,投保人缴付保险费,损失发生后由保险公司给予补偿。这是以确定的支出代替损失程度的不确定,转移的是危险损失程度的不确定性。保险是最重要的、运用最广泛的危险转移方法,是个人和大多数机构常用的以损失融资转移危险的手段。

第二节　保险概述

一、保险的概念

“无危险即无保险”。保险是通过集中危险和分散危险而实现经济补偿的商业行为。“保险为分散危险,消化损失之制度,即将不幸而集中于一人之意外危险及由是而生之意外损失,透过保险而分散于社会大众,使之消化于无形。”①保险集合了众多的可能发生损失的危险单位,保险人向参加保险的单位或个人收取合理的保险费,建立保险基金对遭灾受损的被保险人予以补偿或给付,即把实际发生的损失向全体参加保险者进行合理的分摊,实现分散危险、分摊损失、履行经济补偿的职能。

(一)保险是一种法律制度

英国1906年《海上保险法》第1条规定:“海上保险是一种合同,根据这种合同,保险人按照约定的方式或限额,对被保险人遭受与航海冒险有关的海事损失承担赔

① 桂裕:《保险法论》,台湾三民书局1981年版,第1页。

偿责任。”《意大利民法典》第1882条规定:“保险是指保险人对支付保险费的被保险人,在约定范围内对灾害给其造成的损失承担赔偿责任,或者因与人的寿命相关联的事件的发生,承担给付资金或年金责任的契约。”我国《保险法》第2条规定:“本法所称保险,是指投保人根据合同约定,向保险人支付保险费,保险人对于合同约定的可能发生的事故因其发生所造成的财产损失承担赔偿保险金责任,或者当被保险人死亡、伤残、疾病或者达到合同约定的年龄、期限等条件时承担给付保险金责任的商业保险行为。”这条规定明确地指出了保险这种商业活动的概念。保险是一种法律制度,体现在由法律规定保险人的资格;保险的范围、方法和程序;保险兑现的条件及程序。在法律上,保险是一种双务有偿合同关系。保险法律行为的实质在于一方当事人承担给付保险费的义务,另一方当事人在保险事故发生时承担给付保险金的义务。

我国《保险法》中规定的商业保险法律制度与其他保险法律制度有区别,例如与社会保险法律制度不同。在商业保险中,投保人需要付出保险的成本,保险人需要得到商业的利润,它是一种自助与互助相结合的经济制度,保险公司与投保人一致同意为了特定的危险事故或特定的事件所作的赔偿或给付,需要交纳必要的保险费,保险公司依法将这些保险金集合起来,建立赔偿和给付的基金,以及运用这些资金投资增值,巩固和增加保险赔付能力,当出现符合保险合同约定的保险事项时,根据合理的计算,对投保人作出赔偿或给付。商业保险是保险人和投保人通过订立保险合同而进行的一种自愿保险行为,投保与不投保、投保哪个险种以及向哪家保险公司投保等均由当事人双方协商,不允许强迫。

商业保险是以追求盈利为目的的,而社会保险则是为了一定的社会宏观目的、不以营利为目的的公益制度。它是根据法律规定,通过对劳动者的生、老、病、死等强制保险而给劳动者及其家属提供基本生活保障的制度,其保险费来源由政府、单位和个人共同负担,通过国家立法强制实施。经办社会保险的机构具有行政权力,在经营过程中不以营利为目的。

(二)保险是一种金融活动

保险是一种以保险公司为中心的金融活动,无论保险法律关系涉及多少主体,都要与保险公司的业务联系在一起,例如投保、索赔、理赔以及保险格式合同的制定等活动都离不开保险公司。

所以保险也特指保险公司的经营活动。保险公司是依法设立的,并由中国保险监督管理委员会进行监督管理的一种金融机构。保险公司的主要业务收入是投保人交纳的保险费以及运用保险费依法进行融资和投资活动的收入,其支出除了本身经营的费用外主要是承担赔偿保险金和给付保险金。保险公司经营业务所涉及的均为货币这种特殊的商品,我国有关法律规定凡是经营货币业务的单位均属金融机构,按照特别金融法设立、变更和清算,并受行业主管机关的监督管理,保险公司作为金融机构也不例外。

保险是一种金融活动也表现在它所具备的功能上。例如,保险具有融资的功能。保险组织通过收取保险费聚集起规模庞大的保险基金,总有一部分基金处于闲置状态,可以将闲置的保险基金投入到社会再生产中。保险基金投入社会再生产有两种途径:一种是保险公司将保险基金存入银行,由银行贷放出去,进入社会再生产过程;另一种是保险公司直接投资,进行运用。保险投资的渠道主要有银行存款、发行股票和债券、抵押贷款、购置不动产、保单贷款等。

保险是一种金融活动还表现在保单贷款上,它又称保单抵押贷款,是保单所有者以保单作抵押,向保险公司取得的贷款。保单贷款仅针对寿险保单,寿险保单之所以能够被抵押,是由于其具有现金价值。保单贷款与一般意义上的贷款有着本质的不同,借款人并不负有还本付息的义务,保单所有者在取得保单贷款时,并不承诺一定归还贷款的本金和利息。因为保单贷款资金来源于保单的现金价值,是保险公司日后向被保险人支付的资金的一部分,保单贷款只是使保单所有者预支这部分资金。保单贷款有两种形式:一是保费贷款,即保单上所指的保费自动支付。当投保人在宽限期后仍未缴纳保费时,保险公司自动地从保单的现金价值中为其垫付保险费。二是现金贷款,是以保单的现金价值作为资金来源,贷款直接支付给借款人,以满足其现金需求。

同时,保险公司是各国金融市场重要的机构投资者。比如,保险公司是股票市场上重要的机构投资者。保险资金还运用在包括政府债券、公司债券、股票、抵押贷款、不动产等方面。据统计,截至2013年10月底,我国保险公司总资产为7.88万亿元,资金运用余额为7.37万亿元,其中银行存款2.18万亿元,占比29.56%;债券3.28万亿元,占比44.48%;股票和证券投资基金0.75万亿元,占比10.22%;其他投资1.16万亿元,占比15.74%。[①] 我国2009年修订的《保险法》规定,保险公司的资金运用渠道除银行存款外,将"买卖政府债券、金融债券"拓宽为"买卖债券、股票、证券投资基金份额等有价证券",并增加了"投资不动产"的内容,包括房屋、土地、基础设施等。删除了之前"保险公司的资金不得用于设立证券经营机构,不得用于设立保险业以外的企业"的条文。

(三)保险是一种规避或转移风险的方式

保险制度是一种集众人之财力补个别损失的商业活动,投保人投保的目的在于保障自己的财产处在价值不变或价值不会有较大损失的状态,万一发生保险合同约

① 资料来源:中国保监会网站,http://www.circ.gov.cn/web/site0/tab5179/info3892449.htm,2013年12月15日访问。

定的损失，投保人、被保险人或受益人可以向保险人索赔，恢复自己的财产价值。保险人通过向众多的投保人收取保险费形成某个险种的保险机制，这种机制必然是保费收入多、保险赔偿支出少，保险人对此险种有利可图，于是该保险制度存续下来。而对投保人来说，交纳少量的保费能够在发生风险损失时得到赔偿，及时恢复财产价值或生产能力，以小额的支出保障大额财产的安全，从而达到最大限度地避免或者减少风险的目的。保险集合了众多的可能发生损失的危险单位，保险人向参加保险的单位或个人收取合理的保险费，建立保险基金，对遭灾受损的被保险人予以补偿或给付。也就是把实际发生的损失向全体参加保险者进行合理的分摊，实现分散危险、分摊损失。

【背景资料】　　　　损失分担说和危险转移说

损失分担说的代表人物是德国的华格纳。该学说从经济学的角度对保险进行阐述，首先承认保险是一种损失赔偿，强调损失赔偿背后反映出的多数人互助合作共同分担损失这一事实。该学说认为保险是一种经济上的制度安排，将少数不幸者由于未来特定的、偶然的、不可预测的事故而在财产上所受的损失，由处于同样危险中、但未遭遇事故的多数人来共同分摊，以排除或减轻灾害的一种经济补偿制度。危险转移说的代表人物是美国的维兰特。该学说从危险管理的角度来阐述保险，认为保险是一种危险转移机制，任何团体或个人都可以支付一定的费用为代价将生活中的各种危险转移给保险组织。保险组织则汇集了大量的同质危险，从而实现危险的均摊。

（四）保险的对象是特定的危险或条件

保险并不是阻止危险的发生，而是对危险事故造成的损失给予经济补偿。保险补偿是有条件的。投保人与保险公司约定的保险事项必须是客观上可能发生的。如果是以赔偿为目的的保险事项，必须是投保人的活动环境中存在着危险因素，在发生意外事故造成损失时才能赔偿；如果是以满足条件为目的的给付，这些条件得到满足才能给付。如果保险公司与投保人约定的保险事项的危险是不可能存在的或条件是不可能实现的，或者是保险合同生效前已经发生的危险，以及在保险合同已经结束之后的危险都不构成保险危险，投保人不能对此要求赔付，保险人也不会因此赔付。

保险将危险划分为可保危险与不可保危险。可保危险才是保险客户可以转嫁和保险人可以接受承保的危险。作为可保危险，首先要求危险的损失可以用货币来计算，因为危险的财务转嫁与责任的承担都是通过相应的货币计价来衡量的。不能用货币来计量其危险损失的危险不是可保危险。但人的价值具有特殊性。一个人的伤残程度或死亡所蒙受的损失是难以用金钱来衡量的,对此是通过所订立的保险合同中的保险金额来确定的。其次,危险的发生是不可预知的,带有必然性的危险不能构成保险危险,保险人是不予以承保的。而且危险的发生或危险损害后果的扩展不是投保人或被保险人的故意行为导致的。只要是被保险人和投保人的故意行为所致的损失,保险人不予以补偿。再次,保险危险是纯粹危险而非投机危险。纯粹危险是指只有损失机会而无获利可能的危险;投机危险是指既有损失机会,又有获利可能的危险。保险人承保的危险一般是纯粹危险。投机危险保险人不会承保。

二、保险的特征

(一)保险与保证

保险与保证的相似之处,一是都具有信用性质。保险人以其偿付能力承担保险责任,保证人则以其偿付能力对他人的债权承担保证责任。二是都以合同为表现形式。保险是对他人偶然事故所致的损失负赔偿责任,而保证则在债权人的权利不能实现时代替债务人履行债务。保险与保证的区别是:首先,前者所分担的风险面大,而后者仅是信用风险。其次,保险行为是当事人独立的法律行为,保险合同是不依附于其他合同而独立存在的合同。保证行为是带有补充性与从属性的,它以主合同的存在为前提,保证人依据保证合同履行的义务实际上是他人的义务。再次,保险人的赔偿责任必须以投保人支付保险费为必要条件;保证可以有偿,也可以无偿。最后,在保证关系中,保证人代偿债务后可享有债的代位权,即可向债务人追偿。保险人赔偿损失是履行自己的义务,保险人赔付后不能向被保险人追偿。

(二)保险与救济

救济与保险的相似之处在于都是危险的善后对策,都是对灾害事故进行补偿的行为,都能减轻灾害事故给人们造成的损失,但二者的性质并不相同。(1)救济是一种单方面的法律行为,除国家机关外,一般救济方没有义务一定对受害者实施救济,数量可多可少,形式也可以多样;保险公司的损失补偿行为是受到法律约束的,保险赔偿金的大小要根据损失情况而定,也与投保人支付的保险费有联系,赔偿人也是特定的,保险双方都要受合同的约束,任何一方违约都会受到惩罚。(2)救济所用资金不需要受益者的分担,救济资金的多少也无法律约束;保险由参加保险的成员分担费用,集中建立保险基金来补偿意外损失,保险中双方的行为是对价交易,双方存在相互支付的情况。(3)救济的对象不受限制,受灾单位或个人都可以接受救济;保险的损失补偿只向参加保险的人提供,即保险保障的主体是特定的。(4)救济的受益者没有给付的请求权,给付救济的义务是自愿的;参加保险的成员可依法或依约定要求保险公司按一定标准给付。

（三）保险与储蓄

保险和储蓄都是作为处理经济不稳定的善后措施而积存资金的一种方式，但二者有着明显的区别。（1）储蓄可以单独地、个别地进行，而保险则必须依赖多数人的集合。（2）储蓄不具备转移危险的功能，是一种自助行为；而保险则可以分散危险、消化损失，具有互助共济性。（3）储蓄存款的所有权归存款人所有，储蓄金额可以由储蓄者任意处分，储存的数额多少、何时储存、何时提取，完全由存款人自己决定；而保险中投保人应该交纳多少保险费，其数额是由保险人精确计算出的费率来决定的。（4）通过投保人交纳的保险费而积聚起来的保险基金的所有权暂时处于不确定状态，由保险人统一管理和使用，被保险人或受益人只有在符合保险合同中规定的保险事故或保险事件发生造成经济损失或人身伤亡时，才能获得远远高于保险费的保险赔款或领取保险金；存款人可以利用的金额以其存款的范围为限，不会减少，也不会丧失。（5）保险金的数额是应支付的保险赔款或给付的保险金，并且必须因保险危险发生而导致损失，否则就不能索取，个人也不得任意处分。保费所形成的共同财产要由保险人根据保险条件来决定其使用途径与方法，投保人一般无权干涉。如果退保的话，要扣除管理费、手续费，领回的退保金小于所缴保费之和。储蓄的金额可以用来补偿意外经济损失，也可以用来消费，用来赠与、捐献，用途不限，完全由存款人自主决定。

（四）保险与赌博

保险与赌博的类似之处在于保险中保险金的给付与否，与赌博中能否得到赌彩一样具有或然性。两者的区别在于：（1）保险是合法行为，为法律所提倡和保护；而赌博则为大多数国家法律所禁止和制裁。（2）赌博中的危险是由赌博行为本身引起的；而保险中的危险是客观存在的，危险的存在与否并不依赖保险本身的行为。（3）赌博本身对参与者产生并从总体上增加了危险，而且这种危险损失无法转移；保险没有增加危险的总量，它只是将客观存在的、可能发生的危险损失，由参加保险的一方转移到另一方。（4）赌博有可能使参与者获利，赌博面对的是损失和获利的双重可能；保险面对的仅是危险，只有损失的可能而无额外获利的机会。

【背景资料】　　**建立巨灾保险制度**

党的十八届三中全会2013年11月12日通过《中共中央关于全面深化改革若干重大问题的决定》（简称《决定》）。《决定》指出“完善保险经济补偿机制，建立巨灾保险制度”。

巨灾保险制度，是指对由于突发性的、无法预料、无法避免且危害特别严重的如地震、飓风、海啸、洪水、冰雪等所引发的灾难性事故造成的财产损失和人身伤亡，给予切实保障的风险分散制度。

2012年1月7日,中国保监会主席项俊波在全国保险监管工作会议上表示,2012年的三项工作之一就是推动巨灾保险立法,将巨灾保险制度纳入国家综合灾害防范体系。2012年11月,在党的十八大召开期间,项俊波提出,推动保险业在现代金融、社会保障、农业保障、防灾减灾和社会管理等五大体系中发挥重要作用。要在完善防灾减灾体系中发挥优势,加强自然灾害风险管理,加快建立符合我国国情的巨灾保险制度,利用保险机制预防和分散灾害风险并提供灾后损失补偿。据有关媒体报道,早在2011年,巨灾保险制度方案便已上报国务院,"十二五"期间有望成为巨灾保险制度"落地"的关键期。

2012年11月12日,国务院正式签署公布《农业保险条例》(下称《条例》),于2013年3月1日起施行。《条例》规定,国家支持发展多种形式的农业保险,建立中央和地方财政支持的大灾风险分散机制,对于经营农业保险业务的保险机构,政府将依法给予税收优惠。具体办法由国务院财政部门会同国务院有关部门制定。同时,《条例》鼓励地方政府建立地方财政支持的农业保险大灾风险分散机制。

【深度阅读】

1. 郑云瑞:《财产保险法》,中国人民大学出版社2004年版,第一章一、二部分。
2. 李玉泉:《保险法学——理论与实务》,高等教育出版社2010年版,第一章。
3. 黄勇:《英美保险法经典案例评析》,中信出版社2007年版,第一章。

【问题与思考】

1. 保险的社会意义有哪些?
2. 保险的性质与特征是什么?
3. 建立巨灾保险制度的意义何在?具体路径如何?

第二章　保险法概述

第一节　保险法的概念与调整对象

一、保险法的概念

保险法是以保险关系为调整对象的一切法律规范的总称。通常有广义和狭义之分:广义的保险法,既包括保险公法,也包括保险私法;狭义的保险法只是保险私法。广义的保险法所调整的对象是一切社会保障关系,包括保险业法、社会保险法以及保险合同法和保险特别法等在内。狭义的保险法仅指保险合同法。我们所讲的保险法是指商业保险法,其内容包括保险合同法、保险业法和保险特别法。

(一) 保险合同法

保险合同法是保险法的核心内容。它是关于保险关系双方当事人权利义务的法律,规定了保险合同的订立、履行、终止、变更、解除和保险合同纠纷的处理等事项。有的国家将其作为民商法的一个组成部分,如日本、韩国、西班牙、葡萄牙等国;有的则制定专门的单行法规,如美国、德国、法国、瑞士、奥地利等国。而我国则将其包括在保险法中。我国《保险法》对保险合同的总则、财产保险合同和人身保险合同都作了全面系统的规定,确立了我国保险合同法的基本体系和内容。保险合同的范围一般包括财产保险合同、人身保险合同和海上保险合同。

(二) 保险业法

保险业法是对保险业进行管理和监督的法律,其内容是有关保险组织的设立、经营、管理、监督、破产、解散和清算等的规定。保险业与其他纯粹以营利为目的的事业不同,它不仅与一般民众有较大的利害关系,而且还直接或间接地影响到整个国民经济,所以国家必须制定法律,加强对民营保险公司的监督和管理,以维护公共利益,保证和促进保险法律关系的正常运转,规范保险人之间的公平竞争,使保险业健康有序地向前发展,保证保险人始终具有足够的偿付能力。从目前各国的保险业立法来看,其主要内容包括:保险公司的组织形式和设立,保险公司的经营规则和监督管理,保险公司的解散、破产和清算等。

（三）保险特别法

保险特别法是相对于保险合同法而言的，即指保险合同法以外，具有商法性质的，规范某一险种保险关系的法律和法规，如各国海商法中关于海上保险的规定，就是典型的保险特别法。这类法规一般不超过保险合同法的原则规定，但更为具体、细致，是各种具体保险经营活动的直接依据。《中华人民共和国海商法》（以下简称《海商法》）第十二章关于海上保险合同的规定就属于保险特别法范畴。我国的保险特别法除了《海商法》中的海上保险合同法外，主要是以《保险法》为基础而制定的一系列保险法规和规章。

二、保险法的调整对象

保险法的调整对象是保险关系。保险关系即是指当事人之间依保险合同发生的权利义务关系，以及国家对保险业进行监督管理过程中所发生的各种社会关系。

（一）国家与保险人之间的关系

这种关系是一种监督与被监督、管理与被管理的关系。国家为了规范保险人的经营行为，维护被保险人利益，保障保险业的健康发展，设立了保险业主管机关，负责审批保险企业的设立，监督和管理保险企业的经营行为。所有保险企业都必须在主管机关的监督管理下进行合法经营。

在我国，曾长期由中国人民银行行使保险业的监督管理职能。为了加大保险监管力度，逐步完善保险监管体系，1998 年 11 月我国成立了中国保险监督管理委员会，取代中国人民银行行使保险监管职责。中国保险监督管理委员会是全国商业保险的主管部门，根据国务院授权履行行政管理职能，依照法律、法规统一监督管理保险市场：拟定有关商业保险的政策、法规和行业发展规划；依法对保险企业的经营活动进行监督管理和业务指导，维护保险市场秩序；依法查处保险企业违法违规行为；保护被保险人利益，培育和发展保险市场，推进保险业改革；完善保险市场体系，促进保险业公平竞争；建立保险业风险评价与预警系统，防范和化解保险风险，促进保险企业稳健经营与业务的健康发展。

（二）国家与投保人之间的关系

这主要表现为国家通过立法对投保人提出的要求和形成的关系。投保人作为保险合同的缔结者，必须具备一定资格。（1）投保人应具有权利能力和行为能力。凡是具有权利能力者，不论是自然人还是法人，不论是社团法人还是企业法人，都可作为保险合同的投保人。（2）投保人还须对保险标的具有保险利益。投保人应对保险标的具有保险利益，可以使保险与赌博区别开来，并预防道德风险和限制赔偿金额。若投保人对保险标的没有保险利益，依各国保险法律法规的规定，将导致保险合同无效。

这种关系同时表现在某些强制保险中。强制保险是投保人与保险人以有关法律及法规为依据而建立保险关系的一种保险。这种保险是为了满足社会政策或经济政策的需要,所以不是取决于当事人的意思表示,而是由法律或法规对保险标的或对象直接作出规定。如我国开办的铁路、公路、飞机、轮船旅客意外伤害保险,机动车辆第三者责任保险,建筑工程责任险等都是强制保险。

（三）国家与保险中介人之间的关系

这种关系主要体现为国家对保险代理人和经纪人的任职资格和从业条件进行审核和批准。保险代理人和经纪人必须在主管机关的监督下从事合法经营活动。在保险经纪人力量最强大、历史最悠久的英国,建立了以政府监管为主导、行业自律为主体的保险经纪人监督体制,贸工部、证监会及其下属组织和机构,英国经纪人登记委员会及劳合社监管部门等在实施保险经纪人的经常检查监督上均发挥了一定的作用。美国采取政府管理与行业自律相结合的保险经纪人监管体制,联邦政府成立有全国保险专员协会、全国保险监督协会,对全国保险业予以协调,在必要时为各州设计一些示范法律及指导建议供各州采纳。对代理人实行政府和行业自律相结合的监管体制,从注册登记、资格保证、业务知识培训、职业道德培育、销售行为及客户保护等方面作出严格规定,要求代理人必须遵守。

日本大藏省是保险代理人监管的传统实施机构,对日本保险业和保险代理人进行全面监管。我国香港特别行政区的保险代理政府监管机构是隶属于财政司的财政事务局保险业监理处,其保险监理专员实施管理权力和职责。我国保险代理人的政府监管机构是中国保险监督管理委员会(简称“中国保监会”),负责对保险代理人进行检查,其内容主要包括:公司或企业设立、变更事项的报批手续;资本金或出资额;营业额保证金、职业责任保险;业务经营状况;信息系统;管理和内部控制;高级管理人员的任职资格,以及中国保监会认为需要检查的其他事项。

（四）保险人与投保人之间的关系

这种关系是基于保险合同而产生的,是一种合同当事人双方的权利义务关系,构成保险法调整的主要方面。例如,投保人有权指定和变更受益人,有保险合同的变更权、保险合同的解除权和申请复效权;同时,也承担如实告知义务、缴纳保险费的义务和通知义务。保险人享有保险费收取权,一定条件下的保险合同解除权和代位追偿权;承担保险条款的说明义务、赔偿或给付保险金的义务和解约金的返还义务。

（五）保险中介关系

这种关系主要是指保险人或投保人与保险代理人、保险经纪人之间的关系,保险代理人和保险经纪人起沟通保险人与投保人的作用。保险代理人根据保险人委托或与其签订代理合同从事代理活动,必须以保险人的名义从事代理活动。保险代理人代理活动的法律后果由保险人承担。许多国家的保险法都规定:保险代理人于代理权限内,以保险人名义所实施的行为,直接对保险人发生效力。就其权利而言,保险代理人可以依照规定或约定,向保险人收取代理费用。保险代理人代为办理保险业务,是一种有偿活动,可以要求保险人支付规定或约定的报酬。

保险经纪人能够利用其专业优势为投保人提供最为合理、有效的保险方案,并为投保人提供风险管理等各种保险咨询服务。保险经纪人的业务一般包括为投保人进行风险分析,提出分散风险和风险管理的建议,安排适当保险种类,建议投保方式及投保条件,计算合理保险费,协助选择并联系可靠的保险人。同时,经纪人也可以受保险人的委托代收保险费、转交保险单、代为处理理赔案等。

(六) 保险人及相关关系

这种关系主要包括保险公司的组织形式、内部组织关系,以及相互之间的外部关系。除受《保险法》调整外,还受《反不正当竞争法》的调整,如我国《保险法》第115条规定:"保险公司开展业务应当遵循公平竞争原则,不得从事不正当竞争。"

保险经营组织的形式主要有:(1) 国有保险公司。国有保险公司是很独特的经营组织,其财产归各州的政府所有,在澳大利亚保险市场具有独特地位。(2) 股份保险公司。(3) 互助保险公司。(4) 特殊保险公司。特殊保险公司为有限的集团和协会的利益经营业务。(5) 自营保险公司。自营保险公司是大公司内部拥有的并在集团内部针对各种风险从事保险业务的组织。(6) 劳埃德。劳埃德是一种个人承保经营形式,这种形式来源于英国的劳合社。①

【背景资料】 **中国首次允许设立自保公司**

关于自保公司监管有关问题的通知②

保监发〔2013〕95号

机关各部门:

为加强自保公司监督管理,促进自保公司健康发展,现将自保公司监管有关问题通知如下:

一、本通知所称自保公司是指经中国保监会批准,由一家母公司单独出资或母公司

---

① 邓成明:《中外保险制度比较研究》,知识产权出版社2002年版,第115—116页。

② 资料来源:中国保监会网站,http://www.circ.gov.cn/web/site0/tab5168/info3894795.htm,2013年12月5日访问。

与其控股子公司共同出资，且只为母公司及其控股子公司提供财产保险、短期健康保险和短期意外伤害保险的保险公司。

二、关于设立条件。自保公司可以采取股份有限公司或者有限责任公司两种组织形式，公司名称中必须含有“自保”字样，并明确财产保险性质。

设立自保公司，除法律法规规定的保险公司相关条件外，还应当具备下列条件：1. 注册资本应当与公司承担的风险相匹配；2. 投资人应为主营业务突出、盈利状况良好的大型工商企业，且资产总额不低于人民币1000亿元；3. 投资人所处行业应具有风险集中度高、地域分布广、风险转移难等特征，且具有稳定的保险保障需求和较强的风险管控能力。

三、关于自保公司筹建和开业。设立自保公司分为筹建和开业两个阶段。自保公司申请筹建，除相关法律法规要求提交的申报材料外，还应当提供母公司及其控股子公司的风险特征、保险需求、已投保业务规模、设立自保公司的目的、运作模式、管理架构、外包服务等有关情况的说明，母公司及其控股子公司已在保险行业投资的，还应当说明现有保险子公司与拟设立自保公司的业务划分和功能定位。自保公司开业参照一般商业保险公司执行。

四、关于保险经营。自保公司经营范围为母公司及其控股子公司的财产保险和员工的短期健康保险、短期意外伤害保险业务。自保公司可以在母公司及其控股子公司所在地开展保险及再保险分出业务；不设立分支机构的，应上报异地承保理赔等方案。自保公司再保险分入业务的标的所有人限于母公司及其控股子公司。母公司应当恪守对其设立的自保公司做出的承担风险责任的承诺，不得擅自变更或者解除。

五、关于监督管理。自保公司应当按照现代企业制度独立运营，在人员、资金、财务管理等方面与母公司建立防火墙。除按照中国保监会的有关规定提取责任准备金外，自保公司可以按照国家有关规定，提取防灾防损专门准备金。自保公司应当按照中国保监会的有关规定申报与母公司及其控股子公司之间在资金方面的关联交易情况。自保公司业务统计应当符合中国保监会统计口径。自保公司不缴纳保险保障基金，不纳入保险保障基金管理体系。对偿付能力不足的自保公司，中国保监会依法责令其增加资本金时，母公司应当采取有效措施，促使自保公司资本金达到保险监管的要求。

本通知没有规定的，参照《中华人民共和国保险法》《保险公司管理规定》等法律、法规和规章执行。

中国保监会

2013年12月2日

（七）投保人及相关关系

这种关系包括投保人与被保险人及受益人之间的关系和投保人与投保人之间

的内部关系。被保险人与投保人在财产保险合同和人身保险合同中都存在,而受益人是人身保险合同所特有的。被保险人与投保人、受益人有着极其密切的关系,三者可以同为一人,也可以分别是不同的人,还可以其中二者任意结合。虽然被保险人与投保人、受益人的关系极为密切,但三者的法律地位是根本不同的,投保人是合同的当事人,而被保险人和受益人只是合同的关系人。受益人是人身保险合同中由被保险人或者投保人指定的享有保险金请求权的人。如果投保人和被保险人不是同一个人,投保人享有的权利,被保险人一般不享有,如订立、变更或者解除合同的权利。同样,被保险人享有的权利,投保人一般也不享有,如保险金的请求权。即使投保人享有被保险人享有的某种权利,也要受到被保险人的制约,如投保人和被保险人均享有指定、变更受益人的权利,但投保人指定、变更受益人要经被保险人同意。同样,如果人身保险合同指定受益人,且没有法律规定的受益权丧失的情形,则被保险人不再享有保险金请求权,而由受益人享有。①

第二节 保险法的特征

保险法是一种技术性较强的社会性立法,有其自身的特征。

一、特定的社会责任

保险是社会多数成员为确保经济生活的安全建立的,与国民经济和社会利益关系重大。当投保人、被保险人需要得到补偿或理赔之时,大多是偶然事故使他们有不幸遭遇之时,一旦保险公司停业或经营不善,将使公众的生活蒙受极大影响。就投保人而言,作为社会的一般大众,缺乏保险的专门知识,而且其经济状况与保险人相比也显然处于弱势之地位。保险合同的条款也通常为格式化条款,投保人处于附和的地位,难以表示异议。所以,保险人与投保人之间显然立于不平等的交易地位。保险法承担着特定的社会责任,即对保险业的设立、经营、监督制定强行的法律规定,以保护投保人及被保险人,维护社会的安全和稳定。

二、严格的强制性

法律规范中的强制性规定多是有关社会公众的利益,其效力是不容变更或限制的。保险涉及社会公益,具有社会责任要素,因而保险法中有许多强制性规定,如关于被保险人故意造成的损失,保险人不负赔偿责任的规定,即使合同当事人有相反

---

① 王卫国:《保险法》,中国财政经济出版社 2003 年版,第 74 页。

约定,也不能失效。在保险合同中,当事人的有些权利是不容放弃的,比如保险人放弃合同约定的收取保险费的权利,因其有悖于保险原理,归于无效。

三、最大的诚实信用

保险中的偶然性有导致道德危险发生的可能。保险法为防止道德危险,要求保险关系的建立应当体现双方当事人最大的诚实信用。如就投保人而言,其诚实信用的义务贯穿了自合同订立至理赔的各个阶段,承担着如实告知义务、保险风险增加时的通知义务、保险事故发生时的通知义务、避免和减轻损害的义务以及协助保险人代位求偿的义务。

四、专门的技术性

保险业的经营对象是各种风险,在经营技术上有特定的要求。保险人要对投保人因特定偶然事件的发生及所致损害承担赔偿责任,在一定时间内,保险人收取的保险费总量须同将要出现的危险损失赔偿平衡,这就要利用大数法则和概率论,以风险损失为基础,建立起符合保险经营原理、保证保险人财政稳定的数学模型。所以保险法要包括关于保险费率的厘定、保险事故损失计算以及保险赔款计算、保险业的经营、保险投资资金的运用、各种准备金的提存等方面的规定。这些规定,使保险法涉及了保险经营的专门技术,在一定意义上成为一种专门的技术性立法。

五、显著的国际性

保险法从中世纪海上保险商人的习惯法发展至今,已显著地表现出具有国际性法律的特征。各国对于旅客的旅行、货品的输出输入因意外事故、政治或其他危险事故的发生及所致损失,分别开办了人身保险、货物输出输入保险等予以救济。因此一国的保险法与国际贸易和往来关系密切,使保险法必须具有国际性。国际上也有国际保险法学会,订有国际通行的保险"规则"或"公约",一国的保险立法因涉及具有国际性的商业往来逐渐成为国际性的法律,且有全世界统一的趋势。在发达国家,为了适应世界保险业发展的需要,大都放松了对外国保险机构进入本国保险市场的管制。我国也开放了保险市场,以吸引外国投资者。英国学者施米托夫曾指出:"没有任何一个国家把商法完全纳入到国内法。即使在这一个时期,商法的国际性的痕迹依然存在,凡是了解商法的渊源和性质的人,都能看到这一点。"①

---

① 〔英〕施米托夫:《国际贸易法文选》,赵秀文译,中国大百科全书出版社1993年版,第10—11页。

【背景资料】 **欧盟保险市场一体化进程**

自1951年4月18日以来,从法国、德国、意大利、比利时、荷兰、卢森堡缔结《欧洲煤钢共同体条约》时起,到1957年3月该六国聚首意大利罗马签订《欧洲经济共同体条约》和《欧洲原子能共同体条约》(两者合称《罗马条约》),再到1986年2月欧共体十二国签署《单一欧洲法令》,再至1992年12月签署《马斯特里赫特条约》和1997年10月签署《阿姆斯特丹条约》,欧洲统一的梦想在一步步地实现之中。2001年3月颁布的《尼斯条约》,强调了要为实现欧洲一体化排除种种困难,进一步推进"强化的合作"。毫无疑问,欧洲的一体化,并非仅仅在欧洲寻求经济上的一体化,而是要从利益较容易协调的经济领域出发,一步一步地予以推动,再随着共同体体系在经济领域的不断扩张,最终实现政治上的一体化。

正是在这样大的框架下,保险作为金融服务的一部分,开始了它在欧盟范围内的一体化进程。然而,制度的建立更多着重于对欧盟单一保险市场的监管。对于保险合同法则着墨不多。这是因为,欧盟各成员国的再保险合同法律制度存在着很大差异,而相较于保险监管法律制度,对于保险合同方面的差异,调和起来难度很大。1979年,欧共体颁布了一个保险合同指令草案,对保险合同的调和作了有益的尝试,内容涉及保险合同的多个方面。该草案在成员国间引起了广泛讨论,但终因各方意见难以统协,该草案既没有得到任何修改,也没有发生效力。

认识到这一问题的严重性,欧盟机构和专家学者开始着手尝试解决这一难题。比较一致的观点是,应从保险合同实体法的角度来进行变革。问题的关键在于如何让保险公司自由地跨境交易销售保单,实现保险服务的自由。为了实现这一目标,必须为各成员国的保单持有者提供相同的保护标准。只有这样,保险市场的一体化才有可能实现。①

第三节 保险法的历史沿革与新险种

一、保险法的历史沿革

在公元前2250年左右,古巴比伦的《汉谟拉比法典》中沿用了一种习惯法:沙漠商队运输货物途中若马匹死亡、货物被劫或发生其他损失,经宣誓并无纵容或过失后,可免除其个人的责任,而由商队全体给予补偿。公元前916年的《罗地安海商法》采用了一种习惯法,并正式规定为:"凡因减轻船舶载重而投弃大海的货物,如为

① 摘自王军:《欧盟保险法的统一进程》,资料来源:中国民商法网,http://www.civillaw.com.cn/article/default.asp?id=42517,2009年1月3日访问。

全体利益而损失的须由全体来分摊”，确立了著名的“一人为众，众为一人”的“共同海损”分摊原则。公元533年，东罗马帝国皇帝查士丁尼在法典中把船舶抵押借款利息率限制在12%，而当时的普通放款利率一般为6%。其高出的部分类似海上保险中的保险费。

中国古代社会的自然环境、经济条件和集权政治，决定了商业保险出现很晚，民间和商业性质的保险发展滞后。自周朝开始，与赈济相关的仓储制度便逐渐发展起来，这是以官府为核心的，带有社会保险和社会保障制度的性质。这种以官方赈灾的方法实施的保险制度，而且是以社会救济为主的方式，不同于西方的以民间互助为主、以规避贸易活动中的危险为主要目的的保险方式。

（一）海上保险

意大利是海上保险的发源地。随着资本主义的发展，海上贸易范围空前扩大，海上保险得到了迅速发展。为了规范海上保险，1468年，威尼斯制定法令，以保证保单实施和防止欺诈行为；1523年，佛罗伦萨制定保险条例，规定了标准保单的格式等。

海上保险发展于英国。1568年12月，伦敦市长批准成立了第一家皇家交易所，为海上保险提供了交易场所。1575年，英国女王特许在皇家交易所内成立保险商会，保险商会的主要职能是制定标准保单和条款，同时也办理保单登记手续；1601年，英王颁布了第一部有关海上保险的法律，以解决日益增多的海上保险纠纷案件；1756—1778年，当时的首席法官曼斯菲尔德收集整理了大量的海上保险案件，编写了一本海上保险法案。1884年，英国伦敦出现了一个名为“伦敦保险人协会”的公会组织，该组织致力于海上保险条款标准化的工作，它制定了许多水险保险条款，这些条款在世界范围内得到了广泛应用。1906年，英国制定了《海上保险法》，规定了标准的保单格式和条款，对资本主义各国的保险立法产生了深刻影响，被认为是一部权威的海上保险法典。

（二）火灾保险

火灾保险将保险的业务范围由海上扩展到陆地，从而开辟了保险业发展的广阔空间。

1666年的伦敦大火事件是火灾保险发展史上的一个有着特殊意义的事件。1666年9月2日，伦敦发生巨大火灾，全城被烧毁一半以上，损失约1200万英镑，20万人无家可归。由于这次大火的教训，保险逐渐为人们所接受。1677年，牙科医生尼古拉·巴蓬在伦敦开办个人保险业务，经营房屋火灾保险，出现了第一家专营房屋火灾保险的商行。此后火灾保险公司逐渐增多，1861年至1911年间，英国登记在册的火灾保险公司达到567家。1909年，英国为火灾保险专门制定了法律，进行制约和监督,促进了火灾保险的发展。

(三)人身保险

早期的海上保险也包括有人身保险的内容,如16世纪安特卫普的海上保险也对乘客进行保险。1762年,英国人辛普森和道森成立了世界上第一家人寿保险公司——人寿及遗嘱公平保险社,该社依据生命表收取保费,这标志着现代人寿保险的开始。

1689年,法国国王路易十四推行"联合养老保险法"并获得成功。该法是养老年金的一种起源,17世纪中叶由意大利银行家洛伦佐·佟蒂创设,规定每人缴纳一定数额的法郎,筹集了总额为140万法郎的资金。保险期满后,每年支付10%,并按年龄把认购人分成若干群体,年龄越高分息就越多。当认购人死亡后其利息在该组的生存者中间平均分配,直至该组认购人全部死亡为止。1774年英国颁布人身保险法,要求投保人必须具有可保利益,以防止道德危险的产生,进一步促进了人身保险的健康发展。1870年的英国人寿保险公司法,要求保险人实行账务公开,接受社会的监督。

【背景资料】 **刘翔,亿元保单第一人**

2008年8月18日11时50分,在北京奥运赛场刘翔冲出起点后只跑了三步,就从大腿上摘下了道次牌,宣布退出比赛。刘翔退赛,举国愕然。而国内保险界广泛关注的焦点在于,平安保险为刘翔提供的亿元保险。2007年10月29日,中国田协与平安人寿进行商业合作,中国平安签约刘翔出任平安的"公益大使",同时刘翔也收到了一份来自平安人寿保额高达1亿元人民币的人身意外险保单,而刘翔也成为亿元高额保单的国内第一人。保险期限从2007年11月1日至2008年10月31日,为时1年。

试想,如果刘翔那天强行坚持比赛,结局又会如何?会将刘翔和平安人寿推入何种境地呢?平安人寿赠送的保险金额虽高达1亿元,但仅是意外险,不是突发性的事件不赔。平安人寿也已明确表示,刘翔的伤害不属于保险责任。平安人寿保险意外险伤残标准分为7级34条,对照刘翔的情况,确实一条都不符合。刘翔没有去索赔,平安人寿也没有高姿态地送赔款上门,确实是一个息事宁人的结果。①

二、保险法中的新险种

责任保险以被保险人的民事损害赔偿责任为标的。法国《拿破仑法典》中有关

① 《保险业,2008大回眸》,资料来源:中国保险网,http://www.china-insurance.com/news-center/newslist.asp?id=124271,2009年3月5日访问。

责任赔偿的规定为责任保险的产生提供了法律基础。1855 年,英国率先开办了铁路承运人责任保险。1870 年,保险商开始对因爆炸造成的第三者财产损毁和生命伤害提供赔偿。

雇主保险是工业革命的产物,1880 年英国通过了雇主责任法,规定雇主经营中因过错使工人受到伤害的,应负法律责任,同年就有雇主责任保险公司宣告成立。1890 年海上保险公司开始经营产品责任保险,1896 年出现了职业责任保险,随后会计师责任保险(1923 年)、个人责任保险(1932 年)、农户及店主责任保险(1948 年)也相继出现。20 世纪后期大部分西方国家对各种公共责任采取了强制保险的办法,有些国家还实行了严格责任制度,进一步使责任保险成为制造商和自由职业者不可或缺的一种保险。

最早的汽车保险是 1895 年由英国一家保险公司推出的汽车第三者责任保险。1898 年,美国开办了这项业务。进入 20 世纪后,汽车第三者责任保险得到了极大发展,时至今日它已成为责任保险市场最主要的业务之一。

信用与保证保险是随着商业信用的发展而产生的一种新兴保险业务。在 18 世纪末 19 世纪初,忠诚保证保险就已出现。该项保险的投保人一般是雇主,如果雇员的不忠诚行为使雇主蒙受损失,保险人将负有赔偿责任。19 世纪中期英国出现了合同保证保险,主要运用于工程建设上。1919 年,英国政府为了保证贸易的进行,专门成立了出口信用担保局,对有关贸易进行担保,创立了一整套信用保险制度。

新技术的发展推动了新工艺、新工业的产生,同时也带来了新的危险,为新险种的产生提供了契机。在寿险领域,日本推出了严重慢性疾病保险,美国推出了“变额保险”,英国推出了“疯牛病保险”;在财产保险领域,自然灾害的发生和意外事故的增多使险种创新,如核保险、航天飞机保险。

“9・11”事件之后,德国安联保险公司、百慕大的 XL 资本公司和瑞士再保险公司合作组建了世界上第一家提供恐怖险的保险公司。劳合社也在此后,开发了多种为客户“量身定做”的“恐怖险”产品。客户可以自己选择保什么、保多少和在什么地点、什么情况下保险。劳合社“恐怖险”的灵活性吸引了许多客户,其影响逐渐从英国扩大到全球,保险业务量迅速增加。“恐怖险”作为单项保险业务,已初步形成规模,并正在创造丰厚的收益。2004 年,中国第一高楼上海金茂大厦签订了财产保险单,由中国人民财产保险公司中山市分公司主承保,承保金额 6.3 亿美元。其中,关于附加的恐怖主义责任险限额高达 1.5 亿美元。

第四节 我国的保险制度与立法

一、我国保险制度的起源

中国古代民间商业保险也产生于货物运输。镖局是一种带有保险性质的武装押运组织,货主给镖局一定费用,类似于保险费和运费。如护送人路上失镖(货物遗失或被劫),镖局要赔偿损失。盐运与槽船也是为了减少和分散路途事故危险,补偿损失,由政府从官盐税收中提取钱款,在商盐中收取基金,发生损失后,免费补配盐斤,进行经济补偿,以保障盐运的正常进行。这些做法都是危险分散、共同承担或实行约定的损失赔偿责任制,体现了经济补偿的作用和基本的保险原理。

【背景资料】 **中国的镖局**

商业的发展,使一些人手上有了多余的金银,也招来了多余的危险,他们便请有武功的人到身边陪同,以保护自己。镖户走镖是镖局诞生前的主要走镖形式,与商业的产生和发展同步,即所谓"商不离镖,镖不离商"。

镖户走镖属私人行为,保镖人凭借武功受人聘用,保官员、商人或货物由甲地到乙地。镖局是为一些商家、个人提供安全保障的专门机构。在中国历史上与镖局性质相近的是驿站,但驿站仅限于朝廷与官僚之间,专门为朝廷押送一些来往信件。民间的商业往来没有安全保障机构。清代早期,随着我国金融业的兴起,就逐渐出现了镖局。中国第一家镖局是山西人"神拳无敌"张黑五在北京顺天府门外创办的"兴隆镖局",镖局的主要业务是为票号押送银镖;到了清朝末期,镖局的主要业务对象就转化为帮助一些有钱的客人押送衣、物、首饰和保障人身安全。一趟镖安全地送到一个地方之后就可以拿到应得的报酬。

中国现代商业保险是从西方传入的。1929 年 12 月 30 日,国民党政府公布了《保险法》,但由于外商的反对未获施行。1937 年 1 月 1 日国民党政府公布的修订后的《保险法》《保险业法》《保险业施行法》均未得以施行。

二、我国的保险制度与立法

1979 年 11 月 19 日至 27 日,全国保险会议在北京举行。经国务院批准,中国人民保险公司从 1980 年开始逐步恢复停办了二十年的国内保险业务,以适应现代化建设的需要。进入20世纪80年代,我国颁布了《财产保险合同条例》《保险公司管理暂行条例》等法规。1995年6月,《中华人民共和国保险法》的颁布,为我国保险市场上良好的法律环境的创造提供了基础。1996年2月我国制定了《保险代理人管理暂行规定》,同年7月公布了《保险管理暂行规定》;1998年2月公布了《保险经纪人管理规定》;1999年1月,中国保险监督管理委员会公布了《保险机构高级管理人员任职资格暂行规定》;2000年1月,中国保险监督管理委员会又制定了《保险公估人管理规定》。2001年11月16日,中国保险监督管理委员会颁布了《保险代理机构管理规定》《保险经纪公司管理规定》《保险公估机构管理规定》。2002年10月28日,第九届全国人民代表大会常务委员会第三十次会议通过了《关于修改〈中华人民共和国保险法〉的决定》,对《保险法》进行了第一次大的修改。此次修订的《保险法》根据变化了的客观条件,参照国际惯例,调整和修改了38个条文,加强了对保险人的规范,增加了关于保险公司业务范围、保险代理人、经纪人行为的规则以及偿付能力监管等方面的规定,进一步保护了投保人和被保险人的利益。这些法律、法规的出台,标志着我国以《保险法》为核心的保险法律体系已初步形成。

2006年7月,《机动车交通事故责任强制保险条例》实施。机动车交通事故责任强制保险,简称交强险,是为了保障机动车道路交通事故受害人依法得到赔偿,促进道路交通安全,由保险公司对被保险机动车发生道路交通事故造成本车人员、被保险人以外的受害人的人身伤亡、财产损失,在责任限额内予以赔偿的强制性责任保险。2007年12月29日,第十届全国人大常委会第三十一次会议通过《关于修改〈中华人民共和国道路交通安全法〉的决定》,并予公布,自2008年5月1日起施行。《中华人民共和国道路交通安全法》第76条修改为:"机动车发生交通事故造成人身伤亡、财产损失的,由保险公司在机动车第三者责任强制保险责任限额范围内予以赔偿;不足的部分,按照下列规定承担赔偿责任:(一)机动车之间发生交通事故的,由有过错的一方承担赔偿责任;双方都有过错的,按照各自过错的比例分担责任。(二)机动车与非机动车驾驶人、行人之间发生交通事故,非机动车驾驶人、行人没有过错的,由机动车一方承担赔偿责任;有证据证明非机动车驾驶人、行人有过错的,根据过错程度适当减轻机动车一方的赔偿责任;机动车一方没有过错的,承担不超过百分之十的赔偿责任。交通事故的损失是由非机动车驾驶人、行人故意碰撞机动车造成的,机动车一方不承担赔偿责任。"

2009年2月28日第十一届全国人民代表大会常务委员会第七次会议再次修订了《保险法》,并从2009年10月1日起实施。该法增加了保护被保险人利益的条款,也对保险实践中出现的问题进行了相应的规定。例如,对于投保人未如实告知的情况,将此前的保险公司只退还保费、而拒绝赔付的规定加以修改,进一步完善了对被保险人的保障,即增设了不可抗辩规则,规定自合同成立之日起超过2年的,保险人不得解除合同,即保险合同成立满 2 年后,保险公司不得再以该投保人未履行如实告知义务为由解除合同。《保险法》此前规定,在受益人故意造成被保险人死亡、伤残或者疾病时,保险人不承担给付保险金的责任。这对于无辜的被保险人不公平,新法修改完善为此种情形下,实施非法行为的受益人丧失受益权,但保险人不因此免除保险责任,被保险人的利益仍然受到了保护。长期以来,当保险标的发生转让时,受让人能否享受原保险合同的保障,有不同理解,一直存在争议。最常见的如二手车买卖,购买二手车的车主还未来得及买保险就发生事故,保险公司会以保险标的转移为由拒赔。而新《保险法》借鉴国外相关立法,将受让人继受取得保险合同的权利义务作为一般原则,明确规定:保险标的转移后,受让人承继被保险人的权利和义务,同时对被保险人设定通知义务。

1998 年 11 月 18 日,中国保险监督管理委员会(中国保监会)成立。这是全国商业保险的主管部门,根据国务院授权履行行政管理职能,依照法律、法规统一监督管理全国保险市场,维护保险业的合法、稳健运行。中国保监会除拟订保险业发展的方针政策,制定行业发展战略和规划,起草保险业监管的法律、法规,制定业内规章外,还负责审批保险公司及其分支机构、保险集团公司、保险控股公司的设立;会同有关部门审批保险资产管理公司的设立;审批境外保险机构代表处的设立;审批保险代理公司、保险经纪公司、保险公估公司等保险中介机构及其分支机构的设立;审批境内保险机构和非保险机构在境外设立保险机构;审批保险机构的合并、分立、变更、解散,决定接管和指定接受;参与、组织保险公司的破产、清算;审查、认定各类保险机构高级管理人员的任职资格;制定保险从业人员的基本资格标准;审批关系社会公众利益的保险险种、依法实行强制保险的险种和新开发的人寿保险险种等的保险条款和保险费率,对其他保险险种的保险条款和保险费率实施备案管理;依法监管保险公司的偿付能力和市场行为;负责保险保障基金的管理,监管保险保证金;根据法律和国家对保险资金的运用政策,制定有关规章制度,依法对保险公司的资金运用进行监管;对政策性保险和强制保险进行业务监管;对专属自保、相互保险等组织形式和业务活动进行监管;归口管理保险行业协会、保险学会等行业社团组织;依法对保险机构和保险从业人员的不正当竞争等违法、违规行为以及对非保险机构经营或变相经营保险业务进行调查、处罚;依法对境内保险及非保险机构在境外设立的保险机构进行监管。

2008 年 9 月 16 日,中国保险保障基金有限责任公司成立,被认为是给保险业加固了“最后一道保障防线”,为我国按照市场原则建立保险市场的退出机制、更有效地保护被保险人利益提供了制度和物质上的保障。2008 年 11 月 18 日,中国保监会稽查局正式成立。稽查局的主要职责是:负责拟定各类保险机构违法违规案件调查的规则;组织、协调保险业综合性检查和保险业重大案件调查;负责处理保险业非法集资等专项工作；配合中国人民银行组织实施保险业反洗钱案件检查；调查举报、投诉的违法违规问题，维护保险消费者合法权益；开展案件统计分析、稽查工作交流和考核评估。此外，稽查局还履行稽查委员会办公室的职责，承担稽查委员会的日常工作。

中国保监会依法制定的部门规章和规范性文件对于我国保险市场的正常运营发挥着重要的作用。如2004年12月30日颁布实施的《保险保障基金管理办法》，发挥着规范保险保障基金的缴纳、管理和使用，保障保单持有人利益，有效化解金融风险的作用。2004年12月1日的《保险代理机构管理规定》，具体规范了保险代理机构及其分支机构的经营行为，起到了维护公平竞争的市场秩序，促进保险业健康发展的作用。2007年5月11日，为了加强保险许可证的管理，规范保险业许可活动，维护保险市场秩序，中国保监会主席办公会审议通过《保险许可证管理办法》，自2007年9月1日起施行。该办法规定中华人民共和国境内的保险类机构，应当依法取得保险许可证。2008年6月30日，为了加强保险公司偿付能力监管，维护被保险人利益，《保险公司偿付能力管理规定》公布，规定保险公司应当具有与其风险和业务规模相适应的资本，确保偿付能力充足率不低于100%。保监会建立以风险为基础的动态偿付能力监管标准和监管机制，对保险公司偿付能力进行综合评价和监督检查，并依法采取监管措施。

根据2009年2月28日修订的《保险法》，监管机构应当建立健全保险公司偿付能力监管体系，对保险公司的偿付能力实施监控。当保险公司偿付能力不足时，监管机构将通过责令拍卖不良资产、转让保险业务等措施，最大限度地保障投保人的利益。对偿付能力不足的保险公司，监管机构应当将其列为重点监管对象，并可以根据具体情况采取责令增加资本金，办理再保险，限制业务范围，限制固定资产购置或者经营费用规模，限制资金运用的形式或者比例，限制增设分支机构，限制董事、监事、高级管理人员的薪酬水平，责令拍卖不良资产，转让保险业务等监管措施，从而确保投保人的利益不受损害。

【背景资料】　　**对我国《保险法》修改的意见**

2008年9月6日，中国人民大学法学院海商法保险法研究所举办研讨会，对我国《保险法》修订草案进行了研讨。认为《保险法》修订坚持了如下指导思想：强调保护被保险人利益，解决理赔难的问题，完善理赔期限规则；保持保险法原有框架不变，保险合同法和保险业法继续同处一法，条文次序不作太大变动；对有的条文进行完善，例如，投保人告知义务；对个别空白进行填补，比如，增加不可争议条款；支持保险业改革创新；将现有监管实践法制化。

但是，这次修订没有科学划分赔偿保险和定额保险；没有规定因果关系规则；合理期待规则未能引起重视;弃权和禁止反悔规则没有体现;未能强化保险人的诚信义务;保险格式条款进入合意规则尚不完善;保险合同转让和质押规则十分不够;保险费交付对合同效力影响不明;没有运用惩罚性赔偿制度惩戒保险人欺诈拒赔;未能规范实践中时常引发纠纷的信用保险;缺乏团体保险规则;短期健康保险和意外伤害保险尚无科学定位;诉讼时效规则没有充实。即使作出修改的部分,也存在某些欠缺。比如,第19条对责任免除条款的提示和说明,不应是并列关系,而应是递进关系;第20条和第117条有重复之嫌;第35条规定"保险标的转让的,保险标的的受让人承继被保险人的权利和义务"不尽合理,忽视了转让人和受让人的合意;第35条第2款和第3款关于风险增加的规则与第38条存在先特殊后一般的逻辑上的颠倒;第59条关于宽限期的开始均应以保险人的通知为条件等。这些问题有待进一步修改完善。①

【深度阅读】

1. 许崇苗:《中国保险法适用与案例精解》,法律出版社2008年版,第二章。
2. 贾林青:《保险法》,中国人民大学出版社2007年版,第一章。
3. 江朝国:《保险法基础理论》,中国政法大学出版社2002年版,第一章。
4. 梁宇贤:《保险法新论》,中国人民大学出版社2004年版,第一章。

【问题与思考】

1. 保险法的特征有哪些?
2. 保险法包括哪些内容?
3. 如何看待我国保险立法的变化与发展趋势?

① 参见潘磊等:《海商法保险法研究所举办保险法修订草案研讨会》,资料来源:人大新闻网,http://news1.ruc.edu.cn/102449/102450/102497/57891.html,2008年9月11日访问。

第三章　保险法的基本原则

保险法的基本原则是保险法律规范中的基本精神和指导原则。这些原则或直接体现在法律条文中,或为相关的法律规范所共同确认,并且由长期的司法实践所遵循。

第一节　最大诚实信用原则

一、最大诚实信用原则的含义

诚实信用原则起源于罗马法。诚实信用是指当事人在从事民商事活动时,应讲究诚实,恪守信用,善意地、全面地履行其义务。由于保险法律关系伴随着明显的偶然性特点,所以对诚实信用的要求更高,当事人必须遵守最大诚实信用原则,即当事人要向对方充分而准确地告知有关保险的所有重要事实,不允许存在任何的虚伪、欺骗和隐瞒行为。英国早在1906年《海上保险法》第17条中就规定:“海上保险合同为基于最大诚信的合同,如果一方不信守诚信原则,另一方可宣布合同无效。”2002年10月28日,第九届全国人民代表大会常务委员会第三十次会议作出的《关于修改〈中华人民共和国保险法〉的决定》,也增加了第5条:“保险活动当事人行使权利、履行义务应当遵循诚实信用原则。”

在保险法律关系中,“重要事实”是对保险人决定是否承保、以何条件承保起影响作用的事实;也包括对投保人决定是否投保、以何种条件投保起影响作用的事实。因此,保险法律关系当事人订立保险合同及在合同的有效期内,应向对方提供影响对方作出是否缔约的决定及影响缔约条件的全部重要事实;同时信守合同订立的约定与承诺。否则,一方有可能以此为理由主张保险合同无效,不履行合同的约定义务或责任,甚至就受到的损害要求对方予以赔偿。

保险的经营以危险的存在为前提,危险的性质和大小直接决定着保险人是否承保及保险费率的高低,而投保人对保险标的危险情况最为了解,所以,保险人只能根据投保人的介绍和叙述来确定是否承保并确定保险费率。同时,投保人购买保险通常支付较少的保费,当保险标的发生危险事故时,被保险人所能获得的赔偿或给付金额则大大高于保费,如果投保人不能按照诚实信用原则参与保险,必然给保险人带来损失无法弥补、合同无法履行的后果。另一方面,保险合同中的内容一般是由保险人单方面制定的,投保人只能同意或不同意,或以附加条款的方式接受。加之保险合同条款专业性强,投保人或被保险人不易理解和掌握,如保险费率是否合理,承保条件及赔偿方式是否苛刻等,在一定程度上是由保险人决定的。所以,要求保险人也应当遵守最大诚信来履行其义务。

二、最大诚实信用原则对投保人的要求

诚实信用原则贯穿于自协商、订立保险合同到保险理赔的各个阶段,对投保人而言,主要包括如实告知义务、履约保证义务和保险风险增加时的通知义务。

(一) 如实告知义务

1. 告知义务的承担者

告知义务要求投保人在保险合同订立时,将有关保险标的事实向保险人作如实的陈述。投保人的陈述事项应当全面、真实、客观,不能故意隐瞒,更不能编造虚假情况欺骗保险人。如实告知义务是投保人在订立保险合同时必须履行的基本义务,但保险人不得以投保人违反如实告知义务为由而请求投保人履行该义务,或者请求损害赔偿,只能适用解除保险合同的救济方式。如我国《保险法》第 16 条第 1 款规定:“订立保险合同,保险人就保险标的或者被保险人的有关情况提出询问的,投保人应当如实告知。”第 2 款规定:“投保人故意或者因重大过失未履行前款规定的如实告知义务,足以影响保险人决定是否同意承保或者提高保险费率的,保险人有权解除合同。”第 3 款进一步规定:“前款规定的合同解除权,自保险人知道有解除事由之日起,超过 30 日不行使而消灭。自合同成立之日起超过 2 年的,保险人不得解除合同;发生保险事故的,保险人应当承担赔偿或者给付保险金的责任。”这是2009 年修订后的《保险法》新增内容,可有效防止保险公司利用法律漏洞逆向选择。因为如实告知虽是投保人的先合同义务,但依据民法原理,解除权为形成权,应有除斥期间,此前的《保险法》疏漏了对除斥期间的规定,这在保险实务中可能导致保险人对解除权的滥用,诱发保险人的道德风险,损害投保方利益。《保险法》第 16 条第 4 款规定:“投保人故意不履行如实告知义务的,保险人对于合同解除前发生的保险事故,不承担赔偿或者给付保险金的责任,并不退还保险费。”第 5 款规定:“投保人因重大过失未履行如实告知义务,对保险事故的发生有严重影响的,保险人对于合同解除前发生的保险事故,不承担赔偿或者给付保险金的责任,但应当退还保险费。”这两款规定的区别就在于投保人的主观心态,因而在“退还保险费”上产生了不同的法律后果。第 6 款则针对保险公司进行逆向选择的行为在法律上予以了否定:“保险人在合同订立时已经知道投保人未如实告知的情况的,保险人不得解除合同;发生保险事故的,保险人应当承担赔偿或者给付保险金的责任。”这些规定形成了我国

保险法上如实告知原则的基本内容,对保险行为人进行了约束。

如实告知义务的承担者首先是投保人,因为他是订立保险合同时保险人的相对人。除此之外,各国关于如实告知义务的承担人的立法不尽相同。对于代为订立保险合同的人,有的国家规定为告知义务人,如德国《保险合同法》第19条规定的告知义务主体范围就扩大到了代理人和无权代理人。对于被保险人,日本《商法典》第678条规定,人寿保险的投保人和被保险人,均负如实告知义务。韩国《商法典》第651条也要求被保险人负有告知义务,瑞士也有相同的规定。根据我国《保险法》第16条的规定,投保人是如实告知义务的承担者,但第21条、第22条有关保险事故发生后通知、资料提供义务,第49条的危险增加的通知义务等,义务履行主体都有被保险人,实际上是将如实告知主体扩大了。有的保险人在保险合同中订立"被保险人视为投保人"的条款来明确责任,也是将如实告知义务的主体扩大为投保人和被保险人。

在实践中,告知主体的认定不同往往导致不同的法律后果。如投保人王某为其儿子投保了5份少儿保险,缴费期为6年。根据该少儿保险合同条款的规定,如果投保人在保险交费期间因疾病或者意外事故死亡,则可免交余下保险期间的保险费,保险责任继续有效。投保2年后,王某因病死亡。王某的妻子根据保险条款的规定,向保险公司申请保费豁免。保险公司经调查,以王某投保前就已患重病,投保时未履行如实告知义务为由拒绝。但经查投保书并非王某本人亲笔签名,而是由保险业务员代签的,王某投保时没有见到投保书和保险条款,无法进行告知。在这里,投保人王某的告知义务,保险业务员与投保人的关系,保险业务员为投保人代签保险合同行为的性质成为认定相关法律责任应当考虑的因素。

广义地看,我国《保险法》第17条关于保险人说明义务的规定,也可以理解为保险人具有相应的明确告知义务,尤其是保险合同采用保险人提供的格式条款的,"保险人向投保人提供的投保单应当附格式条款,保险人应当向投保人说明合同的内容"。立法以明确的强制性规范来限制保险人通过合同条款加重投保方的义务或者排除投保方的权利,有助于促进保险人规范展业,减少合同纠纷,并进一步保护投保方权益。

【案例研讨】　　　　**隐瞒母亲瘫痪索赔遭拒**[①]

2007年5月12日,原告廖细春为其母向新余市泰康保险公司投保了泰康安享人生两全分红保险和长安卡,受益人均为原告。2007年6月20日,原告母亲被大火烧伤,同

---

① 邓飞:《为母亲投保其情可谅,隐瞒瘫痪事实索赔遭拒》,资料来源:中国法院网,http://www.chinacourt.org/public/detail.php? id=306639,2008年6月11日访问。

月22日经抢救无效死亡。原告母亲因病于2006年9月25日至10月8日、10月8日至12月5日分别在江西省人民医院、江西中医学院附属医院住院治疗，诊断为患有急性脊髓炎，双下肢已瘫痪，肌力为0级、二便失禁。而原告在投保上述两份保险时不仅未将其母瘫痪的事实如实告知被告，且在健康告知书上列明被保险人无身体残疾情况。原告理赔遭拒后，双方于2007年11月1日签订协议书：原告承认为其母亲投保时存在过失，未如实告知其母瘫痪的事实，并自愿放弃一切形式的理赔申请；被告则愿意出于人道主义关怀，退还原告保费3150元，同时提供援助金12765元；承诺双方之间就上述两份保险合同不存在法律关系，两份保险合同效力终止。但原告事后反悔，认为该协议显失公平而诉至法院。

本案的问题是：保险公司能否因投保人隐瞒其母瘫痪的事实拒赔？

江西省新余市渝水区法院认为，被告以原告未尽如实告知义务为由作出的拒赔决定合理合法，且双方所签协议并不构成显失公平，判决驳回原告的全部诉讼请求。

2. 告知义务的履行期限

对于告知义务履行的时间，多数国家和地区立法均明确规定为“保险合同订立时”，但在保险合同复效时、续约时、合同内容变更时也应该履行如实告知义务。具体包括：

根据我国《保险法》第16条规定，订立保险合同，保险人就保险标的或者被保险人的有关情况提出询问的，投保人应当如实告知。所以，投保人在保险合同订立时，对已知或应知的与保险标的及其危险有关的重要事实应当如实回答。

我国《保险法》第49条第2、3款规定：“保险标的转让的，被保险人或者受让人应当及时通知保险人，但货物运输保险合同和另有约定的合同除外。因保险标的转让导致危险程度显著增加的，保险人自收到前款规定的通知之日起30日内，可以按照合同约定增加保险费或者解除合同……”所以，保险合同订立后，在保险合同的有效期内，保险标的危险程度增加时，投保人应及时告知保险人。当保险标的发生转移或保险合同有关事项有变动时，投保人或被保险人应及时通知保险人。

我国《保险法》第21条规定：“投保人、被保险人或者受益人知道保险事故发生后，应当及时通知保险人……”据此，保险事故发生后投保人应及时通知保险人，使保险人协助减少保险损失，准确查找损失原因、核定损失情况，收集和认定证据，确定是否承担责任，使投保人或被保险人尽早得到保险赔付。对于“及时”的具体要求，《保险法》并未明确规定。其他国家的保险立法规定从当事人知道保险事故发生之日开始计算，有的为3天内，有的为5天内，有的为24小时内。我国保险实务中，保险公司制定的保险条款规定了出险后通知的期限：人身保险一般为3天、5天或10天，财产保险一般为24小时。

投保人或受益人未在保险合同约定的时间内通知保险公司所产生的后果有两种：一种是因延迟通知而导致必要的证据及保险事故的性质、原因无法认定或增加保险公司的勘查、检验等项目费用的，受益人应承担由此造成的损失；二是因延迟通知，保险公司可以不承担保险责任。寿险条款一般规定第一种做法，而财产保险条款一般规定第二种做法。我国《保险法》第21条规定为："……故意或者因重大过失未及时通知，致使保险事故的性质、原因、损失程度等难以确定的，保险人对无法确定的部分，不承担赔偿或者给付保险金的责任，但保险人通过其他途径已经及时知道或者应当及时知道保险事故发生的除外。"

3. 应当告知的事项

英国1906年《海上保险法》第18条第2款规定："所有影响一个谨慎的保险人确定保险费或决定是否承担某项风险的情况均为重要事实。"在惯例中，凡能影响一个正常的、谨慎的保险人决定是否承保，或者据以确定保险费，或者是否在保险合同中增加特别约定条款的事实，均属"重要事实"。据此，必须告知的重要事实包括：所投保的风险大于人们通常预计的事项；导致预期损失金额大于通常估算金额的事项；与保险标的有关的全部事实。在我国，告知的内容包括：(1) 足以影响保险人决定是否同意承保的重要事实，如在企业财产保险中，建筑物本身的质料、周围的环境、用途属于重要事项；船舶保险中船舶的性能与特殊构造、船舶的船级及船龄、国籍、有关船长的特定事实、发航日期等；在人寿保险合同中，被保险人的性别、年龄、职业及生活状况、婚姻状况、健康状况、嗜好、遗传病等。(2) 足以影响保险人决定是否提高保险费率的重要事实。如果已经符合建立保险关系的基本要件，但由于标的相关的安全系数不同，保险人也可以考虑采用较低或较高的费率。例如，仓储保险中的货物混放的事实，被保险人由销售人员身份改为矿井下作业人员的事实。

韩国《商法典》第65条规定："签订保险合同时……保险人书面质询的事项，应推定为重要的事项。"瑞士《保险合同法》第6条将应告知的内容规定为"投保人所知道并对评估风险具有实质性作用的一切事实"。德国《保险合同法》第19条规定："在订立保险合同之前，对于保险人以书面方式询问的对其决定订立保险合同有重要影响的事实，投保人应当向保险人如实告知。在保险人接受投保人的订约请求后但正式签订保险合同前，如果保险人向投保人询问了上述重要事实，则投保人有义务就上述事实向保险人如实告知。"

另外，根据我国《保险法》第56条的规定：重复保险的投保人应当将重复保险的有关情况通知各保险人。广义的重复保险包括两种情形：(1) 重复保险的保险金额之总额未超过保险标的的价值；(2) 重复保险的保险金额的总额超过保险标的的价值。狭义的重复保险则仅指第二种情形。有重复保险的投保人应将有关情况通知各保险人。我国法律明确规定了重复保险是指投保人对同一保险标的、同一保险利益、同一保险事故分别与两个以上保险人订立保险合同,且保险金额总和超过保险价值的保险。

4. 告知义务的方式

履行告知义务的方式首先涉及是主动告知还是被动告知。前者是不经过询问,投保人将与保险公司决定是否承保及费率高低有关的重要情况告知保险公司。如果隐瞒不告知或者告知不实,投保人、被保险人和受益人要承担相应的法律后果。后者是只有在保险公司询问的情况下,投保人才有义务如实告知。保险人没有询问的,投保人就没有告知的义务。根据《保险法》的规定,我国适用的是被动告知制。保险公司可以要求投保人填写保险公司印制的投保单,作为对如实告知义务的履行,也可以就投保单之外的有关事项进行询问。无论这种补充询问是书面的还是口头的,投保人都应当如实告知。特别的规定在我国《海商法》第 222 条:"合同订立前,被保险人应当将其知道的或者在通常业务中应当知道的有关影响保险人据以确定保险费率或者确定是否同意承保的重要情况,如实告知保险人。保险人知道或者在通常业务中应当知道的情况,保险人没有询问的,被保险人无需告知。"在这里,投保人(被保险人)的如实告知义务之履行不以保险人的询问为前提,不论保险人是否询问,除非保险人已知或者应知,投保人(被保险人)应当将有关保险的重要情况告知保险人。投保人无需告知的保险人"没有询问的"事项,仅以保险人知道或者应当知道的事项为限。

【背景资料】 **英国告知义务的履行标准**①

就投保人的义务的履行标准而言,更多地是考虑保险人的认知与判断能力。在英国的保险法中,首先以"谨慎保险人"为标准,凡将影响一个谨慎保险人决定是否承保或确定保险费之事实均为需告知的事实。其二是以"理智投保人"为标准。费来彻法官在一判决中认定:"若一个理智的投保人认为该信息的告知为必要的话,那么他未能这样认为则不能免责。"其三是以"一般保险人"为标准。即就告知的事项应为能影响一般保险人的正确判断的事项,而如果其不告知只影响某一特殊保险人,那么该事项不必告知。其四是"非主观"标准。即投保人对问题所持的观点并不重要,即使他没有告知他认为不重要而事实上却很重要的内容也不能使其负责。如某投保人投保疾病险,他声称其肾脏可能有恙,后经 X 光检验后,其肾脏无恙而其肺部却需治疗,同时他还患有咽喉炎,而投保人在投保时未能告知。后来法官判决:这些内容都为重大事实,所以保险人可因投保人未能告知而免责。因为一个理智的人即使没有专业知识,他亦应当能对他的健康情况有所了解。

① 邓成明:《中外保险法律制度比较研究》,知识产权出版社 2002 年版,第 62 页。

5. 违反告知义务的形式及后果

违反如实告知义务的客观要件是告知义务人不告知有关重要事项或对有关事项作不实说明。通常有四种表现形式:一是漏报,由于疏忽、过失而未告知,或者对重要事实误认为不重要而未告知;二是误告,由于对重要事实认识的局限性,包括不知道、了解不全面或不准确而导致,并非故意欺骗;三是隐瞒,即投保人对会影响保险人决定是否承保,或影响承保条件的已知或应知的事实没有如实告知或仅部分告知;四是欺诈,即投保人怀有不良企图,故意作不实告知。投保人违反如实告知的主观形式可以表现为过失和故意两种。投保人虚假告知的原因可能出于故意,也可能出于过失,只要投保人告知的内容与事实不符,即可认为违反告知义务。

违反如实告知义务的法律后果,各国法律规定有两种:保险人有权解除合同及保险合同无效。(1) 保险人有权解除保险合同。如果投保人未能如实告知,且保险人因此在决定是否签订契约及以何种条件订立契约时发生了错误估计,或者说投保人违反如实告知义务与保险人订立合同之间有因果关系时,保险人可以解除合同。需要说明的是:保险人有权解除合同只是保险人的一项法定权利,权利的依法享有与权利的正确行使并非同一的。对于投保人违反如实告知义务后订立的保险合同,保险人可以解除该保险合同,也可以放弃解除权,还可以加收保险费或减少保险金额而使保险合同继续有效。如果保险人选择解除合同,应当在一定时间内行使解除权。德国《保险合同法》第 19 条第 3 款规定为“1 个月”,智利《保险法》将其规定为“4 个星期”,美国、加拿大是 2 年。这样规定的目的在于保护投保人的利益,避免保险合同因保险人的解除权而始终处于不稳定状态,强化保险人的责任心,避免保险人的投机行为。(2) 合同无效。这是基于告知义务是保险合同成立的必要条件的认识。如果投保人违反了告知义务,则保险失去了存在的基础,该保险合同无效。采用这种形式立法的有法国、荷兰、比利时等国。

我国《保险法》第 16 条第 2 款至第 6 款规定:“投保人故意或者因重大过失未履行前款规定的如实告知义务,足以影响保险人决定是否同意承保或者提高保险费率的,保险人有权解除合同。前款规定的合同解除权,自保险人知道有解除事由之日起,超过 30 日不行使而消灭。自合同成立之日起超过 2 年的,保险人不得解除合同;发生保险事故的,保险人应当承担赔偿或者给付保险金的责任。投保人故意不履行如实告知义务的,保险人对于合同解除前发生的保险事故,不承担赔偿或者给付保险金的责任,并不退还保险费。投保人因重大过失未履行如实告知义务,对保险事故的发生有严重影响的,保险人对于合同解除前发生的保险事故,不承担赔偿或者给付保险金的责任,但应当退还保险费。保险人在合同订立时已经知道投保人未如实告知的情况的,保险人不得解除合同;发生保险事故的,保险人应当承担赔偿或者给付保险金的责任。”这一规定体现的是主观归责加过失主义,将告知义务人主观上无过失的情况排除在外。对于投保人因过失或疏忽而未如实告知,足以影响保险人决定是否同意承保或者提高保险费率的,保险人有权解除保险合同;对在合同解除前发生的保险事故,保险人不承担赔偿或者给付保险金的责任,但可以退还保险费。

【背景资料】　美国各州违反如实告知义务的后果不同①

《纽约州保险法》第3106条规定:"……(b) 如果违反了保证,则只有这种违反大幅度增加了合同承保范围内的损失、损害、损伤概率时,才会导致保险合同的无效和赔付的丧失。如果保证合同承保了两项或者两项以上的损失、损害、损伤,则只有那些与该保证有关系,并且其出险概率因此种违反而大幅度升高的合同部分和赔付部分因此而无效或丧失。"

马萨诸塞州的规定与纽约州最为接近:"即使被保险人违反了其在投保期间以口头或书面形式作出的保证或者陈述,此等违反不应被视为重大违反,也不应使保单归于无效,除非有证据表明被保险人确实有欺诈意图,或是此等违反使风险大大增加。"

犹他州的规定则有所不同:"被保险人进行了虚假陈述和违反了肯定性保证并不影响保险人的合同义务,但下列情形除外:(1) 保险人对此等行为产生了依赖,并且此等行为影响重大或者属于蓄意欺诈;(2) 被虚假陈述和被违反的事项导致了损失。"

更加有所不同的是内布拉斯加州的规定:"被保险人在投保时以书面或者口头形式作出的虚假陈述或保证均不应被视为性质重大,不应使保单归于无效,但如果此等虚假陈述或保证欺骗了保险人,并导致保险人受到损害者除外。无论合同双方在保单或保险合同里如何约定,违反保证和保险合同条件不应使保单无效,保险人也不能以此为由拒绝履行给付义务,但如果此等违反在出险当时业已存在,并且此等违反导致了损失的产生者除外。"

(二) 履约保证义务

1. 保证的含义

保证是保险人要求投保人或被保险人在保险期间对某一事项的作为与不作为,某种事态的存在或不存在作出的许诺。保证的目的在于控制危险,确保保险标的及其周围环境处于良好的状态之中。例如,签订火灾保险合同时,投保人承诺不在该房屋内堆放易燃品,此承诺即为保证。如果没有该保证,保险人将不接受承保或者改变此保单所适用的费率。如果投保人违反该保证而在房屋内堆放易燃品,则保险

① 黄勇:《英美保险法经典案例评析》,中信出版社2007年版,第92页。

人对火灾事故不承担保险责任。又如《中国平安保险股份有限公司机动车辆保险条款》第16条规定:“被保险人及其驾驶员应当做好保险车辆的维护、保养工作,使其保持安全行驶技术状态。”

保证与告知有很大的区别:保证是保险合同内容的重要组成部分,除默示保证外,均须列入保险单或其附件中,而告知并不是保险合同的内容;保证是对某一特定事项的作为与不作为的承诺,而不是对整个保险合同的保证;保证的目的在于控制危险,而告知的目的则在于使保险人能够正确估计其所承担的危险;保证必须严格遵守,告知则只有当保险人证明其重要性时才由投保人承担法律后果。

2. 保证的形式

保证通常可分为明示保证和默示保证两种形式。

明示保证是在保险合同中明确记载、成为合同组成部分的保证条款和其他保证事项。明示保证以文字的规定为依据,是保证的重要形式。明示保证又可分为认定事项保证和约定事项保证。前者所保证事项涉及过去与现在,它是投保人对过去或现在某一特定事实存在或不存在的保证。如某人保证过去及现在从未得过某种疾病,但不能保证将来是否会患该种疾病。后者所保证事项是投保人对未来某一特定事项的作为或不作为,其保证的事项涉及现在和将来。如在盗窃险中,承诺安装防盗门。

默示保证是指保证内容虽没有记载于保险合同之上,但为社会习惯公认或法律规定投保方必须保证的事项。默示保证内容通常是以往法庭判决的结果,也是某行业习惯的合法化,与明示保证一样对被保险人具有约束力。一般存在于海上保险中。按照1906年英国《海上保险法》的规定,海上保险的默示保证主要有两条:合法保证和适航保证。通常要求船主在投保时保证船舶的构造、设备、驾驶管理员等都符合安全标准,适合航行;保障的船舶要按预定的或习惯的航线航行,除非因躲避暴风雨或救助他人才允许改变航道;保险的船舶保证不进行非法经营或运输违禁品等。

3. 违反保证义务的法律后果

凡是投保人或被保险人违反保证义务,无论其是否有过失,也无论是否对保险人造成损害,保险人均有权解除合同,不承担责任。对于保证的事项,无论故意或无意违反保证义务,对保险合同的影响是相同的,无意的违反不能构成投保人抗辩的理由;即使违反保证的事实更有利于保险人,保险人仍可以违反保证为由使合同无效或解除合同。而且,对于违反保证,除人寿保险外一般不退还保险费。但基于“保证”是对某一特定事项的作为与不作为的承诺,而不是对整个保险合同的保证,也可以相应地得出违反保证只部分地损害了保险人的利益,保险人只应就违反保证部分拒绝承担保险赔偿责任,并不一定完全解除保险合同的结论。

(三) 危险增加时的通知义务

保险风险是变化的,当保险风险发生变化后,尤其是保险危险增加后,保险人就承担了比已知风险更大的危险,保险费的提高也就成为合理。由于投保人或者被保险人比之保险人更清楚保险标的风险的变化,依据最大诚实信用原则,应当由投保人或者被保险人来承担危险增加时的通知义务。

在一些特定情况下,危险增加的通知义务也可以免除:(1) 危险的发生不影响保险人所承担的保险责任;(2) 为保险人的利益而导致的危险增加;(3) 因履行道德上的义务或出于人性考虑而增加的危险;(4) 保险人知道、应当知道或无法推诿其应知义务而增加的危险;(5) 保险人已向被保险人说明不必通知的危险增加。

1. 危险增加的含义

根据德国《保险合同法》的规定,危险增加在状态上可分为两种:一为危险增加,二为危险轻微增加。"危险轻微增加"并不加重保险人的义务,所以不需通知。"危险增加"若"已经保险人同意",则投保人也不负通知义务。"危险增加"若"未经保险人同意",则就通知义务而言,不论危险的增加与"投保人的意思有关"或"与投保人的意思无关",投保人知悉后,均应立即通知保险人。至于"轻微"的标准应当以风险是否足以影响保险人的承保和费率的确定来认定,也可以依照订立合同前的"重大事项"的标准来确定。

2. 危险增加的通知时间和方式

德国《保险合同法》第 23 条第 2 款规定:如果投保人未经保险人许可自己实施了或允许第三人实施了增加承保风险的行为后发现上述事实就应当立即向保险人通知承保风险增加的事实。危险增加后,双方的权利义务也随之变化。保险合同处于一种不稳定状态,投保人或被保险人有义务将有关事项尽快告知保险人。通知的方式,各国法律一般未作硬性规定,无论是口头还是书面方式均可。

3. 危险增加通知的法律后果

一旦危险增加的客观事实成立,保险人有权请求增加保险费。如果保险风险增加,保险人不愿承保,或者保险人要求增加保险费而被投保人拒绝时,保险人可以解除合同。投保人或被保险人未能按法律的规定履行其危险增加通知义务的,在恶意的情况下,保险人不负给付义务;在非为恶意情况下,保险人可根据已支付之保险费与风险增大后应支付之保险费之差额按比例赔偿。

【理论探讨】　　**危险增加通知义务的法理基础**①

保险契约订立之时，基于保险制度本身之“对价平衡”及“最大诚实信用原则”，保险法首先规定保险人之相对人据实说明义务，以使保险人能充分获得估计危险、计算保费基础之资料，而保险人于依此资料评估危险为承保之意思表示之后，保险契约成立，彼此双方之权利及义务即依契约之内容而定。然保险契约为继续性契约，即保险契约订立之后至契约内所约定之保险事故发生仍有一段期间，在此期间内若有任何情事发生足以影响原对价关系之平衡时，须调整其契约内容以符合公平正义，此亦即“情事变更原则”(clausula rebus sic stantibus)真谛之所在。因此为调整(变更)契约之内容，资料之提供乃首要之条件。要保人或被保险人和保险标的关系既最密切亦最熟悉其状况，故保险法课其危险增加时负有通知之义务。此通知义务和保险契约订立时之据实说明义务以及保险事故发生时之通知义务，皆属非法律上之真正义务，即于违反义务时虽受某种特定程度之处理，但不得以诉讼方式强制其履行。

三、最大诚实信用原则对保险人的要求

诚实信用原则对保险人的要求包括保险人的说明义务、弃权与禁止反言。

(一) 说明义务

保险人的说明义务如同投保人的如实告知义务一样，是法律规定的合同订立前的义务，要求保险人在订立保险合同时，应当向投保人说明保险合同条款内容，特别是说明免责条款内容。如果保险人未尽说明义务，就构成说明义务的违反，并不要求存在主观过错。我国《保险法》第17条第1款规定：“订立保险合同，采用保险人提供的格式条款的，保险人向投保人提供的投保单应当附格式条款，保险人应当向投保人说明合同的内容。”表明保险人的说明义务为法定义务，不得以合同条款的方式予以限制或者免除。保险人在订立保险合同前应当详细说明保险合同的各项条款，并对投保人有关保险合同的询问作出直接、真实的回答。

保险合同当事人对保险合同是处于一种明显的信息不对称的地位。保险人作为专业的保险商，对保险了解甚多；而投保人却相对不知或知之甚少，甚至对一些基本保险术语都难以理解。如果保险人不对合同条款予以说明解释，投保人难以知晓合同内容，就可能损害投保人利益，有悖公平原则；同时，保险合同是格式合同，其条款的内容事先已由保险人拟定，被保险人只有同意与否的权利。我国《合同法》第39条第1款规定：“采用格式条款订立合同的，提供格式条款的一方应当遵循公平原

---

① 江朝国：《保险法基础理论》，中国政法大学出版社2002年版，第239页。

则确定当事人之间的权利和义务，并采取合理的方式提请对方注意免除或者限制其责任的条款，按照对方的要求，对该条款予以说明。”因此，就有关合同的条款，尤其是投保人义务条款和保险人免责条款，保险人有说明的必要。

我国《保险法》第17条在2009年的修订中增加了第2款：“对保险合同中免除保险人责任的条款，保险人在订立合同时应当在投保单、保险单或者其他保险凭证上作出足以引起投保人注意的提示，并对该条款的内容以书面或者口头形式向投保人作出明确说明；未作提示或者明确说明的，该条款不产生效力。”这是针对保险实务中“投保容易理赔难”的有效举措，也是对投保人知情权保护的加强。投保人在投保前往往并不完全了解保险条款的所有内容，等到要理赔时才发现保单上有着许多的“排除”。因此对于免除保险公司责任的“免责条款”，立法强调保险公司应当在投保单、保险单或者其他保险凭证上作出“足以引起投保人注意”的提示，并对该条款的内容向投保人作书面或口头说明。

1. 说明的内容

说明的内容包括两个方面：一是投保人询问的任何事项。不论该内容是否具有歧义，只要投保人对其有疑问，保险人就应当如实说明。对于专业术语，保险人应当主动说明。二是保险合同条款中属投保人义务及保险人免责的条款。根据我国《保险法》的规定，保险合同中规定有关保险人责任免除条款的，保险人在订立保险合同时应当向投保人明确说明，未明确说明的，该条款不产生效力。《保险公司管理规定》第64条第1款规定：“保险公司对保险合同中的除外责任条款，退保、退费条款应当采取合理的方式特别提示。”因此，保险人对于免责条款不仅要履行说明义务，而且应当向投保人明确说明，未明确说明的，该条款不产生效力。

保险代理人也如同保险公司一样承担说明的义务。中国保监会2000年7月26日发布的《关于规范人身保险经营行为有关问题的通知》规定：(1) 保险公司员工或代理人在展业时，必须将保险合同的责任免除事项对投保人逐项解释清楚；在正式签发保险单前，必须向投保人出示退保说明和保单前三年度退保金额，并逐一说明，出具保单时应将该保单对应的现金价值表附在保单之上。(2) 保险公司及其代理人在销售保单时还必须向投保人、被保险人说明不能由他人代签字，即人身保险投保书、健康及财务报告书，以及其他表明投保意愿或申请变更保险合同的文件，应当由投保人亲自填写，由他人代填的，必须由投保人亲笔签名确认，不得由他人代签。(3) 凡是需要被保险人同意后投保人才能为其订立或变更保险合同，以及投保人指定或变更受益人的，必须由被保险人亲笔签名确认，不得由他人代签。被保险人为无民事行为能力人或限制行为能力人的，由其监护人签字，不得由他人代签。投保人、被保险人因残疾等身体原因不能签字的，才由其指定的代理人签字。(4) 保险公司员工或代理人在展业以及向投保人、被保险人发送保单时，还应对投保人、被保险人收到保单并书面签收之日起10日“犹豫期”内的权利进行说明。

2. 违反说明义务的后果

保险人违反说明义务时,如果是未予说明,则相关内容因而不发生效力,保险人也不得免责;如果是虚假说明,被保险人在确实不知道的情况下损害自己利益的,保险人即被禁止以某种条件为由进行抗辩。

在实践中,“明确说明”要根据具体情况进行判断。如果投保人和保险人对之有异议,要由仲裁机关或者法院对保险人的“说明”作出判断,以确定保险合同中的除外责任是否有效。因此,在保险实务中,保险人对于责任免除条款应当特别提示并作出明确说明,最好让投保人签字认可其已经履行了明确说明义务。这样可以避免保险合同纠纷出现后,投保人以此为由主张责任免除条款无效。

因保险人的告知问题所引发的纠纷,在保险纠纷中占有较大的比例,其中又突出地表现为保险代理人不实告知,误导投保人。例如,张某投保了一份养老保险和重大疾病保险,年缴保险费2614元。在投保书“投保人声明栏”中有“本人对投保须知及所投保险种的条款,尤其是保险人责任免除条款均已了解并同意遵守,如有不实告知,保险人有权解除保险合同,对于合同解除前发生的保险事故,保险人不承担保险责任”的内容。张某在投保人声明栏亲笔签字。1年后,保险公司通知张某缴纳下一年度的保险费。张某称保险业务员当时告诉他,只需缴纳一次保费就可获得终身保障,并且投保险比存银行合适,有险保险,无险等于存钱。而现在发现根本不是这么回事,投保时业务员告知不实。现家庭经济困难,故要求保险公司全额退还保险费2614元。保险公司认为,已经以书面的形式告知了张某保险责任和保险条款,张某本人也在投保书的投保人声明栏中亲笔签字,承认其认真阅读了保险条款和免责条款,他说业务员不实告知,又不能提供任何证据。所以,只能按照保险合同的约定退还其保险费。张某以保险公司业务员告知不实为由起诉至法院,要求判决解除保险合同,保险公司全额退还保险费并承担诉讼费用,但却因其证据不足败诉。

【案例研讨】　　精神病人病房自缢身亡　保险公司判赔29万[①]

2006年10月,康宁医院患者陈某趁医护人员离开之际在病房自缢死亡,2007年4月,另一名轻度精神分裂症患者蔡某在活动室趁工作人员读报时溜到探访室从窗户跳楼身亡。事发后,康宁医院分别向两名患者的家属进行了赔偿,共计29万余元。

随后,康宁医院向已经投保医疗责任保险的中国人民财产保险股份有限公司(以下

① 资料来源:中国保险学会网站,http://www.iic.org.cn/D_infoZL/infoZL_read.php?id=24003,2013年12月15日访问。

简称“中国人保财险”)提出理赔申请。但中国人保财险却以依据保险合同条款,精神病人的自杀行为并非诊疗护理活动过失造成,而是医院内部安全管理没有到位为由拒绝赔偿。2007年10月,康宁医院就这两起纠纷向法院提起诉讼。

鹿城区法院一审和温州市中级法院二审均认为,根据《医疗责任保险条款》第2条,医疗保险责任事故是指被保险人的投保医务人员在诊疗护理活动中因执业过失造成患者人身损害的事故,《医疗责任保险条款》第5条第2项还约定:不以治疗为目的的诊疗护理活动造成患者的人身损害,保险人不负责赔偿。康宁医院护理记录单记载内容表明两名患者自杀前并未处于任何医务人员的以治疗为目的的诊疗护理活动中,自杀身亡事故并不是由康宁医院的医务人员在诊疗护理活动中因执业过失造成的,不属于医疗保险责任范围,故判决驳回康宁医院的诉讼请求。

康宁医院不服法院判决,于是向温州市检察院申诉,温州市检察院立案后交由鹿城区检察院办理。鹿城区检察院审查后认为,原判强调了以治疗为目的的诊疗活动,却忽视了以治疗为目的的护理活动,而且对诊疗活动的理解也过于狭窄,忽视了医院对特殊病人所采取的特殊医疗手段。精神病人是一种特殊病人,其治疗手段也比较特殊。对精神病人的治疗手段还包括组织精神病人听音乐、读报纸、参加各种文体活动等,这是医院对精神病人的一种心理治疗和护理手段,故应当列入广义的以治疗为目的的诊疗护理活动范围。而对像陈某这样曾经有过自杀、自伤危险的精神病人,必须设专人护理,病人活动不能脱离护士的视野,因此这两起精神病人自杀事故都是由于医院诊疗护理活动存在执业过失造成的,应属于医疗保险责任范围,中保公司应按约承担理赔保险责任。

鹿城区检察院遂以原审判决适用法律不当为由,建议温州市检察院对该两起案件向浙江省检察院提请抗诉。后经浙江省检察院提出抗诉,温州市中级法院再审采纳抗诉与申诉理由,撤销原一、二审民事判决,改判中国人保财险支付康宁医院保险赔偿金29万余元。

经办检察官还特别指出,根据《中华人民共和国保险法》第17条规定,对保险合同中免除保险人责任的条款,保险人应以书面或者口头形式向投保人作出明确说明,否则不产生效力。而此案中,虽然保险合同规定了“不以治疗为目的的诊疗护理活动造成患者的人身损害,保险人不负责赔偿”的责任免除条款,但没有证据证明中国人保财险已将免责条款向康宁医院明确说明,因此该免责条款对申诉人无效。

（二）弃权

弃权是指保险合同的一方当事人放弃其在保险合同中可以主张的权利,通常是指保险人或其代理人对本来可以对投保人或被保险人的不实告知、违反保证义务行使的权利,放弃了合同解除权与抗辩权。但下列权利不得抛弃:(1)与社会公共利益有关的权利,不得抛弃。(2)法律赋予的权利,不得抛弃。(3)对于事实的主张不得抛弃。(4) 如果抛弃权利会侵害他人权利的,不得抛弃。

构成弃权必须具备两个要件:第一,保险人有弃权的意思表示。这种意思表示可以是明示的,也可以是默示的。保险人弃权的意思表示也可以从其行为中推知,当保险人知道被保险人有违背约定义务的情况,而仍然实施相应的法律行为,即可认为其默示弃权。第二,保险人必须知道有权利存在。保险人知道投保人有违背约定义务的情况,因此而享有抗辩权或解约权,其作为或不作为视为抛弃。

在国外的立法中,下列行为常被认定为"弃权"。

(1) 投保人未按期交付保险费,或违背其他约定义务,保险人就可以解除保险合同。但是,如果保险人收受投保人逾期交付的保险费,或明知投保人有违背约定义务的情形,而仍收受保险费的,就足以证明保险人有继续维持合同的意思。因此,其本应享有的合同解除权、终止权及其他抗辩权均视为抛弃。我国的相关案例是:1998 年 4 月 20 日,某县航运公司与某县保险公司签订了一份为期 1 年的船舶保险合同。按照合同的规定,保险公司承保航运公司"远洋"号货轮全损险;保险金额为 200 万元;保险费为 2 万元,分两次交纳,1998 年 4 月 21 日交纳 1 万元,1998 年 10 月 21 日交纳 1 万元。合同签订后,航运公司于 1998 年 4 月 21 日如约交纳了首期保险费,而在 1998 年 10 月 21 日第二期保险费到期后,航运公司没有如期交纳,且经保险公司多次催要后仍未交纳,但保险公司并未作出解除合同的意思表示。1998 年 11 月 29 日,"远洋"货轮在海上触礁沉没。航运公司认为,依据其与保险公司签订的"远洋"号货轮全损险合同,"远洋" 号货轮触礁属于保险责任范围且发生在保险期内,保险公司应按照约定支付保险金,遂于 1998 年 12 月 3 日到保险公司交纳了第二期保险费并要求保险公司赔偿"远洋" 号货轮沉没造成的损失。①

(2) 保险事故发生后,保险人明知有拒绝给付的抗辩权,但仍无条件予以接受,仍寄送损失证明表,要求投保人提出损失证明,因而增加投保人在时间及金钱上的负担的,即足以构成抗辩权的抛弃。例如,投保人、被保险人或受益人在保险事故发生时,应于约定或法定期限内通知保险人。但如果投保人、被保险人或受益人逾期通告而保险人仍接受,可视为是对逾期通告抗辩权的抛弃。

我国《保险法》无关于弃权的明文规定,在实践中应以当事人的约定和相关立法的规定为处理依据。但我国《保险法》在人身保险中有一条规定常被视为是保险人的一种弃权。2009 年修改之前的《保险法》第 54 条第 1 款规定:"投保人申报的被保险人年龄不实,并且其真实年龄不符合合同约定的年龄限制的,保险人可以解除合同,并在扣除手续费后,向投保人退还保险费,但自合同成立之日起逾 2 年的除外。"这一条款内涵是指自合同成立之日或复效之日起,经过一定期间,保险人对投

---

① 史学瀛:《保险法前沿问题案例研究》,中国经济出版社 2001 年版,第 112 页。

保人违反告知义务的抗辩权,不得行使。这一条在2009年修改后的《保险法》第32条第1款中规定为:“投保人申报的被保险人年龄不真实,并且其真实年龄不符合合同约定的年龄限制的,保险人可以解除合同,并按照合同约定退还保险单的现金价值。保险人行使合同解除权,适用本法第16条第3款、第6款的规定。”使这一规定更加合理与公平。接下来的第2款规定:“投保人申报的被保险人年龄不真实,致使投保人支付的保险费少于应付保险费的,保险人有权更正并要求投保人补交保险费,或者在给付保险金时按照实付保险费与应付保险费的比例支付。”第3款规定:“投保人申报的被保险人年龄不真实,致使投保人支付的保险费多于应付保险费的,保险人应当将多收的保险费退还投保人。”这些内容都完善和充实了如实告知原则。

(三)禁止反言

禁止反言是指保险合同一方既然已经放弃他在合同中的某种权利,将来就不得再向他方主张这种权利。在保险实践中,禁止反言主要用于约束保险人,其目的是保护信赖对方的当事人,是诚信原则的一个体现。如果保险人为错误陈述,被保险人基于此错误陈述而为一定行为或不为一定行为,则保险人事后不得作不同陈述。如保险人对于保险单有关条款作错误解释,使投保人或被保险人信以为真的,则保险人事后不得主张正确的解释以对抗投保人或被保险人。

当保险人就订立保险合同的有关重要事项,向投保人作出诱导性的虚假陈述或行为,目的是为了让投保人或被保险人信赖该陈述或行为,或者投保人、被保险人信赖该陈述或行为并不违背保险人的意图,投保人或被保险人信赖该陈述或行为在主观上出于善意,并因信赖该陈述或行为而作出某种行为时,就成就了禁止反言的条件。在实践中表现为:当保险人交付保险单时,明知保险合同有违背条件、无效、失效或其他可解除的原因,却仍交付保险单,并收取保险费;保险人的代理人,就投保申请书及保险单上的条款,作错误解释,而使投保人或被保险人信以为真;代理人代替投保人填写投保申请书时,为使投保申请容易被保险人接受,故意将不实的事项填入投保申请书,或隐瞒某些事项,投保人在保险单上签名时,不知其为虚假陈述;保险人或其代理人虽表示已依照被保险人的请求为某一行为,但事实上却并未实施该行为等。

第二节 保险利益原则

保险利益关系到保险合同的效力,也是决定保险标的、保险价值、损害的发生、复保险、超额保险及保险合同利益转让的重要因素。

一、保险利益的概念和意义

(一) 保险利益的概念

保险利益是指投保人或被保险人对投保标的所具有的法律上承认的利益。保险利益是由投保人或被保险人与保险标的之间所存在的利害关系产生的,当投保人将财产或人的生命或身体作为保险的对象时,保险利益的有无便具有特别重要的意义。

不同的国家和地区对于保险利益的立法方式也不同,大致可分为两种:一是概括性地在法律上对保险利益作出界定,如英国1906年《海上保险法》第5条把保险利益定义为:(1) 依本法规定,每一个对海上运务有关系的人,都具有可保利益。(2) 特别是一个对海上运务中处于风险中的可保财产有合法或正当关系(衡平法关系)的人来说,他对该海上运务是具有利害关系的。正由于这个原因,这个人对可保财产的安全或及时运抵能得到益处,而对可保财产的灭失或损坏或扣留所产生的责任则受到损害。美国《纽约州保险法》第146条规定:"人寿保险的保险利益有两种:(1) 以感情为基础的有实际利益的血亲或姻亲;(2) 上列人员以外对被保险人的生命、健康或者安全具有实际经济上利益的人。"二是列举具有保险利益的各种情况,如我国台湾地区"保险法"第16条规定:"要保人对于下列各人之生命或身体,有保险利益:(1) 本人或其家属;(2) 生活费或教育费的所仰给之人;(3) 债务人;(4) 为本人管理财产或利益之人。"我国《保险法》对保险利益也采用了这种形式,该法第12条第6款规定:"保险利益是指投保人或者被保险人对保险标的具有的法律上承认的利益。"

在学说中,学者们也是围绕着保险标的、保险关系和利益得失展开论述。英国学者约翰·T.斯蒂尔认为:"保险利益是产生于被保险人与保险标的物之间的经济联系,并为法律所承认的、可以投保的一种法定权利"。[①] 我国台湾地区学者刘宗荣则将保险利益表述为:"保险利益系指对于保险标的物之现存状态之维持或破坏、责任之发生与不发生,或对被保险人之生存、死亡、疾病、伤害所存在之利害关系。"[②] 还有学者主张财产上的保险利益和人身上的保险利益应当加以区别。财产上的保险利益是指投保人对于特定财产所具有的实际和法律上的利益,人身上的保险利益对于投保人本人为其主观价值,对于第三人则为投保人和该第三人之间的相互关系。在财产保险合同上,投保人或者被保险人对因保险事故的发生导致保险标的的不安全而受到的损害的利害关系,或者因保险事故的不发生而使保险标的免受损害

① 〔英〕约翰·T.斯蒂尔:《保险的原则与实务》,孟兴国等译,中国金融出版社1992年版,第3页。
② 刘宗荣:《保险法》,台湾台中书局1995年版,第75页。

的利害关系,均可成立保险利益。在人身保险合同上,投保人对自己的寿命或者身体所具有的所属关系、与他人之间所具有的亲属关系或者信赖关系,可以成立保险价值。保险利益的范围或者存在形式,因财产保险和人身保险而表现不同。①

【理论探讨】 **保险利益的渊源与法定标准之争**

投保人必须有保险利益是一条非常古老的法律原则,其源头可以追溯至18世纪的英国法。此前的保险并没有保险利益的要求,任何愿意缴付保费的人都可以买到一份保单。这样不但致使赌博盛行,而且还导致谋财害命。1746年,英王乔治二世指出:"实践证明,没有任何利益就可以投保的做法引发了很多恶劣行为:大量的船舶以及货物要么被恶意灭失或摧毁,要么轻易被敌国俘获;投机和赌博行为借保障船舶和贸易之名大行其道,使助人向善的保险业蒙羞……"乔治二世并在其颁布实施的法律里首次规定在海上保险中强制实行保险利益制度:"如果不能证明有保险利益存在,任何自然人或法人都不得为英王陛下或其子民所拥有的船舶投保,也不得为已经装运或将要装运到这些船舶上的货物和商品投保。违反本条规定而购买的保险绝对无效。"1774年,英王又颁布了另一部法律,把保险利益的要求扩大到人身保险和整个财产保险领域。

对于保险利益的定义,1906年的英国《海上保险法》第5条作出了规定。该定义虽在实质上无误,但具体内容却仍然非常抽象。在奉行普通法的英美法官看来,这一条文并不能具体到足以让他们在解决各种保险纠纷时有明确的标准。因此,法官们在审理具体案件时必须依照自己的理解引申出更具体的判断标准。法官判断保险利益时使用的标准主要有两种:一种是期待利益标准,另一种是法定利益标准。期待利益标准指的是:投保人有相当大的把握能从保险标的那里取得某种利益,因此对这种获利拥有合理的期望值。这种标准相比较而言更开放、更灵活,允许法官认可尚未实现的财产利益。但因为期待本身是一种不确定的状态,可能使投保人的这种利益落空,这时保险利益就不存在了。这种缺陷是期待利益标准一直以来备受争议的主要原因。而法定利益标准却正好相反,它只承认100%确定的利益。根据这种标准,只有当投保人对标的实际拥有现存的利益,并且这种利益得到法律的明确承认时,保险利益才会存在。这种标准的好处是简单明了,但现实生活里毕竟只有一小部分的利益关系能像所有权一样明确,大部分的关系要复杂得多,且法律条文也不可能包括所有的利益关系。②

(二)保险利益的意义

(1)消除赌博的可能性。保险与赌博的最大区别,就在于保险有保险利益的要

① 覃有土:《保险法学》,高等教育出版社2003年版,第79页。
② 黄勇:《英美保险法经典案例评析》,中信出版社2007年版,第92页。

求,没有保险利益的保险就是赌博。在中古世纪,英国历史上曾经出现过赌博保险,一度把保险引入歧途。有的人以与其毫无利益关系的远航船只的安危为标的进行投保,如果船舶安全抵达,投保人丧失已付的保险费;如果船舶灭失,则可获得保险赔款。英国在公元1774年明令禁止赌博保险。1906年英国《海上保险法》第4条规定:"任何游戏或赌博之保险契约均为无效"。

保险利益原则的确立,使得保险与赌博或类似赌博的行为严格区分开来。一方面,由于投保人对保险标的具有保险利益,保险事故的发生使被保险人遭到了事实上的损失,因此,保险的给付只是对被保险人提供的一种保险保障,而不是一种额外的获利;另一方面,坚持保险合同的效力必须以保险利益的存在为前提,可以消除投保人、被保险人及受益人侥幸获利的心理。正如梁宇贤所言:"赌博者,乃凭单纯之偶然事件,以决输赢而图不正当利益之行为。赌博之标的,与当事人间,并不需具有任何之利害关系,故赌博与公序良俗有违,为法律所禁止。保险契约虽亦含有射幸性,但保险契约之订立,应以保险利益之存在为前提,故与赌博不同。因此,就与己漠不相干之他人房屋,若可以自己为受益人,而投保火灾保险,则赌博行为而非保险,故保险契约之生效,须有保险利益存在,始与赌博有别。"①

(2) 预防道德风险的发生。保险法中的道德风险是指投保人、被保险人或受益人,为骗取或诈取保险赔款而违反法律或合同,甚至故意犯罪,促使保险事故的发生或在保险事故发生时故意放任使损失扩大。如果不以投保人对保险标的具有保险利益为前提条件,将诱发道德危险、犯罪动机和犯罪行为的发生。有了保险利益的规定,将投保人利益与保险标的的安全紧密相连,保险事故发生后,给投保人的保险赔偿仅为原有的保险利益,保险事故发生后的保险赔付额不得超出被保险人的保险利益的额度,使保险人对被保险人的赔偿是其实际经济利益损失的全部或部分补偿,就可以防止道德风险,维护社会的安定和善良风俗。英国在1774年《人寿保险法》出台之前,投保人故意制造事端以谋取保险金的现象时有发生,给社会造成了很大的不安定。该法禁止签订没有保险利益的保险合同后情况有了明显的好转。

(3) 限制损害赔偿的程度。保险利益原则规定了保险保障的最高限度,并限制了赔付的最高额度。投保人投保的目的在于获得损失的补偿,保险补偿的限度在于

---

① 梁宇贤则将保险利益的学说划分为两类:(1) 价值说。保险制度发生之初期,仅有财产保险制度,而人身保险制度尚未发达。因此在此期之学者,认为保险之本质或学说,乃在填补损害。换言之,即在填补所灭失或所减损"物"上之价值(利益)。因而认为有利益才有损害,有损害才需要填补,故认为保险契约之对象,为保险利益,即为保险标的物上之一定利益或价值,是谓"价值说"。(2) 关系说。及至人身保险制度发达后,有鉴于人之生命、身体为人格权之内容,不能以金钱加以衡量,因此以保险利益概念之价值说,难以说明人身保险,致备受各方之批评,于是"关系说"乃应运而生。所谓"关系说"者,即认为保险利益,乃是被保险人,对于保险标的所具有之利害关系。此种利害关系,有经济上之利害关系及精神上之利害关系二种。参见梁宇贤:《保险法新论》,中国人民大学出版社2004年版,第57页。

投保人或被保险人对保险标的所具有的保险利益。这样既保证被保险人获得足够的补偿,又使之不会因保险而获得额外利益。如果补偿金额不受保险利益的限制,则投保人与被保险人可能会获得与其所受损失不相称的高额赔偿,从而损害了保险人的合法权益。保险利益原则为投保人确定了保险保障的最高限度,也为保险人进行保险赔付提供了科学依据。

二、保险利益的构成要件

(1) 保险利益必须是合法的利益。保险利益必须符合法律的规定,并被法律所承认和保护。合法的利益可以由法律的直接规定而产生,也可以由当事人依法约定而产生,但当事人不论以何种方式取得的利益,都不得违反法律的强制规定以及社会的公共利益。保险利益的合法性主要体现在:保险标的存在的合法性,投保人与保险标的关系的合法性。如果保险标的的存在不合法或投保人与保险标的的关系不合法,或者投保人所拥有的利益是违反法律规定,通过不正当手段获得的,都可以导致投保人与保险人订立的保险合同无效。例如,某公司为产品销售,向保险公司投保了人身意外伤害保险,对每购买一件产品的顾客赠送一份保额为 6 万元的保险。后获赠保险的客户中有 8 名被保险人发生意外事故死亡,其受益人到保险公司要求赔付保险金。保险公司认为投保人对被保险人并不具有保险利益,并以此为由拒赔。受益人不服诉至法院。法院也认为投保人对该保险合同不具有保险利益,判决保险合同无效。

(2) 保险利益必须是确定的利益,即投保人或被保险人对保险标的的利益关系是已经确定的或可以确定的。确定的利益是指现有利益,即现实中已经存在的利益,如投保人或被保险人对财产所享有的所有权、占有权、使用权等;尚未确定但可以确定的利益为期待利益,即将要取得的、合法的、可以实现的利益,如投保人或被保险人基于现有财产而产生的预期利润等。在投保时,现有利益或期待利益都可作为确定保险金额的依据,但由于期待利益毕竟不同于现有利益,常常在实际赔付中产生争议,故以前为有些国家所禁止。但期待利益也是法律所认可的经济利益,且人们对于期待利益的认定也越来越准确,所以现行立法都普遍承认可对估算的期待利益具有保险利益。

(3) 保险利益必须是经济利益。经济利益是指投保人或被保险人对保险标的的利益必须是可以通过货币计量的利益。因为保险合同的目的是为了弥补被保险人或受益人因保险标的出险而遭受的经济损失,如果被保险人遭受的损失不是经济损失,或者不能用货币计算,则保险人的赔偿或给付义务就无从履行,保险合同也就失去了补偿和保障意义。所以,保险不能补偿被保险人遭受的非经济上的损失,如精神损失。《日本商法典》第 630 条规定:"保险契约的标的,以能用金钱估算的利益为限。”

在人身保险中，人身保险利益并非投保人和被保险人之间的法定关系，而是隐藏于这些关系之后的经济利益关系。投保人和被保险人之间存在法定关系的，推定投保人对被保险人具有保险利益，因为投保人对被保险人的继续生存有法定利益或者合理的期待利益，对于被保险人的死亡将蒙受损失或者负担责任。在英美法中，成年子女与父母间，以及兄弟姐妹相互间保险利益的存在也是以是否有金钱上的利益为标准的。

三、财产保险的保险利益

财产保险的保险利益，是指投保人对于保险标的所具有的法律承认的经济利益。我国台湾地区“保险法”第14条将财产保险利益定义为“要保人对于财产上之现有利益，或因财产上之现有利益而生之期待利益”。《日本商法典》称财产保险利益为“能以金钱为估价的利益”。

财产保险利益可概括为财产权利、合同权利和法律责任。其中财产权利包括基于财产权利而享有的财产利益，主要有所有权利益、占有利益、股权利益、担保利益等；合同权利为依照合同产生的债权请求权；法律责任则是因为侵权行为、违约行为或者法律规定而产生的责任。也有人根据保险利益的直观形式，将财产保险利益分为所有利益、支付利益、使用利益、受益利益、责任利益、费用利益和抵押利益等七类。我国一般将其分为现有利益、基于现有利益而产生的期待利益、责任利益等。

（一）基于对财产享有的权利而产生的现有利益

（1）财产所有人对其所有的财产拥有保险利益。任何人对依法取得所有权的财产都拥有保险利益。如公民个人对享有所有权的财产拥有保险利益，指定继承人对他所继承的财产有保险利益等。财产所有人对其财产的所有权必须是明确而肯定的，只有这样，财产保险利益中的现有利益才是不可变更的事实。所有权不明确或所有权的行使受到限制的，对该财产的保险利益也受到相应的限制，如遗嘱继承中的财产受益人对可能继承的财产没有保险利益，因为遗嘱是可以变更的。

股东对投资到公司的财产是否拥有保险利益，相关规定和学说尚存分歧。英国法院认为，股东对公司的财产无保险利益，因为很难计算赔付数目。股东就某一项财产投保，其保险利益应按其所持有的股份，就该财产在毁损灭失时该股东所能分得的利益来计算，但这种计算几乎不可能。美国法院则认为股东对公司的财产有保险利益。因为股东不仅能独分红利，在公司结束其义务后还有权分配公司财产。所以，公司的财产毁损灭失，股东必然因此而受损失。所以，公司股东对公司财产拥有所有权。对于股东份额的确定，则依公司性质而定。上市公司，根据股价确定；非上市公司，则须提供足够的信息由法院来决定。我国台湾地区学者施文森认为，股东对公司的财产有无保险利益，应视其对公司的责任的性质而定。无限责任股东与公司的关系极为密切，应认为对公司的财产有保险利益；有限责任股东及股份有限公司股东，其实际利益的估计极为困难，应认为无保险利益。

根据我国《公司法》第3条、第4条的规定，公司股东作为出资者按投人公司的资本享有所有者的资产收益、参与重大决策和选择管理者等权利。公司享有由股东投资形成的全部法人财产权，依法享有民事权利，承担民事责任。这表明股东将财产投入到公司后，投入公司的这一部分财产和股东的其他财产相分离，而成为公司的财产，股东对这一部分财产不再拥有所有权，不会取得保险利益。

（2）抵押权人、质权人对抵押、出质的财产拥有保险利益。抵押权是物权中的他物权，即由所有权派生出的附属权。所以，抵押人因未丧失抵押物的所有权而仍然对该抵押物拥有保险利益；债权人因其对债务人享有的债权而取得了对抵押物的抵押权，债权人就债权范围内的权利拥有保险利益。一旦债务人按时清偿了债务，债权人享有的对抵押物的抵押权消失，债权人对该抵押物所拥有的保险利益也就随之消失。出质人将自己财产的占有权转移给质权人，以此作为债权人债权的担保。因此，出质人因对出质物享有的所有权而仍拥有保险利益，质权人因取得对出质物的质权而在相应范围内拥有保险利益。

在债权人依据抵押权或质权取得对抵押物或质物的保险利益并投保保险，债务人清偿债务前发生保险事故，保险标的遭受全部损失时，保险人依据合同约定向被保险人（债权人）支付的赔偿金数额等于债权数额的，债务人对其债务不再承担清偿义务；低于债权数额的，差额部分由债务人继续清偿；超过债权数额的，超过部分应返还给债务人。

（3）财产的经营管理人对其经营管理的财产、财产的保管人对其保管的财产拥有保险利益。如国有企业、集体企业对其经营管理的国家财产或集体财产拥有保险利益，企业的承包人对其承包的企业的财产拥有保险利益。财产保管人对其保管的财产负有经济责任，如因其保管不当而使被保管的财产遭受损失，保管人负有向财产的所有人赔偿的责任，所以财产保管人对其保管的财产拥有保险利益。如仓储公司对其保管的商品拥有保险利益。

（二）基于对财产的现有利益而产生的合法的、预期的利益

（1）租船人对其租赁船舶的运费有保险利益。租船人租船的目的是开展运输业务、收取运费，获得利润，租船人则要向船东支付租金。在运费实行“到付”的情况下，一旦船舶在运输中途遭遇海难，运费就会受到损失，因而租船人对运费有保险利益。

（2）间接经济损失。保险财产因发生事故招致损失以后，由于停产、减产或营业中断等原因，投保人（或被保险人）会受到间接的经济损失，包括利润损失和继续

支付费用的损失，在这种情况下，投保人对预期的利润和其他费用有保险利益。在海洋货物运输保险中，投保人对货物的价值视为保险价值的组成部分，加上货物在到达买方前的其他费用和合法利润，投保人（或被保险人）对其具有保险利益。但利润保险是以财产险和机器损坏险保单为基础加保的一种保险，不能单独投保。

（三）责任保险的保险利益

责任利益是指因被保险人依法应承担民事赔偿责任而产生的经济利益。投保人或被保险人因其行为或根据法律规定而应承担民事责任时，对应承担的责任有保险利益。责任利益因民事责任而产生，也以民事责任的赔偿数额为限额。

因投保人或被保险人的某些有过失的行为或不行为而给他人的财产或人身造成损害时，依法对受害人应负的经济上的赔偿责任可以产生保险利益。如在公众责任险中，各种固定场所（如饭店、旅馆、影剧院等）的所有人、管理人对因固定场所的缺陷或管理上的过失及其他意外事件导致顾客、观众等人身伤害或财产损失依法应承担经济赔偿责任的具有保险利益。在产品责任险中，制造商、销售商、修理商因其制造、销售、修理的产品有缺陷对用户或消费者造成人身伤害和财产损失，依法应承担的经济赔偿责任的具有保险利益。在职业责任险中，各类专业人员因各种工作上的疏忽或过失使他人遭受损害，依法应承担经济赔偿责任的具有保险利益。

在某些情况下，投保人或被保险人的行为虽无过失，但依法律规定仍应对受害人承担经济赔偿责任的，也可产生保险利益，如在雇主责任保险中，雇主对其雇员在工作中受到的意外伤害，不论雇主有无过失，依法均应承担赔偿责任。雇主对雇员在受雇期间因从事与职业有关的工作而患职业病或伤残、死亡等依法应承担医药费、工伤补贴、家属抚恤责任的具有保险利益，雇主可以以经济赔偿责任为保险标的投保雇主责任保险。

（四）信用与保证保险的保险利益

信用与保证保险是以信用为其保险标的的。权利人与被保险人之间存在经济上的利益关系。当义务人不履行应尽义务时，权利人就会遭受损失，所以权利人对义务人的信用存在保险利益。另外，雇主对雇员的信用也具有保险利益，这种信用建立在雇员对雇主应负的忠诚义务基础上。雇主投保雇员忠诚险后，保险人对雇主因雇员的不忠诚行为所致损失进行补偿。例如，某塑胶工业公司于1999年7月1日与某保险公司订立了为期1年的雇员忠诚保险合同。该企业缴纳860元保险费，当其250名员工中发生欺诈、背叛等有损于公司利益的行为时，就能获得最高20万元的赔偿。2000年6月，该公司雇员周某卷走公司40万元货款不知去向。同年10月19日，公司在向公安机关报案无着后，向保险公司提出索赔。

四、人身保险的保险利益

人身保险的保险利益，是指投保人对于被保险人的生命或身体所具有的法律上所承认的利益。人身保险的保险利益，包括由法律的直接规定所产生的利益和依当事人的约定所产生的合法利益。人身保险的保险利益所具有的确定性为现有利益，是投保人与被保险人在订立人身保险合同时已经确定的既存利害关系，如亲属关系、抚养关系、信赖关系等。人身保险的保险利益不能用金钱来衡量，不存在代位求偿的问题。

（一）人身保险利益的确定

人身保险利益体现的是投保人与被保险人之间的关系，投保人在什么情况下，依据什么关系才可以取得对被保险人的保险利益，各国（地区）保险法大致有三种规定模式。

1. 英美法系国家采用的“利益主义原则”

“利益主义原则”是指被保险人的继续生存或保持健康对投保人具有现实的或预期的利益者，即具有保险利益。英美等国认为，保险利益是关系到人身保险合同能否成立的要件，而被保险人在寿险合同中的同意权仅仅关系到危险的程度，最多影响到合同效力的发生。“利益主义原则”把投保人与被保险人之间是否存在利益关系作为确定是否具有保险利益的唯一依据，而不要求必须经过被保险人的同意。如英国1774年《人寿保险法》规定，没有保险利益的人寿保险合同无效。英国1906年《海上保险法》第5条规定：“依照本法的规定，凡对特定的海上冒险有利害关系的人有保险利益。”美国《纽约州保险法》第146条规定：“下列两种情形下，具有人寿保险的保险利益：(1) 以感情为基础有切实利益的血亲或姻亲；(2) 上列人员以外对被保险人的生命、健康或者安全具有合法及实际的经济利益的人。但是，如果以被保险人的死亡、伤残或伤害而得到保险金为其唯一利益的，没有保险利益。”依照这些法律规定，投保人与被保险人之间存在的利益关系是投保人取得对被保险人保险利益的唯一必备的法定要件。人身保险合同中的意外伤害保险合同、健康保险合同和人寿保险合同都要以“利益主义原则”作为保险利益产生的判断依据。

2. 大陆法系国家坚持的“同意主义原则”

“同意主义原则”认为投保人与被保险人之间不必存在利益关系，投保人要取得对被保险人的保险利益，只要求经过被保险人的同意，但在被保险人为受益人的情况下除外。人的生命、身体、健康具有人格特征，不能未经其同意即作为保险标的。经过被保险人的同意或认可，可以起到减少人寿保险道德风险的作用。因此，大陆法系国家大都规定，投保人投保人寿保险，如经被保险人同意，即具有保险利益。如《日本商法典》第674条规定：“规定因他人的死亡而支付保险金额的保险契约，须经该人同意。但被保险人为保险金额的受领人时,不在此限。”《韩国商法典》第731条规定:“订立以他人死亡为保险事故的保险合同时,应当征得被保险者的同意。”被保险人的同意是保险利益产生的唯一依据。

3. 我国实行“利益与同意兼顾原则”

我国《保险法》第31条第2款有一概括性规定,即“除前款规定外,被保险人同意投保人为其订立合同的,视为投保人对被保险人具有保险利益”。因此,以投保人与被保险人之间存在的利益关系为基础,经过被保险人的书面同意,投保人就取得了对被保险人的保险利益。这是对第1款的补充,是保险法灵活性的具体体现,符合市场经济体制下保险发展的总体趋势。

之所以强调被保险人的同意应当以其与投保人之间存在的利益关系为基础,是因为人身保险利益是投保人对被保险人的身体或生命所具有的法律上承认的利益。投保人对被保险人的身体或生命是否具有法律上承认的利益,取决于投保人与被保险人之间是否存在一定的利益关系。当投保人与被保险人之间不存在任何利害关系,仅仅经过被保险人的同意,投保人不能取得对被保险人的保险利益。并且,如果投保人与被保险人之间没有任何利害关系,被保险人所面临的任何风险都和投保人无关,即使经过被保险人的同意,投保人也不会取得对被保险人的保险利益。否则,如果投保人与被保险人之间不存在任何利害关系,仅仅经过被保险人的同意就取得了保险利益,那么投保人就可能以任何人为被保险人,从被保险人的死亡中获取额外的暴利,使保险等同于赌博。

(二) 人身保险利益的范围

1. 本人

本人是指投保人自己。任何人对于自己的身体或者寿命都有无限的利益。投保人以其本人的寿命或者身体为保险标的,可以为本人的利益或者他人的利益订立保险合同,并可以任意约定保险金额。我国台湾地区“保险法”第16条第1项即规定了本人有保险利益。澳大利亚1984年《保险合同法》第19条第1款也规定投保人对其自身生命有保险利益。

因此,只要建立在诚实信用的保险基础上,任何人都可以就他自己的身体和生命投保。

2. 配偶、子女、父母

投保人与配偶、子女、父母之间的法定义务关系产生了利益关系,家庭成员相互间具有保险利益。家庭成员相互间有亲属、血缘以及经济上的利害关系,投保人可以以其家庭成员的身体或者寿命为保险标的订立保险合同。美国的判例认为父母对孩子的生命享有保险利益,因为他们有一种密切的关系和亲情,即便他们没有经济上的利益存在也不影响保险利益的存在。澳大利亚1984年《保险合同法》第19

条第2款规定:“父母及其他监护人对于未满18周岁的孩子有保险利益。”

各国(地区)的法律都规定,配偶间互有保险利益。许多国家法律甚至将对配偶的保险利益与对本人的保险利益放在同一条款规定。英国早期的判例认为,父母有根据法律向孩子给付抚养费的义务,这足以构成父母对孩子的生命享有保险利益。但英国1774年《人寿保险法》却规定,父母子女之间是不存在保险利益的,因为儿女对父母并没有法定的赡养义务,所以父母对孩子的生命没有保险利益。而夫妻之间可推定有无限制的保险利益。

3. 其他家庭成员、近亲属

投保人的其他家庭成员、近亲属,主要有投保人的祖父母、外祖父母、孙子女以及外孙子女等直系血亲,投保人的亲兄弟姐妹、养兄弟姐妹、有扶养关系的继兄弟姐妹等旁系血亲。投保人对其他家庭成员、近亲属有保险利益,必须以投保人和其他家庭成员、近亲属之间存在抚养关系、赡养关系或者扶养关系为前提。如果投保人和其他家庭成员、近亲属之间没有抚养关系、赡养关系或者扶养关系,投保人对其没有保险利益。

4. 同意他人投保的被保险人

当第三人与投保人之间不存在法定义务关系时,只要存在可以产生利益关系的法律关系,并经过该第三人的同意,投保人都可以取得保险利益。由于依据其他法律关系而产生的利益关系是一种纯粹的利益关系,不包括血缘或亲情,故保险利益的产生需要依据双重的条件,即法律关系和同意。

这类保险利益主要体现为:(1) 债权人与债务人。投保人对其债务人有经济上的利害关系,如果债务人死亡而又没有担保物权,则债权人的债权很难实现,所以具有保险利益,以便使债权人能借保险尽可能地保证其债权的实现。但是,投保人为债务人时,对债权人没有保险利益。在英美的判例中,债权人的范围扩大到抵押权人、质押权人或保证人。美国某些州的保险立法甚至规定:承担连带责任的债务人之间对彼此的生命有保险利益。(2) 监护人与被监护人。英国的判例认为:一个照料年轻亲属的监护人对被监护人的生命有保险利益,理由是监护人可期望被监护人返还其支付了的费用。美国、澳大利亚的法律也确认监护人对被监护人的保险利益。(3) 雇主与雇员。雇主对于雇员具有保险利益,因为雇主应对雇员的身体和健康负责且会因雇员的死亡或疾病而受到损失,雇主由此可能失去雇员的技巧和劳动。但与其他国家有所不同的是,英美判例只承认雇主对高级管理人员、重要的技术人员及工作出色的员工有保险利益。雇员对雇主也被认为有保险利益,其范围是未履行完毕的劳动合同期限的经济利益。(4) 合伙人之间。合伙人共同创办合伙事业,合伙人的疾病、死亡都会对合伙事业造成影响,所以合伙人相互有保险利益。

我国在2009年修订的《保险法》中首次明确雇主可成为雇员的投保人。该法第31条增加了“与投保人有劳动关系的劳动者”条目,明确规定雇主可以成为雇员的投保人。为保护劳动者权益,第39条第2款又明确规定:“投保人为与其有劳动关系的劳动者投保人身保险,不得指定被保险人及其近亲属以外的人为受益人”。这项规定尤其有利于阻止雇主以自己为受益人来为雇员投保人身险的情形。

【案例研讨】 **雇员工亡,雇主获赔**①

2006年5月22日,中铁五局集团第一工程有限责任公司所属的渝湘高速公路D7合同段项目部,与被告安邦财产保险有限公司陕西分公司签订了《施工人员人身意外伤害综合保险合同书》,约定如发生被保险人意外身亡,保险金为每人20万元。2007年5月18日,施工人员潘文涌在施工过程中不慎触电身亡,项目部按照保险合同要求向被告安邦保险陕西分公司报案并提交了相关材料,被告安邦保险陕西分公司工作人员已在索赔材料上签字,并于同年5月21日将潘文涌列为被保险人予以确认,但至今没有履行给付义务。原告中铁五局第一工程有限责任公司已先期向被保险人潘文涌的亲属支付赔偿及补助款50万元。

本案争议的焦点是:原告是否为本案适格主体以及潘文涌死亡后是否可以成为被保险人。被告辩称,原告向被告投保建设工程团体人身意外伤害保险,根据保险法规定,原告仅为投保人,且合同对受益人未作出约定,原告在没有授权的情况下以自己名义直接要求保险理赔,不具备保险理赔主体资格,因此也不具备诉讼主体资格。同时,潘文涌死亡后,原告才向被告申请增加潘文涌为被保险人,违反了保险法关于保险利益的强制要求。潘文涌死亡时间为2007年5月18日,而死者被确定为被保险人的时间在2007年5月21日。死者死亡在前,被确定为被保险人在后,显然原告在投保时对保险合同的合同标的(即死者潘文涌的生命)不具有法律要求的保险利益。因此,原告要求被告对潘文涌的保险事故进行理赔没有法律依据。

法院认为,双方当事人在订立保险合同时,对投保人和受益人均在合同中作了条款约定,被保险人潘文涌系原告企业的员工。双方签订的保险合同系团体记人数不记名保险新险种,即保单上无具体的被保险人员姓名,施工现场从事管理和作业并与施工企业建立合法劳动关系的人员均为被保险人。原告员工潘文涌在出险死亡后,原告已经先期向被保险人潘文涌的亲属支付了赔偿金及补助款共计50万元,被保险人的继承人已得到实际赔偿,不存在投保人及受益人因被保险人的死亡事故获取不当利益的事实存在。故可以认定原告即为本案保险合同的受益人。据此,西安铁路运输法院缺席判决被告安邦财产保险股份有限公司陕西分公司支付原告中铁五局集团第一工程有限责任公司保险金20万元,案件受理费4300元由被告承担。

---

① 朱云峰:《建筑工人意外身亡引发保险纠纷,法院依法判决保险公司予以赔偿》,载《人民法院报》2008年10月8日。

五、保险利益存在的时间

保险利益应于何时具备，是保险合同订立之时，还是保险事故发生之时，亦或是贯穿整个保险期间？针对不同性质的保险合同，法律有不同的要求。

（一）财产保险合同中保险利益存在的时间

由于财产保险具有明显的补偿性，赔偿数额除与保险金额有关外，最终取决于保险标的物本身的价值，以及发生事故时的损失额，所以财产保险合同一般要求在合同签订时和损失发生时必须存在保险利益，否则就没有损失的可能性，自然也就没有补偿的必要性。但货物运输合同中对所运货物的保险，并不要求保险利益在订立合同时就必须存在，而是要求在损失发生时，被保险人对其必须具有保险利益。在海上保险合同中，根据国际贸易形成的惯例，被保险人仅须在损失发生时，对保险标的具有保险利益。我国《保险法》第12条第2款规定："财产保险的被保险人在保险事故发生时，对保险标的应当具有保险利益。"

英美法院普遍认为，除成文法另有规定或契约另有约定外，被保险人无须在保险契约订立时对于保险标的具有保险利益。英国1906年《海上保险法》第6条规定："虽然投保时被保险人无须对保险标的具有保险利益，但在损失发生时，被保险人必须对保险标的具有保险利益。"尽管该法主要是针对海上保险而言，但这一原则在符合下面两个条件时也可以适用于其他财产保险：一是在签订保险合同时，投保人必须有获得利益的合理期待；二是不动产保险中，法律要求签发保单时有保险利益。澳大利亚1984年《保险合同法》第16条规定："财产保险合同并不因投保人在投保时对保险标的没有保险利益而无效。"

【实务研究】 **拉克拉斯诉休斯案**

保险利益开始的时间之争几乎如同保险制度本身一样久远。1779年12月29日，在英国与西班牙的战争期间，拉特劳上校和道林普上校分别是英国的一支海军中队和一支陆军分队的指挥官。他们成功地缴获了当时停靠在奥玛港的西班牙船只圣多明戈号以及船上的所有货物，并打算将它们全部运回伦敦。为了确保这些战利品能够平安地返回英国，英国船长和船员就船货向被告投保了到英国的航程保险。可就在返回英国的途中，船队遭遇了海难，圣多明戈号以及船上的货物也因此灭失。该海军中队的船长和全体船员就他们利益的损失向被告索赔，而被告以原告缺乏保险利益为由拒绝赔偿。

法院所临的问题是：该中队的船员是否对圣多明戈号以及船上的货物具有保险利益？这取决于两个方面：首先当然取决于《战利品法》里的规定；其次，如果在《战利品法》里没有支持，则取决于根据当时的惯例，船长和船员是否会获得皇家的奖赏。根据《战利品法》,船长和船员应该具有保险利益。在第二个方面,自光荣革命以来,只要在战争中捕获战利品,无论是海上还是陆上的战利品,国王都会把它赏赐给捕获者。奖赏的可能获得人可以就其即将获得的利益而去投保,即使这种利益最终能否获得还存在一定的或然性。这样的保险避免了其他不相干的人对标的造成风险,也保证了获赏这一从未落空过的期待免遭损失。曼斯菲尔德法官以此为由作出了有利于原告的裁决。①

(二) 人身保险合同中保险利益存在的时间

鉴于人身保险的目的与财产保险不同,基于被保险人的生命安全要求,人身保险合同只要求在合同订立时保险利益必须存在,否则保险合同无效。在保险事故发生时,是否存在保险利益则无关紧要。我国《保险法》第12条第1款、第3款也明确规定:"人身保险的投保人在保险合同订立时,对被保险人应当具有保险利益。""人身保险是以人的寿命和身体为保险标的的保险。"例如,王某为其婆婆投保了一份10年期的寿险,保额为8万元,指定自己的儿子作为受益人,保险费每年由王某缴交。后王某离婚,儿子由其父亲抚养。离婚后,被保险人因病去世。王某向保险公司申请给付保险金。保险公司却提出王某为被保险人投保时是其儿媳妇,投保时对被保险人有保险利益。但离婚后已失去了保险利益,故保险单随婚姻关系终结而失效,应按无效保单处理,不能给付保险金。根据法律规定,保险公司主张投保人对保险标的没有保险利益是不成立的,本案保险合同有效。

人寿保险的保险利益只要求在合同订立时存在,至于保险事故发生时是否有保险利益则无关紧要。英国1774年《人寿保险法》规定,只有对被保险人的生命拥有可保利益的人,才可投保人寿保险。该规定一般被理解为在保险合同订立时要具有保险利益。人身保险涉及以死亡为保险事故的死亡保险,关系到被保险人的生命安全,倘若投保时无保险利益,则容易滋生道德风险。由于人寿保险合同一般是长期合同,投保人交纳的保险费具有储蓄性,将来可以请求的保险金实际上是投保人所交保险费及其利息的积存。所以保险事故发生时,对于合同约定的享有保险金请求权的人,并不要求其对被保险人具有保险利益。

六、保险利益的转移和消灭

(一) 保险利益的转移

保险利益的转移,是指在保险合同有效期限内,投保人将保险利益转移给受让人,而保险合同仍然有效。投保人在其投保后的保险合同有效期内将财产所有权转让他人,由于丧失了与保险标的的利益关系而失去了保险利益;新的财产所有权人

---

① 黄勇:《英美保险法经典案例评析》,中信出版社2007年版,第2页。

在法律上被认为是自动取代原投保人的地位,保险合同继续有效,无须重新投保。

(1) 继承。大多数国家的保险立法规定,在财产保险中,投保人或被保险人死亡的,其保险利益自动转移给继承人,保险合同继续有效,直至有效期届满。

但在人身保险方面则不同,被保险人死亡,如属死亡保险或两全保险,即为保险事故发生,保险人应承担给付保险金的责任,保险合同即告终止,并不存在保险利益的转移问题;如属其他人身保险合同或因非保险事故导致的死亡,保险合同也因保险标的的消失而终止,同样不存在保险利益的转移问题。但是,投保人死亡,而投保人与被保险人不是同一个人时,如果被保险人的利益属投保人专有,如因亲属关系、抚养关系而产生的利益等,保险利益不得转移;如果对被保险人的利益并非属投保人所专有,如因债权债务关系而产生的利益,则应该认为人身保险合同仍可为继承人的利益而继续存在。

(2) 转让。各国保险法律均规定海上货物运输保险的保险利益转让不影响保险合同的效力。对于其他的保险,有的国家立法侧重于对受让人利益的保护,承认保险利益随保险标的让与而转移,保险合同继续有效。但有的国家将保险合同标的物分为动产和不动产,不动产的保险利益可随其让与而转移,而动产的保险利益却不能转移。我国《保险法》第 49 条第 1、2 款规定:“保险标的转让的,保险标的的受让人承继被保险人的权利和义务。保险标的转让的,被保险人或者受让人应当及时通知保险人,但货物运输保险合同和另有约定的合同除外。”可见,我国立法并未排除保险利益可随保险标的物转让而转移的情形。

在人身保险合同中,保险标的是自然人的生命、身体或健康,保险利益一般是不能转让的,也不发生影响保险合同效力的问题。但基于债权而产生的保险利益可以随着债权的转让而转移,原保险合同对新的受让人发生效力。其他人身保险的保险利益不存在保险标的的让与转移问题。

(3) 破产。在财产保险中,投保人破产,其保险利益转移至破产财产的管理人和债权人,保险合同仍为破产债权人而存在。各国法律一般规定一个期限,在此期限内保险合同继续有效。超过这一期限,破产财产的管理人或债权人应与保险人解除保险合同。投保人的破产对人身保险合同没有影响,被保险人破产,人身保险也不产生保险利益的转移问题。

(二) 保险利益的消灭

在财产保险中,保险标的灭失,保险利益即归消灭。在人身保险中,投保人与被保险人之间丧失构成保险利益的各种利害关系时,原则上保险利益也随之消灭。但在人寿保险中,则会因继承而引起保险利益转移,也会因投保人求偿权利的存在而使保险利益继续存在。

第三节　损失补偿原则

一、损失补偿原则的含义和意义

（一）损失补偿原则的含义

损失补偿原则是指当保险标的发生保险责任范围内的损失时，被保险人有权按照合同的约定，获得保险赔偿，用于弥补被保险人的损失，但被保险人不能因损失而获得额外的利益。这包括两重含义：一是损失补偿以保险责任范围内的损失发生为前提，即有损失发生则有损失补偿，无损失无补偿。二是损失补偿以被保险人的实际损失为限，而不能使其获得额外的利益。目的是通过保险赔偿使被保险人的经济状态恢复到事故发生前的状态。

被保险人的实际损失既包括保险标的的实际损失，也包括被保险人为防止或减少保险标的损失所支付的必要的合理的施救费用和诉讼费用。合理费用主要是指施救费用和诉讼支出。例如，我国《保险法》第57条第2款规定："保险事故发生后，被保险人为防止或者减少保险标的的损失所支付的必要的、合理的费用，由保险人承担；保险人所承担的费用数额在保险标的损失赔偿金额以外另行计算，最高不超过保险金额的数额。"该法第66条规定："责任保险的被保险人因给第三者造成损害的保险事故而被提起仲裁或者诉讼的，被保险人支付的仲裁或者诉讼费用以及其他必要的、合理的费用，除合同另有约定外，由保险人承担。" 在保险实务中，有时还有其他费用，如为确定保险责任范围内的损失所支付的受损标的的检验、估价、出售等的费用。保险标的本身的损失应与费用的支出分别计算，费用支出的最高赔偿额以不超过保险金额为限。保险赔付包含这些金额，能使被保险人恢复到受损失前的经济状态，同时不会获得额外利益。

保险补偿原则是由保险的经济补偿性质和功能所决定的，它最直接地体现了保险的经济补偿功能，也派生出保险法中的代位求偿等重要内容。

【案例研讨】　　**精神损失不在保险理赔范围？**[①]

2007年4月10日，原告胶南市某村村民刘某将自有车辆在被告某保险公司青岛分公司处投保车辆第三者责任保险、车上人员责任保险、车辆损失险、玻璃破碎险及不计免

① 李娟：《精神损失赔偿不在保险理赔范围？法院判决应赔》，载《人民法院报》2009年2月4日。

赔特约险等。2008 年 1 月 2 日,该车在日照地段发生交通事故,造成第三者张某当场死亡。该交通事故纠纷经法院判决,原告刘某赔偿第三者张某家属各项损失共计 138089 元。后原告刘某持相关理赔资料前往被告处要求理赔,但被告以"原告造成的损失中,包括 3000 元的精神损失,按照保险条例的约定,不在被告理赔的范围"为由,拒绝理赔。

本案的争议在于:财产保险的损失包括精神损失吗?

法院认为,原告应当赔偿第三者损失,其中精神损失亦是第三者损失的范围,被告无证据证明其与原告在签订保险合同时,明确约定过精神损失排除在第三者损失之外,保险条款亦不具有排除适用的效力,故认定 3000 元的精神损失属于被告应当理赔的第三者损失。据此判决被告某保险公司青岛分公司向原告赔偿第三者责任险保险金 138089 元。

（二）损失补偿原则的意义

第一,维护保险双方的正当权益,真正发挥保险的经济补偿功能。保险的基本功能是损失补偿,按照合同约定的责任范围和投保价值额度内的实际损失数额给予等额赔付。损失补偿原则正是该功能的体现,坚持损失补偿原则维护了保险双方的正当权益:如果被保险人发生保险事故所受到的经济损失不能得到补偿,则违背了保险的功能,该原则保证了其正当权益的实现;对保险人而言,在合同约定条件下承担保险赔偿责任的同时,其权益也通过损失补偿的限额约定得到了保护——超过保险金额或实际损失的金额无须赔付。

第二,防止被保险人通过保险赔偿而得到额外利益。损失补偿原则中关于有损失赔偿而无损失不赔偿的规定,以及被保险人因同一损失所获得的补偿总额不能超过其损失总额的规定,都使得被保险人不能因投保而得到超过损失的额外利益。因此,该原则有利于防止被保险人利用保险,通过保险赔偿而获得额外利益的可能。

第三,防止道德危险的发生。由于损失补偿原则不能使被保险人获得额外利益,就能防止被保险人以取得赔款为目的故意制造损失的不良企图和行为的发生,从而保持良好的社会秩序和风尚。

二、损失补偿的范围

第一,损失补偿以被保险人的实际损失为限。该实际损失是指保险事故发生时,保险标的的实际损失。在财产保险中,最高赔偿额以保险标的的保险金额为限,如有分项保险金额的,最高以该分项保险标的的保险金额为限。在保险实务中,保险标的遭受损失后,保险赔偿以被保险人所遭受的实际损失为限:全部损失时全部赔偿,部分损失时部分赔偿。

但在重置价值保险中可能出现不同的情况。重置价值保险是指以被保险人重置或重建保险标的所需费用或成本来确定保险金额的保险,其目的在于满足被保险人对受损财产进行重置或重建的需要。保险人必须在很大程度上将财产和房屋恢复到损失前的同样状况,如果重置的财产和房屋在主要方面与原物有所不同,保险人就要承担不完全履行合同的责任,而且在运用这种方式计算支付给被保险人的赔款时将不减去由于自然损耗和贬值而产生的差额,因此,目前很少有保险人愿意采用。并且,在通货膨胀、物价上涨等因素影响下,保险人按重置或重建费用赔付时,可能出现保险赔款大于实际损失的情况。

第二,损失补偿以投保人投保的保险金额为限。依据保险合同的约定,损失赔偿的最高限额以合同中约定的保险金额为限。赔偿金额只应低于或等于保险金额而不应高于保险金额。这是因为保险金额是以保险人已收取的保费为条件确定的保险最高限额,由此维护保险人的正当权益,使损失补偿同样受权利义务对等的约束。

第三,损失补偿以投保人或被保险人所具有的保险利益为限。保险人对被保险人的赔偿以被保险人所具有的保险利益为前提条件和最高限额,即被保险人得到的赔偿以其对受损标的的保险利益为最高限额。当财产保险中的保险标的受损时,如被保险人不再拥有保险利益,则对该财产的损失不具有索赔权。

【案例研讨】　138万奔驰贬值8万获赔偿①

2008年6月11日,安正公司花费138万元购买的一辆奔驰轿车在广西壮族自治区体育中心工地道路行驶时,被一辆起亚轿车撞上,导致这辆刚刚使用6个月的奔驰轿车严重损坏。事故发生后,交警部门认定,肇事司机王某负事故全部责任。6月27日,受损奔驰车经专业评估机构评估,认定事故后贬损8万元。安正公司认为,其奔驰车系使用不到半年的新车,经过修理后,外观及使用性能虽然已经恢复,但使用寿命、安全性能、驾驶操控性能等指标,实际上已经很难恢复到事故发生前的状态。为此,安正公司将王某、王某所在公司及所涉保险公司起诉到法院,除了索赔经济损失、车辆维修费和鉴定评估费之外,还要求赔偿8万元车辆贬值损失。

本案的焦点在于:除了车辆的实际损失外,8万元车辆贬值损失应否赔偿?

广西壮族自治区南宁市良庆区人民法院对此案作出判决:保险公司赔付车主2000元经济损失;肇事司机除了赔偿车主6.5万余元车辆维修费和2000元鉴定评估费之外,尚需赔偿车主8万元车辆贬值损失。主审法官认为,鉴于安正公司奔驰车为使用仅6个月左右的新车,虽已得到修理,但在事故中碰撞后修复费用较大,部分配件经修复后,很难完全恢复到事故前所具有的质量和性能等,更无法达到出厂时的标准。汽车交易市场

---

① 李喜杰:《138万奔驰贬值8万获赔偿》,载《人民法院报》2009年1月13日。

上,发生过交通事故车辆的估价,显然比无事故车辆要低。事故车辆所有人的此项损失,应受法律保护。

三、代位求偿

(一) 代位求偿的含义和意义

代位求偿指在财产保险中,保险标的由于第三人的原因导致保险责任范围内的损失,保险人向被保险人支付保险赔款后,在赔偿金额范围内取得代替被保险人向负有责任的第三人进行追偿的权利或取得被保险人对保险标的的所有权。

各国法律对代位求偿均作出了规定。德国《保险合同法》第67条规定:“要保人有权对第三人请求损害赔偿者,于保险人填补要保人的损害后,要保人对于第三人的请求权转移给保险人。”日本《商法典》第622条第1款规定:“在因第三人的行为发生损害的情形下,保险人已向被保险人支付其负担的金额时,在其已支付的金额限度内,取代保险合同人或被保险人对第三人所有的权利。”英国1906年《海上保险法》第91条第1款也规定:“保险人在货物全部或部分损失后支付了保险金,则他取得了对残余货物的权利,并且代位取得了被保险人所享有的权利和救济措施。”我国《保险法》第60条第1款规定:“因第三者对保险标的的损害而造成保险事故的,保险人自向被保险人赔偿保险金之日起,在赔偿金额范围内代位行使被保险人对第三者请求赔偿的权利。”

取得对保险标的的所有权是指保险标的遭受保险责任事故,发生全损或推定全损,保险人在全额给付保险赔偿金之后,即拥有对保险标的物的所有权,即代位取得对受损保险标的的权利与义务。否则,被保险人就可能通过获得保险标的的残值而得到额外利益。我国《保险法》第59条规定:“保险事故发生后,保险人已支付了全部保险金额,并且保险金额等于保险价值的,受损保险标的的全部权利归于保险人;保险金额低于保险价值的,保险人按照保险金额与保险价值的比例取得受损保险标的的部分权利。”

代位求偿的意义首先在于防止被保险人因同一损失而获得超额赔偿。由于第三人的故意或过失造成保险标的的损失是导致财产保险事故发生的原因之一。依据民法原理,行为人由于故意或过失,不法侵害他人财产、人身造成损失的,应对受害人承担赔偿责任。所以,由于第三人的过错在保险期间造成保险事故,使保险标的遭受损失时,被保险人同时了产生两项权利:一是作为被保险人,依据保险合同向保险人请求支付保险金的权利;二是作为受害人,依据民法中关于侵权行为的规定,向第三人请求赔偿的权利。保险人向被保险人支付赔款、赔偿其损失后,并不能免除第三人对被保险人的赔偿责任。同理,被保险人获得保险人支付的赔款后,并不丧失向第三人请求赔偿的权利。如果被保险人同时行使这两项权利,就有可能获得额外的利益,违背财产保险的补偿原则。因此,当保险事故是由于第三人的过错造成时,保险人向被保险人支付赔款后,被保险人应当将向第三人的请求权转让给保险人,由保险人代替被保险人向第三者行使请求赔偿的权利。同样,在被保险标的发生保险事故,保险人全额赔付后,若被保险人将保险标的的剩余物资处理或保险标的被找回后归于被保险人,其所得的利益就将超出实际损失的利益,因而应当将受损保险标的的全部权利归于保险人。①

代位求偿还有利于维护社会公共利益和双方当事人的合法权益。给他人造成损失的责任人应当对其所造成的损失负责,如果被保险人仅从保险人处获得赔偿而不追究责任人的经济赔偿责任,既有违公平,也增加道德危险。被保险人在损害得以补偿后,并不意味着其对加害人的损害赔偿请求权因此而消灭,被保险人也不能随意放弃其对加害人的损害赔偿请求权。由保险人行使被保险人对第三人的损害赔偿请求权,避免了加害人免除责任。通过代位,既使得责任人无论如何都应承担损害赔偿责任,也使得保险人可以通过代位追偿从责任人处追回支付的赔偿费用,维护保险人的利益。保险人在向被保险人给付之后,对具有应负责任之加害人可要求其承担赔偿之责任,可以降低保险人保险给付的实际数额,进而可以降低保险费率,减轻投保人的负担。代位求偿也有利于被保险人及时获得经济补偿。因为由保险人向被保险人理赔比由被保险人向责任人索赔更为有利,尽快使被保险人得到补偿是保险制度的基本要求,代位求偿有助于这一目的的实现。

【理论探讨】　纽约规则与威斯康星规则

纽约规则认为,在财产保险案件中,即使被保险人可以从其他地方得到赔偿,或者可以要求其他人对受损财产进行修复,只要合同里对这个问题没有明确规定,保险公司依然必须按照保单约定对被保险人再次进行赔付。这一规则最早是由纽约州法院通过判例法创立的,所以人们称之为纽约规则。而威斯康星规则则完全相反,它认为保险合同是补偿合同,因此被保险人如果能从其他地方得到赔偿,就说明他根本没有遭受到损失,所以保险公司可以拒绝赔付。这一规则同样因为发源于威斯康星州而得名。

在美国,威斯康星规则只得到少数州法院的承认,绝大部分州采取的是纽约规则。实行纽约规则的法院认为,财产保险承保的是纯粹的财产损失,而这种损失是在保险事

① 为了避免被保险人因同一损失而获得超额赔偿,英国法律规定了下列方式:一是被保险人在获得保险人给付之前已经得到了相应的赔偿,则保险人给付的额度以损失减去已获得的赔偿之后的额度为限;二是保险人在给付之后,取得被保险人就保险事故所享有的权利和救济措施;三是在保险人给付之后被保险人已经行使了其权利或享有了救济措施,保险人可以要求被保险人退还其给付的超过被保险人实际损失的部分。参见邓成明等:《中外保险法律制度比较研究》,知识产权出版社 2002 年版,第 97 页。

故发生的时候马上可以确定下来的,它应当是保险公司理赔的唯一根据,任何在损失发生以后的其他财务来源从性质上说和保险不是一码事,都不能抵减保险公司的赔付金额。同时,保险业务的经营特点也可以支持这种认识,因为保险公司衡量风险、确定费率时仅仅考虑财产本身的特性,这和投保人其他的经济来源没有任何关系,所以没有理由允许保险公司在出险以后反过来要考虑这些因素。也就是说,应当把财产保险和其他所有形式的法律关系独立开来,被保险人和保险公司之间达成的是一个纯粹的、关于风险的赔付协议。如果被保险人可以基于其他法律关系(比如说租赁关系)而要求其他人也对其进行赔偿,这只能归结为被保险人的运气好、保障充分而已,不能因此而"惩罚"他,把他本应获得的保险赔付权利剥夺掉。①

(二) 代位求偿的构成要件

1. 损害事故属于保险责任范围

只有保险责任范围内的事故造成保险标的损失,保险人才负责赔偿,否则,保险人不承担赔偿责任。受害人的损失与保险人无关,也就不存在保险人代位求偿的问题。在保险实务中,要求保险人应负责任的原因事实与第三人对被保险人损害赔偿责任的原因事实必须一致。

2. 保险事故的发生是由第三者的责任造成的

代位求偿本质上是保险人依法行使被保险人对第三人之损害赔偿请求权。因此,第三人依法应对被保险人承担民事损害赔偿责任,被保险人才有权向第三者请求赔偿,并在取得保险赔款后将向第三者请求赔偿权转移给保险人。这种损害赔偿请求权既可因侵权行为引发,也可因违约行为产生。通常包括:(1) 侵权行为,即由于第三人的故意行为或者过失,保险标的遭受损失,或者第三方不论有无过错,但根据法律应当承担民事责任。(2) 合同责任,即由于合同一方当事人没有依照约定履行义务,给对方造成损失,违约方应承担违约责任。(3) 不当得利,即第三人因为不当得利而产生的民事责任。(4) 共同海损,即保险标的由于共同海损而造成损失,保险人有权向其他受益方代位求偿。

3. 保险人已经履行赔偿义务

代位求偿权是债权的转移,保险人只有依照保险合同的约定向被保险人给付保险赔偿金后,才依法取得对第三者请求赔偿的权利。当第三人造成保险标的损失时,如果第三人已经赔偿了被保险人的全部损失,保险人可不再支付赔款,也就不产生代位求偿的权利。

同时,保险人在代位求偿中享有的权益以其对被保险人赔偿的金额为限,如果

① 黄勇:《英美保险法经典案例评析》,中信出版社 2007 年版,第 194 页。

被保险人的损害额大于保险给付,保险人不得就超过部分行使代位权。因为保险人也不能通过行使代位求偿权而获得额外的利益,损害被保险人的利益。由于法律、法规的规定或限于第三人的赔偿能力,第三人只能赔偿被保险人的一部分损失,保险人支付赔款时应扣减被保险人已从第三人获得的赔偿金额。由于保险合同的约定和保险金额低于保险价值等原因,保险人支付赔款不能补偿被保险人的全部损失时,或在不足额保险的情况下,即使保险人按全损赔偿,并已取得赔偿金额以内的代位求偿权,被保险人仍有权就未取得赔偿部分的损失向第三人请求赔偿。

（三）代位求偿的除外规定

1. 第三人不得具有特殊身份

我国《保险法》规定:除被保险人的家庭成员或者其组成人员故意造成本法规定的保险事故外,保险人不得对被保险人的家庭成员或者其组成人员行使代位请求赔偿的权利。当被保险人的家庭成员造成保险事故,保险人向其家庭成员代位求偿就会使保险赔偿失去意义。因为家庭成员之间拥有共同财产,保险事故造成被保险人的财产损失,往往就是家庭的共有财产。当被保险人是企事业单位、机关等法人组织时,被保险人的员工在完成本职工作过程中,由于过失造成本单位财产损失,如果保险人向被保险人支付赔款后,再向其员工代位求偿,由于员工造成的赔偿责任应由其所在单位承担,实际上被保险人必须返还赔款,从而使保险人的赔偿毫无意义。

对于特定人员的除外规定,在各国和各地区相关法律中也有所体现。如德国《保险合同法》将其规定为"要保人同居的家属";澳大利亚 1984 年的《保险合同法》规定为"家庭成员或有其他私人关系者;投保人允许其使用投保的汽车的人及投保人的雇员"。

2. 代位求偿不适用于人身保险

代位求偿仅适用于财产保险,而不适用于人身保险。因为人的生命与健康是无价的,不存在额外收益问题。人身保险的被保险人死亡,受益人可以同时得到保险人给付的保险金和加害人支付的赔偿金。我国《保险法》第 62 条规定:"除被保险人的家庭成员或者其组成人员故意造成本法第 60 条第 1 款规定的保险事故外,保险人不得对被保险人的家庭成员或者其组成人员行使代位请求赔偿的权利。"

（四）被保险人放弃向第三者索赔权的法律后果

保险人的代位求偿权是在被保险人要求第三者赔偿时才能行使的。由于民事权利是可以放弃的,被保险人放弃向第三者请求赔偿的权利并不违背法律的规定,能够发生相应的法律效力。当被保险人放弃对第三者的请求赔偿权时,保险人不享有代位求偿权。因此,当被保险人不要求第三者赔偿时,保险人也无须对被保险人进行保险赔偿。我国《保险法》第 61 条规定:保险事故发生后,保险人未赔偿保险金之前，被保险人放弃对第三者请求赔偿的权利的，保险人不承担赔偿保险金责任。

该法同时规定：保险人向被保险人赔偿保险金后，被保险人未经保险人同意放弃对第三者请求赔偿的权利的，该行为无效。被保险人放弃向第三者请求赔偿，使保险人不能行使代位权，是损害保险人的利益，并使第三者不当得利，因此保险人可以拒绝赔偿或使该放弃行为无效。由于被保险人的过错致使保险人不能行使代位请求赔偿的权利的，保险人可以相应扣减或者要求返还保险赔偿金，即保险人从应支付或已支付的赔款中减去或者要求返还其正常行使代位求偿权可获得的金额。

被保险人有协助保险人行使代位求偿权的义务。根据我国《保险法》第63条的规定，在保险人向第三者行使代位请求赔偿权利时，被保险人应当向保险人提供必要的文件和其所知道的有关情况。这些文件和有关情况主要指被保险人债权成立的依据，因为该项债权是独立于保险合同之外的，保险人难以清楚地了解其中的权利义务关系。如果被保险人不提供有关文件和情况，如被保险人与第三人订立的合同、第三人的情况和第三人应当对保险事故负责的事实和证据，保险人的代位求偿就有可能无法进行。

【案例研讨】　　法条修改对判决的影响

某工厂投保了企业财产险。2004年4月1日，该厂一个厂房突然倒塌，原因是相邻的一个企业在厂房施工中处理不当造成围墙垮塌所致。事故发生后，保险公司认定属于保险事故，并认定了事故的原因。决定由保险公司先行赔偿，然后再向造成事故的相邻企业追偿，但被保险人应该协助保险公司进行追偿。工厂与保险公司签订了追偿权益转让协议。但赔偿完成后，虽经保险人的多次要求，工厂总是借故推辞，一直没有向保险公司提供任何向第三者追偿的相关证据，致使追偿无法进行。保险公司起诉要求工厂退回部分赔偿。法院根据当时我国《保险法》第45条第3款的规定，即“由于被保险人的过错致使保险人不能行使代位请求赔偿的权利的，保险人可以相应扣减保险赔偿金”，判决工厂退回50%的赔偿款给保险公司。

如果本案发生在2009年10月1日后，由于相对应的条款经修改后表述为：“被保险人故意或者因重大过失致使保险人不能行使代位请求赔偿的权利的，保险人可以扣减或者要求返还相应的保险金”，则保险公司就必须证明被保险人存在“故意或者重大过失”，且该“故意或者重大过失”致使保险人不能行使代位求偿权。当然，如果证明，被保险人的责任也从“相应扣减”扩大至“返还相应的保险金”。

四、重复保险

（一）重复保险的概念和范围

重复保险又称为复保险，是指投保人以同一保险标的、同一保险利益、同一保险事故分别与两个以上保险人订立保险合同，合同约定的保险金额总和超过保险标的价值的保险。根据损失补偿原则的要求，被保险人获得的保险赔偿金的数量受到实际损失、合同和保险利益的限制，因而应当对重复保险进行必要的限制。

关于重复保险的适用范围，按照我国《保险法》的规定，只适用于财产保险，而不适用于人身保险。因为人的身体和生命是无价的，而重复保险中的"重复"是针对可估价的保险标的，有"价"才存在"重复"，人身保险中的保险标的是不可估价的，保险的重复问题当然也就不存在。

【案例研讨】 **一学年买两份险获双份赔偿①**

蓝某在2006年上半年和2006年下半年的开学期间分别作为于都二中和于都四中的学生向被告保险公司投保了一份学生平安保险及附加险，保险限额均为3000元。两份保险的保险期间在保险单正面均约定为半年，在保单背面的保险条款中却为一年。2006年11月4日，蓝某在上学的路上发生交通事故并受伤，花费医疗费148.3元，后续治疗费经鉴定为9160元。保险公司以保险合同中的限制性和免责条款拒赔。

本案的问题在于：如何协调保单条款与两次投保的冲突？

江西省于都县法院认为，原告蓝某作为学生向保险公司投保，保险公司在办理保险业务时未向原告明确说明合同中的限制性和免责性条款，这些条款对原告不发生效力。保单正面和背面的保险期间有冲突，应当按有利于投保方理解，以一年期间为准。因附加意外伤害医疗保险属人身保险合同，应按两份保险累加限额即6000元计算。

（二）重复保险的构成要件

1. 客观上必须具备重复保险的要件

根据我国《保险法》的有关规定，重复保险在客观上必须同时具备的条件是：(1) 同一保险标的。只有在以同一标的作为两份或两份以上的保险合同的保险标的时，才构成重复保险。如果投保人将两个或两个以上保险标的分别与若干保险人

① 曾照旭：《一学年买两份平安险，一学生受伤获双份赔偿》，资料来源：中国法院网，http://www.chinacourt.org/public/detail.php? id=330107，2008年11月12日访问。

订立保险合同,则不构成重复保险。(2) 同一保险利益。只有当投保人就同一保险标的的同一保险利益分别与两个或两个以上的保险人订立保险合同时,才构成重复保险。虽为同一保险标的,而以不同保险利益订立的数个保险合同,是不同的单保险而不是复保险。(3) 同一保险事故。只有当投保人就同一保险标的、同一保险利益、同一保险事故分别与两个以上的保险人订立保险合同时,才能构成重复保险,反之则不是复保险。(4) 一定期间内存在两份以上保险合同。两个或两个以上的保险合同,只有当保险标的、保险利益、保险责任相同,并且保险期间有重合时,才构成重复保险。时间上的重合分为"全部重合" 和"部分重合"两种。在重合的期限内,均可构成重复保险。虽有数个保险合同存在,但若期限各异也不能构成重复保险。

2. 主观上投保人应当履行通知义务

对于重复保险各国法律通常都要求投保人承担通知义务,以备保险人在与投保人订立保险合同时,适当地确定保险标的的价值并约定相应的保险金额,杜绝投保人通过订立复保险合同而额外获利。投保人应当通知的内容是"重复保险的有关情况",即凡是与重复保险有关的情况,诸如他保险人的名称和住所、保险标的、保险价值、保险金额、保险期间以及保险责任范围等,都应当通知保险人。如我国台湾地区"保险法"第 36 条规定,投保人应当通知的内容为他保险人的名称和约定的保险金额。《韩国商法典》第 672 条第 2 款规定:投保人应当将各保险合同的内容通知各保险人。《意大利民法典》第 1910 规定:投保人应当将所有的保险通知每一个保险人。

(三) 重复保险的处理规则

投保人出于主观上的故意不履行重复保险的通知义务,就会构成恶意重复保险,即为了图谋不法利益而故意不履行复保险的通知义务。如我国台湾地区"保险法"第 37 条规定:"要保人故意不为前条之通知,或意图不当得利而为复保险者,其契约无效。"《意大利民法典》第 1910 条第 2 款规定:"如果被保险人对发出通知有恶意懈怠,保险人不承担支付保险金的责任。"德国《保险合同法》第 59 条第 3 项规定,投保人意图获取不法利益而为重复保险的,合同无效。

重复保险的分摊规则,通常方式有三种:(1) 保险金额按比例分担,即将各家保险公司的保险金额加起来,计算出每家保险公司应分摊的比例,然后按照比例分摊损失金额。各保险人按照比例赔偿的总额不超过保险标的的价值。(2) 赔款限额按比例分担,即假定在没有重复保险的情况下,各家保险公司按单独应负的最高赔款限额与各家保险公司应负最高赔偿限额总和的比例分摊责任。(3) 按照顺序分担责任,即由先订立保险合同的第一保险人首先负责赔偿,第二个保险人只负责赔偿超出第一保险人的保险金额部分,如果仍有超出部分,由其他订立保险合同的保险人再依次序赔偿。①

我国法定的重复保险损失分摊原则是，通过采取适当的分摊方法，在各保险人之间分配赔偿责任，使被保险人既能得到充分补偿，又不会超过其实际的损失而获得额外的利益。当保险事故发生之后，若被保险人通过向不同的保险人就同一损失索赔，则可能获得超额赔款，违背损失补偿原则。当各保险人按相应的责任分摊损失时，被保险人所获得的赔款总额就与其实际损失相等，从而与损失补偿原则相一致。

【案例研讨】　**重复投保交强险如何理赔?②**

江西某运输中心为其机动车先后向江西某市财产保险公司和某县财产保险公司投保了两份交强险，该投保车辆在湖南某地发生了交通事故，造成受害人死亡。对于重复投保交强险的效力问题，保险公司和诉讼中的其他当事人产生了分歧。交通事故中的受害方认为：重复投保的交强险均有效，两个交强险都应按最高限额赔偿。而某县保险公司认为：投保人在某市保险公司投保在先，投保某县保险公司在后，基于《机动车交通事故责任强制保险条款》中"每辆机动车只需投保一份机动车交通事故责任强制保险，请不要重复投保"的规定，前一份保险合同有效，而后一份合同无效。即使某县保险公司需要承担责任，也应该与某市保险公司在交强险责任限额 11 万元的额度内按比例共同承担。

湖南某县法院一审认为：我国目前没有法律明文禁止两份交强险同时受偿，所以两份交强险均有法律效力，判决两家保险公司分别在死亡伤残赔偿限额 11 万元的范围内对原告承担赔偿责任。

我国《保险法》第 56 条规定："重复保险的投保人应当将重复保险的有关情况通知各保险人。重复保险的各保险人赔偿保险金的总和不得超过保险价值。除合同另有约定外，各保险人按照其保险金额与保险金额总和的比例承担赔偿保险金的责任。重复保险的投保人可以就保险金额总和超过保险价值的部分，请求各保险人按比例返还保险费。"我国法律承认重复保险，但是对以损失补偿为原则的财产险而言，其理赔金额不能超过保险标的的价值。所以，在财产险中，被保险人可以重复保险而且重复保险的合同都有效力。但是，在投保和理赔时，被保险人有义务将重复保险的相关情况告知各保险人，而各个保险人赔偿总和不能超过保险标的的保险价值。

关于交强险所承保的保险价值存在不同的观点。

第一种观点认为，交强险的保险价值就是被保险机动车发生交通事故时受害人所遭受的损失。正如本案中受害方认为：重复投保的交强险均有效，因为给他们造成的损失

① 张洪涛:《保险学》，中国人民大学出版社 2000 年版，第 163 页。

② 资料来源:中国保险学会网站，http://www.iic.org.cn/D_infoZL/infoZL_read.php? id = 18101，2013 年 12 月 11 日访问。

远远不止一份交强险的最高限额,而保险应该是以受害人所遭受的损失为限来承担责任。笔者认为:交强险对于机动车驾驶员而言只是基本保障,而交通事故中的受害方从交强险中获得的也仅仅只是部分补偿;如果想以交强险代替商业险来获取限额之外的赔偿,这不符合强制保险制度的政策性。

第二种观点认为,交强险所承保的保险价值就是以其最高限额为限。交强险作为责任保险的一种,既有其普遍性又有其特殊性。其普遍性在于,任何责任保险都要规定一个赔偿限额作为保险人承担赔偿责任的最高限,超过赔偿限额的索赔由被保险人自行承担;其特殊性在于,一般的责任保险赔偿限额的高低由保险合同的当事人双方约定,而交强险的赔偿限额则是国家规定。

笔者更倾向于第二种观点,因为交强险虽然也是财产保险,但又有其特殊性——是强制投保的责任保险,其所承保的保险价值是不明确的,只能以最高额为限来承担保险责任。从法理上判断,交强险属于财产险的范畴,在没有明确法律法规规范的前提下,应该适用《保险法》。根据我国《保险法》对重复保险的规定,本案中该运输中心投保的两份交强险都是有效的,但这并不意味着两家保险公司都需要按交强险最高限额对受害人进行赔偿。首先,基于对交强险所承保的保险价值的分析,交强险并不是无限度地对受害人的损失进行赔偿,而是以其最高限额为限。其次,虽然我国目前没有法律明文禁止两份交强险同时受偿,但是这并不意味着交强险重复投保行为就不受《保险法》的约束。根据我国《保险法》第 56 条“重复保险的各保险人赔偿保险金的总和不得超过保险价值”的规定,两份交强险同时受偿明显超过其保险价值。

综上所言,笔者认为:本案中基于交强险所应支付给受害人的死亡伤残赔偿金 11 万元应该由两家保险公司共同负担,在没有约定的情况下,两家公司各负担50%,而投保人可以请求各保险人按比例返还保险费;其余超出交强险赔偿范围的责任,应该由交通事故中的当事人按责任比例来承担。

第四节　近因原则

近因原则是判断保险事故与保险标的损失之间的因果关系,从而确定保险赔偿责任的一项基本原则。在运用近因原则时应具体问题具体分析,特别是针对多种原因造成损失的情况。只有正确运用近因原则,才能合理地确定保险人的赔偿责任,并实现投保人和保险人之间的利益平衡。虽然我国保险法没有明确规定这一原则,但是,在司法实践中却被广泛运用。

一、近因原则的含义

1906 年英国《海上保险法》第 55 条第 1 款规定:“依照本法的规定,除保险单另有约定外，保险人对以承保危险为近因的损失承担赔偿责任，但是，对于非由所承保的危险近因所致的损失，概不负责。"这一规定，确立了保险责任认定中的一个重要原则——近因原则。

但该原则的具体含义则并不明了。英国学者斯蒂尔先生解释道："近因是指引起一系列事件发生，由此出现某种后果的能动的、起决定作用的因素；在这一因素的作用过程中，没有来自新的独立渠道的能动力量的介入"。[①] 据此，"近因"是指除非存在着这种原因，否则，损失根本不可能发生或几乎不可能发生。近因是对造成承保损失起决定性、有效性、直接性的原因。[②]

近因原则是英美法系的称谓，大陆法系一般称为因果关系。在保险法中，只有当危险事故的发生与损失结果的形成，存在着直接因果关系（近因）时，保险人才对损失负赔偿责任，该原则被称为近因原则。在判断某一原因是否符合近因原则的要求时，不是看该原因是否最接近损失的发生时间，而是看该原因是否直接促成了保险事故的发生。在我国，一般把直接促成结果发生的原因称为直接原因。如果该原因属于保险事故则应赔偿，不属于保险事故的，则不赔偿。

最高人民法院于2003年12月9日发布的《关于人民法院审理保险纠纷案件若干问题的解释（征求意见稿）》第19条规定："人民法院对保险人提出的其赔偿责任限于以承保风险为近因造成的损失的主张应当支持。近因是指造成承保损失起决定性、有效性的原因。"这是一个与近因原则联系密切的司法解释。

【背景资料】　**近因原则的不同表述**

近因一语取自法律名词"Causa Proxima et Non Remota Spectatur"，其意为"应究审近因而非远因"。中文可解释为"直接原因"，我国台湾地区学者称之为"主力近因"。魏华林、林宝清认为："所谓近因，不是指在时间和空间上与损失结果最为接近的原因，而是指促成损失结果的最有效的、起决定作用的原因。"1907年，英国法庭对近因所下的定义是："近因是指引起一连串事件，并由此导致案件结果的能动的、起决定作用的原因。"1924年又进一步说明："近因是指处于支配地位或者起决定作用的原因，即使在时间上它并不是最近的。"之后，英国学者斯蒂尔又将近因加以完善重新定义。[③]

① 〔英〕约翰·T. 斯蒂尔：《保险的原则与实务》，孟兴国等译，中国金融出版社1992年版，第40页。

② 王卫国：《保险法》，中国财政经济出版社2003年版，第46页。

③ 黄英君：《近因原则：保险法未涉及的话题》，资料来源：中国民商法律网，http://www.civillaw.com.cn/article/default.asp? id=30842，2007年2月9日访问。

二、近因的认定

近因的认定方法有顺序法和逆向法。

（一）顺序法

在原因和结果之间，必然存在时间上的顺序性。凡原因现象必然先于结果现象出现。该方法就是按照逻辑推理，从前向后推。即从第一个事件出发，分析判断下一个事件可能是什么；然后再从下一个事件出发，分析判断再下一个事件是什么；如此下去，直至分析到损失为止。如果最初事件是损失发生的第一个原因，则最初事件即是损失的近因。如果最初事件是保险责任范围内的事件，则保险人应当承担赔偿责任。例如，工厂因停电而放假，员工决定外出旅游，旅游途中遭遇车祸而死亡。那么，死亡的近因是什么？我们按照事件发生的先后顺序来分析，停电→放假→旅游→车祸→死亡。如果不停电，工厂就不会放假，则员工不会外出旅游，不外出旅游，则不会发生车祸，不发生车祸员工不会死亡。这一连串的事件到底哪一个是近因呢？车祸是近因，其他都是条件。换句话说，停电并不必然导致放假，放假并不必然导致旅游，旅游并不必然导致车祸，但是，车祸导致了死亡。所以，车祸是死亡的直接原因，是近因。

（二）逆向法

该方法从最后的事件出发，按照逻辑顺序，从后往前推。即从分析损失开始，分析引起损失的原因是否是前一事件，如果是，则继续再分析导致前一事件发生的原因，直至最初事件为止。如果最初事件是保险风险所致，则为保险责任范围内的原因，保险人应当承担保险责任。例如，暴风引起电杆倒塌，电线短路引起火花，火花引燃房屋，从而导致财产受损。这里，暴风→电杆倒塌→火花→房屋燃烧→财产损失这一连串的事件，无论是用顺序法还是逆向法，暴风都是近因。

三、近因原则的应用

虽然我国立法并未明确规定近因原则，但是，在审判实践中却大量运用近因原则处理保险纠纷。具体而言，在单一原因引起损害结果的情况下，只要判断此原因是否属于保险人的保险事项范围，便能确定保险人的赔偿责任。但在多种原因引发损害结果的情况下，便要区分不同情况判断其近因。

（一）多种原因连续发生致损

所谓连续发生，是指危险事故的发生具有不间断性，且没有新的因素介入。例如，在 Mardorf v. Accident Ins. Co. 一案中，被保险人下班回家，脱袜子时大拇指甲划破了腿。6 天后，医生告诉他伤口已变为浓毒了。第 10 天他得了败血症，尽管医生做了努力，第20天他死于败血症引起的伤寒。[①] 本案中，在被保险人身上发生了一系列事件：腿受伤→腿发炎→败血症→感染伤寒→死亡。

多种原因连续发生致损，具体又分为以下情况：

（1）连续发生的原因都是被保风险，保险人承担全部保险责任。

（2）连续发生的多项原因中含有除外风险或未保风险，若前因是被保风险，后因是除外风险或未保风险，且后因是前因的必然结果，保险人负全部保险责任。如：某进出口公司进口一批香烟，向某保险公司投保了平安险。在运输途中，船舶遭遇恶劣气候，持续数日，通风设备无法打开，导致货舱内湿度很高而且出现了舱汗，从而使香烟发霉变质，全部受损。该进出口公司向某保险公司提出索赔，要求赔偿全部损失。对于本案如何处理，保险公司内部出现了两种不同的意见：第一种意见认为，保险公司应该拒赔，理由如下：本案中香烟发霉变质是由于受潮和舱汗两个原因所致，而受潮和舱汗造成保险标的的损失责任分别由海上货运险中的受潮受热险和淡水雨淋险承保。该进出口公司只投保了平安险，没有投保一般附加险或者附加受潮受热险和淡水雨淋险。所以，本案中的货物损失不属于承保责任范围，保险公司应拒绝赔偿。第二种意见认为，保险公司应该赔偿，理由是：诚然第一种意见中“香烟发霉变质是由于受潮和舱汗两个原因所致”的说法没有错误，但本案中的香烟受损之前，运输船舶首先遇到了持续数日的恶劣气候，恶劣气候（被保风险）与受潮和舱汗（除外风险）都是造成香烟受损的原因。同时，恶劣气候与受潮和舱汗连续发生，且互为因果，即恶劣气候是前因，受潮和舱汗是恶劣气候的必然后果。因此，恶劣气候是香烟受损的近因。根据近因原则，保险人负责赔偿承保的风险为近因所引起的损失。在本案中，恶劣气候是平安险承保的风险，保险公司应当赔偿。

（3）连续发生的多项原因中含有除外风险或未保风险，若前因是除外风险或未保风险，后因是承保风险，后因是前因的必然结果，保险人不负保险责任。如：某地发生地震，造成某工厂内火炉翻倒，引发火灾，烧毁财产。保险单保火灾，不保地震。法院判决：火灾（承保风险）不是近因，地震（除外风险或未保风险）是，保险公司不赔。

（二）多种原因同时发生致损

所谓多种原因同时发生致损是指多个数量的原因存在，共同作用造成损失。

多种原因同时发生致损，具体又分为以下情况：

（1）同为保险责任或同为除外责任。如果两个或两个以上的危险事故都是保险事故，则无须追究是否近因，保险人应赔偿所造成的损失；反之，则不赔。

（2）保险责任与除外责任兼而有之。如果这些危险事故既有保险责任事故，又

---

① ［英］Malcolm A. Clarke：《保险合同法》，何美欢、吴志攀译，北京大学出版社2002年版，第691页。

有除外责任事故,则应首先以"直接、有效、起决定作用"的标准确定近因。如果保险责任事故是近因,则保险人必须承担赔偿责任,反之,则免责。

如果无法判定近因或这些危险事故所起的作用均衡时,则区分保险事故所引起的损害和除外责任事故所引起的损害,保险人只对因保险事故造成的损害承担赔偿责任。如 Ford Motor Co. of Canada Ltd. v. Prudential Assurance Co. Ltd. 案中,福特公司就暴乱为财产损失和业务中断投保,但"工作中止……或温度变化引起的损失"为除外责任。由于福特厂解雇工人引起了行动,其中包括一次暴乱,暴乱中暴乱者切断了福特厂的电源,并导致工作中止,切断的电源缺乏维修,温度下降,财产受损。该案中,被保险人的损失是由暴乱(保险责任)、生产中止或温度变化(除外责任)共同引起的,但二者独立发生作用,各自独立引起损失。加拿大最高法院判定被保险人只能就损失中单独由暴乱引起的那部分获得赔偿。[①]

若同时发生的既有保险责任范围内的又有保险责任范围外的多数原因,对标的损害所起作用均衡,且两者造成的损失无法区分,此时的处理又要分两种情况:(1)若在这多数原因中,既有保险风险又有除外责任,则保险人无须赔偿。例如,在 Wayne Tank 案中,被保险人安装的机械设备起火。该设备在试运行前被打开开关进行热身,而无人照看,所以没人注意到设备的一部分——一段管线完全不适合所用的用途,结果管线熔化起火。如果没有这段管线,设备不会起火;要不是整夜无人看管,也不会起火,因为人们会注意到管线熔化,及时阻止起火。在这里损失的近因有两个,其一是设备缺陷(除外责任),其二是雇员疏忽(保险责任)。两者相互独立,因为一个原因并不引起另一个原因,同时又相辅相成,因为离开其中任何一个原因都不会引起火灾。法院判决保险人无须赔偿。[②] 二是,若在这多数原因中,既有保险风险又有保单中未提及的风险,则保险人必须负责赔偿。例如,在 Reischer v. Borwick 案中,船只投保了碰撞损失险而未投保海上危险。该船在多瑙河撞到沉树,被撞破后开始下沉。船长勉强将漏洞塞上,如果船停留在静水中再加上抽水机的使用,船可能不会下沉,但由于被拖去修理时受到的额外水压,一个塞子脱了出来,结果水势不可阻挡,船只沉没。上诉法院判决认为,碰撞和海上危险(指海水涌入)都是造成船舶损失的近因,其中,碰撞是承保危险,而海上危险并未在保单中明文排除,保险人应当赔偿。[③]

(三)多种原因间断发生致损

在一连串发生的原因中,有一项新的独立的原因介入导致损害,且新的独立的

---

① 许崇苗、李利:《中国保险法原理与适用》,法律出版社 2006 年版,第 96 页。

② 〔英〕Malcolm A. Clarke:《保险合同法》,何美欢、吴志攀译,北京大学出版社 2002 年版,第 689 页。

③ 同上书,第 686 页。

原因不是前因直接、必然的结果。若新的独立的原因为被保风险,保险人承担保险责任;反之,保险人不承担保险责任。例如某人投保了意外伤害保险后被车撞倒,造成伤残,并住院治疗,在治疗过程中因感染死亡。由于意外伤害与感染没有内在联系,死亡并非意外伤害的结果。感染是死亡的近因,属于疾病范畴,不包括在意外伤害保险责任范围内,故保险人对被保险人死亡不负保险责任,只对意外伤害致伤残支付保险金。

(四)表面看是多种原因致损,实际上是一个原因致损

许多案例,表面看好像是两个原因共同作用造成了损失,但实际上是一个原因造成的。

例如,一病人因严重肾病住院,昼夜需人护理。因病人还伴有严重肺气肿、哮喘,医生嘱咐护理人员,病人喝水时不能用茶杯直接喝,只能用小勺子舀水往嘴里送,否则易呛水。晚上,夜班护工接班时白天护理家属未将医生嘱咐告诉夜班护工。入夜,病人口渴要水喝,护工用茶杯倒水给病人,病人一喝就呛咳不止,经抢救无效死亡。保险单只保意外事故,不保疾病。有人认为病人死亡是疾病和意外事故共同作用造成的。但实际情况并不是这样。尸检查明:病人死亡与肾病无关,是窒息而死的。这样,死亡就不是两个原因共同作用造成的,而是窒息造成的,呛咳不止是近因,保险公司要赔偿。①

又如,暴风吹坏某仓库屋顶,雨水进入仓库,造成仓库内货物严重水损。暴风已达到自然灾害等级;雨量并未达到,属正常自然现象。保险单只保自然灾害,不保雨淋。有人认为货物损失是暴风和雨水共同作用造成的。但事实并非如此。仓库屋顶损坏与雨水进入仓库互有因果关系,雨水进入仓库是仓库屋顶受损造成的,但如果没有下雨,也谈不上雨水进入仓库。"屋漏"和"下雨",两者缺一不可。但是,"屋漏"和"下雨"共同作用,一下子还到不了货损,中间有一个雨水进入仓库的环节。"屋漏"和"下雨"共同作用,造成雨水进入仓库;雨水进入仓库,再造成货物损失,雨水进入仓库是近因,保险公司不赔。②

四、近因原则的新发展

传统的因果关系理论主张对因果关系进行判定,只有两种可能,就是"有"因果关系,或者"没有"因果关系,不可能有第三种结论。这种判断方法存在着明显缺陷,因为因果关系理论本身就很复杂,加之社会生活千变万化,所以,简单地用"有"因果关系,还是"没有"因果关系来判定是不科学的,也是不合理的,对保险合同当事人是

① 朱新才:《保险近因原则初探》,载《上海保险》2006年第2期。
② 同上。

不公平的。应该具体问题具体分析,结合不同案情进行分析判断。

(一)比例因果关系的运用

近年来,日本等国家的司法实践还发展出了比例因果关系学说。所谓比例因果关系说,是指在判断承保危险与承保损失之间是否具有因果关系的问题上,不采用"有"还是"没有"的做法,而是根据事实关系判断在具体的事件中,承保危险对承保损失之发生在原因力上占有多大比例,并根据该比例来决定保险公司的保险赔偿责任。

【案例研讨】　　比例因果关系在案件中的运用①

A(受害者)驾驶的两轮摩托车在进入一个弯道口时,遇到Y1(加害者,被告)驾驶的装有货物的卡车从正面疾驶而来。由于Y1在进入弯道时车速过快,抢入对方行驶的车道,撞上正常行驶中的A。A在事故中身受重伤,经抢救脱险。但是,腿部遭到重创,腰部的肌肉受到损伤,这些伤害直接引起了急性肾功能衰竭。接着,由于大腿的肌肉坏死引起的感染无法控制,被迫截肢以求保命。由于A在遇到交通事故之前,患有严重的肝功能不全的疾病,因此,遇车祸后,原病各项指标急速上升。A在饱受车祸带来的痛苦和原疾病并发的情况下,在事故发生一年半后死亡。X(A的家属,原告)向Y2(保险公司,被告)提出支付保险金的请求。保险公司以A的死是源于肝脏病,死因与交通事故造成的伤害之间没有直接的因果关系为由拒绝支付保险金。X以Y1和Y2为被告向地方裁判所提起诉讼。

关于A的死因和交通事故所造成的伤害之间有无因果关系,成为本案原、被告之间争论的焦点。本案的事实关系错综复杂,因为,A是由于上消化道出血、肺炎、肾脏、肝脏、心脏功能衰竭、败血症等并发最后导致死亡,所以从医学角度也比较难以作出十分权威的结论。

裁判所对上述事实进行了分析:第一,由于右腿开放性骨折造成了A的右下肢血流不畅,导致败血症的感染,形成肌肉坏死。为了保全生命而进行了截肢,但是,手术后并没有阻止败血症的进一步感染,导致死亡。第二,肝脏功能不全的加重,GTO指标的急增是由于右腿肌肉坏死导致败血症感染而致。第三,Y2无法证实A的死亡是直接源于肝脏疾病,但是不排除加速死亡的可能性。

裁判所从主要病因着手,从中找到主要原因和次要原因,借助比例因果关系的理论,认定A的死因与交通事故所造成的伤害之间有因果关系,但不是全部,只有80%。另外20%的死因与交通事故所造成的伤害之间没有因果关系。因此判决保险公司应该赔付80%的保险金。而剩下的20%的请求则予以驳回。对X的大部分的请求予以认可,一部

---

① 张新宝:《中国侵权行为法》,中国社会科学出版社1998年版,第473页。

分要求不予支持。Y1 和 Y2 不服,向高等裁判所提起控诉。二审裁判所支持了一审裁判所的判决。

这是一个运用比例因果关系来处理案件的比较成功的事例,如何正确运用因果关系的理论来处理实际生活中发生的保险事件,是一个值得我们思考的问题。

（二）原因力理论在认定因果关系中的作用

在多因一果或多因多果因果关系形态的侵权案件中,数人的行为不结合为一个整体的原因引起损害结果的发生,而是数人的行为分别对损害结果的发生起不同程度的作用。各行为对损害结果所起作用大小不同,其"原因力"就不一样。原因力是指在引起同一损害结果的数个原因中,每个原因对于该损害结果的发生或扩大所发挥的作用力。

原因力理论适用于多因情况下各行为人侵权责任份额的承担或赔偿义务人与受害人之间对损害后果的分担。一般说来,其行为原因力大的,承担更多份额的赔偿责任,反之则承担较少份额的赔偿责任。

【深度阅读】

1. 覃有土:《保险法学》,高等教育出版社 2003 年版,第四章。
2. 贾林青:《保险法》,中国人民大学出版社 2007 年版,第四章。
3. 江朝国:《保险法基础理论》,中国政法大学出版社 2002 年版,第七、八章。
4. 梁宇贤:《保险法新论》,中国人民大学出版社 2004 年版,第三章。

【问题与思考】

1. 保险利益原则的意义有哪些?
2. 违反如实告知义务的法律责任是什么?
3. 近因原则在司法审判中有何作用?
4. 损失补偿的范围是什么?
5. 代位求偿的法定条件有哪些?

第二编

保险合同总论

第四章　保险合同的基本原理

第一节　保险合同的概念和特征

一、保险合同的概念

合同,又称为契约、协议,是指平等主体的自然人、法人、其他组织之间设立、变更、终止民事权利义务关系的协议。合同作为一种最常见的民事法律行为,是当事人协商一致的产物,是两个以上的意思表示相一致的协议。保险合同是众多合同类型的其中之一,是投保人与保险人约定保险权利义务关系的协议。我国《保险法》第10条规定:"保险合同是投保人与保险人约定保险权利义务关系的协议。"但该定义非常普通和常规,只是按部就班地采用了一般合同的定义技术,没有揭示出保险合同的实质属性,也没有体现保险合同较之其他合同的特殊之处。

保险是风险管理的社会化制度安排,被保险人将预期的风险转移至保险人,保险人基于自身的专业性进行风险集中和分散的一系列转换设置,最终承担被保险人的各项风险事故损失,为被保险人提供风险保障。与之形成对价的是,被保险人需要按照合同约定向保险人支付一定的保险费。相对于其他的交易,保险双方交易的是具有不确定性的风险,是风险的转移和分散,这是保险活动以及保险合同的本质所在。具体而言,保险合同是保险人和被保险人就是否转移风险、转移什么样的风险、以何种条件转移风险、最终承担多大的损失等基本因素所形成的合意。揭示保险合同实质内涵和特殊属性的概念应该结合保险行为自身的性质,因此,下述保险合同的定义可能更为妥当:投保人根据约定向保险人支付保险费,保险人对保险标的(包括财产、责任或者人身、生命等)因保险事故造成的损失,在保险金额范围内承担赔偿责任,或者在合同约定的年龄、期限等条件达致时,承担给付保险金的协议。

通过上述概念可以看出保险合同涉及的权利义务主要是两方面:其一,保险人按照合同约定承担赔偿或者给付的义务,同时享有收取保险费的权利;其二,被保险人拥有向保险人提出索赔并要求赔偿或者给付的权利,但也必须承担支付保险费的义务。双方权利义务体现了明显的对价。

二、保险合同的特征

比之其他的民商事合同,保险合同具有以下法律特征:

（一）保险合同是双务合同

根据当事人双方权利义务是否存在对价，可以将合同分为双务合同和单务合同。双务合同是指当事人双方互负对待给付义务的合同，即一方当事人愿意负担履行义务，旨在使他方当事人因此负有对待给付的义务。换言之，一方当事人所享有的权利，即为他方当事人所负有的义务。单务合同是指合同当事人仅有一方负担义务的合同。换言之，在单务合同中的双方当事人并不互相享有权利和承担义务，而主要由一方负担义务，另一方并不负担相对义务。①

区分双务合同和单务合同的法律意义在于：(1) 同时履行抗辩权的适用。在双务合同中，一方履行义务是以对方履行相应义务为前提。在请求一方没有履行相应义务的时候，被请求一方享有拒绝进行对价给付的抗辩权，即同时履行抗辩权。而在单务合同中，只存在单边负担义务的一方，不存在权利义务对换的对价问题，如果不负有履行义务的一方向负有履行义务的一方要求履行义务时，对方不得行使同时履行抗辩权。不安抗辩权、后履行抗辩权同样适用于双务合同，而不适用于单务合同。(2) 因不可抗力导致合同履行不能的后果不一样。如果一方当事人因不可抗力导致不能履行合同义务，双方的权利义务同时归于消灭，对方不得再要求其履行义务，如果对方已经履行，则应将履行所得作为不当得利进行返还。而在单务合同中，则不存在对价履行和不当得利返还问题。(3) 因过错导致合同履行不能的后果不一致。双务合同中，如果一方当事人已经履行合同，对方当事人由于自身过错未能履行合同义务，一方当事人可以要求对方当事人履行义务或者承担违约责任。但在单务合同中，基本是一方当事人负有履行义务，如果该当事人未履行义务，也不存在要求对方履行事宜。

我国《保险法》第 14 条规定："保险合同成立后，投保人按照约定交付保险费，保险人按照约定的时间开始承担保险责任。"投保人按照约定向保险人支付保险费，保险人则承担风险保障义务。在保险事故发生后，保险人需要进行赔偿或者给付保险金。保险人和被保险人互负对价给付义务，构成对等权利义务关系，因此，保险合同属于双务合同。需要注意的是，保险人按照约定的时间开始承担保险责任并不仅仅是指保险事故发生后的实际赔付或者保险金给付义务，还包括保险事故发生前的潜在危险承担义务。被保险人支付保险费后，不能因为保险期间内未发生约定的保险事故而认为保险人并没有提供任何保险服务，进而产生"保险无用论"。

（二）保险合同是有偿合同

根据当事人获得合同利益是否需要支付对价，可以将合同分为有偿合同和无偿

① 王利明：《合同法研究（第一卷）》，中国人民大学出版社 2011 年版，第 24 页。

合同。有偿合同是指当事人一方享有合同规定的权利,必须向对方当事人支付相应对价的合同。有偿合同的本质在于当事人双方均有给付义务。常见的买卖、租赁、承揽等合同是典型的有偿合同。无偿合同是指当事人一方只享有合同权利而不支付任何对价的合同。实践中主要有赠与合同、无偿借用合同、无偿保管合同等。

区分有偿合同和无偿合同的法律意义在于:(1) 当事人注意义务程度不同。有偿合同中的债务人应尽较高的注意义务,无偿合同中的债务人的注意义务则较轻。(2) 当事人行为能力的要求不同。在有偿合同,当事人双方均必须是完全行为能力人。而在无偿合同,无行为能力人和限制行为能力人可以成为当事人。(3) 当事人违约责任构成不同。有偿合同中的当事人对故意和一切过失违约承担责任,无偿合同中的当事人仅对故意或重大过失违约承担责任。

保险是风险的交易行为,被保险人和保险人在风险的转移过程中互负对价义务,享有对应权利。具体而言,保险人获得保险费的收益,但必须承担风险保障义务;被保险人获得风险保障的权利,但必须支付一定的保险费。因此,保险合同是有偿合同。

(三) 保险合同是射幸合同

"射幸"一词,源于拉丁文的"骰子、掷骰子游戏",最早的含义为赌博、投机。射幸合同是指合同的法律效果在缔约时不能确定的合同。[①] 射幸合同的法律效果事先未能确定,合同缔约时双方当事人从中获利或受损均不确定。在我国,《合同法》对射幸合同未予明文规定,因而属于无名合同。美国《布莱克法律词典》认为,射幸合同指"至少有一方的义务取决于为当事双方所不能控制的不确定事件的合同"。美国《路易斯安那州民法典》第 1912 条规定了射幸合同的判断标准:"如合同因其性质或双方当事人的意思而成立,但双方的义务取决于一个不确定事件,则该合同为射幸合同。"《法国民法典》第 1964 条将射幸合同界定为"当事人相互间的一种约定:所有当事人或者其中一当事人或数当事人是获利还是受损失均依赖于某种不确定事件。例如:保险契约……"与射幸合同相对的是实定合同,指合同的法律效果在缔约时已经确定的合同。现实生活中,绝大多数合同为实定合同,如一般货物买卖合同、租赁合同等;但射幸合同亦非罕见,除保险合同外,常见的还有彩票买卖合同、有奖销售合同、担保合同等。[②]

在保险活动中,保险人和被保险人签署保险合同,在保险合同成立生效至保险事故发生的这段期间内,保险人是否需要向被保险人赔偿损失或者支付保险金、具体赔偿多少损失或者支付多少保险金是完全不确定的。只有发生了保险事故且被

---

① 崔建远:《合同法》,法律出版社 2010 年版,第 37 页。

② 赵志钢:《〈保险法〉第 26 条诉讼时效起算点规定的质疑》,载《政法论丛》2013 年第 2 期。

保险人提出索赔后，前述不确定方能转为确定。换言之，投保人或保险受益人获得保险金也仅仅表现为一种可能性，尽管投保人支付保费的义务业已确定。“在保险合同中，投保人支付保险费的义务虽在合同成立时已经确定，但保险人承保的危险或者合同约定的给付保险金的条件发生与否，却均不确定。在保险期限内，若发生保险事故，被保险人或者受益人可以取得成千上万倍于保险费的保险金，保险人则丧失成千上万倍于已授予的保险费的利益；若不发生保险事故，保险人不负担给付保险金的义务，却取得投保人支付的保险费所带来的利益，投保人失去已支付的保险费利益”。[1]

（四）保险合同是最大诚信合同

我国《保险法》第5条规定：“保险活动当事人行使权利，履行义务应当遵循诚实信用原则。”诚实信用是民事活动的基本原则，对商事行为尤为重要，被誉为“帝王法则”。民法中的诚信原则是仅仅将“最低限度的道德要求上升为法律要求”。[2] 但对于保险合同来说，普通民商事活动所遵循的一般诚信原则难以满足保险的内在本质需要，无法支撑保险活动的良性和谐发展与经营，必须在保险合同中将一般诚信推至最大诚信，具体原因如下：

其一，保险合同是射幸合同，风险的发生和责任的承担具有不确定性。风险看不见、摸不着，是否发生、在什么时间发生都是未知数。保险人对未来不确定性的把握以及承保决策必须基于投保人所提供的各项投保资料和信息，这些信息的真实、客观、准确至关重要，否则整个保险制度将南辕北辙，成为无木之林、无水之源，根本无法发挥社会稳定器和调节器的作用。

其二，保险活动体现了明显的信息不对称性，相对于保险人，投保人和被保险人往往对保险标的状况有更加深入、直观的了解，对保险事故发生的概率和倾向也有更强的预判和把握，两者的信息知晓和掌控地位是完全不同的。如此的信息不对称，极易诱发被保险人的道德风险和逆选择。因此，投保人和被保险人的如实、及时告知至关重要，特别是在保险标的完全无形化的信用保险、保证保险中。

其三，保险经营具有较高的专业性和技术性，目前的保险合同基本都是格式化条款，条款的措辞相对复杂和晦涩，普通的投保人和被保险人在阅读和理解上存在很大的难度，尤其是涉及核心利益的保险责任和责任免除等方面。因此，保险人应当向投保人如实、准确说明合同的内容，并对责任免除等条款进行重点提示。

最大诚信原则在保险经营活动中的具体要求为：对被保险人而言，在投保阶段

---

① 崔建远：《合同法》，法律出版社2010年版，第37页。

② 王轶：《略论民法诸基本原则及其关系》，载《首都法学论坛（第一辑）》，北京大学出版社2005年版，第216页。

应如实告知，在危险增加时应及时通知，在危险发生后应及时报告，积极主动采取减损措施，与保险人协力合作；对保险人而言，在签发保单之前应将条款内容进行明确的说明，在风险发生后应及时调查核实，定损核赔，承担相应的保险责任。

（五）保险合同是诺成合同

根据合同成立是否以交付标的物为要件，合同可分为诺成性合同和实践性合同。诺成性合同是指当事人意思表示一致即可成立的合同，又称不要物合同。此种合同的特点在于当事人双方意思表示一致之时合同即告成立，如买卖合同。而实践性合同则是指除当事人双方意思表示一致以外还须交付标的物才能成立的合同，如小件寄存合同。

我国《保险法》第 13 条第 1 款规定："投保人提出保险要求，经保险人同意承保，保险合同成立……"第 3 款规定："依法成立的保险合同，自成立时生效。投保人和保险人可以对合同的效力约定附条件或者附期限。"从该法律规定来看，保险合同成立与否，取决于双方当事人是否就保险合同的基本内容达成合意，一旦双方当事人合意一致，保险合同即成立，无需以对应的交付和完成作为成立要件。因此，保险合同是诺成性合同。

（六）保险合同是不要式合同

根据合同成立是否以一定的形式为要件，可以将合同分为要式合同和不要式合同。要式合同是指应当或者必须根据法律规定的方式才能成立的合同。对于某些重大或者特殊的交易，法律通常会要求采用特定的形式订立合同，比如中外合资经营企业合同。不要式合同是指当事人订立的合同依法并不需要采用特定的形式，当事人可以采取口头方式，也可以采取书面形式。合同除法律有特别规定以外，均为不要式合同。①

对于保险合同究竟是要式合同还是不要式合同，存在不同观点。何种合同是要式合同，何种合同又是不要式合同，应当立足于该合同的本质属性，从立法政策进行考虑，所作决定并非放之四海而皆准的真理。我国《保险法》第 13 条规定："投保人提出保险要求，经保险人同意承保，保险合同成立。保险人应当及时向投保人签发保险单或者其他保险凭证。保险单或者其他保险凭证应当载明当事人双方约定的合同内容。当事人也可以约定采用其他形式载明合同内容。"根据该规定可以看出，保险合同在双方达成合意时，并不是必须采用保险单或其他保险凭证的形式，也可以采用其他书面协议的形式。因此，从现实立法的角度来看，保险合同是不要式合同。

---

① 王利明：《合同法研究（第一卷）》，中国人民大学出版社 2011 年版，第 32 页。

另外,考虑到"保险合同所涉及的法律关系十分简单,一般只及于保险人、投保人、要保人或者受益人,性质上并无向社会大众公开宣示的必要。进一步言,有些保险,基于时间急迫因素的考量,例如履行平安保险、货物运送保险等,若必须等待签发暂保单或者保险单之后,保险契约才可以成立,常常不能切合实际的需要"①,将保险合同定位为非要式合同更为适宜。

（七）保险合同是附合合同

根据双方当事人订立合同的方式,可以将合同分为附合合同和议商合同。附合合同是指一方当事人对于对方当事人事先已确定的合同条款只能接受或者不接受的合同,即非此即彼、要么取要么舍。议商合同是指当事人双方通过充分协商而订立的合同。

在保险活动中,由于保险经营具有较高的专业性和技术性,并且为了便捷交易、快速达成合意、降低交易成本,往往是由保险人将事先准备的格式条款提供给投保人,投保人一般只能有接受或者拒绝的自由,无权对该格式条款进行实质性变更。因此,保险合同属于附合合同。

保险合同的附合性在一定程度上限制了意思自治、契约自由,造成一些弊端,我国《保险法》对此专门进行有针对性的规制,主要体现在三个方面:其一,立法规制,即保险条款订立合同规则——保险人在订立合同时的保险条款说明义务,尤其是免责条款的说明义务,体现在《保险法》第17条;其二,司法规制,即不利解释原则——当保险人与投保人就条款发生争议时,法院或仲裁机关应作有利于被保险人的解释,体现在《保险法》第30条;其三,行政规制,即商业保险主要险种的基本条款和保险费率由金融监管部门制定。②

第二节　保险合同的分类

按照不同的标准,可以对保险合同进行不同的分类。以下为几种常见的、主要的分类。

一、财产保险合同和人身保险合同

根据保险合同标的的不同,保险合同可以分为财产保险合同和人身保险合同。

（1）人身保险合同是以人的寿命和身体为保险标的的保险合同。我国《保险

① 刘宗荣:《新保险法:保险契约法的理论与实务》,中国人民大学出版社2009年版,第32页。
② 覃有土、樊启荣:《保险法学》,高等教育出版社2002年版,第572页。

法》第12条第3款规定:“人身保险是以人的寿命和身体为保险标的的保险”，第95条第12款规定:“人身保险业务包括人寿保险、健康保险、意外伤害保险业务”。人的生命提前或者延后结束,必然会给被保险人、受被保险人供养或有经济利益关系人的生活带来影响。因此,人的寿命成为保险合同的标的具有合理性。大多数的人身保险合同都是非补偿性的定额保险合同。因为人的生命和健康很难用一个固定的金额来衡量,只要发生责任范围内的保险事故或生存到约定的保险期限,保险人都要履行给付义务。

人身保险合同可以分为人寿保险合同、健康保险合同和意外伤害保险合同等。人寿保险合同以被保险人之生命之生存或死亡为保险标的,健康保险合同以被保险人发生疾病、分娩及其所致残或死亡为保险标的,意外伤害保险以被保险人遭受意外伤害及其所致残废或死亡为保险标的。

(2) 财产保险合同是以财产及其有关利益为保险标的的保险合同。我国《保险法》第12条第4款规定:“财产保险是以财产及其有关利益为保险标的的保险”,第95条第2款规定:“财产保险业务包括财产损失保险、责任保险、信用保险和保证保险”。

对于财产保险合同可以从广义和狭义两个角度进行把握。广义的财产保险合同以财产及其有关利益为保险标的,不仅包括诸如汽车、房屋、机械设备等有形财产,还包括知识产权、债权等无形财产,具体体现为财产损失保险合同、责任保险合同、信用保险合同和保证保险合同。狭义的财产保险合同则以有形财产为保险标的,主要是财产损失保险合同,主要包括机动车辆保险合同、火灾保险合同、企业财产保险合同、家庭财产保险合同、海上保险合同、航空保险合同、国内货物运输保险合同、农业保险合同等。

二、定值保险合同与不定值保险合同

根据保险标的的保险价值是否预先确定,可以将保险合同分为定值保险合同和不定值保险合同。

(1) 定值保险合同,又称定价保险合同,是指保险价值由投保人和保险人在订立合同时便予以确定,并在合同中明确记载的保险合同。一旦保险事故发生,双方当事人预先确定的保险价值便成为保险人定损核赔的直接依据,只须确定保险标的损失的比例而无须考虑保险标的实际价值。如果保险标的发生全部损失,不需要对保险标的进行估值,径直按照保险合同约定的保险价值全额赔付即可。如果保险标的部分损失,也不需要对保险标的进行估值,只需确定损失比例,根据该损失比例与保险合同约定的保险价值的乘积确定赔付金额。举例说明,假如投保人全额投保一个清代瓷器,双方确定该瓷器的保险价值为100万元人民币,在保险期间内该瓷器不幸摔落于地，如果发生全损，则保险人应当赔付被保险人 100 万元；如果是部分损失且损失比例为 50%，则保险人应当赔付被保险人 50 万元。

定值保险合同主要适用于价值不易确定的保险标的，比如艺术品、书画、古董等，如此可以避免保险事故发生后的保险价值确定争议和纠纷。同时，定值保险合同在海上保险中也广泛使用，因为海上保险标的的价值受时间和空间影响较大，在保险事故发生之后确定实际损失在技术上存在诸多困难，并且海上保险标的并不在被保险人控制之下，被保险人不可能故意损毁保险标的而向保险人索赔，不存在道德风险。

在定值保险合同中，保险价值由双方自愿确定，如果保险人对保险标的缺乏经验或专业知识，投保人即可能过高地确定保险标的的价值，谋取不正当利益，诱发道德风险。因此，为避免损失，保险人对订立定值保险合同多持谨慎态度，其适用范围受到一定限制。在美国，有些州的法律禁止订立定值保险合同。我国《保险法》第 55 条第 1 款规定了定值保险合同，即“投保人和保险人约定保险标的的保险价值并在合同中载明的，保险标的发生损失时，以约定的保险价值为赔偿计算标准”，但并未明确规定其适用范围。中国保监会在 2000 年 2 月颁布的《机动车辆保险条款》中明确规定：“本保险合同为不定值保险合同。”

（2）不定值保险合同，是当事人在缔约时不事先确定保险标的的保险价值，而是在合同中载明保险事故发生后，再估计保险标的的实际价值，以此确定赔付金额。大多数保险标的的价值在保险期间内是经常变动的，如果其价值是大幅下降，一旦发生保险事故，保险人仍然以缔约时的价值来计算赔偿金额，违背了保险的损失补偿原则，也不符合公平原则。因此，绝大多数的财产保险合同都属于不定值保险合同。当不定值保险合同的保险标的发生保险事故，保险人以损失发生地的市场价格为依据确定保险价值，以此作为赔付金额基数。但是，无论保险标的的市场价格发生多大的变化，保险人对于保险标的所遭受的损失的赔偿，均不得超过合同所约定的保险金额。换言之，不定值保险合同中，双方约定的保险金额是保险人的最高赔偿限额，如果实际损失大于保险金额，保险人的赔偿责任仅以保险金额为上限；如果实际损失小于保险金额，则保险人赔偿实际损失。[①] 举例说明，一辆奔驰轿车在投保时的市场价格是 100 万元人民币，保险合同中约定的保险金额为 100 万元人民币，但在保险事故发生时，其市场价格仅为 90 万元人民币。在此情况下，如果该车发生全损，保险人按照 90 万元人民币的实际价格进行赔偿；反之，如果保险事故发生时，该车的市场价格上升至 110 万元，则保险人仅在保险金额范围内赔偿，即 100 万元人民币。

---

① 李玉泉：《保险法——理论与实务》，高等教育出版社 2010 年版，第 32 页。

三、损失补偿保险合同和定额给付保险合同

根据保险金给付的方式不同，保险合同可以分为损失补偿保险合同和定额给付保险合同。

（1）损失补偿保险合同，是指在保险事故发生时，由保险人评估被保险人所遭受的实际损失，并在保险金额限度内给付保险金，以弥补被保险人所受实际损失的保险合同，简称补偿性保险合同。损失补偿保险合同的特征是：保险事故发生所造成的后果表现为被保险人的经济损失，而且这种经济损失可以用货币计量。保险人支付保险赔款只是补偿被保险人的经济损失，保险赔款以不超过被保险人所受的实际损失为原则，这一原则称为“补偿原则”。损失补偿性合同的保险金额，不得超过保险标的预期可能发生的最大损失。以实物财产为保险标的的保险合同，保险金额不得超过保险价值。因为如果保险金额超过保险标的可能发生的最大损失，投保人虽对超过部分支付保险费，但却不可能得到赔偿。财产保险合同都是损失补偿性合同。人身保险合同中的健康保险合同、意外伤害保险合同也会有某些损失填补的性质，因此其包含一部分损失补偿性合同，如疾病保险合同、伤害保险合同等，即以治疗及住院等费用的补偿为限。①

（2）定额给付保险合同，是指当保险合同约定的事故发生或约定期限届满时，保险人按照合同约定的保险金额给付保险金的保险合同，简称给付性保险合同。与损失补偿性保险合同相对，定额给付性保险合同不以补偿损失为目的。大多数人身保险合同都属于给付性保险合同。因为人身保险的标的即人的生命或健康是不能以价值来衡量的，保险事故发生后造成的损失也无法以货币来评价。而且，有些人身保险中的保险金支付并不以意外事故的发生为条件，也不是以损失的存在为前提，仅仅是为了满足被保险人的特殊需要。比如，在生存保险中，在保险期限届满时被保险人仍然健在，无意外事故的发生也谈不上造成损失，但从另一个角度来看，人们年龄越高，体力越差，就更需要得到经济上的保障，而保险人于此时给付保险金，能够达到雪中送炭的效果。在人身保险合同中，通常根据被保险人的特殊需要及承担保险费的能力确定一个保险金额，在危险事故发生或保险期限届满时，由保险人根据合同规定的保险金额承担给付义务。这个金额是固定的，不能任意增减。因此，人身保险合同一般也被称为定额保险合同。

四、足额保险合同、不足额保险合同和超额保险合同

根据保险金额与保险价值的关系的不同，保险合同可以分为足额保险合同、不

---

① 王卫国：《保险法》，清华大学出版社2010年版，第47页。

足额保险合同和超额保险合同。这种分类一般适用于财产保险合同,绝大多数人身保险合同由于生命、身体的无价性而不适用于此种分类。

保险金额是指保险人承担赔偿或者给付保险金责任的最高限额,也是要保人对保险标的的实际投保金额。保险价值是确定保险金额基础的保险标的的价值, 是要保人对保险标的所享有的保险利益在经济上用货币估计的价值额。如果保险金额与保险价值完全相等,是足额保险合同。如果保险金额小于保险价值,是不足额保险合同。保险金额高于保险价值,则是超额保险合同。

我国《保险法》第 55 条第 3、4 款规定:"保险金额不得超过保险价值。超过保险价值的,超过部分无效,保险人应当退还相应的保费。保险金额低于保险价值的,除合同约定外,保险人按照保险金额与保险价值的比例承担赔偿保险金的责任。"由此可以看出,对于不足额保险合同采用比例赔偿方式,超额保险合同采用超过部分无效方式。至于足额保险合同,如果是发生全损,保险人按照保险金额完全赔偿,如果是部分损失,保险人则按照实际损失进行赔偿。

五、单一保险合同与重复保险合同

根据投保人对同一保险标的、同一保险利益、同一保险事故是否与一个保险人投保,可以将保险合同分为单一保险合同和重复保险合同。

单一保险合同,是指投保人就同一保险标的、同一保险利益、同一保险事故向一个保险人投保订立的保险合同。重复保险合同指投保人就同一保险标的、同一保险利益、同一保险事故在同一保险期间内分别与两个以上保险人订立保险金额超过保险价值的保险合同。

重复保险衍生于保险法上的损失填补原则, 是损失填补保险中的重要制度,主要适用于财产保险合同。[①] 为防止超额保险、避免不当得利、防范道德危险、强化安全保障,各国普遍都对重复保险加以法律规制。我国《保险法》第 56 条第 1、2 款规定:"重复保险的投保人应当将重复保险的有关情况通知各保险人。重复保险的各保险人赔偿保险金的总和不得超过保险价值。除合同另有约定外,各保险人按照其保险金额与保险金额总和的比例承担赔偿保险金的责任。" 我国台湾地区"保险法"第 35 条规定:"复保险, 谓要保人对于同一保险利益、同一保险事故,与数保险人分别订立数个保险契约的行为。"

重复保险的成立须具备以下几个要件:第一,保险标的同一、保险利益同一、保险事故同一;第二,存在两个以上保险人;第三,存在两份以上保险合同;第四,同一保险期间;第五,保险金额总和超过保险标的的价值。需要强调的是,如果投保人与

---

① 桂裕:《保险法论》,台湾三民书局 1981 年版,第 100 页。

数个保险人同时共同订立一份保险合同,则属于共同保险,并非重复保险。譬如为了规范旅游市场秩序,保护游客利益,目前的旅行社责任保险就是采用共同保险方式,由共保体内的保险人同时共同与旅行社签订旅行社责任保险合同。参加共保的保险人按照事先约定的相应比例分得保险费,承担赔偿责任。所谓共保必须是在不同的保险公司法人之间进行。同一保险公司内部的几个分公司联合承保某一个标的,因同属于一个法人,不能称之为共保,而是联保。实务中,有的保险项目由一个保险公司出面承保,再由几家保险公司相互之间签订一个协议,按约定比例分得保费,承担赔偿责任。这种做法,由于保单上的承保人只是一个,也不能称之为共保,而应属于再保业务范畴。①

六、原保险合同和再保险合同

根据保险风险和责任承担的路径的不同,可以将保险合同分为原保险合同和再保险。

(1) 原保险合同,是指投保人和保险人初始订立的保险合同。

(2) 再保险合同,是指保险人将其承担的风险和责任以分保形式部分转移给其他保险人的保险合同。我国《保险法》第28条第1款规定:“保险人将其承担的保险业务,以分保形式部分转移给其他保险人的,为再保险。”我国《企业会计准则第26号——再保险合同(2006)》规定:“再保险合同,是指一个保险人(再保险分出人)分出一定的保费给另一个保险人(再保险接受人),再保险接受人对再保险分出人由原保险合同所引起的赔付成本及其他相关费用进行补偿的保险合同。”

再保险是原保险的保险,旨在转移和分散风险,实现风险管理社会化。再保险合同与原保险合同相比,具有以下特征:其一,合同主体不同。原保险合同的主体是投保人和保险人,再保险合同的主体都是保险人,即分出人和分入人。其二,合同的标的不同。原保险合同的标的或是财产,或是人身,再保险合同的标的则是承保的保险业务,分出人将原保险合同的保险业务部分地转移给再保险人。需要强调的是,分出人不能将保险业务全部转移给再保险人。其三,合同的性质不同。原保险合同的性质或是补偿性、或是给付性,再保险合同因发生于保险人之间,其直接目的是要对原保险人的承担责任进行分摊,因而,再保险合同的性质具有责任分摊性。

七、为自己利益保险合同和为他人利益合同

根据投保人与被保险人是否同一,可以将保险合同分为为自己利益保险合同和为他人利益保险合同。

---

① 李玉泉:《保险法学——理论与实务》,高等教育出版社2010年版,第32页。

（1）为自己利益保险合同，是指投保人与被保险人为同一人的保险合同。在此合同中，投保人、被保险人和保险人是保险合同当事人。

（2）为他人利益保险合同，是指投保人与被保险人并非同一人的保险合同。在此合同中，投保人和保险人是保险合同当事人，被保险人是保险合同关系人。

为自己利益订立的保险合同是保险合同的基本形态，但投保人以他人为被保险人订立的保险合同也是大量存在的，尤其是人身保险合同。① 很多国家的保险立法涉及为他人利益保险合同。我国《保险法》第12条、第18条分别规定："被保险人是指其财产或者人身受保险合同保障，享有保险金请求权的人，投保人可以为被保险人。""受益人是指人身保险合同中由被保险人或者投保人指定的享有保险金请求权的人，投保人、被保险人可以为受益人。"

《日本商法典》第647条、第648条规定："保险契约也可以为他人订立。于此情形，投保人对保险人负有支付保险费的义务。投保人未受委任而为他人订立保险契约时，如未将该事实告知保险人，其契约为无效。如告知其事实，则被保险人当然享有保险利益。为他人订立保险契约后，投保人受破产宣告时，保险人可以请求被保险人支付保险费。但是，被保险人已抛弃其权利时，不在此限。订立因他人死亡而支付保险金额的保险契约时，应经该他人同意。"

八、单独保险合同和共同保险合同

以同一个保险合同中保险人是一个还是多个为标准，保险合同可以分为单独保险合同和共同保险合同。

（1）单独保险合同，是指由一个保险人与投保人就同一保险标的、同一保险责任订立的保险合同。

（2）共同保险合同，是指两个或两个以上的保险人与投保人使用同一合同、就同一保险标的、同一保险责任进行保险而订立的保险合同。②

与重复保险相比，共同保险合同的保险金额总和不超过保险标的的价值，各个共同被保险人以自己承保的保险金额的比例承担保险责任，各个共同保险人中有一个首席承保人，一般由承保比例最高的保险人担任。共同保险合同主要适用于保险金额巨大、关系到国计民生、涉及范围广的项目。

---

① 李利、许崇苗：《为第三人利益合同相关理论探讨——兼谈我国保险法的修改与完善》，载《保险研究》2007年第1期。

② 王卫国：《保险法》，清华大学出版社2010年版，第48页。

【背景资料】

中国核保险共同体

1999年5月，由中国再保险公司、中国人民保险公司、中国太平洋保险公司和中国平安保险公司发起，经中国保监会批准，成立了中国核保险共同体（简称“中国核共体”），并于同年9月2日在北京挂牌。中国核共体目前共有成员单位21家，包括18家在国内具有一定规模和承保实力的非寿险公司和3家境外再保险公司（瑞再、劳合社、汉诺威再保险公司）的在华机构。在境内业务净自留比例方面，中国核共体1999年成立初期只有3%，如今已经提高到30%以上，不仅摆脱了对国际市场的严重依赖，同时达到国际先进核共体的自留水平。此外，据不完全统计，目前中国核共体承保了国内10座以上的核反应堆，并与20多个核共体（英国、法国、德国、瑞士、瑞典、芬兰、西班牙、俄罗斯、美国、日本、韩国等）建立了紧密的业务合作关系，接收了全球300多个核电反应堆的核保险业务，约占全球核反应堆的70%。

旅行社责任保险共保体

2009年10月21日，国家旅游局召开统保示范项目第一次共保体会议，公布了此前竞争性谈判确定的共保体成员名单。中国人民财产保险股份有限公司、中国太平洋财产保险股份有限公司、中国平安财产保险股份有限公司、中国大地财产保险股份有限公司、中国人寿财产保险股份有限公司、太平财产保险有限公司等6家保险公司入围，共同为自愿参与统保示范项目的旅行社提供保险服务。其中，中国人民财产保险股份有限公司中选首席承保人，获得45%的共保份额，中国太平洋财产保险股份有限公司获得15%共保份额，其余4家保险公司分别获得10%份额。截至2012年10月底，统保示范项目的参保旅行社超过了1.36万家，统保率达到63%，保费收入1.06亿元。

九、强制保险合同和自愿保险合同

根据法律法规是否规定必须投保，保险合同可以分为强制保险合同和自愿保险合同。

（1）强制保险合同，是指根据国家法律和行政法规规定必须投保的保险合同。强制保险合同的缔约与否不以个人意志为转移，而是由法律法规强制规定，因此又称为法定保险。由于强制保险某种意义上表现为国家对个人意愿的干预，所以强制保险的范围是受严格限制的。我国《保险法》第11条第3款规定：“除法律、行政法规规定必须保险的以外，保险公司和其他任何单位不得强制他人订立保险合同。”世界各国一般都将机动车第三者责任保险规定为强制保险的险种。

（2）自愿保险合同，是指投保人与保险人双方在平等的基础上，完全按照自己的意愿自主订立的保险合同。自愿保险合同是当事人之间自由决定、彼此合意后所建立的合同关系，是意思自治、契约自由的体现。投保人可以自由决定是否投保、向谁投保、中途退保等,也可以自由选择保险金额、保障范围、保障程度和保险期限等。保险人也可以根据情况自主愿决定是否承保、如何承保等。

十、特定保险合同与总括保险合同

根据保险标的是否特定,可以将保险合同分为特定保险合同和总括保险合同。

(1) 特定保险合同,是指将保险标的明确记载于合同,保险人于事故发生后依照约定负赔偿或者给付义务的保险合同。绝大多数保险合同都是特定保险合同,其保险标的都必须特定化,当约定的损失发生后,保险人对每项财产在其保险额的限度内承担赔付责任。

(2) 总括保险合同,是指不将保险标的明确记载于合同,仅明确一定的范围,以此来确定保险人责任范围的保险合同。在此类合同中,所有性质不同的但属于标准范围内的标的物视为整体看待,任何一个标的发生的损失,保险人都承担责任。举例说明,承运人以全体旅客为被保险人,而不一一记下特定旅客姓名的人身保险合同,属于总括保险合同。这种合同的内容可以交替,但保险金额一成不变,往往等到危险发生之后,才查明实际情况,予以赔偿。①

【深度阅读】

1. 黎建飞:《保险法的理论与实践》,中国法制出版社2005年版,第四章。
2. 刘建勋:《保险法典型案例与审判思路》,法律出版社2012年版,第三章。
3. 刘宗荣:《新保险法:保险契约法的理论与实务》,中国人民大学出版社2009年版,第二章。
4. 李玉泉:《保险法学——理论与实务》,高等教育出版社2010年版,第三章。

【问题与思考】

1. 保险合同的主要特征是什么?
2. 保险合同的基本分类是什么?
3. 如何理解保险和赌博的本质区别?
4. 如何把握保险合同的最大诚信属性?
5. 重复保险、共同保险、再保险的区别是什么?

---

① 李玉泉:《保险法学——理论与实务》,高等教育出版社2010年版,第34页。

第五章　保险合同的基本内容

第一节　保险合同的组成与形式

一、保险合同的形式

保险合同属于非要式合同，其成立并非必须采取特定形式。只要投保人提出的保险要求经保险人同意而承保，保险合同即告成立。但由于保险技术性强、专业度高，条款内容复杂晦涩，通常难以用语言简要清楚描述，同时考虑到有些保险合同期限较长，容易产生异议和纠纷，因此，在保险实务中，保险合同一般采取书面形式。

我国《保险法》第 13 条规定："保险人应当及时向投保人签发保险单或者其他保险凭证，并在保险单或者其他保险凭证中载明当事人双方约定的合同内容。经投保人和保险人协商同意，也可以采取前款规定以外的其他书面协议形式订立保险合同。"目前市场中的各保险公司所使用的各种保险条款，基本都会开宗明义地强调：本保险合同所涉及的任何事项均采用书面形式。比如，《中国人民财产保险股份有限公司短期出口贸易信用保险条款(2013 版)》第 1 条规定：凡涉及本保险合同的约定，均应采用书面形式。

二、保险合同的组成

保险合同一般由保险条款、投保单、保险单、保险凭证、批单和特别约定等一系列法律文件组成。不管是人身保险还是财产保险，其保险合同都基本由前述内容构成。例如，《中国人民财产保险股份有限公司机动车保险条款(2009 版)》第 1 条规定：本保险合同由保险条款、投保单、保险单、批单和特别约定共同组成。

保险条款，是保险合同的核心组成部分，是保险人和被保险人权利义务书面化的体现，在保险活动中起着约束双方当事人的作用，也是保险人和被保险人交易的具体产品。保险条款基本决定了保险合同的不同，也就是保险产品的不同，比如机动车保险、财产保险、责任保险、信用保险和保证保险。

投保单，是指投保人表示愿意同保险人订立保险合同的书面申请。投保单一般由被保险人事先提供固定格式，包含有保险合同的基础内容，比如投保人、被保险人、受益人、保险标的、保险金额、责任限额、费率、保险期间、免赔额、免赔率等。投保单在法律意义上一般认为属于要约。保险人向被保险人提供空白投保单、说明保险的行为，属于要约邀请，其主要意义在于激发投保人的投保意愿，使其向保险人发出要约。

保险单，是保险人与被保险人订立保险合同的正式书面证明。保险单必须完整地记载保险合同双方当事人的权利义务及责任。保险单记载的内容是合同双方履行的依据，一般会覆盖投保单的基本内容。保险单是保险合同成立的证明，是被保险人在保险标的遭受意外事故而发生损失时向保险人索赔的主要凭证，也是保险人收取保险费的法律依据。

保险凭证，又称"小保单"，实际上是一种简化版保险单。保险人在该凭证上不印保险条款，只体现具体项目，但其与保险单具有同样的法律效力。凡保险凭证上未列明的内容均以相应的保险单的条款为准，两者有抵触时以保险凭证上的内容为准。保险凭证适宜标准化或者短期性保险产品，主要应用于团体人寿保险、意外健康保险以及货物运输保险。

批单，是指变更保险合同内容的一种书面证明，一般附贴在原保险单或保险凭证上。在保险合同中，批单具有和保险单同等的法律效力。在实务中，批单主要用于变更被保险人、受益人、保险标的、保险金额、责任限额、费率、保险期间。

暂保单，又称"临时保单"，是指保险人签发正式保险单之前发出的临时凭证，证明保险人已经接受投保人投保，是一个临时、过渡性保险合同。财产保险的暂保单又称暂保条，人身保险的暂保单也称为暂保收据。但它们的法律效力与正式保险单完全相同，只是有效期较短，一般为 30 天，正式保险单签发后暂保单则自动失效。

其他书面形式，是指除了以上书面形式外，保险合同也可以采取其他书面协议形式，这是一种特殊的补充形式，主要是保险协议书、电报、传真、电子邮件等形式。

第二节　保险合同的内容

我国《保险法》第 18 条规定，保险合同应当包括下列事项：

（1）保险人的名称和住所；

（2）投保人、被保险人的姓名或者名称、住所，以及人身保险的受益人的姓名或者名称、住所；

（3）保险标的；

（4）保险责任和责任免除；

（5）保险期间和保险责任开始时间；

（6）保险金额；

（7）保险费以及支付办法；

（8）保险金赔偿或者给付办法；

（9）违约责任和争议处理；

（10）订立合同的年、月、日。

投保人和保险人可以约定与保险有关的其他事项。

保险合同应当列明的各种事项是保险合同的基本内容，主要包括当事人的基本情况、当事人的权利义务等。上述事项除了包括一般民商事合同的必要内容，更多体现了保险合同的特殊性内容，比如受益人信息、保险责任和除外责任、保险期间和保险责任开始时间、保险金额、保险金赔偿或者给付办法等。另外，作为大陆法系国家，我国的保险法在立法上延续了此前一贯的做法，对保险合同内容采用具体列明结合兜底补充的方式，同时也赋予合同当事人充分协商的自由和权利，顺应了意思自治、契约自由的私法精神。

一、保险人的名称和住所

保险人是指与投保人订立保险合同，并按照合同约定承担赔偿或者给付保险金责任的保险公司。保险法明确地规定了只有依法成立的保险公司才能经营保险业务，其他任何单位和个人不得经营商业保险业务。同时，也对保险公司的设立、变更、撤销以及经营活动作出了诸多严格的限制性规定。因此，实务中，保险人的名称一般是指保险公司的名称，保险人的住所是指保险公司所在的地址，必须以企业营业执照所载明的名称和地址为准。我国的保险公司主要分为股份有限公司和有限责任公司两种形式。

二、投保人、被保险人、受益人的姓名或者名称和住所

相比之保险人，投保人、被保险人和受益人的范围则非常宽泛，基本也没有法定的限制条件，其可以是自然人、法人或者其他组织，也可以为一人或者数人。投保人、被保险人和受益人的名称或姓名、住所地要使用具有法律意义的准确全称。如果是自然人，必须是身份证上载明的姓名，如果是法人或者其他组织，必须是营业执照或者其他法律凭证上载明的全称。

在实务中，保险人对投保人、被保险人、受益人还是会有一定的限制性条件。比如，在《中国人民财产保险股份有限公司国内短期贸易信用保险条款(2009 版)》第3条规定：凡在中华人民共和国境内注册的法人企业均可作为本保险合同的投保人和被保险人。也就是说，只有中华人民共和国境内注册的法人企业才可以投保国内短期贸易信用保险并成为被保险人，自然人以及非法人企业则不适用此保险产品。

使用准确的姓名和住所有助于保险人识别当事人资格是否符合法律规定，有助

于保险人判断投保人和被保险人是否具有保险利益，也有助于保险合同成立后的各项履行工作，比如保险费的交付和催告，保险金的给付等。

三、保险标的

保险标的是保险合同赖以存在的基础，是保险产品差异化的体现，是确定承保条件、保险金额、免赔率、免赔额、费率标准、赔付条件的重要依据。我国现行《保险法》对保险标的没有进行定义，但2009年修订前的《保险法》在第12条第4款对保险标的曾有定义，即"保险标的是指作为保险对象的财产及其有关利益或者人的寿命或者身体"。在人身保险合同中，保险标的是被保险人的生命、身体及健康。在财产保险中，保险标的则是有形财产和无形财产。

关于保险标的与保险客体的关系，存在不同见解，主要分为"同一说"和"两分说"。笔者倾向认为，保险标的与保险客体还是存在诸多不同。保险标的是保险风险的本体，是保险客体的载体。保险客体是保险利益，是投保人或者被保险人与保险标的之间存在的法律上认可的经济利害关系。保险标的是客观存在，包括生命、身体、健康、有形物质、无形物质，而保险客体则是主观存在，代表某种价值判断结果。同一个保险标的所体现的保险利益可能不同，比如同一所住宅，所有权人可以以此投保，抵押权人也可以投保，承租人也可以投保，但是它们体现的保险利益是不一样的，分别是所有权、抵押权和债权，其所面临的风险系数不同，由此也导致适用的保险产品不同，即使适用同一个保险产品，其承保条件、费率水平、赔付标准也会因保险利益的不同而有所不同。

四、保险责任和责任免除

保险责任是指保险事故发生或者约定期限或者条件达致时，保险人承担赔偿或者给付保险金的不利后果。保险责任是保险合同的核心，是保险人承担的主要义务，也是被保险人享受的关键权利。被保险人签订保险合同并交付保险费后，保险合同条款中规定的责任范围，即成为保险人承担的责任。

保险责任范围会明确界定保险事故，体现了保险产品的差异性，比如财产损失保险的主要责任范围是机动车、住宅、机器设备等物体的损失，责任保险的主要责任范围是被保险人依法对第三人承担的责任，信用保险的主要责任范围则是被保险人对债务人所享有的债权损失。

责任免除与保险责任相对，又称为"除外责任"，是指保险合同规定的保险人不应承担赔偿或者支付保险金的责任。责任免除关系到被保险人的切身利益，必须在保险合同中明确界定。规定除外责任的意义在于：其一，反向明确保险人的责任范围；其二，避免发生争讼。我国《保险法》第17条第2款规定："对保险合同中免除保险人责任的条款,保险人在订立合同时应当在投保单、保险单或者其他保险凭证上作出足以引起投保人注意的提示,并对该条款的内容以书面或者口头形式向投保人作出明确说明;未作提示或者明确说明的,该条款不产生效力。”在实务中,保险人一般会在保险条款中将涉及责任免除的条款进行加黑加粗显示,以保护被保险人利益。

最常见的责任免除内容:道德风险、战争、核辐射、核污染、战争、军事行为、恐怖事件、行政行为或者事件等。《中国人民财产保险股份有限公司国内短期贸易信用保险条款》规定的责任免除内容具体如下:(1) 被保险人及其雇员的故意行为、违反贸易合同义务的行为或违法行为;(2) 被保险人依法或依照约定可以终止履行贸易合同时,仍继续履行贸易合同;(3) 核反应、核辐射和放射性污染;(4) 买方所在地区发生战争、军事行为、恐怖事件、武装冲突、叛乱、暴动、民众骚乱、飓风、洪水、地震、火山爆发和海啸;(5) 非买方原因导致的行政行为或司法行为。

在保险合同中同时载明保险责任和责任免除,目的在于通过正反两方面的搭配定义,更加明确保险责任范围、细化保险事故种类、清晰保险赔偿或者给付范围,平衡保护保险人和被保险人的合法利益。

五、保险期间和保险责任开始时间

保险期间,又称为“保险期限”,是指保险合同的有效期间,即保险人根据保险合同约定为被保险人提供风险保障、承担保险责任的期间。一般而言,保险期间是保险责任的起止期间,保险人只对保险期间内发生的保险事故承担保险责任。我国《保险法》第 13 条第 1 款和第 3 款规定:“投保人提出保险要求,经保险人同意承保,保险合同成立。依法成立的保险合同,自成立时生效。投保人和保险人可以对合同的效力约定附条件或者附期限。”在一般情况下,如果当事人对合同生效没有特别约定,保险合同自成立时生效,保险期间开始。但如果双方对保险合同的效力约定附条件或者附期限,则保险合同成立并不导致保险期间的开始计算。

保险期间是保险人和被保险人享有权利承担义务的相关期限的界定根据,也是费率设置的参考因子之一,一般情况下,保险期间越长,费率会越低。保险期间必须明确载明于保险合同中,且通常采用年、月、日自然时间界定,也可以采用一段航程、一个工程期或者一个生长周期来界定。需要说明的是,保险人完成最终赔付的时间点并不一定在保险期间之内。比如信用保险,其保险事故肯定是发生在保险期间内,但由于存在 6 个月甚至更长的索赔等待期,导致保险人履行完毕实际赔付义务的时间基本都会处于保险期间之外。

保险责任开始期间,是指保险人开始承担保险赔偿责任的时间点。从保险人承担责任开始到终止的期间为保险责任期间,在此期间内发生保险事故,保险人应当承担保险责任,反之,保险人不承担保险责任。我国《保险法》第14条规定:"保险合同成立后,投保人按照约定交付保险费,保险人按照约定的时间开始承担保险责任。"通常情况下,当事人约定的保险责任开始时间大致分为3种:(1) 早于合同成立时间,此种情形多适用于海上保险合同;(2) 合同成立后保险责任期间始发生,此种情况比较常见;(3) 约定在合同成立后的某个时间或者某个条件具备之时,如很多人身保险条款规定:"本合同自投保人交付全部保险费,保险人签发保险单后生效;但自被保险人通过体检合格,保险人开始承担保险责任。"因此,保险合同成立、生效并不绝对意味着保险公司开始承担保险责任,保险合同的成立、保险合同的生效、保险责任开始的时间并不是绝对重叠的。

【案例研讨】　　如何认定保险责任开始时间?

2013年9月29日,陈某向某保险公司投保了人身意外伤害保险,指定受益人为其妻子王某,保险公司收取了保险费并当即签发了保险单。但在保险单上列明的保险期间自2013年10月1日0时起至2014年9月30日24时止。2013年9月30日,陈某在外出期间发生交通事故身亡,王某向保险公司提出了索赔申请。保险公司经核定后向王某发出不予理赔的通知,双方就理赔事宜无法达成一致。王某遂向法院提起诉讼,要求保险公司按照保险合同约定承担赔付义务。

法院经审理认为,陈某与保险公司在合同中约定保险期间自2013年10月1日0时起至2014年9月30日24时止并不违反法律、法规的规定,且符合当事人意思自治的原则,应当认定陈某与保险公司关于保险期间的约定是合法有效的。陈某发生事故时间是2013年9月30日,不在双方约定的保险责任时间范围内,即保险公司对发生在保险责任期间之外的保险事故不承担保险责任。故对王某请求保险公司赔付的诉讼请求予以驳回。

六、保险金额

保险金额,是指单一保险合同项下保险人承担赔偿或给付保险金责任的最高限额,即投保人对保险标的的实际投保金额,也是保险人收取保险费的计算基础。在财产保险合同中,对保险价值的估价和确定直接影响保险金额的大小,一般要求保险金额等于保险价值。保险价值等于保险金额是足额保险;保险金额低于保险价值是不足额保险,保险标的发生部分损失时,除合同另有约定外,保险人按保险金额与保险价值的比例赔偿;保险金额超过保险价值是超额保险,超过保险价值的保险金额部分无效。在人身保险合同中,由于人身无价而无法衡量,保险金额是由双方当事人事先约定的,由保险人承担的最高给付的限额或实际给付的金额。

在定值保险中,保险价值已经事先确定。而在不定值保险中,通常要根据保险事故发生时保险标的的实际价值确定。《中国人民财产保险股份有限公司财产一切险条款》第 8 条和第 9 条规定:“保险标的的保险价值可以为出险时的重置价值、出险时的账面余额、出险时的市场价值或其他价值,由投保人与保险人协商确定,并在本保险合同中载明。保险金额由投保人参照保险价值自行确定,并在保险合同中载明。保险金额不得超过保险价值。超过保险价值的,超过部分无效,保险人应当退还相应的保险费。”

七、保险费以及支付办法

保险费,简称为“保费”,是指保险人为被保险人提供风险保障而向投保人收取的价金,它是投保人向保险人支付的费用,作为保险人承担保险赔偿金或者给付责任的对价。[①] 保险费的数额同保险金额的大小、保险费率的高低和保险期限的长短成正比,即保险金额越大,保险费率越高,保险期限越长,则保险费也就越多。一般来说,保险费率,是指每一单位保险金额所应支付的保险费比例,包括纯保费率和附加费率两部分,这两部分费率相加叫做毛费率。以财产保险为例,它是根据保险标的的种类、危险发生概率的大小、存放地点的性质、可能造成损失的程度以及保险期限长短等因素来考虑。计算保险费率的保险金额单位一般以每千元为单位,即每千元保险金额应交多少保险费,通常以‰来表示。

保险费的具体支付方式一般应在保险合同中载明,主要有一次性支付、按月支付、按季支付和按年支付等方式。比如,《中国人民财产保险股份有限公司财产一切险条款》第 20 条规定:“约定一次性交付保险费的,投保人在约定交费日后交付保险费的,保险人对交费之前发生的保险事故不承担保险责任。约定分期交付保险费的,保险人按照保险事故发生前保险人实际收取保险费总额与投保人应当交付的保险费的比例承担保险责任,投保人应当交付的保险费是指截至保险事故发生时投保人按约定分期应该缴纳的保费总额。”

八、保险金赔偿或者给付办法

保险金赔偿或者给付办法,是指保险人履行赔偿或者给付保险金责任的具体方法,由保险合同当事人在合同中依法约定。保险金赔偿或者给付原则上以货币履行为主,但是,对于有形财产保险,也可以采取实物赔偿、实际修复等办法补偿损失。《中国人民财产保险股份有限公司财产一切险条款》第 27 条规定,保险标的发生保险责任范围内的损失,保险人有权选择下列方式赔偿:(1) 货币赔偿:保险人以支付

---

① 吴定富:《中华人民共和国保险法释义》,中国财政经济出版社 2009 年版,第 54 页。

保险金的方式赔偿;(2) 实物赔偿:保险人以实物替换受损标的,该实物应具有保险标的出险前同等的类型、结构、状态和性能;(3) 实际修复:保险人自行或委托他人修理修复受损标的。

九、违约责任和争议解决方式

违约责任是指保险合同当事人违反保险合同义务所承担的责任,换言之,是双方当事人依据保险合同所承担的不利法律后果。保险合同的根本目的是使合同得以履行,从而实现合同当事人的预期目标,因此违约责任成为保险法的核心内容之一。[①] 在我国《保险法》中,对违约责任的各种形式和内容进行了详细规定。另外,在法定违约责任的基础上,保险合同双方当事人可以基于意思自治而自行约定其他的违约责任形式和内容作为补充。

保险合同争议处理是指当事人双方发生纠纷后的解决方式,主要有协商、仲裁和诉讼。协商是当事人双方对争议事项进行磋商,达成共识,以双方都可以接受的条件达成和解,消除纠纷。仲裁是根据当事人双方或一方的仲裁协议,将争议提交给仲裁机构进行裁决,以保障合同的履行。诉讼是当事人将争议提交给有管辖权的人民法院,由人民法院对保险争议进行审理和判决。[②]

十、订约的时间和地点

订约的时间影响到保险期间是否有效、投保人和被保险人是否具有保险利益、投保人和被保险人是否存在道德风险、保险费是否符合约定等,必须在保险合同中载明,即要具体说明保险合同是在何年何月何日订立。保险合同的签订地点关系到保险争议发生后的诉讼管辖、法律适用等,也必须在保险合同中载明。在实务中,一般会在保险单中明确:在保险单签发地提起诉讼或者仲裁。

十一、其他事项

以上是保险合同的共同事项和基本内容,根据险种的不同,还会存在一些不同的保险合同组成内容。比如,《中国人民财产保险股份有限公司短期出口贸易信用保险条款》第1条规定:"本保险合同由《短期出口贸易信用保险投保单》《保险单》《短期出口贸易信用保险条款》《出口信用保险国家(地区)风险分类表》《信用限额申请表》《信用限额审批单》《出口申报单》《批单》以及其他相关单证组成。"出口贸易信用保险承保的是被保险人国外买家到期不偿还应收账款的风险,该险种的风险

---

① 王利明:《合同法研究(第二卷)》,中国人民大学出版社2011年版,第397页。
② 王卫国:《保险法》,清华大学出版社2010年版,第61页。

方是被保险人的买家，保险人需要事先对被保险人的投保海外买家批复买家信用限额，同时，被保险人还需要按照合同约定如实、及时申报与买家的交易，否则被保险人不承担保险责任。因此，出口信用保险合同除了包括常规的内容外，还包括《出口信用保险国家（地区）风险分类表》《信用限额申请表》《信用限额审批单》《出口申报单》等文件。

第三节　保险条款的内容

一、保险条款的特点

保险条款是指保险公司与投保人关于保险权利义务的具体约定，是保险合同的核心内容。保险条款一般具有以下特点：

第一，保险人单方面制定。除了行业标准化条款，保险人一般都会事先根据不同的险种拟定不同的保险条款，这在各国的保险实务中非常普遍。投保人一旦决定投保，只需要填写姓名、保险标的、保险金额、保险期限，经保险人同意承保，保险合同就成立并产生法律效力。世界上少数规模大、信誉好的保险人的保险条款或者著名保险人组织的保险条款，影响力极大。比如“伦敦海上保险人协会条款”被诸多国家径直适用或者纷纷效仿。①

第二，标准化程度高。目前的保险条款标准化程度较高，不同保险公司的同种产品的保险条款相似度非常高，甚至完全相同。中国保监会近年来也一直在推动标准条款的制定工作。2006 年中国保险行业协会牵头成立标准化的专项工作委员会，标准化范围包括人身保险、财产保险中与百姓生活密切相关的险种，并在重大疾病险等产品中率先试行。2008 年则在定期寿险、终身寿险和年金保险等险种推广标准化条款。英、美等国保险业制定并使用标准条款的历史较早，其发展经验表明，标准条款有利于消费者理解产品，有利于提高保险监管效率，有利于加强对代理人的管理，有利于减少理赔纠纷、节约消费者法律诉讼成本。

第三，监管力度大。中国保监会分别于 2010 年和 2011 年颁布了修订的《财产保险公司保险条款和保险费率管理办法》和《人身保险公司保险条款和保险费率管理办法》，保险公司总公司负责将保险条款报送中国保监会审批或者备案。以下保险条款应当在使用前报送中国保监会审批：（1）关系社会公众利益的保险险种；（2）依法实行强制保险的险种；（3）中国保监会规定的新开发人寿保险险种；（4）中国保监会规定的其他险种。前述规定以外的其他险种则应当报送中国保监

---

① 李玉泉：《保险法学——理论与实务》，高等教育出版社 2010 年版，第 137 页。

会备案。同时,中国保监会规定,保险机构拟定保险条款应当具备下列条件:(1) 结构清晰、文字准确、表述严谨、通俗易懂;(2) 要素完整,不失公平,不侵害被保险人的合法权益,不损害社会公众利益;(3) 符合法律、行政法规和中国保监会的有关规定。

二、保险条款的分类

根据不同的标准,保险条款有以下分类:

(一) 基本条款和附加条款

基本条款,又称普通条款,是指保险人基于不同险种而对保险合同当事人基本权利义务事项予以规定的条款,它通常印制在保险单上,构成保险合同的基本内容,是投保人与保险人签订保险合同的基础。

附加条款,又称单项条款,是指在基本条款的基础上,保险合同双方当事人对权利义务的补充规定,它通常对基本条款中涉及风险和责任的内容加以扩大或者限制。例如,增加被保险人适用范围、扩展保险责任范围、减少基本条款规定的除外责任范围等,以满足投保人的个性化保险需要。通常,保险人事先印制附加条款的相应格式,在与投保人就特别约定的事项达成一致并填写完毕后,将其粘贴在保险单上。

在保险实务中,通常把基本条款规定的内容称为基本险(或者基本责任),而附加条款规定的保险内容则称为附加险(或者特约责任)。投保人在投保时可以一并投保基本险及相关的附加险,也可以只投保基本险,但是,不能单独投保附加险。①

(二) 法定条款和任意条款

法定条款,是指保险法律、法规强制规定必须在保险合同中明确的条款。我国《保险法》第 18 条规定,保险合同的法定条款的内容包括:保险人名称和住所,投保人、被保险人名称和住所,人身保险的受益人的名称和住所;保险标的;保险责任和责任免除;保险期间和保险责任开始时间;保险价值;保险金额;保险费以及支付办法;保险金赔偿或者给付办法;违约责任和争议处理;订立合同的年、月、日。我国台湾地区“保险法”第 55 条规定, 保险契约应记载以下各款事项:当事人之姓名及住所;保险之目标物;保险事故之种类;保险责任开始之日时及保险期间;保险金额;保险费;无效及失权之原因;订约之年月日。

任意条款,是指保险双方当事人自由协商、自行确定的条款。投保人和保险人在法定的保险合同事项外,可以就与保险有关的其他事项作出约定。任意条款也是

---

① 贾林青:《保险法》,中国人民大学出版社 2011 年版,第 129 页。

保险条款的组成部分。实务中,保险人和被保险人一般会在保险金额限制、免赔额、免赔率、赔付方式、赔付路径、与其他风险保障方式的配合等方面采用任意条款。

（三）全国性条款和区域性条款

全国性条款,是指保险人制定并且适用于全国范围或数个省份的保险条款。全国性条款的内容比较常规和通用,适用范围广,其报送中国保监会审批或者备案的流程和材料是最完整的。

区域性条款,是指保险人制定并且适用于单一省份的保险条款。区域性条款的内容比较特殊和定向,适用范围仅限于某个省份辖区,其报送中国保监会审批或者备案的流程和材料相对于全国性条款会简便一些。区域性条款一般适用于特殊的客户或者特定的保险需求。

（四）单一条款、综合条款和组合条款

单一条款,是指针对单一险种的保险条款。比如常见的机动车损失保险条款、财产一切险条款、短期出口贸易信用保险条款、中小企业贷款保证保险条款,都是单一条款。

综合条款,是指含有两个或两个以上不同险种的保险条款。综合条款是一个独立、单一条款,只不过在其保险条款中涉及两个或者两个以上险种内容,即包括两个或两个以上不同的保险利益。比如,在仓储责任保险条款中,除了涉及仓储物的对第三方的责任保险条款,还会包括仓储物自身的财产损失保险条款。

组合条款,指对单一条款或综合条款进行组合式经营使用的条款。比之综合条款,组合条款并不是一个独立、单一的保险条款,而是数个独立保险条款的搭配组合。比如,为了积极服务中小企业,保险公司会推出针对中小企业的组合条款,可能会包括财产保险、责任保险、信用保险等独立条款,满足中小企业在风险保障、社会管理、资金融通方面的一揽子保险需求。

第四节　保险条款的解释

保险条款的解释是指对保险合同条款的理解和说明。保险条款通常是采用格式条款的方式订立,条款所用语言文字本身的含义具有多样性,其中又包含有很多专业术语,导致保险当事人对保险条款内容的解释不一致,难免发生争议或分歧。解决这些争议或分歧就是对保险条款进行解释,明确争议条款的真实含义和目的。

一、保险合同解释的含义

保险条款会由于保险合同当事人经济利益冲突、业务习惯差异以及情势变更、不可预见因素的发生等原因,导致保险合同当事人双方就条款解释发生争议。当保险条款中的语言文字出现含混不清、模棱两可或相互矛盾时,解释的目的在于明确相关语言文字的确切含义;当保险合同双方当事人主张合同条款的意思与其理解的含义相异或者相悖时,解释的目的在于确定合同条款本应当表述的意思,从而解决双方当事人之间的争议。

保险条款的解释,有广义和狭义之分。广义上的保险条款的解释包括双方当事人对其订立的保险合同进行的分析和说明。例如在保险合同"释义"部分对专业术语特别附加的解释。还包括保险监管部门的解释。例如中国保监会负责审批关系社会公众利益的保险险种、依法实行强制保险的险种和新开发的人寿保险险种等的保险条款和保险费率,对其他保险险种的保险条款和保险费率实施备案管理,在制订出基本条款后还有相应的解释。狭义的保险条款解释指诉讼或者仲裁过程中的各种解释。保险合同履行中发生争议,当事人将争议提交仲裁或提起诉讼时,人民法院的审判员或仲裁机构的仲裁员以及合同当事人、诉讼代理人、证人、鉴证人等都可对保险条款进行解释。

在更为严格的意义上,狭义的保险条款解释仅指受理保险合同争议的法院或仲裁机构对保险条款及其相关资料的含义所作的具有法律约束力的分析和说明。例如1998年12月20日,王团结经淮北平安保险公司业务员陈某介绍,向平安保险公司投保主险"平安康泰"险及附加险"意外伤害"险和"住院安心"险各5份,签订了保险单和保险条款。《平安康泰终身保险条款》第19条第1款第3项称"投保人要求解除合同的,本合同自本公司接到解除合同申请书之日起,保险责任终止。本公司收到上述证明和资料之日起30日退还保险单的现金价值,但未交足两年保险费的,本公司扣除手续费后退还保险费",该《条款》第6条第1款称"订立本合同时,本公司应向投保人明确说明本合同的条款内容",该《条款》另就部分名词如"本公司""周岁""手续费"等进行了释义,而未对"现金价值"这一专业术语进行释义。陈某对"现金价值"的含义也未予介绍,未告知现金价值并不是按全额的保险费退回。合同订立后,王团结于1998年11月20日、1999年12月28日各交保险费1384元。保险合同履行至2000年11月时,王团结向平安保险公司提出退保申请并交付了有关材料,但平保公司仅同意退还现金价值725元。王团结认为在订立保险合同时,保险人故意不告知现金价值一词的真实含义,致使其产生误解,以为现金价值等同于交纳的保险费,要求保险公司对其欺诈行为负责,双倍偿还保险费。一审中,保险公司仍未能向原告王团结准确解释"现金价值"这一专业术语,未能提供退还王团结725元的准确依据,到了二审才提供有关材料,证明退还的现金价值应是725元。安徽省淮北市中级人民法院终审判决为:(1)保险公司返还王团结所支付的保险费2768元;(2)驳回王团结要求双倍返还所交保险费的诉讼请求;(3)解除王团结与保险公司签订的主保险合同《平安康泰终身保险条款》及附加险合同《住院安心保险条款》《附加意外伤害保险特约条款》。相关的解释是:保险公司直到一审仍未能向原告王团结准确解释“现金价值”这一专业术语,未能提供退还王团结725元的准确依据,这说明其存在工作上的失职,但这也证明了平安保险公司在拟订条款时未对“现金价值”一词释义不是其故意不作为,而是其本身也不知道如何释义。本案中保险公司使用的“现金价值”一词,是一个容易让不具备保险常识的消费者引起歧义的词语,保险公司完全可以使用更为确切的措辞,但保险公司并没有尽到自己的义务,合同解除后,应当返还王团结两年的保险费才是公平的。①

二、保险条款解释的原则

保险条款的解释通常依据一定的原则,它们是对保险条款的理解和说明应当遵循的基本准则。在确定这些原则时,既要考虑一般合同的解释原则在保险条款解释中的运用,也要注重保险条款的特殊性。根据我国《合同法》第125条的规定:“当事人对合同条款的理解有争议的,应当按照合同所使用的词句、合同的有关条款、合同的目的、交易习惯以及诚实信用原则,确定该条款的真实意思。合同文本采用两种以上文字订立并约定具有同等效力的,对各文本使用的词句推定具有相同含义。各文本使用的词句不一致的,应当根据合同的目的予以解释。”而关于格式条款的解释,我国《合同法》第41条规定:“对格式条款的理解发生争议的,应当按照通常理解予以解释。对格式条款有两种以上解释的,应当作出不利于提供格式条款一方的解释。格式条款和非格式条款不一致的,应当采用非格式条款。”这是一般合同的解释原则和格式条款的解释原则。同时,保险条款的解释还应坚持保险中特定的基本原则。

(一) 文义解释原则

文义解释是按照保险条款所使用文句的通常含义和保险法律、法规及习惯,并结合合同的整体内容对保险条款所作的解释。保险合同的双方当事人意思表示一致时,用书面形式记载双方的权利义务。因此,文义解释是对保险条款解释的最一般的原则。对保险条款使用的一般文句尽可能按文句公认的表面含义和其语法意义去解释。双方有争议的,以权威性工具书或专家的解释为准。对于保险专业术语或其他法律术语,有立法解释的,以立法解释为准;没有立法解释的,以司法解释、行政解释为准;无上述正式解释的,亦可按行业习惯或保险业公认的含义解释。

文义解释也就是依通常意义解释。所谓通常意义,是具有一般知识及常识的人对于保险条款用语给予的通俗及简明的意义。通常意义又被称为自然的、通俗的、

---

① 石志猛、王惠玲:《保险合同的效力如何认定》,载《人民法院报》2001年12月27日。

一般常识上的意义等。这种解释方法要求对保险条款的文词赋予其一般意义,而不管保险人真意如何,特别是保险人否认其通常意义、而保险合同是采用保险人拟订的标准保险条款形式时更应如此。在技术上,“通常意义”指的是词典的意义,且符合语法规范。对于已确定了其文辞的通常意义法院应严格地适用。

对于专业文字的含义,通常意义解释将会让位于文词的专业意思解释。在英美法院中具体包括两种方式:其一,遵循先例,即如果在保险条款中使用的文词的意义曾由法院在以前的案例中确定,则可以推测合同当事人采用了该种含义。当保险条款的文词与以前所确定的完全一致且法院认为二者实质相同时,则应当遵循先例。其二,按惯例解释,即如果保险条款的文词有专业意义,不管其属于科学还是法律用语,抑或是贸易或行业惯用法,应当按专业意义解释。尤其是保险合同清楚地表明应当按专门意思解释和保险合同双方当事人对文词专业意思产生的贸易和环境非常熟悉时更应如此。但如果保险合同上下文表明保险合同将不采用技术含义解释方法或者保险合同本身表明若无其他含义方能采用技术含义解释时,以及保险条款中文词的通常含义与专业含义不同,且一方没有理由被要求对专业含义有所了解时,不对保险合同文字用专业含义解释。对于保险条款中与刑事法律有关的文字应当按照《刑法》规定的专门意思进行解释。① 寿险条款中,对疾病的解释应按医学界公认的标准来解释。

保险条款文字的通常意义有时不能单独地理解,而应根据上下文来理解。上下文包括词组、句子、段落、保险合同的部分和全部,甚至保险合同当事人过去的交易、交易的背景及保险合同的目的。保险合同的内容是由许多个条款共同组成的,而且条款内容前后自成体系,逻辑严密,从整体上表达了当事人订立保险合同的目的。如果当事人就保险合同的某一个条款的理解发生争议或分歧,应当把该争议条款放到整个合同中去,根据双方当事人订立保险合同的目的,结合合同其他条款的内容

① “熟人当面将车强行开走,应属‘盗抢’还是‘诈骗’”:文某于2001年6月购买了一辆奥迪轿车,并与保险公司签订了车辆保险合同。9月,文某小时候的玩伴时某来到了文某工作的城市。晚上,文某和时某一起开车到当地一家火锅店去吃火锅。时某自告奋勇地替文某去停车。时某开车进去转了一圈,又绕回到门口。文某刚想上前去问是怎么回事,但时某突然加速,将车驶出了停车场。文某在后面一边追,一边喊,但时某却头也不回地将车开跑了。文某只好向公安机关报了案。3个月过去后,车辆还是没有下落。于是文某拿着公安机关的证明,要求保险公司予以理赔。保险公司认为文某是自愿将车钥匙交给时某的,此种情况不属于车辆的盗抢,因此拒绝对文某的车辆承担盗抢险责任。双方为此发生纠纷。文某遂起诉至人民法院,请求法院判令保险公司对其车辆损失承担赔偿责任。本案争议的焦点是如何确认车辆的“盗抢”和“被诈骗”之间的区别。《机动车辆保险条款〈全车盗抢险条款〉》第1条保险责任第1项规定:“保险车辆(含投保的挂车)全车被盗窃、被抢劫、被抢夺,经县级以上公安刑侦部门立案证实,满3个月未查明下落”;第2条责任免除第2项规定:“被他人诈骗造成的全车或部分损失”。本案的关键问题是文某车辆的损失是属于“被盗窃、被抢劫、被抢夺”还是“被他人诈骗造成的”,这决定着文某能否获得保险公司的赔偿。法院根据《刑法》规定认定文某的行为符合“抢夺”的特征,文某车辆的损失属于“盗抢险”的理赔范围,保险公司应当予以赔偿。摘自李克等主编:《保险纠纷案例》,人民法院出版社2004年版,第195页。

互相印证,以此来确定其真实的含义。如《法国民法典》第1161条规定:"契约的全部条款得互相解释,以确定每一条款从整个行为所获得的意义。"文字的意义可能会因其在合同中的位置受到影响。一个段落中的词语可能与列举的其他内容的意思一致,可以根据与它一起使用的其他的词语意思来确定其含义。一个保险条款中所列举的事项如属同类,则列举事项中的任何一项也属同一类的解释。如果保险条款中明确表明某项条件优先,其他条件则应予以排除。这种解释方法被称为同类解释。此外,在对整个保险合同进行审视时,法院往往会认为合同当事人有使合同的语言使用与整个合同一致的愿望。有时法院并不局限于保险合同本身,而是从保险合同之外寻求对保险合同进行解释的证据。如果保险合同本身并不能满足解释的需要,法院将从交易的过程中了解双方的真实意图所在,或者从交易背景方面来对其文词依交易特性进行解释,即能够根据保险市场的有关交易背景确定其含义时,则应当依交易背景来解释。在确定合同文字的具体含义时,往也会根据保险合同当事人的交易目的对合同进行解释。例如,李某向朋友借了一辆小汽车长期使用,并为该车辆购买了保险。2002年4月29日,他驾车将横过马路的行人叶某撞伤。当李某把发生事故情况通知保险公司时,保险公司以李某并非被保险车辆的原主为由拒绝支付赔偿款。李某遂向蓬江区法院提出起诉。法院认为:李某和保险公司经协商一致,在真实、自愿、合法的基础上订立保险合同,双方意思表示真实,其保险关系应受法律保护。保险公司在和李某签订保险合同时,对保险车辆的各项情况进行审查是其应尽的义务,保险单上也明确载有车辆的基本情况,李某是否是车主保险公司显然是知情的。双方对该车辆进行保险达成合意,保险关系即成立,保险公司应向李某支付保险赔偿款。①

(二)意图解释原则

意图解释是按保险合同当事人订立保险合同的真实意思,对保险合同条款所作的解释。在对保险合同条款进行解释时还必须坚持意图解释的原则,充分考虑当事人订立合同时的真实意思。既依据保险合同条款的文字表述,又不拘泥于文字表述。如《法国民法典》第1156条规定:"解释契约时,应探究缔约当事人的意思,而不拘泥于文字的字面意思。"我国台湾地区"保险法"第54条第2款也规定:"保险契约之解释,应探求契约当事人之真意,不得拘泥于所用之文字。"当事人的真实意图,一般通过保险合同的条款内容体现出来,而且这一真实意图并不能由当事人在争议或分歧发生后任意改动。但当保险合同条款内容难以反映当事人的真实意图,这时要明确保险合同条款的真正含义,就需要对当事人的真实意图加以探究。但是,探究当事人的真实意思时,要对当事人订立合同时的状态进行推定。

---

① 黄海声:《投保人不是车主,出事故保险要赔》,载《中国法院报》2004年5月9日。

当双方既有书面约定又有口头约定的以书面约定为准。当书面约定与口头约定不一致时,应当推定书面约定更能体现保险合同当事人的真实意图,即以书面约定为准。当保险单及其他保险凭证与投保单及其他合同文件不一致时,以保险单及其他保险凭证中载明的合同内容为准。因为保险单是证明合同成立并确认合同内容、明确当事人双方权利义务和履行保险合同的基本法律依据。当保险合同与投保单内容不一致时,保险合同优于投保单,因为保险合同更能表达当事人的最终意愿。当保险凭证与保险单相矛盾时,如果保险凭证是对保险合同的全面陈述,则可以完全排除保险单。其理由之一是口头证据法则,之二则是被保险人只被告知了保险凭证的内容而未被告知保险单之内容。如果保险凭证并未对保险单内容全面陈述,则法院可以依保险凭证作出有利于被保险人的解释。当保险合同的特约条款与基本条款不一致时,以特约条款为准。基本条款是保险人根据《保险法》的规定拟定的,是保险合同必不可少的条款;而特约条款是保险合同当事人根据其特殊要求拟定的补充条款。因此,特约条款更能体现当事人的真实意图。保险合同的条款内容按照批单优于正文,后批注优于先批注,加贴批注优于正文批注,手写优于打印的规则解释。因为书写条款是当事人在订约时自由选择作成的,更能表达双方当事人的真实意思。

例如,1998 年 1 月 3 日,中国人民保险公司河北省新乐市支公司的业务人员到姚某家为其汽车投保,姚某表示同意,业务人员计算出所保险种的保险费 6522 元。业务人员出具了保费收据,但姚某以钱紧为由,要求过几天再付清保费。1 月 30 日,业务人员再次到姚某家验明标的后,姚某又答应交付保费,并要求签发保单,业务人员便签发了保单和保险证。姚某又说钱紧,过几天再交保费,并索要了保险证。业务人员未将保单交给姚某并在保单的特别栏中注明“未缴保险费,本公司不负保险责任”字样,姚某在保单上签了字。此后,保险公司业务人员多次向姚某催交保费未果。1998 年 3 月 25 日上午 10 时许,姚某携款到保险公司交纳保费,内勤人员在不明真相的情况下向姚某出具了暂收条,并将日期误写为 24 日。25 日下午,保险公司业务人员再次到姚某家验车时,方得知姚某的汽车已于当日凌晨 3 时 30 分左右在沧州河间出险。保险公司拒赔,姚某以保险公司为被告诉至法院。保单的特别栏中注明的“未缴保险费,本公司不负保险责任”字样应当得到法院的认可。①

(三)有利于被保险人和受益人的解释原则

有利于被保险人或受益人的解释原则是指保险人与投保人、被保险人或受益人对保险合同条款有争议时,应作有利于被保险人或者受益人的解释。根据各国的保险立法惯例,在处理保险合同争议时应作出有利于被保险人和受益人的解释和

① 史学瀛:《保险法前沿问题案例研究》,中国经济出版社 2001 年版,第 27 页。

判定。

对保险条款作有利于非起草方的解释是基于保险合同是附和性合同的特点。保险人在订立合同时处于优势,且保险人对有关法律法规和保险知识更了解,这对保险人拟定保险条款显然有利。由于保险合同是附和合同,保险合同条款是由保险人或其主管机关事先拟就的,投保人在订立保险合同时,对合同条款只能表示接受与否,在法律地位上相对处于弱势;而保险人则有很大的优势。对此,为了平衡保险合同双方当事人的地位,保护被保险人或受益人的利益,在对保险合同条款进行解释时应体现这一原则。

我国《合同法》对此的原则性规定是:对同一条款如果有两种以上解释的,应当作不利于提供条款一方的解释。《保险法》第 31 条则明确规定:“采用保险人提供的格式条款订立的保险合同,保险人与投保人、被保险人或者受益人对合同条款有争议的,应当按照通常理解予以解释。对合同条款有两种以上解释的,人民法院或者仲裁机构应当作出有利于被保险人和受益人的解释。”这些规定表明,只有在对争议条款存在两种以上解释的情况下,即合同条款用语含糊、意思不清,就合同双方当事人而言,不论从其中任何一方的立场出发进行解释,都可以说得通时,就应当作有利于非提供条款一方的解释。如果保险合同条款的用语明确、含义清晰,或者虽有不清、但经过解释已经完全明确时,就不应适用此解释原则。

在英美国家的判例中,也不乏不利于被保险人的解释:一是被保险人对有疑义的文字负有责任时;二是当保险合同由承保人草签但由被保险人通过其经纪人采用时。早期采纳疑义解释原则是为了扩大保险范围,从而促进保险的效率及广度;而现在,采用疑义解释原则是基于合同起草方追求自身利益且他所追求的利益不得超过他将合同内容阐述得清楚无误时所能获得的利益。在采纳疑义解释原则时,必须考虑到保险人和被保险人是否真正就合同内容进行协商及双方是否具备平等的谈判力量。在英国,若合同是由双方平等协商达成的,则法院很少采用疑义解释原则。在纽约州,这一原则同样不适用于保险人与保险人之间的再保险合同,因为双方均为专业的商业实体,对市场非常熟悉且其谈判力量基本平等。①

此外,含义模糊时的解释方法还包括:(1) 扩大解释,即保险条款文字应尽可能地扩大解释,以便能按当事人的真实意思发生效力。人寿保险合同尤其如此。如当保险条款规定被保险人因意外事故受伤或受伤后 3 个月内死亡,保险人承担给付义务时,若被保险人因溺水立即导致死亡,法院仍应判定该事件属于承保责任。(2) 依被保险人合理期待的解释,即购买保险单的社会大众有权获得其合理期待所必要的保护。例如,1992 年 11 月,原告工务段以 13.2 万元价格购买了湘江丰田双

---

① 邓成明:《中外保险法律制度比较研究》,知识产权出版社 2002 年版,第 92 页。

排座130汽车一辆。在办好牌照后于同年12月16日向被告保险公司投保了车辆损失险。1993年1月24日,该车在行驶中被郭自军驾驶的东风车碰撞,造成该车损坏及人员死亡。当地公安交通管理部门认定郭自军负肇事的全部责任。工务段要求保险公司赔偿汽车的全部损失。被告保险公司称:造成车辆事故的全部责任在第三者,应由第三者负责赔偿。法院认为投保人投保的目的在于充分保障其发生损失险的损失能够及时、完全得到补偿,使投保方的利益切实得到"保险"。本案原告工务段的保险车辆被第三者驾驶的汽车碰撞损坏,应由第三者赔偿,但在工务段向第三者索赔未果转而向保险方索赔的情况下,保险公司应先予赔偿。①

【深度阅读】

1. 黎建飞:《保险法的理论与实践》,中国法制出版社2005年版,第六章。

2. 李玉泉:《保险法学——理论与实务》,高等教育出版社2007年版,第七、九章。

3. 〔美〕小罗伯特·杰瑞、道格拉斯·里士满:《美国保险法精解》,李之彦译,北京大学出版社2009年版,第三章。

4. 许崇苗:《保险法原理及疑难案例解析》,法律出版社2011年版,第五章。

5. 刘宗荣:《新保险法:保险契约法的理论与实务》,中国人民大学出版社2009年版,第三章。

【问题与思考】

1. 保险条款的主要特点是什么?

2. 保险条款的基本分类是什么?

3. 如何理解和把握格式保险条款?

4. 有利于被保险人和受益人解释原则的适用条件是什么?

---

① 最高人民法院、中国应用法学研究所:《人民法院案例选——商事卷》(1992—1999年合订本),中国法制出版社2000年版,第539页。这在一定程度上也可以理解为对于"疑义利益"作出对为了减少或免除责任的一方不利的解释。

第六章　保险合同的主体

保险合同的主体包括保险合同关系的当事人和参加者，是与保险合同发生直接、间接关系的人，包括当事人、关系人和辅助人。保险合同的当事人是订立合同、规定合同中权利与义务的主体，是与保险合同的订立和履行有直接关系的人。保险合同的关系人是指保险合同当事人之外的，对于保险合同规定的利益享有独立请求权的人，他们与保险合同有经济利益关系，但不一定直接参与保险合同的订立。还有的人在保险合同订立与履行过程中起着媒介、辅助作用，因而习惯上称之为保险合同的辅助人，即协助保险合同的当事人签署合同、履行合同，并办理有关保险事项的人，如保险代理人、保险经纪人和保险公估人。

第一节　保险合同的当事人

一、投保人

投保人是与保险人订立保险合同，对保险标的具有保险利益，并按照保险合同负有支付保险费义务的人。我国《保险法》第 10 条第 2 款规定："投保人是指与保险人订立保险合同，并按照合同约定负有支付保险费义务的人。"

（一）投保人应具备的条件

投保人可以是公民，也可以是法人或其他组织，但作为保险合同的订立者，必须具备法律所规定的条件。

1. 投保人必须具备完全民事行为能力

民事权利能力是指民事主体依法享有民事权利和承担民事义务的资格。民事行为能力是指民事主体以自己的行为，享有民事权利和承担民事义务的资格或能力。没有法人资格的组织及无行为能力的自然人均不能成为投保人。限制行为能力人签订的保险合同，只有经其法定代理人追认才能生效。凡是具备完全民事行为能力者，不论是自然人还是法人，也不论是社团法人还是企业法人，都可以作为保险合同的投保人。

2. 投保人对保险标的应当具有保险利益

我国《保险法》第12条第1款规定："人身保险的投保人在保险合同订立时，对被保险人应当具有保险利益。"在人身保险中，保险利益体现了投保人与保险标的之间存在的利害关系。为了保证投保人投保行为的合法性，防止投保人利用保险合同获取非法利益，防止保险活动中的道德风险的发生和限制赔偿额度，各国保险立法都规定投保人须对保险标的具有保险利益。这是成为投保人所应具备的必要条件。当投保人为他人的利益投保时，在未经委托的情况下，应征得他人同意或将其订约目的告知保险人，以便保险人查明其是否具有保险利益并决定是否承保。如果投保人对于保险标的没有保险利益，将导致保险合同无效。但是，财产保险则并不要求投保人在保险合同订立时对被保险人应当具有保险利益，只要求保险事故发生时被保险人必须对保险标的具有保险利益。如此规定符合财产保险的补偿功能，足以防范道德风险和不当得利，同时也有利于实践中财产保险业务的开展。尤其是在海上保险领域，要求投保人具有保险利益几无必要，因为投保人投保的货物往往是保险利益已经属于他人，且在运输途中货物也可能会几度易手。①

【案例研讨】　　投保人对借用车辆有保险利益吗？②

原告李慧起诉称，2009年7月，其作为投保人，以本人为被保险人，以借用的汽车为被保险车辆，向某财产保险公司投保机动车辆损失保险，该保险公司同意承保并签发了保险单。

2009年12月22日，程敏驾驶被保险车辆发生翻车事故，该事故为单方事故，并未涉及第三者。公安交通管理机关认定，程敏负事故全部责任。李慧向保险公司申请理赔后，保险公司核定了被保险车辆的损失，认定该车辆损失金额为6.04万元。但是，保险公司认为李慧对被保险车辆没有保险利益，因此拒绝向李慧赔偿保险金。

李慧认为，保险公司拒绝赔偿保险金缺乏正当理由，故提起诉讼，其诉讼请求是：请求法院判令保险公司赔偿保险金6.04万元。保险公司答辩称，该公司认可与李慧订立了保险合同，也认可被保险车辆发生了保险事故。保险事故发生后，保险公司经调查后发现，被保险车辆登记的车主为郑智，不是李慧。因此，李慧虽然是保险合同载明的被保险人，但其对于被保险车辆没有保险利益，不享有保险金请求权，保险公司不同意李慧的诉讼请求。

审理本案的法院认为，本案涉及的保险合同有效。双方当事人均应按照合同的约定行使权利并履行义务。以此为基础，本案的争议焦点在于：李慧对被保险车辆是否具有

① 吴定富：《中华人民共和国保险法释义》，中国财政金融出版社2009年版，第33页。
② 刘建勋：《保险法典型案例与审判思路》，法律出版社2012年版，第63—69页。

保险利益？李慧是否享有保险金请求权？法院经调查认定，被保险车辆登记的车主是郑智，郑智将该车长期借给李慧使用，李慧据此获得了被保险车辆的使用权，该使用权是法律所承认的合法权利之一。因此，李慧对于被保险车辆具有保险利益。我国《保险法》第12条第2款规定："财产保险的被保险人在保险事故发生时，对保险标的应当具有保险利益。"在本案争议所涉及的保险事故发生时，被保险车辆仍然由李慧借用，因此对于被保险车辆所具有的保险利益，也符合保险法上述规定中的"时点"要求。另外，我国《保险法》第12条第5款规定："被保险人是指其财产或者人身受保险合同保障，享有保险金请求权的人。投保人可以为被保险人。"第48条规定："保险事故发生时，被保险人对保险标的不具有保险利益的，不得向保险人请求赔偿保险金。"李慧是保险合同载明的被保险人，且不存在被保险法限制行使保险金请求权的情形，因此，针对本案争议所涉及的保险事故，保险金请求权属于李慧。

最终，审理本案的法院依照我国《保险法》第2条、第12条第2款和第5款、第48条，判决如下：被告保险公司于本判决生效后10日内赔偿原告李慧保险金6.04万元。

（二）投保人的权利和义务

1. 投保人的权利

（1）指定和变更受益人

人身保险合同的投保人享有指定和变更受益人的权利。德国《保险合同法》第159条规定："在有疑问的情形下，投保人有权不经保险人同意指定第三人作为受益人或者指定他人替换受益人。"韩国以及我国澳门特别行政区、台湾地区有关保险法也作出相应的规定。投保人可以在保险合同中确定受益人，也可以另行指定。但投保人的另行指定必须通知保险人。韩国《商法典》第734条第1款规定："在签订合同之后指定……受益人时，若未通知保险人，保险合同不得以此对抗保险人。"

由投保人指定受益人的权利派生的是投保人对受益人的变更权。韩国《商法典》和我国澳门《商法典》都规定了投保人的变更权。投保人行使其变更权必须书面通知保险人。同时，韩国《商法典》还规定了投保人在保险受益人死亡后变更受益人时，如果被保险人在变更前死亡，保险受益人的继承人便取得原保险受益人向保险人请求给付的权利。

（2）变更和解除保险合同

在保险合同有效期内，投保人和保险人经协商同意，可以变更保险合同的有关内容。变更保险合同的，应当由保险人在原保险单或者其他保险凭证上批注或者附贴批单，或者由投保人和保险人订立变更的书面协议。

保险合同成立后，投保人可以解除保险合同，但保险法另有规定或者保险合同另有约定的除外。如我国货物运输保险合同和运输工具航程保险合同,保险责任开始后,合同当事人不得解除合同。当客观情况发生变化,保险合同中的特定危险消灭后,投保人可以要求减少保险费。又如韩国《商法典》第648条规定:"在保险合同当事人预料特别危险而定好保险费的情况下,如在保险期间内已消灭该预料到的风险时,保险合同人可以请求减少其后的保险费。"

(3)申请保险合同复效

投保人超过规定的期限60日未支付当期保险费的,合同效力中止。对于中止效力的保险合同,投保人可以申请恢复其效力,经保险人与投保人协商并达成协议,并由投保人补交保险费后,合同效力恢复。如我国《保险法》第37条规定:"合同效力……中止的,经保险人与投保人协商并达成协议,在投保人补交保险费后,合同效力恢复。"

2. 投保人的义务

(1)给付保险费

保险费是投保人依保险合同约定所支付的、为换取保险人承担风险的对价。我国《保险法》第14条规定:"保险合同成立后,投保人按照约定交付保险费,保险人按照约定的时间开始承担保险责任。"不论投保人是为自己的利益投保,还是为第三人的利益投保,其所承担的交费义务都必须履行。如果投保人不交保险费时,保险人由此产生的对投保人的抗辩权,也可以用来对抗被保险人或受益人。

保险费交付的期限,如果合同中有特别约定的,依其约定;合同未作特别约定的,投保人应当在保险合同成立时向保险人交付保险费。保险合同约定一次交付方式的,投保人应当在保险合同成立时一次交清全部保险费;保险合同采用分期交付方式的,投保人应当在保险合同成立时交付第一期保险费,其余各期的保险费按照合同规定的期限交付。保险费的交付不作为保险合同生效的条件,但双方当事人在合同中约定,以投保人交付保险费作为合同效力发生条件的除外。

在财产保险中,大多一次交付保费。投保人一次交付或第一期保险费迟延给付时,保险人可以以诉讼方式请求交付或解除合同。但保险合同当事人在订立保险合同时,约定以一次交付或第一期保险费的交付为合同的生效要件的,投保人不履行交付保费的行为会对保险合同的效力产生影响。对于约定以分期方式交付保险费,陆续到期的保费即为确定的债务,投保人对之有履行的义务。陆续到期保险费未交付的,保险人可以诉讼方式请求交付,且投保人须负迟延责任,但不影响合同的效力。

人寿保险费大多都以分期方式支付。第一期保险费未付的效果与财产保险第一期或一次交付保险费未付的效果相同,但第二次以后分期保险费到期未交付的效果则不尽相同。我国《保险法》第36条规定:"合同约定分期支付保险费,投保人支付首期保险费后，除合同另有约定外，投保人自保险人催告之日起超过30日未支付当期保险费，或者超过约定的期限60日未支付当期保险费的，合同的效力中止”，第37条又规定：“合同效力依照本法第36条规定中止的，经保险人与投保人协商并达成协议，在投保人补交保险费后，合同效力恢复。”与财产保险不同，保险人对人寿保险的保险费，不得用诉讼方式要求投保人支付。

（2）维护保险标的安全

投保人有义务维护保险标的安全，避免灾害的发生。由于保险标的始终处于投保人的掌控之下，对保险标的的安全状况最为知悉，所以要求投保人对保险标的安全尽合理的注意义务。

我国《保险法》第51条规定：“被保险人应当遵守国家有关消防、安全、生产操作、劳动保护等方面的规定，维护保险标的的安全。保险人可以按照合同约定对保险标的的安全状况进行检查，及时向投保人、被保险人提出消除不安全因素和隐患的书面建议。投保人、被保险人未按照约定履行其对保险标的安全应尽的责任的，保险人有权要求增加保险费或者解除合同。保险人为维护保险标的的安全，经被保险人同意，可以采取安全预防措施。”据此，被保险人应该自觉遵守国家有关消防、安全、生产操作、劳动保护等方面的规定，维护保险标的的安全；保险人根据合同约定有权对保险标的的安全状况进行检查。投保人或被保险人未按照约定履行其对保险标的安全应尽的责任的，保险人有权要求增加保险费或者解除合同。

（3）投保时的如实告知

我国《保险法》第16条第1款规定：“订立保险合同，保险人就保险标的或者被保险人的有关情况提出询问的，投保人应当如实告知。”投保人故意或者因重大过失未履行如实告知义务，足以影响保险人决定是否同意承保或者提高保险费率的，保险人有权解除合同。投保人故意不履行如实告知义务的，保险人对于合同解除前发生的保险事故，不承担赔偿或者给付保险金的责任，并不退还保险费。投保人因重大过失未履行如实告知义务，对保险事故的发生有严重影响的，保险人对于合同解除前发生的保险事故，不承担赔偿或者给付保险金的责任，但应当退还保险费。保险人在合同订立时已经知道投保人未如实告知的情况的，保险人不得解除合同；发生保险事故的，保险人应当承担赔偿或者给付保险金的责任。德国《保险合同法》第19条也有类似规定：“在订立保险合同之前，对于保险人以书面方式询问的对其决定订立保险合同有重要影响的事实，投保人应当向保险人如实告知。”

【案例研讨】 **投保人故意不履行如实告知义务的认定**①

韦福、石琴(韦福之妻)起诉称,2000 年 2 月,韦福以其子韦程为被保险人,向某人寿保险公司投保人身险,保险公司同意并签发了保险单。2009 年 4 月 17 日,韦程因服农药身故。韦福、石琴作为韦程的继承人,向保险公司提出了给付保险金的请求,被保险公司拒绝。韦福、石琴认为,保险公司应当按照合同的约定履行给付保险金义务,故于 2010 年 11 月起诉保险公司,其诉讼请求为:请求法院判令保险公司给予保险金 93968 元。

保险公司答辩称,保险合同成立后,韦福没有按照合同的约定于 2007 年 2 月 21 日之前交纳当期保险费,因此保险合同在为期 60 日的宽限期届满后效力中止。2007 年 6 月韦福申请恢复保险合同的效力,在其补交保险费之后,保险合同于 2007 年 6 月 21 日恢复效力。韦程于 2009 年 4 月 17 日服农药身故,属于被保险人在保险合同效力恢复后两年内自杀,因此保险公司依法免除保险责任。此外,被保险人韦程曾经于 1999 年 6 月在北京安定医院就诊,被诊断为“自觉妄想状态”。此外,韦程还曾经于 2003 年因自残行为在北京房山某医院住院接受治疗。但是,韦福在订立保险合同及申请合同效力恢复时,均未就上述事项向保险公司履行如实告知义务。因此,保险公司依法免除赔偿责任,不同意韦福、石琴的诉讼请求。

审理本案的法院认为,本案的争议焦点在于:投保人是否存在不履行如实告知义务的情形?保险人是否应当对韦程自杀身故这一保险事故承担给付保险金的责任?

保险交易的本质在于危险的转移和分散,与被保险人有关的危险基于保险合同的成立转由保险公司承担。因此,保险公司有权了解有关被保险人的真实情况,并据此判断是否承保以及如何确定保险费率。保险法依据此规定了投保人就被保险人的有关情况向保险公司如实告知的义务。投保人履行如实告知义务的核心是,就保险公司针对被保险人的有关情况提出的询问,本着诚实信用的原则,将其知道、应当知道的以及有条件知道的相关事实向保险公司作如实的说明。

依据保险公司提交的证据即韦程的就诊记录,法院认定:韦程于 1999 年 6 月被诊断为“自觉妄想状态”;于 2003 年 4 月又发生自残行为并因此住院接受治疗。其中,韦程 1999 年 6 月就诊系由韦福陪伴,故韦福对上述治疗事实必定明知;韦程 2003 年 4 月住院病历上记载的联系人为韦福,韦福对上述治疗事实应当明知。

但是,韦福于 2000 年 2 月向保险公司投保时,保险公司向其询问:“被保险人过去是否曾患有精神疾病?被保险人过去两年内接受健康检查结果有无异常或者被医师建议接受其他检查?”韦福对上述询问均回答“无”,显然与事实不符。2007 年 6 月 21 日,韦福向保险公司申请恢复保险合同效力时,保险公司就被保险人的有关情况提出以下询问:“保险单生效日起至今是否有新发的或既有的任何身体不适应症状或体征?保险单生效日起至今是否曾住院检查或治疗?保险单生效日起至今是否患有智能障碍?”韦福对上

① 刘建勋:《保险法典型案例与审判思路》,法律出版社 2012 年版,第 259—369 页。

述询问作出的回答同样为“无”，仍然与事实不符。因此，投保人韦福未故意未履行如实告知义务。

需要强调的一点是，投保人故意不履行如实告知义务必须足以影响保险公司决定承保以及提高费率。保险公司在本案中主张其使用瑞士再保险手册作为核保规范，依据该手册相关内容，韦福在订立保险合同时如果向保险公司如实陈述了韦程患有“自觉妄想状态”，保险公司会作出拒绝承保的决定，因此韦福故意不履行如实告知义务足以影响保险公司决定承保与否。此外，按照通常认识，保险公司对于承保患有精神疾病的被保险人会采取非常慎重的态度。法院对此予以认可，判定韦福故意不履行如实告知义务足以影响保险公司决定承保以及提高费率。

根据我国《保险法》的相关规定，投保人在订立保险合同时故意不履行如实告知义务的，保险公司有权解除保险合同，对于合同解除前发生的保险事故不承担给付保险金的责任，并且不退还保险费。最终，审理本案的法院对本案判决如下：驳回原告韦福、原告石琴的诉讼请求。

---

(4) 保险事故发生时的通知

我国《保险法》第21条规定：“投保人、被保险人或者受益人知道保险事故发生后，应当及时通知保险人。”投保人应当在合理期限内将保险事故的发生通知保险人。我国台湾地区“保险法”第58条规定：“要保人、被保险人或受益人，遇有保险人应负保险责任之事故发生，除本法另有规定，或契约另有订定外，应于知悉后5日内通知保险人。”而在《人寿保险单示范条款》第9条则规定：“要保人或受益人应于知悉本公司应负保险责任之事故后10日内通知本公司。”《意大利民法典》第1913条规定，被保险人应当自保险事故发生或被保险人知道保险事故发生的3日内，向保险人或有缔约权限的保险代理人发出保险事故发生的通知；而有关牲畜死亡的保险，通知应当在24小时内发出。

如果投保人、被保险人或受益人没有及时或按照合同约定的时间通知保险人，则保险事故发生时的情景很可能发生变化，还可能引起双方当事人的纠纷，保险人不能及时进行理赔，被保险人或受益人也得不到及时的补偿。因此，因迟延通知而导致损失的扩大，就扩大部分的损失，保险人可以不承担赔偿责任。《意大利民法典》第1915条规定：“被保险人恶意不履行通知义务或施救义务，丧失赔偿请求权。如果被保险人因其过错而未履行上述义务，保险人有权根据因此所受损失的情况减少损害赔偿金。”

(5) 事故发生后致损失的证明义务

保险事故发生之后，保险人为确定保险事故是否发生以及发生的原因及赔偿范围或保全其代位权等所需的资料，应由被保险人或投保人负责提供或举证。德国

《保险合同法》第31条规定:“保险事故发生后,保险人可以要求投保人或被保险人提供确定保险事故发生或者保险人责任范围的全部必需资料。”我国《保险法》第22条明文规定:“保险事故发生后,按照保险合同请求保险人赔偿或者给付保险金时,投保人、被保险人或者受益人应当向保险人提供其所能提供的与确认保险事故的性质、原因、损失程度等有关证明和资料。保险人按照保险合同的约定,认为有关的证明和资料不完整的,应当及时一次性通知投保人、被保险人或者受益人补充提供。”

二、保险人

保险人是与投保人订立保险合同,按照合同收取保险费,当保险事故发生或者约定的保险期限届满时,履行赔偿责任或者给付保险金的人。保险人只能是依法成立的、经营保险事业的组织,即保险公司。

(一)保险人应当具备的条件

1. 必须是依法成立的保险经营组织

保险人多以各种经营组织形态出现。由于保险业务直接涉及众多社会成员的利益,事关国民经济的稳定和发展,各国法律都通过对保险人条件的严格规定来保障保险业的稳定经营。只有符合法律规定的条件,并经政府批准的法人方可经营保险,成为保险人。如果保险人不具有法人资格,所订立的合同无效。我国《保险法》第6条规定,保险业务由依照本法设立的保险公司以及法律、行政法规规定的其他保险组织经营,其他单位和个人不得经营保险业务。

2. 保险人必须在核准的经营范围内经营业务

我国《保险法》第95条第3款对保险公司业务范围的核定作了具体规定,即保险公司应当在国务院保险监督管理机构依法批准的业务范围内从事保险经营活动。根据法律规定,保险公司的业务范围要由保险监督管理机构依法核定,这比一般公司确定其经营范围严格。保险公司必须要向保险监督管理机构申报,经核定后才可进行登记。同时保险公司必须在核定的业务范围内从事保险经营业务,不得超范围经营。

(二)保险人的权利

1. 收取保险费

保险合同成立后,保险人依据保险合同的约定向投保人收取保险费,是保险人享有的主要权利。保险费由两部分构成,即纯保险费和附加保险费。纯保险费是按投保金额及通过运用大数法则统计所得到的风险概率计算,用来给付保险金的;附加保险费则是保险人的各种营业费用、佣金、资本利息或预期利润及其他费用。

2. 变更和解除保险合同

在一定条件下,保险人也享有保险合同的变更和解除权。保险人变更合同的条件是与投保人协商变更。我国《保险法》第20条第1款规定:“投保人和保险人可以协商变更合同内容。”保险人解除合同的条件包括法定条件和约定条件。我国《保险法》对于保险人解除保险合同规定了不同于一般合同,甚至不同于投保人解除合同的严格条件。例如,《保险法》第15条规定:“除本法另有规定或者保险合同另有约定外,保险合同成立后,投保人可以解除合同,保险人不得解除合同。”但在某些情况下,保险人具有解除合同的权利,比如:投保人故意或者重大过失而未履行如实告知义务;被保险人或者受益人谎称发生了保险事故,或者投保人、被保险人故意制造保险事故;保险标的转让导致危险程度显著增加;在合同有效期内,保险标的的危险程度显著增加。

（三）保险人的义务

1. 给付保险金

保险金的赔偿或给付是保险人承担的主要义务。保险人收到被保险人或受益人的索赔请求后,在对被保险人或受益人提供的证明、资料进行审核、调查的基础上给予赔付。我国《保险法》第23条第1款规定:“保险人收到被保险人或者受益人的赔偿或者给付保险金的请求后,应当及时作出核定;情形复杂的,应当在30日内作出核定,但合同另有约定的除外。保险人应当将核定结果通知被保险人或者受益人;对属于保险责任的,在与被保险人或者受益人达成赔偿或者给付保险金的协议后10日内,履行赔偿或者给付保险金义务。保险合同对赔偿或者给付保险金的期限有约定的,保险人应当按照约定履行赔偿或者给付保险金义务。”

在某些情况下,虽能认定事故属于保险责任,但赔款金额需要很长时间才能最终确定,保险人应当按可以确定的金额预付赔款,待全部赔款金额最终确定后,再补足差额。我国《保险法》第25条规定:“保险人自收到赔偿或者给付保险金的请求和有关证明、资料之日起60日内,对其赔偿或者给付保险金的数额不能确定的,应当根据已有证明和资料可以确定的数额先予支付;保险人最终确定赔偿或者给付保险金的数额后,应当支付相应的差额。”

保险人不履行给付保险金义务,或者给付保险金义务履行不当,应当承担违约责任。保险人迟延给付保险金的,除继续支付保险金外,还应承担损害赔偿责任。

2. 承担必要的合理费用

(1) 施救费用。保险事故发生时,被保险人采取了必要的措施,防止或减少损失,因而使保险人所支付的赔款减少,但可能增加被保险人的劳务和费用,由此发生的费用理应由保险人承担。我国《保险法》第57条第2款规定:“保险事故发生后,被保险人为防止或者减少保险标的的损失所支付的必要的、合理的费用,由保险人承担;保险人所承担的费用数额在保险标的损失赔偿金额以外另行计算,最高不超过保险金额的数额。"

(2) 损失勘查的费用。保险事故发生后,保险人要对保险事故的原因、性质、过程进行调查,以便确定事故是否属于保险责任。在许多情况下,这些都需要被保险人协助。这时,被保险人可能会发生一些费用,被保险人为确定事故和损失所支付的必要、合理费用应由保险人承担。我国《保险法》第64条规定:"保险人、被保险人为查明和确定保险事故的性质、原因和保险标的的损失程度所支付的必要的、合理的费用,由保险人承担。"而保险人为确定事故是否属于保险责任和保险标的损失程度所发生的费用,应当由保险人自行承担,保险人不能从赔款中扣减此项费用。

(3) 责任保险的仲裁或诉讼费用。在责任保险中,当被保险人造成第三者损害,依法应对第三者负赔偿责任时,该民事责任最终将由责任保险的保险人承担。所以,被保险人对这种民事法律关系的处分,必须经保险人同意。当保险人认为只应赔偿较低的金额而致被保险人与第三者不能达成关于赔偿金额的协议时,第三者可以以被保险人为对象,申请仲裁或提起诉讼,被保险人可能被要求支付仲裁费或诉讼费,甚至还将为此支出一些其他费用,如聘请律师的费用、差旅费、制作有关文件的费用等。这些费用应当由保险人承担,因为被保险人因发生保险事故被提起仲裁或诉讼,是被保险人按照保险的要求未向第三者同意赔偿或承诺较高的赔偿金额引起的。保险人也希望通过仲裁或诉讼减少其支付赔款的金额。并且,被保险人同意仲裁或应诉是为了减少对第三者的赔偿金额,最终使保险人受益。即使经过仲裁和诉讼并未使被保险人减少对第三者的赔偿金额,保险人也必须承担被保险人支付的仲裁、诉讼费用及其他必要、合理费用。我国《保险法》第66条规定:"责任保险的被保险人因给第三者造成损害的保险事故而被提起仲裁或者诉讼的,被保险人支付的仲裁或者诉讼费用以及其他必要的、合理的费用,除合同另有约定外,由保险人承担。"

3. 保密义务

我国《保险法》第116条规定,保险公司及其工作人员在保险业务活动中不得泄露在业务活动中知悉的投保人、被保险人的商业秘密。这一规定,使保险人对于其所知道的投保人、被保险人的业务、财产等情况及个人隐私负责保密,成为法律上的义务。保险人在办理保险业务过程中,能够了解到投保人和被保险人的业务、财产、身体健康状况、生理特征以及收入水平等情况。这些情况有的属于企业商业秘密,不能公开;有的属于个人隐私,应当保密。所以,为了使投保人、被保险人的商业秘密或个人隐私权不受侵犯,保险人对于在办理保险业务过程中知悉的情况应当承担保密的义务。

4. 返还解约金

保险合同解除时,保险人负有退还保险费或保险单现金价值的义务。对于财产保险合同来说,保险责任开始前,投保人要求解除合同的,在向保险人支付手续费后,保险人应当退还保险费。保险责任开始后,投保人要求解除合同的,保险人应当将已收取的保险费,按照合同约定扣除自保险责任开始之日起至合同解除之日止应收的部分后,退还投保人。对于人身保险合同,投保人解除合同的,保险人应当自收到解除合同通知之日起 30 日内,按照合同约定退还保险单的现金价值。

返还解约金实际上是返还保险费。除保险合同解除外,保险人还会在其他情况出现时产生返还保险费的义务。(1) 保险人在风险不存在时应返还保险费,但前提是投保人是出于善意并无重大过失。如德国《保险合同法》第 2 条第 2 款规定:“保险人于订立保险契约时已知悉无发生保险事故的可能性时,无权请求保险费,已收取的应当返还,要保人在订约时已经知悉保险事故发生者,保险人免除给付义务。”(2) 保险人知道投保人无保险利益而承保应返还保险费。如果投保人明知其无保险利益而投保,则保险人无须返还保险费。但如果保险人明知投保人无保险利益而承保,保险人应在风险发生之前将保险费予以返还。(3) 保险人应返还超值保险部分的保险费。如果投保人因善意保险或超值保险致保险金额超过保险标的的价值,投保人在危险发生前应就超过部分返还保险金。(4) 保险人应返还保险合同因不合法而无效的保险费。合同不符合法律规定则归于无效,当保险合同因不合法而无效后,保险人应当返还保险费。(5) 保险人超越经营范围致合同无效应返还保险费。保险人的经营范围由法律或公司章程规定。保险人超越经营范围导致保险合同无效,保险人应返还已经收取了的保险费。(6) 保险合同解除或撤销后保险人应返还保险费的情形包括:投保人在投保时所作的虚假陈述或未为告知并非出于故意,保险人应当返还保险费;投保人违反通知义务或特约条款,保险人应当将已收取的保险费返还给投保人。(7) 保险合同终止后保险人应返还保险费的情形包括:投保人在保险合同存续期间破产;保险人在保险合同存续期间破产;保险合同存续期间风险增加,且保险风险增加不是由投保人所为。

第二节　保险合同的关系人

一、被保险人

(一) 被保险人的概念和条件

被保险人的概念随保险种类的不同而不同。在人身保险中,被保险人是指以其生命或身体健康状况为保险标的的人;在财产保险中,是指以其财产、利益或以约定事故发生而应负的责任为保险标的,在保险事故发生时得请求保险给付的人。在财产保险合同中,被保险人可以是自然人,也可以是法人或其他组织;在人身保险中,被保险人只能是自然人。我国澳门特别行政区《商法典》第965条规定:"被保险人系指为其利益而订立合同的自然人或法人,或以其生命、健康或身体之完整作为保险标的之人。"

在保险法律关系中,被保险人是会因保险事故发生而遭受损害的人。在财产保险中,被保险人必须是保险标的所有权人或其他权利人。在人身保险中,被保险人的寿命或身体是保险标的。所以,无论是在财产保险中,还是在人身保险中,只要发生保险事故,被保险人必定会遭受损害。被保险人也由此取得了赔偿请求权。被保险人因保险事故发生遭受损害,便享有赔偿或给付保险金的请求权。即便在人身保险的死亡保险中,保险事故发生后被保险人死亡,也由受益人享有赔偿或给付保险金的请求权。

为防止道德风险的发生,在死亡保险及伤害保险中,法律对被保险人加以特别的限制。在被保险人的年龄上,未达到法定年龄者不得成为被保险人。如澳门《商法典》10条第4款规定:"不得订立14岁以下的未成年人之为被保险人之死亡保险合同。"韩国《商法典》第732条第2款也作了相应的规定,其年龄限制为15岁。在精神状态上,我国台湾地区"保险法"规定"心神丧失或精神耗弱的人不得作为死亡保险或伤害保险的被保险人";澳门《商法典》规定"被宣告为无行为能力的人",韩国《商法典》规定"丧失知觉者或者神志不清的人"不得作为死亡保险或伤害保险的被保险人。对未达到一定年龄及不具有完全行为能力的人加以限制是为了防止将其作为被保险人,诱发受益人为了谋取保险金而谋杀被保险人的道德风险。我国《保险法》第33条规定,无民事行为能力人不能成为死亡保险的被保险人,但投保人的未成年子女除外。

被保险人与投保人可以是一个人,即投保人是为自己的利益而投保,投保人即为被保险人;也可以分属不同的人,即投保人是为他人的利益而订立保险合同。如在人身保险中配偶间相互代为订立保险合同,投保人与被保险人就分属两人。在投保人和被保险人分属不同的人的情况下,投保人投保是否须获得被保险人的同意,因保险险种不同而不同。在财产保险中,即便投保人和被保险人为不同的人,也不产生被保险人同意的问题。在人身保险中,健康保险具有补偿性,以损失作为给付保险金的依据;生存保险和伤害保险由于保险标的不会产生道德危险问题,因此只要投保人对被保险人有保险利益,也无须经被保险人同意。在死亡保险中,如果投保人与被保险人为不同的人,即投保人是以他人的生命或身体为保险标的进行投保,容易发生谋财害命的道德风险,所以法律通常规定应当征得被保险人同意。如德国《保险合同法》第150条第2款规定：以他人的死亡事故订立保险契约，且约定的金额超过一般丧葬费用者，须经他人的书面同意方能生效。该法还规定："父母为未成年子女订立保险契约，且其保险金额超过一般丧葬费用者，须征得子女同意。"韩国《商法典》以及我国澳门《商法典》、台湾地区"保险法"均作出了相应的规定。我国《保险法》第34条也规定："以死亡为给付保险金条件的合同，未经被保险人书面同意并认可保险金额的，合同无效。"

（二）被保险人的权利

（1）同意权。以被保险人的死亡为给付保险金条件的人身保险合同，被保险人的书面同意及对保险金额的认可是人身保险合同生效的特别要件。人身保险是以被保险人的身体和寿命为标的的保险，而被保险人对自己的身体和寿命享有人身权，尽管投保人是从被保险人的利益出发而投保，但是却是以被保险人的死亡为条件的，所以，如果未经被保险人的同意就对其人身权进行处分，显然是对被保险人独立的人身权的一种侵犯。法律赋予被保险人同意权不仅是为了防范道德风险的发生，也是对被保险人人身权的尊重。日本、德国、韩国等国家以及我国台湾地区都明确规定在以死亡为给付保险金条件的保险中被保险人的同意权。如我国台湾地区"保险法"第105条规定："由第三人订立之死亡保险契约，未经被保险人书面承认，并约定保险金额，其契约无效。"该规定表明，被保险人的同意也只适用于死亡保险合同。

同时，各国保险法也都对被保险人的同意权作出一些限制。如日本《商法典》第674条第1项规定："规定因他人的死亡而应予以支付保险金额的保险合同，须有该人的同意。但被保险人为能受领保险金额的人时，不在此限。"即如果被保险人是受益人，就不需要被保险人的同意。德国以是否超过一般丧葬费用为准，确定是否需要被保险人的同意。如德国《保险合同法》第150条规定："以他人生命投保死亡保险，若保险金额超过一般丧葬费用，不论该他人为成年人、无行为能力人、限制行为能力人或有监护人之人，均须经被保险人同意，即使父母以未成年人为被保险人亦同。"在美国，不须经被保险人同意的情况有：第一，父母或对孩子负养育责任之人以孩子为被保险人投保保险的；第二，团体寿险、团体或待记名伤害或健康险或家庭保单；第三，配偶相互间的保险。我国法律仅规定父母为其未成年子女订立的人身保险合同，可以不需要被保险人的同意。

此外，在人身保险中，如果投保人与被保险人不具有法定的保险利益关系，比如本人、配偶、子女、父母、有抚养、赡养或者扶养关系的家庭其他成员、近亲属、有劳动关系的劳动者等，只有获得被保险人同意，投保人方能为其订立保险合同。投保人指定、变更受益人也必须经过被保险人同意。

（2）赔偿和保险金请求权。在保险合同中，被保险人所享有的最重要的权利就是保险金请求权。在保险事故发生后,被保险人以其所受到的损失为代价,取得向保险人请求赔偿或给付保险金的权利。在财产保险中,受到损失的是保险标的,由被保险人自己行使赔偿请求权;在人身保险中,尤其是在死亡保险中,被保险人在保险事故后无法再由其本人请求给付保险金,转由受益人享有保险金请求权。受益人享有的保险金请求权是被保险人让与的,仍然是被保险人享有的保险金请求权的实现。

(3)指定或变更受益人的权利。人身保险合同的受益人由被保险人或者投保人指定,投保人指定受益人时须经被保险人同意。德国《保险合同法》第159条规定:“在有疑问的情形下,投保人有权不经保险人同意指定第三人作为受益人或者指定他人替换受益人。”韩国《商法典》第731条第1款以及我国澳门特别行政区《商法典》第1032条、台湾地区“保险法”第52条都有相应的规定。受益人指定后,在保险事故发生前,被保险人可以变更受益人,并书面通知保险人。韩国《商法典》第734条第1款规定:“在签订合同之后指定……受益人时,若未通知保险人,保险合同不得以此对抗保险人。”保险人收到变更受益人的书面通知后,应当在保险单上批注。如我国《保险法》第20条第2款规定:“变更保险合同的,应当由保险人在原保险单或者其他保险凭证上批注或者附贴批单,或者由投保人或保险人订立变更的书面协议。”第41条规定:“被保险人或者投保人可以变更受益人并书面通知保险人。保险人收到变更受益人的书面通知后,应当在保单上或者其他保险凭证上批注或者附贴批单。”

(三)被保险人的义务

(1)遵守国家有关消防、安全、生产操作、劳动保护等方面的规定,维护保险标的的安全。在保险实务中,各保险条款又根据不同险种所针对的不同标的,对其安全的维护作出了不同的规定,被保险人应当严格遵守各项规定或惯例,按期对保险标的进行维修、保养和检验。被保险人未按照约定履行其对保险标的安全应尽责任的,保险人有权要求增加保险费或者解除合同。例如,某农场与某保险公司签订了一份汽车保险合同,期限为1年。农场共有60辆汽车,一次投全保,保险费为9.25万元。合同规定:保险方有权对农场的汽车进行安全检查。并且规定了安全检查的时间和程序。保险合同订立后,保险公司多次会同交通管理部门对农场的车辆进行安全检查,农场拒绝检查。保险公司仅从外观发现农场的车辆保养状况普遍不好,不安全因素较多,就书面建议农场对8辆超过大修期带病行驶的8吨卡车进行停产大修,但农场不予理会。1个月后,先后有2辆这种8吨卡车肇事,车辆损失12万元。农场依据保险合同的规定向保险公司索赔。保险公司经过调查认为,肇事的2辆车均是保险公司曾书面建议农场停产大修的车辆,农场不听建议,造成了保险事故的损失,保险方对此不负赔偿责任。①

① 史学瀛:《保险法前沿问题案例研究》,中国经济出版社2001年版,第1页。

（2）保险标的危险程度显著增加时及时通知。所谓危险增加，是指保险合同当事人订立合同时未曾预料到，但在保险期限内发生的有关保险标的的危险因素或危险程度的增加。如果在订立合同时已经预料到的危险，而在事故发生过程中危险程度不断增加的，并不属于保险标的危险的增加。而且，危险的增加必须达到显著的程度。根据民法上“情势变更原则”的真谛，考虑到被保险人作为标的的使用者或管理者，最为了解标的的具体情况，为恢复当事人的对价平衡关系，规定被保险人的危险程度显著增加通知义务完全有必要，如此可以让保险人对保险标的的现实状况重新作出合理估量，决定是否继续承保或变更承保条件。① 德国《保险合同法》第23条规定：“在投保人与保险人订立合同后，如果由于非基于投保人的原因导致承保风险增加，投保人必须在其知晓上述事实后立即将上述情况通知保险人。”我国《保险法》第52条规定：“在合同有效期内，保险标的的危险程度显著增加的，被保险人应当按照合同约定及时通知保险人，保险人可以按照合同约定增加保险费或者解除合同。保险人解除合同的，应当将已收取的保险费，按照合同约定扣除自保险责任开始之日起至合同解除之日止应收的部分后，退还投保人。被保险人未履行前款规定的通知义务的，因保险标的的危险程度显著增加而发生的保险事故，保险人不承担赔偿保险金的责任。”我国《保险法》将危险显著增加的通知义务规定在“财产保险合同”项下而非保险合同的总则中，表明了该义务只存在于财产保险合同，而且义务人仅仅是被保险人。在保险实务中，具有补偿性的人身保险合同条款中常扩大该项义务的适用范围。因为人身意外伤害保险，由于被保险人的职业不同，所可能遭受意外伤害的危险程度就不相同，为此，有的保险合同就规定：“本合同有效期内，因被保险人职业变更使危险程度增加时，投保人或被保险人应书面通知本公司并补交保险费的差额。”

【案例研讨】　　**如何界定保险标的危险程度显著增加？②**

李超起诉称，2010年3月1日，李超作为投保人，以登记于其本人名下的汽车作为被保险车辆，向某财产保险公司投保了车辆损失保险。

2010年8月7日，李超驾驶被保险车辆在行驶过程中发生交通事故，与路面石墩相撞造成被保险车辆受损。公安交通管理机关认定，李超负该次事故全部责任。李超为修复被保险车辆支付了修理费1000元。李超向保险公司提出了赔偿保险金的请求，但是保险公司出具了拒赔通知书，拒绝赔偿保险金并且解除了保险合同。

李超认为，保险公司拒绝赔偿、解除合同均没有正当理由，因此起诉保险公司，其诉

① 吴定富：《中华人民共和国保险法释义》，中国财政金融出版社2009年版，第128页。
② 刘建勋：《保险法典型案例与审判思路》，法律出版社2012年版，第343—351页。

讼请求为:(1) 请求法院判决确认保险公司解除合同行为无效;(2) 请求法院判令保险公司赔偿保险金 1000 元。

保险公司答辩称,该公司认可与李超订立了保险合同,也认可被保险车辆发生了保险事故。被保险车辆并非出租车而是普通的家庭自用车,但是保险公司经调查发现,李超存在驾驶该被保险车辆从事载客运营活动的行为,且交通事故发生时,李超正在从事运营活动。李超擅自变更被保险车辆的用途,从事以营利为目的的运营活动,造成被保险车辆的危险程度显著增加,且李超并未就此向保险公司作出说明。因此,无论是按照保险法的规定还是按照保险条款的约定,保险公司均有权解除保险合同并免除赔偿保险金的义务。综上,保险公司不同意李超的诉讼请求。

审理本案的法院认为,李超与保险公司订立的保险合同是有效的合同。以此为基础本案之争议焦点在于:保险公司以被保险车辆之危险程度显著增加为由解除保险合同,并且对于解除保险合同前发生的保险事故拒绝承担保险责任是否有法律依据。

经审理,本案确实存在保险标的之危险程度显著增加的情况。保险公司向法院提交的机动车商业保险行业基本费率表载明,保险公司承保运营车辆时执行的保险费率高于承保家庭自用汽车时执行的保险费率。这一情况说明,从事运营服务汽车的危险程度显著高于家庭自用汽车。保险公司向法院提供的证据调查笔录可以佐证,李超在保险合同成立后驾驶被保险车辆从事客运服务,且保险事故发生于李超驾驶该车辆从事运营的过程中。李超将家庭自用汽车用于运营活动,造成了被保险车辆的危险程度显著提高,且本案争议所涉及的保险事故即交通事故,与保险标的之危险程度显著增加有关。此外,被保险人没有履行保险法规定的以及保险条款约定的通知义务。除了我国《保险法》第 52 条有相关规定,保险条款也有约定:“在保险期间内,被保险机动车改装、加装或从事营业运输等,导致其危险程度显著增加的,应当及时书面通知保险人。”该约定意味着:第一,被保险车辆在保险期间内从事营业运输将导致其危险程度显著增加;第二,保险人相对人应当就上述危险程度显著增加的情形履行通知保险公司的义务。而本案的实际情况是,李超没有将被保险车辆用于从事营业运输的情形通知保险公司,即没有履行合同所约定的通知义务。

针对本案的具体事实,结合保险法的相关规定,法院作出以下判断:在被保险车辆之危险程度显著增加的情形下,保险法赋予保险公司两项权利:一是按照保险合同的约定增加保险费;二是解除保险合同。此外,鉴于李超未就危险程度显著增加履行通知义务,保险公司无论选择增加保险费或者选择解除合同,对于被保险车辆因其危险程度显著增加而发生的保险事故,均不承担保险责任。本案的实际情形是,双方当事人未就增加保险费达成合意,因此合同不具有基于增加保险费而继续履行的条件。据此,保险公司解除保险合同的行为,符合保险法的相关规定,该解除合同的行为有效。

最终,审理本案的法院依照我国《保险法》第 2 条、第 52 条规定,对本案判决如下:驳回原告李超的诉讼请求。

（3）财产保险合同保险事故发生时，被保险人应当采取积极合理的措施，抢救出险的财产，以防止或者减少损失，尤其防止懈怠而未及时实施抢救，以致损失进一步扩大。我国《保险法》第 57 条第 1 款明确规定："保险事故发生时，被保险人应当尽力采取必要的措施，防止或者减少损失。"保险事故发生后，被保险人为防止或减少保险标的的损失所支付的必要的、合理的费用，由保险人承担，并在保险金额以外另行计算，但最高不能超过保险金额的数额。被保险人没有履行施救义务而致使损失扩大的，对扩大部分的损失，保险人不承担赔偿责任。

二、受益人

（一）受益人的概念和条件

受益人是指被保险人或投保人在保险合同中指定的，在保险事故发生时，享有赔偿请求权的人。投保人或被保险人也可以为受益人。指定他人为受益人的保险合同在民法上称"为第三人利益订立的合同"。当受益人与投保人是同一人时，受益人就是合同当事人；否则，受益人是合同关系人。

成为受益人的条件是：

（1）必须是享有保险金请求权的人。受益人并非保险合同当事人，所以不负交付保险费的义务，保险人不得要求其支付保险费。但在保险事故发生时，受益人可以根据保险合同向保险人请求给付。如没有出现受益人丧失请求权的法定情形，保险人不得拒绝给付。

（2）必须是由投保人或被保险人在保险合同中指定的人。投保人或被保险人可以在保险合同中明确指定受益人，也可以在保险合同中规定指定受益人的方法；既可以指定一个受益人，也可以指定数个受益人。由投保人指定受益人的，须经过被保险人同意，方才有效。在保险期间内，投保人可以更换受益人。其他任何未经指定的人均不能成为受益人。法律对受益人资格并无限制，因此，受益人可以是自然人，也可以是法人。通常情况下，受益人多为与被保险人、投保人有利害关系的自然人。出生时存活的胎儿也可以为受益人。在团体寿险中，受益人的指定权归被保险人所有。若投保人或被保险人未指定受益人，多认为投保人或被保险人是当然受益人。

（3）受益人只存在于人身保险，而不适用于财产保险。因为在人身保险中，因保险事故发生而可以请求给付的人，不一定是因保险事故发生而遭受损失的人。在财产保险合同中，财产保险的被保险人通常就是受益人。只有在某些特殊情况下，财产保险合同的当事人才约定由第三者享有优先受领保险赔偿的权利，其一般是被保险人的债权人，并非保险法上的受益人。我国《保险法》第 39 条规定，人身保险的受益人由被保险人或者投保人指定。被保险人为无民事行为能力人或者限制民事行为能力人的,可以由其监护人指定受益人。第40条规定,被保险人或者投保人可以指定一人或者数人为受益人。受益人为数人的,被保险人或者投保人可以确定受益顺序和受益份额;未确定受益份额的,受益人按照相等份额享有受益权。第41条规定,被保险人或者投保人可以变更受益人并书面通知保险人。

在各国(地区)保险法中,也多规定由投保人或者被保险人指定受益人,如韩国《商法典》第733条、我国澳门特别行政区《商法典》1034条、我国台湾地区"保险法"第52条。对于未指定受益人时的确定方法,我国台湾地区"保险法"第113条规定,"死亡保险契约未指定受益者,其保险金额作为被保险人遗产"。在生存保险、健康保险及伤害保险中,如投保人未指定受益人,则推定投保人自己为受益人。若投保人死亡时仍没有指定受益人,我国澳门《商法典》第1033条第5款规定:"如于投保人死亡之日仍未指定受益人且无确定受益人之客观标准,则保险金额转为投保人的财产";但韩国《商法典》第733条第4款则规定:若投保人"在保险合同人行使……指定权之前死亡,则应将被保险人为保险受益人"。我国《保险法》第42条规定,没有指定受益人或者受益人先于被保险人死亡,且没有其他受益人的,保险金作为被保险人的遗产,由保险人向被保险人履行给付保险金的义务。

(二) 受益人的权利与义务

1. 受益人的权利

受益人的权利主要是获得保险金。保险人应当在保险事故发生后给付受益人保险金,除非受益人违反了其法定的义务。如果保险合同约定的受益人为多人,各国保险法对保险金的分配作出了相应的规定,即若投保人对受益人的份额有所确定,则依照投保人指定分配;若投保人没有指定,则平均分配。如德国《保险合同法》第160条第1款规定:"如果多个人被确定为受益人并且未确定受益份额,则他们应当享有相等的受益份额。某个受益人未能获取的保险金应累积给其他受益人共同享有"。我国澳门《商法典》第1037条第3款规定:"如指定多人为收益人,保险人之给付应平均分配,但投保人有意思表示者除外。"

受益人的保险金请求权直接来自于人身保险合同的规定。当被保险人死亡后,受益人获得的保险金是根据合同取得的,不属于被保险人的遗产,不得纳入遗产分配,也不用于清偿被保险人生前债务。但如果保险金由继承人以继承方式取得,则在其继承遗产的范围内有为他人偿还债务的义务。在下列情形中,被保险人生前未指定其他受益人的,保险金将被作为被保险人的遗产处理:(1) 受益人先于被保险人死亡;(2) 受益人依法丧失受益权;(3) 受益人放弃受益权。此时,保险金应按《继承法》规定分配。对于被保险人与受益人在同一保险事故中死亡且不能确定死亡顺序的,推定受益人先于被保险人死亡。

2. 受益人的义务

（1）不得加害被保险人。受益人为了获取保险金而加害被保险人的，除按刑法规定承担刑事责任之外，保险法也对此予以规制，以消除道德风险。德国《保险合同法》第 162 条第 2 款规定："如果第三人被指定为受益人，则当该人通过实施非法行为故意造成被保险人死亡时，该第三人即丧失受益权。"我国澳门《商法典》第 1039 条第 1 款规定："如受益人谋害被保险人之生命，即使受益人之指定不可撤回，该指定之效力亦终止。"我国《保险法》第 43 条第 2 款规定："受益人故意造成被保险人死亡、伤残、疾病的，或者故意杀害被保险人未遂的，该受益人丧失受益权。"

（2）通知义务。受益人可在保险事故发生之后，向保险人请求给付，其前提是在保险事故发生后应及时通知保险人并提交相关证据。德国《保险合同法》第 171 条第 1 款规定：受益人"遇有承保的死亡事故发生，应通知保险人。通知应于保险事故发生时起 3 日内进行"。如保险人拒绝给付，受益人可以提起诉讼。

第三节　保险合同的辅助人

保险合同的辅助人是指与保险合同的订立或履行具有一定辅助关系的人。保险业务的经营，主要是围绕保险合同进行的。在保险合同的订立及履行过程中，涉及了许多环节，每一个环节都需要掌握专门知识和技术的专业人士来辅助，从而可以避免保险人在机构设置及人员安排上的过于庞杂，降低经营成本。保险本来就是对风险进行分担，参加保险经营的人越多，越有利于保险经营风险的分散。因此，在保险合同的订立及履行中，有保险合同的辅助人为保险合同的订立和履行提供服务。他们对保险合同既不享有直接权利，也不承担直接义务，但对保险合同的订立起着保险人或保险客户的代理人的作用。所以，保险辅助人包括保险代理人、保险经纪人和保险公估人。

一、保险代理人

（一）保险代理人的概念和种类

保险代理人指的是根据保险人的委托，向保险人收取代理佣金，并在保险人授权的范围内代为办理保险业务的机构或个人。保险代理人所进行的代理行为是民法上代理的一种，应遵循代理制度的一般规定，但在保险代理中也有不同于一般民事代理的特殊性。

保险代理人办理保险业务行为的后果，由保险人承担责任。我国《保险法》第 127 条规定："保险代理人根据保险人的授权代为办理保险业务的行为，由保险人承担责任。保险代理人没有代理权、超越代理权或者代理权终止后以保险人名义订立合同,使投保人有理由相信其有代理权的,该代理行为有效。保险人可以依法追究越权的保险代理人的责任。”因此,保险人在选择代理人时应慎重行事。保险代理人也应严格按照保险人授权范围办理保险业务。否则,保险人有权追究其责任。

在我国,保险代理人包括专业代理人、兼业代理人和个人代理人。

1. 专业代理人

专业代理人是专门从事保险代理业务的保险代理机构。专业保险代理机构要依照《保险法》及有关规定,经中国保监会批准设立,根据保险人的委托,代为办理保险业务。保险代理机构可以经营的业务包括:代理销售保险产品;代理收取保险费;根据保险公司的委托,代理相关业务的损失勘查和理赔。

2009 年 9 月 25 日,中国保监会发布了《保险专业代理机构监管规定》,对保险专业代理机构的设立条件、从业资格经营管理等事项作出了明确规定。该《规定》自 2009 年 10 月 1 日起施行。按照《保险专业代理机构监管规定》,保险专业代理机构以有限责任公司或股份有限公司形式设立。

设立保险专业代理公司,应当具备下列条件:(1) 股东、发起人信誉良好,最近 3 年无重大违法记录;(2) 注册资本达到《中华人民共和国公司法》(以下简称《公司法》)和本规定的最低限额;(3) 公司章程符合有关规定;(4) 董事长、执行董事、高级管理人员符合本规定的任职资格条件;(5) 具备健全的组织机构和管理制度;(6) 有与业务规模相适应的固定住所;(7) 有与开展业务相适应的业务、财务等计算机软硬件设施;(8) 法律、行政法规和中国保监会规定的其他条件。

设立保险专业代理公司,其注册资本的最低限额为人民币 5000 万元,中国保监会另有规定的除外。保险专业代理公司的注册资本必须为实缴货币资本。依据法律、行政法规规定不能投资企业的单位或者个人,不得成为保险代理机构的发起人、股东或者合伙人。保险公司员工投资保险代理机构的,应当告知所在保险公司。保险公司、保险中介机构的董事或者高级管理人员投资保险专业代理公司的,应当根据《公司法》有关规定取得股东会或者股东大会的同意。

2. 兼业代理人

兼业代理人是指受保险人委托,在从事自身业务的同时,指定专人为保险人代办保险业务的单位。兼业代理人的业务包括:代理推销保险产品;代理收取保险费。兼业代理人只能代理与本行业直接相关,且能为投保人提供便利的保险业务。兼业保险代理人必须符合下列条件:(1) 具有法人资格或经法定代表人授权;(2) 具有持有《经营保险代理业务许可证(兼业)》的专人从事保险代理业务;(3) 有符合规定的营业场所。党政机关及其职能部门不得兼业从事保险代理业务。

3. 个人代理人

个人代理人是指根据保险人委托,向保险人收取代理佣金,并在保险人授权的范围内代为办理保险业务的个人。个人代理人的业务范围是:财产保险公司的个人代理人只能代理家庭财产保险和个人所有的经营用运输工具保险及第三者责任保险等。人寿保险公司的个人代理人能代理个人人身保险,个人人寿保险,个人人身意外伤害保险和个人健康保险等业务。个人代理人不得签发保险单。任何个人不得兼职从事个人保险代理业务。国际上对人寿保险代理通常都采取专门代理制。我国《保险法》第125条规定:"个人保险代理人在代为办理人寿保险代理业务时,不得同时接受两个以上保险人的委托。"个人保险代理人应当具备国务院保险监督管理机构规定的资格条件,取得保险监督管理机构颁发的资格证书。

美国的保险代理人分为专用代理人和独立代理人。独立代理人具有独立身份,可同时为几家保险公司代理业务。专用代理人只能为一家保险公司或某一保险集团代理业务,对其招揽的业务由保险公司保留其占有、使用与控制保单记录的权利。专用代理人在人寿保险中更适合于该险种繁多、业务量大的特点;独立代理人更多在非寿险领域开展业务。英国的保险代理人也主要工作在寿险领域,分为公司代理人和指定代理人两种。公司代理人负责销售一家保险公司的寿险产品;指定代理人又称兼职代理人,可以由银行、住房协会或其他个人担任。日本的保险代理人有生命保险营销人和损害保险代理店。前者指与生命保险公司缔结代理或中介活动合同的管理人员、从业人员,或受该公司委托的单位以及受委托单位的管理人员、从业人员;后者则是接受损害保险公司委托,为该公司从事保险合同的订立代理或订立中介的个人或法人。

(二) 保险代理人的资格和管理

在我国,保险代理从业人员必须持有《保险代理从业人员资格证书》。凡年满18周岁,具有初中以上学历的人员均可报名参加考试,通过中国保监会统一组织的保险代理从业人员资格考试者均可取得证书。但下列人员不得申请领取代理人资格证书:(1) 因故意犯罪被判处刑罚,执行期满未逾5年;(2) 因欺诈等不诚信行为受行政处罚未逾3年;(3) 被金融监管机构宣布在一定期限内为行业禁入者,禁入期限仍未届满。《保险代理从业人员资格证书》有效期为3年,自颁发之日起计算。持有人应当在《保险代理从业人员资格证书》有效期届满30日前向中国保监会申请换发。保险代理业务人员有下列情形之一的,保险代理机构应当注销其执业证书:(1) 辞职或者被解聘;(2) 持有的《保险代理从业人员资格证书》失效;(3) 因故意犯罪被判处刑罚,执行期满未逾5年;(4) 因欺诈等不诚信行为受行政处罚未逾3年;(5) 被金融监管机构宣布在一定期限内为行业禁入者,禁入期限仍未届满。

担任保险专业代理机构董事长、执行董事或者高级管理人员应当具备下列条件:(1) 大学专科以上学历;(2) 持有中国保监会规定的资格证书;(3) 从事经济工作2年以上;(4) 具有履行职责所需的经营管理能力,熟悉保险法律、行政法规及中国保监会的相关规定;(5) 诚实守信,品行良好。从事金融工作10年以上,可以不受大学专科以上学历条件的限制;担任金融机构高级管理人员5年以上或者企业管理职务10年以上,可以不受持有中国保监会规定的资格证书条件的限制。

有《公司法》第147条规定的情形或者下列情形之一的,不得担任保险专业代理机构董事长、执行董事或者高级管理人员:(1) 担任因违法被吊销许可证的保险公司或者保险中介机构的董事、监事或者高级管理人员,并对被吊销许可证负有个人责任或者直接领导责任的,自许可证被吊销之日起未逾3年;(2)因违法行为或者违纪行为被金融监管机构取消任职资格的金融机构的董事、监事或者高级管理人员,自被取消任职资格之日起未逾5年;(3) 被金融监管机构决定在一定期限内禁止进入金融行业的,期限未满;(4) 受金融监管机构警告或者罚款未逾2年;(5) 正在接受司法机关、纪检监察部门或者金融监管机构调查;(6) 中国保监会规定的其他情形。

美国代理人从业必须通过相应考试获取专业资格。在纽约州,个人从业必须通过保险总监举办的书面考试,完成保险总监批准的预备课程。保险总监可就个人代理人的资格举行听证,对于人寿保险代理人和意外险健康险代理人还可规定专门考试,以确定其是否具备从业资格。日本人寿保险协会设置生命保险营销人的考试分为一般商品营销资格考试和特殊商品营销资格考试两种。一般商品营销资格包括从低到高的四个等级,随着资格证书的升级,营销人的基本工资及绩效工资的提成比率相应提高。损害保险代理店分为四个等级。财产保险同业协会相应设置了初级、普通、上级和特级四个等级资格考试。在我国香港,任何个人、合伙公司或有限公司,只要符合《保险代理管理守则》规定的基本要求,便有资格申请登记为保险代理人,无须通过特别的考试。

(三) 保险代理人的监管

在中华人民共和国境内设立保险代理机构及其分支机构,应当经中国保监会批准。未经中国保监会批准,任何单位、个人不得在中华人民共和国境内经营或者变相经营保险代理业务。中国保监会根据《保险法》和国务院授权,对保险代理机构及其分支机构履行监管职责。中国保监会派出机构,在中国保监会授权范围内行使职权。

中国保监会依法对保险专业代理机构进行现场检查,包括但不限于下列内容:(1) 机构设立、变更是否依法获得批准或者履行报告义务;(2) 资本金是否真实、足额;(3) 保证金提取和动用是否符合规定;(4) 职业责任保险是否符合规定;(5) 业务经营是否合法;(6) 财务状况是否良好;(7) 向中国保监会提交的报告、报表及资料是否及时、完整和真实;(8) 内控制度是否完善,执行是否有效;(9) 任用董事长、执行董事和高级管理人员是否符合规定;(10) 是否有效履行从业人员管理职责;(11) 对外公告是否及时、真实;(12) 计算机配置状况和信息系统运行状况是否良好。

美国通过各州立法及行业自律规则来对保险代理人进行监管,从注册登记、资格保证、业务知识培训、职业道德培育、销售行为及客户保护上作出严格规定,要求代理人必须遵守。英国对保险代理人实行政府监管与行业自律相结合的双重机制。政府实施机构是贸工部,但寿险代理人还要受证券及投资委员会的监管。英国保险人协会以其销售规则为依据,实行对保险代理人的管理。劳合社的保险代理人,除在其他监管机构登记外,还受本社内部管理部门劳合社监管委员会的严格监管。英国特许保险学会专门负责保险中介人在从业前的专业考试及资格认可,从另一方面行使了对保险代理人的监管职能。我国台湾地区设有专门机构管理保险业务员、代理人的登记,日常行为管理和财务管理,并下设有纪律委员会来处理保险业务员、代理人的奖惩,设有申诉委员会处理保户申诉。保险代理人商业同业公会也对代理人进行管理,制定执业道德规范,要求会员遵守。当会员有违反法律法规和自律规范的行为时,同业公会可直接对其处分。

(四) 保险代理人的权利和义务

保险代理人的权利和义务通过保险代理合同加以体现。根据我国法律规定,保险公司无论委托哪一种形式的保险代理人办理保险业务,均应签订保险代理合同。保险代理合同应当包括的内容有:合同当事人的名称;代理人的权利与义务;代理地域范围;代理期限;代理的险种;保险费划缴方式和期限;办理手续费支付标准和方式;违约责任和争议处理。

1. 保险代理人的权利

(1) 独立自主地开展保险业务活动。在授权范围内开展保险业务活动,有权为独立的意思表示,代理保险人办理承保业务。

(2) 要求保险人依约支付佣金,即有权按代理合同约定从保险人处获得代理费用和其他有关费用。保险人不按约定支付佣金,代理人有权解除代理合同并要求赔偿损失。代理手续费的支付标准由财政部和国家保险监管机关统一制定实施。

(3) 要求保险人提供完成代理工作所必需的条件,即有权要求保险人提供开展保险业务所必需的保险条款、保险费率、实务手册及各种单证、资料。

(4) 拒绝违法的代理要求。保险人的过错给保险代理人造成损失的,代理人根据法律或合同约定有权要求保险人赔偿。

2. 保险代理人的义务

(1) 自觉遵守保险代理合同,认真履行代理职责;维护保险人利益,接受保险人组织的业务培训。保险代理人应当将其与投保人订立保险合同的情况及时告知保险人,并定期向保险人报告业务情况。

(2) 履行说明的义务,即保险代理人与投保人订立保险合同时,应将被保险人应当知道的保险公司情况和保险条款的内容、含义如实告知被保险人。保险代理人在办理保险业务活动中不得欺骗保险人、投保人、被保险人或者受益人;隐瞒与保险合同有关的重要情况;阻碍投保人履行如实告知义务,或者诱导其不履行如实告知义务;承诺向投保人、被保险人或者受益人给予保险合同规定以外的其他利益;利用不正当手段强迫、引诱或者限制投保人订立保险合同。

(3) 严格按照保险代理合同约定的保险费划缴方式和解缴保费的具体期限履行保险费解缴义务,不得挪用或者侵占保险费。保险代理人应设立专门账簿记载保险代理业务,并接受保险监督管理部门的监督。保险监督管理部门有权检查保险代理人的业务状况、财务及资金运用状况,有权要求保险代理人在规定的期限内提供有关的书面报告和资料,保险代理人应当于每一会计年度终了后3个月内,将上一年度的营业报告,财务会计报告及有关报表送保险监督管理部门,并依法公布。

(4) 遵守展业范围和险种的限定。保险代理人的展业范围受严格的地域管制,通常不得跨区域展业。保险代理人既不能为本行政区域内的保险公司跨地区从事保险代理业务,也不能接受本行政区域以外注册登记的保险公司的委托,为其代理保险业务。

保险代理人应当根据代理合同中规定展业的地域范围开展业务。同时,保险代理合同也约定了代理展业的险种范围,代理人不得超越规定的险种范围展业。

(5) 遵守保密义务。保险代理人对其在保险业务活动中知道的投保人、被保险人、受益人的商业秘密和个人隐私,负有保密义务,对保险人的商业秘密也负有保密义务。

(6) 在代理关系终止时,应当将与代理活动有关的各种单证、材料及未上交的保费送缴被代理的保险公司。保险代理期限通常以年为单位来确定。代理人违反合同,保险人有权改变授权范围、解除代理合同并要求赔偿损失。

【背景资料】　　泛鑫保险代理美女总经理携5亿元外逃归案①

2013年8月19日晚,公安部通报称,在中国驻斐济使馆支持下,中国警方与斐济执法部门通力合作,在斐济抓获涉嫌经济犯罪的上海泛鑫保险代理公司实际控制人陈怡,并于8月19日晚将陈押解回国。至此,备受关注的保险代理公司美女老总跑路一事终于

① 资料来源:新浪网, http://finance.sina.com.cn/money/insurance/bxyx/20130904/130716661900.shtml,2013年11月9日访问。

柳暗花明。

工商登记资料显示,上海泛鑫保险代理有限公司成立于2007年7月,注册资本为300万元,该公司自2010年起才开始主营个人寿险代理业务,2011年完成新单保费1.5亿元,业务规模在上海保险中介市场排名第一,并进入全国保险中介市场前十;2012年新单保费超4.8亿元,同比增长超200%。

据知情人士透露,陈怡其实是公司的股东,认缴出资额270万元,另一个出资人名叫林才英,投资30万元。这位林才英正是陈怡的母亲。接触过泛鑫保险的多位业内人士透露,泛鑫的“发家史”在业内一直是个传奇般的谈资。成立短短几年,保费规模却迅猛增到“龙头位置”,究竟其业务模式的秘诀是什么,是否会引发危机,业内早有声音。

泛鑫“模式”

据报道,“泛鑫模式”为“期缴变趸缴”。保险代理将保险公司原本的期缴产品(分期缴纳保费)“改装”后,变成了一次性付完本金的“理财产品”。也就是说,保险代理面向保险公司时是分期缴纳保费,而客户在面对保险代理的时候却又变成了趸缴,即一次性缴费。

这场循环操作的“套钱游戏”,在其高管携款潜逃的消息出来后彻底曝光。据悉,泛鑫保险利用高净值人士的“客户大单”和保险公司给出的高额佣金、渠道费用等短期内迅速提升公司规模。泛鑫保险甚至将代理所得以新客户名义来购买新保单,继续套取保险公司返还的佣金,并要求保险公司给予更高的返还。

一般而言,保险公司给予保险代理的佣金比例不超过15%,但中国保监会就佣金比例并未设定上限。因此,向保险公司承诺能拿到大笔保单做砝码,要求高返佣,在中介行业被视为运作资金链的“利器”。有消息称,泛鑫保险拿的佣金最高可达100%—150%。按照这样的返拥比例,比如,保险代理每代理一份每年缴保费1万元的保单,他们就能够从保险公司那里拿到1.5万元的返拥。媒体报道显示,一份“理财产品客户协议书”写着产品基本内容为,交易本金20万元,投资期限365天,产品名称“稳得利”,收益率8%,产品类型为“保本保证收益理财计划”;而保险合同上的险种名称为“财富年年两全保险(分红型)”,保险费合计14万元,缴费方式为年交,缴费期间为20年。“泛鑫模式”一旦投资亏本就将面临资金链断裂,显然是一个极具风险的投资行为。

陈怡其人

网络搜索显示,陈怡生于1979年,2000年毕业于上海东沪职业技术学院(现被上海第二工业大学合并)计算机应用专业,专科学历,于2004年加盟太平洋安泰人寿,凭借其特有的销售策略,很快就成长为团队的业绩精英、大单高手。2009年,陈怡与其他5人组成的创业团队加盟了上海泛鑫保险代理,开始了其在寿险代理行业的征程。在随后的两年多内,上海泛鑫保费收入飙升:2010年开业当年保费收入1500余万元;2011年,首个完整经营年度,这一数字就达到了1.5亿元,增长近10倍;2012年5月底,其保费收入已超过去年总和,达到近1.7亿元。2012年,该公司新单保费超过4.8亿元,同比增长220%。

2010年上海保监局批准该公司江苏路营业部开业;2011年,陈怡成为上海泛鑫保险代理公司的执行董事兼总经理。中国保监会相关资料显示:2013年2月20日,上海泛鑫总经理已经变更为苏雪萍。而根据工商局注册资料,上海泛鑫的法人代表也已经由陈怡变更为苏雪萍。泛鑫官网显示,其合作伙伴涉及海康人寿、光大永明、泰康人寿、幸福人寿等6家。陈怡携巨款跑路后,该事件所涉及的保险公司纷纷作出回应。业内人士指出,此事件折射出的是保险中介的黑幕,投资者购买时需慎重,稍加留心就可规避陷阱。

保险代理潜规则

1. 承诺客户年收益15%

一些保险代理在代理期缴产品时,却把期缴产品包装成一次性趸缴型产品打包卖给客户,并承诺给客户每年返利息(年收益可达到15%),到期返还本金。保险代理会与客户签订双合同,一份是正规的分红型保险合同,另一份是双方私下约定的付息合同。

2. 以客户名义,用返拥投保骗取新保单

部分保险代理会利用截留的保费以及佣金的结余,承诺给"新客户"返点,以"新客户"的名义继续购买新的保单,然后再获得新的佣金和渠道费用。这里的"新客户"甚至都不存在,或者利用原有的保险客户信息作假。

3. 保险公司给予保险中介的佣金比例最高160%

以前一般保险公司给保险代理公司的佣金基本上达到首年保费的100%—120%,有些保险代理公司提出了佣金前置的概念,即将续期佣金也一并算在第一年佣金里面,若没有一定的继续率就会退还一部分佣金,这样算下来其佣金可达150%—160%。

4. 保险代理擅自销售子虚乌有的理财产品

监管部门在泛鑫查获了大量的高收益理财产品协议,协议加盖的都是泛鑫的公章。这些固定收益理财协议的投资期限为365天,收益率达到8%。监管部门表示,泛鑫通过假的理财协议,获得了客户的真实资料,同时拿到一笔资金。

5. 银行客户经理帮助推介自制理财协议

或许受到高额返佣诱惑,银行客户经理会对其个人理财客户推荐泛鑫的理财产品,用高收益率吸引客户签订泛鑫"自制"的理财协议,而在为期一年左右的理财产品背后则"隐藏"着一份长期保单。

二、保险经纪人

(一)保险经纪人的概念和种类

保险经纪人是指基于投保人的利益,为投保人与保险人订立保险合同提供中介服务,并依法收取佣金的单位。保险经纪人是代表投保人的利益,为投保人与保险人订立保险合同提供中介服务,但其佣金一般由保险人支付。若经纪人与投保人约定,投保人应当为保险经纪人的中介服务提供佣金的,投保人应当按约定予以支付。

保险经纪可分为直接保险经纪和再保险经纪。直接保险经纪是指保险经纪公司与投保人签订委托合同,基于投保人或被保险人的利益,为投保人与保险人订立保险合同提供中介服务,并按约定收取佣金的经纪行为。而再保险经纪是指保险经纪公司与原保险人签订委托合同,基于原保险人的利益,为原保险人与再保险人订立再保险合同提供中介服务,并按约定收取佣金的经纪行为。

根据我国《保险经纪机构监管规定》,保险经纪机构可以经营下列保险经纪业务:(1) 为投保人拟订投保方案、选择保险公司以及办理投保手续;(2) 协助被保险人或者受益人进行索赔;(3) 再保险经纪业务;(4) 为委托人提供防灾、防损或者风险评估、风险管理咨询服务;(5) 中国保监会批准的其他业务。

保险经纪人以自己的名义办理保险业务,并独立承担自己行为的后果。这不同于保险代理人。保险代理人是以保险人的名义从事保险事务的,因而其行为的后果也就由作为被代理人的保险人承担。但保险经纪人在办理保险业务的过程中,始终是以自己的名义而不是以任何其他人的名义进行的,因而其行为的后果也只能由其自行承担。保险经纪人因其过错行为造成投保人、被保险人损失的,应当承担赔偿责任。

保险经纪人是基于投保人的利益,与保险人或其他代理人洽订保险合同。这也不同于保险代理人。保险代理人是根据保险人的委托而代为办理保险业务的。保险经纪人虽然也像保险代理人一样,向保险人收取佣金,但他也可以按照约定向投保人收取佣金。保险经纪人收取保险费的行为,对保险人无约束力,而保险代理人收取保险费后,在法律上则视为保险人已收到。保险经纪人的业务范围要比保险代理人广,可受保险人的委托,充当保险人的代理人,也可以代理保险人进行损失的勘查和理赔。

(二) 保险经纪人的形式和资格

1. 保险经纪人的形式

我国《保险经纪机构监管规定》第6条规定,除中国保监会另有规定外,保险经纪机构应当采取有限责任公司和股份有限公司的组织形式。第7条规定,设立保险经纪公司,应当具备下列条件:(1) 股东、发起人信誉良好,最近3年无重大违法记录;(2) 注册资本达到《公司法》和保险经纪机构监管规定的最低限额;(3) 公司章程符合有关规定;(4) 董事长、执行董事和高级管理人员符合保险经纪机构监管规定的任职资格条件;(5) 具备健全的组织机构和管理制度;(6) 有与业务规模相适应的固定住所;(7) 有与开展业务相适应的业务、财务等计算机软硬件设施;(8) 法律、行政法规和中国保监会规定的其他条件。设立保险经纪公司,其注册资本的最低限额为人民币5000万元,中国保监会另有规定的除外。保险经纪公司的注册资本必须为实缴货币资本。

在国际上,保险经纪人有三种组织形式:个人、合伙和公司。大多数国家都允许个人保险经纪人从事保险经纪业务活动,但要求个人保险经纪人必须掌握大量的保险法律理论知识和一定的业务实践经验,并了解市场的构造和保险人的经营情况,掌握从事保险经纪活动所应具有的道德准则和其他有关规定。个人保险经纪人还必须参加职业责任保险或者交纳营业保险金。英国保险经纪人注册委员会作为监管机构规定了个人保险经纪人的最低营运资本金额和职业责任保险的金额。日本要求个人保险经纪人缴存保证金或者参加保险经纪人赔偿责任保险。韩国规定,如果保险经纪人参加财政部指定的保险经纪人赔偿责任保险,可以减少其应缴存的营业保证金,但不得少于最低1亿韩元的限额。英国还允许设立合伙保险经纪组织,但要求所有的合伙人必须是经过注册的保险经纪人。设立公司形式的保险经纪人一般采取有限责任公司形式,各国对保险经纪公司的清偿能力都作了具体要求,如规定最低资本金,缴存营业保证金,参加职业责任保险等。

2. 保险经纪人的资格

我国《保险法》《保险经纪从业人员、保险公估从业人员监管办法》对保险经纪人的资格要求作出了具体规定:保险经纪从业人员应当符合中国保监会规定的资格条件,通过中国保监会组织的保险经纪从业人员资格考试,取得中国保监会颁发的《保险经纪从业人员资格证书》,执业前取得所在保险经纪机构发放的执业证书。

报名参加保险经纪从业人员资格考试的人员,应当具备大专以上学历和完全民事行为能力。有下列情形之一的,不予受理报名申请:(1) 隐瞒有关情况或者提供虚假材料的;(2) 隐瞒有关情况或者提供虚假材料,被宣布考试成绩无效未逾1年的;(3) 违反考试纪律情节严重,被宣布考试成绩无效未逾3年的;(4) 以欺骗、贿赂等不正当手段取得资格证书,被依法撤销资格证书未逾3年的;(5) 被金融监管机构宣布禁止在一定期限内进入行业,禁入期限未届满的;(6) 因犯罪被判处刑罚,刑罚执行完毕未逾5年的;(7) 法律、行政法规和中国保监会规定的其他情形。

英国1977年颁布的《保险经纪人注册法》规定:要取得保险经纪人资格,申请人必须通过由英国特许保险学会负责组织的专业考试,获得认可的资格,并达到法律规定的实践年限。如果为寿险经纪人,还需按照个人投资管理协会的培训与业务能力计划进行额外培训。保险经纪人的注册条件是:有理事会认可的证书,有认可机构颁发的证书者;持有英国以外机构颁发并为理事会认可的品质证书者;作为保险经纪人或专职代理人与两个或两个以上的保险公司合作过5年以上者;持有理事会认可的品质证书并作为保险经纪人或专职代理人与两个或两个以上的保险公司合作过3年以上者;曾被雇佣为保险经纪人或专职代理人与两个或两个以上的保险公司工作过5年以上者;持有理事会认可的品质证书并被人雇佣于两个或两个以上的保险公司工作或被保险公司雇佣、工作3年以上者;拥有与作为保险经纪人工作5年以上的工作经验相当的保险专业知识和实践经验者;拥有理事会认可的证书并拥有与作为保险经纪人工作3年以上的工作经验相当的保险专业知识和实践经验者等。在申请注册时,必须是以保险经纪人为职业。

韩国的保险经纪人分为人身保险经纪人和损害保险经纪人,如果保险经纪人同时取得人身保险经纪人和损害保险经纪人的许可时允许兼营。成为保险经纪人的条件是:(1)通过金融监督院长举办的考试,并按照总统令的批示得到金融监督委员会的许可。(2)具有以下情形者,不能申请保险经纪人的许可:无行为能力者或者限制行为能力者;破产后未恢复权利者;已申报为其他保险经纪人的高层管理人员或董事;总统令指定的具有限制实际竞争等不公平的保险中介行为者;未在大韩民国境内开设办事处者。

我国香港《保险公司条例》规定,保险经纪人是指以投保人或拟投保人的代理人的身份在香港进行保险合同谈判或安排业务,或对有关保险的事项提供咨询的人。未经授权的保险经纪人不得以经纪人名义开展业务。授权作为保险经纪的要求包括:经纪人应具备的资格和经验,保险经纪人必须保持的最低职业责任保险,保险经纪人必须将客户的钱存放在分离的客户账户中,不得将客户的钱用于客户目的以外的任何其他目的,并妥善保存账簿及账目。

3. 保险经纪人的行为规则

保险经纪人不得以捏造、散布虚假信息等方式损害其他机构、个人的商业信誉,不得以虚假广告、虚假宣传或者其他不正当竞争行为扰乱保险市场秩序,不得以个人名义从事保险经纪业务,不得为非法从事保险业务、保险经纪业务的机构或者个人开展保险经纪业务。同时,我国《保险经纪从业人员、保险公估从业人员监管办法》第22条还规定保险经纪从业人员不得有下列行为:(1) 欺骗保险人、投保人、被保险人或者受益人;(2) 隐瞒与保险合同有关的重要情况;(3) 阻碍投保人履行如实告知义务,或者诱导其不履行如实告知义务;(4) 给予或者承诺给予投保人、被保险人或者受益人保险合同约定以外的利益;(5) 利用行政权力、职务或者职业便利以及其他不正当手段强迫、引诱或者限制投保人订立保险合同;(6) 伪造、擅自变更保险合同,或者为保险合同当事人提供虚假证明材料;(7) 挪用、截留、侵占保险费或者保险金;(8) 利用业务便利为其他机构或者个人牟取不正当利益;(9) 串通投保人、被保险人或者受益人,骗取保险金;(10) 泄露在保险经纪业务中知悉的保险人、投保人、被保险人的商业秘密及个人隐私。

英国通过法律确立了保险经纪人在经营中的原则,即保险经纪人在进行保险中介活动时要保持信用和公正;保险经纪人的中介行为以满足客户的要求为目标,并要坚持客户利益高于一切的原则;保险经纪人所做的广告或以保险经纪人名义所做广告不应误导大众,歪曲事实真相。英国对保险经纪人的行为具体要求是:(1) 保险经纪人的营业资本符合法定数额。(2) 防止保险经纪人盗用保险客户或保险人账户。(3) 保险经纪人在中介业务活动中所取报酬要转入单独的“保险经纪账户”。(4) 保险经纪人每年要向保险经纪人注册理事会提交审计过的账簿,并提交由经纪人和注册会计师共同签署的旨在说明没有发现违背与账簿有关规则的材料的证明。(5) 规定与保险经纪人有业务联系的保险公司数目及与每家保险公司的保险业务量。(6) 保险经纪人要投保职业责任保险。执业保险经纪人必须在指定银行存入一定的保证金,以承担由于其职员或合伙人的过失或故意行为,而导致保险客户的货币和财产的损失。

日本保险经纪人的经营中应当遵守的义务有:对投保人建议最合适的保险品种;向保户说明自己没有保单签约权和收取保费权;经纪人在保户的要求下有公开其所收手续费的义务;有关文本的出示义务,如经纪人事务所的名称,大藏省颁布的个人注册号码等。并且,不得有法律禁止其所为的行为:(1) 对投保人或被保险人进行虚假说明,或者就保险合同条款的重要事项不予告知。(2) 建议投保人或被保险人向保险公司就重要事项进行虚假说明。(3) 妨碍投保人或被保险人向保险公司就重要事实进行说明或建议隐瞒重要事实。(4) 对投保人或被保险人隐瞒不利事实,使已经生效的保险合同灭失而让其投保新的保险,或者让其投保新的保险使已经生效的保险合同灭失。(5) 向投保人或被保险人承诺或提供保险费折扣、回扣及其他特别利益。(6) 向投保人、被保险人或不特定人员,就某一保险合同内容与其他保险合同内容进行比较时,作出有可能引起误解的说明。(7) 向投保人、被保险人或不特定人员,就总理府令、大藏省令规定的不确定的未来保户分红或对社员的剩余金分配及其他不确定的未来款项的金额,作确定性判断,或者进行可能引起确实性误解的说明。

韩国严格禁止保险经纪人兼营保险公司、保险代理人、保险精算人及理赔精算人的业务,不得向投保人收取有关保险合同签订的中介手续费及其他报酬。佣金由保险人支付,保险经纪人需将佣金等相关内容进行记账,以供投保人查阅。

在我国台湾地区,保险经纪人在执业过程中应遵守以下规则:(1) 财产保险经纪人可签署投保单、批改申请书、授权代收保费收据,人身保险经纪人可签署投保单、合同内容变更申请书,并依法承担相关责任。(2) 经纪人执业时的广告及宣传不得有夸大事实、引人误解或者其他不当的内容。(3) 经纪人应保险人授权代收保费应保存收费记录及收据影本,并在收到保费后立即交付保险人。(4) 经纪人应有固定的营业场所,不能与保险公司或其分公司在同一地点营业。(5) 经纪人应专设账簿记载业务收支,并视“财政部”需要,在规定期限内将各类业务及财务报表禀报“财政部”或其他指导机构,其表式由“财政部”另定。“财政部”可随时指派人员检查经纪人的营业及资产负债状况。(6) 经纪人公司经营业务满 1 年以上且最近 3 年内无违反法令、受“财政部”处分者,可报“财政部”核准设立分公司。(7) 经纪人不得同时从事代理人及公证人的业务活动。①

4．保险经纪人的监管

保险经纪机构应当依照中国保监会有关规定及时、准确、完整地报送报表、报告、文件和资料，并根据中国保监会要求提交相关的电子文本；应当妥善保管业务档案、会计账簿、业务台账以及佣金收入的原始凭证等有关资料，保管期限自保险合同终止之日起计算，保险期间在1年以下的不得少于5年，保险期间超过1年的不得少于10年；应当按规定将监管费交付到中国保监会指定账户；应当在每一会计年度结束后3个月内聘请会计师事务所对本公司的资产、负债、利润等财务状况进行审计，并向中国保监会报送相关审计报告。

中国保监会依法对保险经纪机构进行现场检查，包括但不限于下列内容：(1) 机构设立、变更是否依法获得批准或者履行报告义务；(2) 资本金是否真实、足额；(3) 保证金提取和动用是否符合规定；(4) 职业责任保险是否符合规定；(5) 业务经营是否合法；(6) 财务状况是否良好；(7) 向中国保监会提交的报告、报表及资料是否及时、完整和真实；(8) 内控制度是否完善，执行是否有效；(9) 任用董事长、执行董事和高级管理人员是否符合规定；(10) 是否有效履行从业人员管理职责；(11) 对外公告是否及时、真实；(12) 计算机配置状况和信息系统运行状况是否良好。

【背景资料】　　**保险经纪人的社会价值②**

无论是从发展的历史，还是从发挥的作用来看，欧美保险市场都走在我们的前面。当然，在中国这个市场，也会有一些特殊的问题，这些问题在欧洲、北美市场，可能不是问题。外资经纪公司进入中国市场，应该了解中国市场发展阶段。有些问题的产生是有文化和历史原因的。比如，在社会上，甚至是保险业内，还经常遇到关于什么是保险经纪人，为什么需要保险经纪人，保险经纪人有什么作用等问题的讨论，甚至是争论。这在中国市场是自然的、正常的，是可以理解的。

从基本理念上说，经纪人代表被保险人、投保人到保险公司买保险，是从客户利益出发，提供专业的和诚实的服务，客户在保险上的利益能够得到保障。经纪人在市场上起到非常重要的制约作用，相当于商业上或社会上的律师，律师是法律方面专家和顾问，经纪人是风险管理方面的专家和顾问，道理是一样的。中国在过去的计划经济时期是排斥经纪人的，现在已经改变很多了。就像打官司要找律师一样，为什么人们要找律师，因为一般大众对法律知识和程序并不清楚，直接去打官司是很难的。

---

① 邓成明：《中外保险法律制度比较研究》，知识产权出版社2002年版，第253—258页。

② 该内容为中国保监会中介部主任孟龙于2010年8月会见某外国保险经纪公司CEO时的谈话摘要，资料来源：和讯网，http://insurance.hexun.com/2013-05-06/153811428.html? fromtool = roll，2013年11月14日访问。

同样,一般大众对保险知识和保险产品的了解也是不够的,客观上需要借助专业的保险经纪人帮助其购买保险,就像在法律事务上需要律师一样。目前在国际化和现代化的企业、行业和领域,对保险经纪人的需求已经比较普遍了,这是一个很大的进步。

从监管者角度看,我们的目标是保护投保人和被保险人的利益,这个全世界都一样。在保险专业领域,保险公司是强势的,保险公司掌握资金、技术、专业等方面,而投保人、被保险人是弱势,所以我们监管要花很大力气保护投保人、被保险人,同时也要花很大力气调解投保人与保险公司之间的纠纷。

如果没有经纪人,我们要直接面对很多很多的投保人和保险公司,有效监管是很困难的事情。有了经纪人,可以从专业角度,起到投保人和保险公司之间润滑和调节作用。这样就大大减少了投保人和被保险人利益受损的几率,从而节约了监管资源,提高了市场效率。从这个角度,我们有责任也像支持保险公司发展那样,鼓励保险经纪公司发展,充分发挥保险经纪人在保险市场上不可或缺的作用。

十年的实践表明,我们的保险经纪人不仅对被保险人、监管有积极作用,同时对保险公司的产品优化、管理提升都有很大的促进作用。而且从风险管理的角度看,商业保险只是风险管理的一部分,而经纪人的作用远远超过了商业保险范围。现在各种风险层出不穷,经济越发展,风险也越多、越复杂,人们的风险意识越来越高,这些风险有的可以通过商业保险分散和转移,有的也可以通过其他方式预防和化解,还有其他的分担风险损失方式,所以保险经纪人在风险管理方面的功能和作用以及活动范围要远远超过商业保险领域,中国的保险经纪人在树立全民防范风险概念方面正在,并将进一步发挥更大的作用。

事实上,保险经纪市场的份额和规模正在逐渐扩大,虽然在整个保险市场中,保险经纪人实现的保险费还不到5%,表面上看很小,但如果分析市场结构就会发现,情况不是这样简单。中国保险市场中有75%是寿险,有25%大概是财产险。保险经纪人在寿险领域的活动比较少,主要集中在财产保险市场,而财产保险中,有75%是汽车保险,保险经纪人又几乎不做汽车保险。那么剩下25%的财产保险中,保险经纪人的普及程度是比较高的,在这一领域,保险经纪人的市场份额显然已经相当可观了。

中国的保险经纪人制度是借鉴世界发达和成熟保险市场经验而建立起来的,是改革开放的结果,是中国经济国际化的结果。我们对引进外资经纪人的实体、技术、资本一直持积极态度。

最近一个时期,我们一直在研究和推动现行保险营销模式的转型和改革问题,这一问题是历史形成的,也是现实无法回避的。在研究和解决这个问题的时候,遇到了一个比较大的障碍,就是如果不继续这个模式,那么别的模式在哪里?

如果一个专业的、健康的和强大的保险经纪和保险中介市场发展起来了,就可以在很大程度上承接起问题模式的历史使命,这个问题解决起来就会比较容易和顺利。我们希望有众多国内外专业、有实力和健康的保险经纪人公司能够为促进中国现行保险营销模式转型和改革作出积极贡献。

三、保险公估人

（一）保险公估人的概念和职能

保险公估人是指经保险当事人委托，为其办理保险标的的勘查、鉴定及估价和保险赔偿的清算、洽谈等业务，并予以证明的人。2013 年 12 月 1 日，经中国保监会修改后的《保险公估机构监管规定》正式实施，该规定对保险公估机构的性质、经营范围、设立条件、从业资格、经营管理等事项作出了更加具体的规定。

保险公估机构应当采取有限责任公司、股份有限公司、合伙企业等组织形式。从目前世界范围来看，可供选择的保险公估人形式有三种：保险公估有限责任公司、合伙制保险公估行和合作制保险公估行。在英国、澳大利亚和我国香港地区及其他许多英联邦国家，申请人可以在有限责任公司或无限责任的合股公司两种形式中选择其一，公估机构只要完成商业登记和注册手续即可开业。在日本和韩国，保险公估人可以选择个人理赔公估人形式。

设立保险公估机构，应当具备下列条件：(1) 股东、发起人或者合伙人信誉良好，最近 3 年无重大违法记录；(2) 注册资本或者出资达到法律、行政法规和保险公估机构监管规定的最低限额；(3) 公司章程或者合伙协议符合有关规定；(4) 董事长、执行董事和高级管理人员符合保险公估机构监管规定的任职资格条件；(5) 具备健全的组织机构和管理制度；(6) 有与业务规模相适应的固定住所；(7) 有与开展业务相适应的业务、财务等计算机软硬件设施；(8) 法律、行政法规和中国保监会规定的其他条件。保险公估机构的注册资本或者出资不得少于人民币 200 万元，且必须为实缴货币资本。依据法律、行政法规规定不能投资企业的单位或者个人，不得成为保险公估机构的发起人、股东或者合伙人。保险公司员工投资保险公估机构的，应当书面告知所在保险公司；保险公司、保险中介公司的董事、高级管理人员投资保险公估机构的，应当根据《公司法》有关规定取得股东会或者股东大会的同意。

我国《保险公估机构管理规定》第 30 条对保险公估人的业务范围有规定：(1) 保险标的承保前和承保后的检验、估价及风险评估；(2) 保险标的出险后的查勘、检验、估损理算及出险保险标的残值处理；(3) 风险管理咨询；(4) 中国保监会批准的其他业务。

在其他国家，保险公估机构的业务范围包括保险标的风险评估、价值鉴定、货物的监装监卸，保险标的损失的检查、查验、理算，受损货物的清理，受损标的物残值处理或拍卖；索赔代理，理赔协助和保险咨询服务等。在德国，每一险种都有专业公估人，包括房屋、建筑、机器、流动资产或者货物等，各专业公估人的经营范围受到严格的限制，主要是保险标的价值及其损失的评估。韩国理赔公估人的业务包括：(1) 对损害发生事实的确认；(2) 对保险条款及有关法律法规适用是否恰当的判断;(3) 对损害额的评估;(4) 其他与保险理赔相关的事项。

(二) 保险公估人的资格和形式

根据中国保监会颁发的《保险经纪从业人员、保险公估从业人员监管办法》,保险公估机构从事保险公估业务的人员应当通过中国保监会组织的保险公估从业人员资格考试,取得《保险公估从业人员资格证书》。报名参加保险公估从业人员资格考试的人员,应当具备大专以上学历和完全民事行为能力。有下列情形之一的,不予受理报名申请:(1) 隐瞒有关情况或者提供虚假材料的;(2) 隐瞒有关情况或者提供虚假材料,被宣布考试成绩无效未逾1年的;(3) 违反考试纪律情节严重,被宣布考试成绩无效未逾3年的;(4) 以欺骗、贿赂等不正当手段取得资格证书,被依法撤销资格证书未逾3年的;(5) 被金融监管机构宣布禁止在一定期限内进入行业,禁入期限未届满的;(6) 因犯罪被判处刑罚,刑罚执行完毕未逾5年的;(7) 法律、行政法规和中国保监会规定的其他情形。

参加保险公估从业人员资格考试的人员,考试成绩合格,自申请资格证书之日起20个工作日内,由中国保监会颁发资格证书。保险公估机构应当为取得资格证书的从业人员在中国保监会保险中介监管信息系统中办理执业登记,并发放《保险经纪从业人员执业证书》《保险公估从业人员执业证书》。《保险公估从业人员执业证书》应当包括下列内容:(1) 名称及编号;(2) 持有人的姓名、性别、身份证件号码、照片;(3) 资格证书名称及编号;(4) 持有人所在机构名称;(5) 业务范围;(6) 发证日期;(7) 持有人所在机构投诉电话;(8) 执业证书信息查询电话和网址。保险公估机构不得向下列人员发放执业证书:(1) 未持有资格证书的人员;(2) 未在信息系统中办理执业登记的人员;(3) 已经由其他机构办理执业登记的人员。

保险公估机构不得委托未持有资格证书及本机构发放的执业证书的人员从事保险公估业务。保险公估机构发现从业人员在业务活动中存在违法违规行为的,应当立即予以纠正,并向中国保监会派出机构报告。保险公估机构应当对从业人员进行培训,使其具备基本的执业素质和职业操守。培训内容至少应当包括业务知识、法律知识及职业道德。

世界各国对保险公估人都规定有严格的资格要求。这些资格要求通常包括:保险公估人必须通过专门的资格考试,取得资格证书;保险公估人必须经保险监管机关审核批准,并向有关部门申请注册;具有法律规定的最低限额资本金;必须交存一定数额的保证金或投保职业责任保险。在英国要成为保险公估人,就必须修完相应的专业课程,并通过严格的资格考试。特许理赔师学会对其会员规定了不同的级别,包括普通会员、许可证会员、特许理赔师学士和特许理赔师院士等。日本公估人的技能级别由高到低分为一级、二级、三级,要取得相应的资格就必须参加相应的考试并注册。

（三）保险公估人的行为规则

保险公估从业人员在业务活动中应当出示执业证书，应当在保险公估机构授权范围内从事保险公估业务。保险公估从业人员不得以个人名义招揽、从事保险公估业务或者同时在两个以上保险公估机构中执业，不得以捏造、散布虚假信息等方式损害其他机构、个人的商业信誉，不得以虚假广告、虚假宣传或者其他不正当竞争行为扰乱保险市场秩序。

保险公估从业人员不得有下列行为：(1) 向保险合同当事人出具有虚假记载、误导性陈述、重大差错或者遗漏的保险公估报告；(2) 隐瞒或者虚构与保险合同有关的重要情况；(3) 冒用他人名义或者允许他人以本人名义执业；(4) 串通投保人、被保险人或者受益人，骗取保险金；(5) 编造未曾发生的保险事故或者故意夸大已发生保险事故的损失程度等；(6) 利用行政权力、股东优势地位或者职业便利以及其他不正当手段强迫、引诱、限制投保人订立保险公估合同、接受保险公估结果，或者限制其他机构正当的经营活动；(7) 给予或者承诺给予保险人、投保人、被保险人或者受益人合同约定以外的其他利益；(8) 利用业务便利为其他机构或者个人牟取不正当利益；(9) 泄露在保险公估业务中知悉的保险人、投保人、被保险人或者受益人的商业秘密及个人隐私。

中国保监会依法对保险公估机构及其分支机构进行现场检查，包括但不限于下列内容：(1) 机构设立、变更是否依法获得批准或者履行报告义务；(2) 资本金或者出资是否真实、足额；(3) 业务经营状况是否合法；(4) 财务状况是否良好；(5) 向中国保监会提交的报告、报表及资料是否及时、完整、真实；(6) 内控制度是否完善，执行是否有效；(7) 任用董事长、执行董事和高级管理人员是否符合规定；(8) 是否有效履行从业人员管理职责；(9) 对外公告是否及时、真实；(10) 计算机配置状况和信息系统运行状况是否良好。

【深度阅读】

1. 李玉泉：《保险法学——理论与实务》，高等教育出版社2007年版，第五章。

2. 孙宏涛：《德国保险合同法》，中国法制出版社2012年版，第一编。

3.〔美〕约翰·道宾：《美国保险法》，梁鹏译，法律出版社2008年版，第一章。

4. 吴定富：《中华人民共和国保险法释义》，中国财政金融出版社2009年版，第二章。

【问题与思考】

1. 保险合同包括哪些主体?
2. 人身保险和财产保险在保险利益界定方面的区别如何?
3. 如何理解投保人的如实告知义务?
4. 被保险人有哪些权利和义务?
5. 保险代理人的行为规则是什么?

第七章　保险合同的订立

第一节　保险合同订立的程序

保险合同的订立是指当事人在平等、自愿的基础上就保险合同条款达成协议。保险合同订立在程序上分为投保和承保两个阶段。保险合同的订立不等同于保险合同的生效。一般来说，保险合同成立、生效后，保险人开始承担保险责任。

一、投保

投保是指投保人为订立保险合同所提出的保险请求，是明确的订立保险合同的意思表示，也称之为“要保”。投保是保险合同成立的先决条件，投保经保险人接受后才可能产生保险的效力。我国《保险法》第13条第1款和第2款规定：“投保人提出保险要求，经保险人同意承保，保险合同成立。保险人应当及时向投保人签发保险单或者其他保险凭证。保险单或者其他保险凭证应当载明当事人双方约定的合同内容。当事人也可以约定采用其他书面形式载明合同内容。”在保险实务中，虽然保险公司及其代理人展业时会主动开展业务，但这不是法律意义上的要约，仅为要约邀请。只有在投保人提出投保申请，即填写好投保单并交给保险公司或其代理人时，才构成要约。

【案例研讨】　　　　**保险宣传单是要约吗？**①

2012年3月，某保险代理人到张某所在单位宣传保险，张某拿了一份宣传单，宣传单上注明的某险种的保险责任是：“被保险人因意外事故或于保单生效一年后因疾病导致死亡或高度伤残，保险公司给付死亡或伤残保险金。”张某于是决定为丈夫投保，并缴纳了保险费，保险公司承保并签发了保险单。保险条款规定：“被保险人因意外事故或于保单生效一年后因疾病导致死亡或高度伤残，保险公司按附表所列伤残等级给付伤残保险金或死亡保险金”。张某对此内容没有提出异议。2012年12月，张某的丈夫意外摔伤，造成右臂骨折。张某的丈夫向保险公司提出了索赔申请。保险公司以被保险人的伤情

---

① 邹辉：《保险纠纷案例——投保与理赔的规则技巧》，经济日报出版社2001年版，第99页。

未达到保险合同约定的伤残等级为由拒赔。张某的丈夫不服,认为保险公司公开散发的宣传单上并未列明必须符合规定的伤残等级才能赔付,要求保险公司按宣传单上的说法承担保险责任。保险公司辩称:保险宣传单并不是保险合同,并不具有法律约束力。保险公司在宣传单上与保险条款上所写明的保险责任范围一致,只不过保险条款更加详细,故保险公司并不存在以虚假信息误导和欺诈投保人的行为。张某接到保险单后,并没有对保险责任的范围提出异议,也表明原告对保险单的内容予以默认。所以,根据保险条款的规定,原告不符合赔付范围,故保险公司不承担赔付责任。

本案中,保险代理人散发的保险宣传单,只是保险人所发出的要约邀请,张某接受邀请,提出投保的行为是要约,投保书经保险公司核保同意承保后,与保险单、保险条款一起成为保险合同的组成部分,保险理赔的责任范围应以保险条款的规定为准,张某丈夫的伤势未达到规定的伤残等级,不属于保险公司理赔的范围,所以,保险公司不应承担赔付责任。

公民、法人或其他组织都有投保的权利,即投保人有权决定是否投保,有权选择保险人,有权与保险人协商合同的内容。投保人应当具备的条件是:第一,投保人要有缔约能力。一般来说,法人具有完全的缔结保险合同的能力。对于自然人来说,无民事行为能力人或者限制行为能力人,不具有投保能力,其提出的保险要求,不产生要约的效力。第二,投保人对保险标的应当具有保险利益。合伙人或共有人之一人或数人投保并订立合同,而其利益及于全体合伙人或者共有人,应在投保单中说明为全体合伙人或共有人订立保险合同之目的。

投保的形式一般为投保单或其他书面形式。在保险实务中多由保险公司以投保单的形式印就后,向投保人提供,由投保人填写。投保人投保时只需向保险人或其代理人提出保险要求,索取相应的保险单证,并按照投保单的要求如实填写,表明其对投保事项的真实意思,并将填写的投保单交给保险人。投保人有特殊要求的,也可与保险公司协商,约定特约条款。

投保单的内容一般包括以下事项:被保险人的姓名、投保时的住址以及所从事的职业。人身保险中被保险人的年龄、疾病、身高、体重,以及当前和以前的身体状况及其他身体缺陷等;财产保险中财产的状况;责任保险中责任产生的环境等。还可以包括投保人以前是否曾因风险遭受损失或曾经面临损失的危险,及投保人是否曾向其他保险人投保,这种投保要求是否被要求更高的保险费,原来的保单是否是被撤销或续保未成等。

保险合同的要约一般由投保人发出,但在保险实务中也有例外。在英美法上称为单务要约。[1] 如保险人以柜台方式销售保险的。保险人在机场、邮局或其他地点设置柜台销售保险，如保险人在机场销售的航空旅客意外伤害保险单，保险人将保险的主要内容印制成一张保险单，只要投保人同意投保，在投保书或投保卡上签名，留存一联，将另一联交回柜台，即完成投保手续。在这种情况下，保险人招揽保险的意思表示构成要约，投保人的投保签名构成承诺。另外，保险人向投保人发送续保投保单，要求投保人续保，并在该投保单中记载有保险合同的主要内容，而且保险人也未特别声明"本续保合同非经本公司同意承保，不生效力"，保险人发出续保投保单的行为为要约，投保人签名同意续保为承诺。

在投保的实际操作中，尚存在一些特殊的细节问题，具体如下：

（一）代签名

投保人或者投保人的代理人订立保险合同时没有亲自签字或者盖章，而由保险人或者保险人的代理人代位签字或者盖章，根据我国《合同法》的相关规定，该问题本质上属于无权代理行为，保险合同效力待定，在投保人未对该合同进行追认的情况下，该保险合同对投保人不生效。但投保人已经交纳保险费的，视为其对代签字或者盖章行为追认，这是一种积极行为上的追认，是投保人的真实意思表示，对投保人产生相应法律效力。但是，投保人已经交纳保险费被视为其对代签字或者盖章行为追认的效力不及于"投保人声明栏"处的代盖章。在实务中，投保人除了需要在投保单的投保人身份确认位置签字盖章，还需要在"投保人声明栏"盖章，此处主要是证明保险人已经向投保人履行了保险免责条款的明确说明义务。投保人交纳保险费只能视为是对保险合同订立行为的追认，而不能证明保险人已经向投保人履行了保险免责条款的明确说明义务这个事实，需要通过其他的证据来证明。

【案例研讨】　**保险公司代签名导致的保险合同纠纷**[2]

2012年5月，原告王某向一审法院起诉称：被告某人寿保险股份有限公司（以下简称保险公司）的业务员张某于2007年3月代其签署投保书，以其为投保人和被保险人，向保险公司投保了重大疾病保险。该投保并不是其本人真实意思表示，故起诉要求保险公司退还已经收取的保险费1.2万元。

保险公司辩称：在保险合同订立时，王某出差在外，无法亲自签署投保书，故通过电话联系的方式口头委托张某在投保书上代为签字。因此，张某在投保书上签署王某姓名的行为事先获得了王某的许可，保险合同合法有效，不同意王某的诉讼请求。

---

① John Birbs, *Modern Insurance Law*, 4th edition, Sweet and Maxwall, 1997, p. 12.

② 刘建勋：《新保险法经典、疑难案例判解》，法律出版社2010年版，第14—17页。

一审法院审理查明:保险公司的业务员张某与投保人是同学关系。在张某向王某推销保险产品时,王某在外地出差,于是王某让张某到自己家找到自己的妻子领取保险费。张某遂到王某家中找到王某的妻子取得了保险费,并代替王某在投保书上签字,投保书所记载的投保人与被保险人均为王某,投保的险种为重大疾病保险,保险期限为终生,交纳期限为20年,每年应交纳的保费为2000元。此后,王某出差到北京以后,张某将保险合同以及保险费发票交给了王某。此后,王某每年正常交纳保险费,累计交费1.2万元。直到2012年,王某与张某关系恶化,王某遂起诉保险公司,以投保书不是自己亲笔签字为由要求退还全部保险费。

一审法院审理认为,王某在张某代其签署投保书后,取得了张某转交的保险合同文本及保险费发票,应视为其对张某所实施的代签约行为已经明知。在此后长达5年的时间里,王某按照保险合同的约定及时足额交纳各年度保险费的行为,即属于以积极参与合同履行的方式表达了其对张某代其签约行为的追认。据此,一审法院认定王某追认了张某代其订立保险合同的行为,判决驳回王某要求保险公司退还其交纳的全部保险费的诉讼请求。

(二)代填保险单证

保险人或者保险人的代理人代为填写保险单证后经投保人签字或者盖章确认的,代为填写的内容视为投保人的真实意思表示。但有证据证明保险人或者保险人的代理人存在《保险法》规定的欺骗、隐瞒、诱导等情形除外。在意思表示自由的情况下,一个人应当受他所签署文件的内容的约束,承担相应的责任。至于其签署文件是由何方提供,在所不问,只要他具有相应的民事行为能力。在实际业务中,保险展业人员在办理保险业务时,并未告知投保人需要回答风险询问表上的内容,而是直接让投保人在风险询问表的尾部签字,其收回风险询问表代为补填相关内容。此时,因投保人的签字形成于保险展业人员代为填写相关内容之前,投保人签字时并未看到代为填写的相关内容,不应认为保险人已经进行了询问,相关内容也不应视为投保人的真实意思表示。[1]

二、承保

承保是保险人完全同意投保人提出的保险要约的行为。承保为保险人的单方法律行为,构成保险合同成立的要件。保险人接受投保人在要保书中提出的全部条件,同意在发生保险事故或者在约定的保险事件到来时承担保险责任。保险人同意

---

① 奚晓明:《最高人民法院关于保险法司法解释(二)理解与适用》,人民法院出版社2013年版,第103页。

承保的承诺,既可以由保险人自己,也可以由保险人的代理人作出。①

保险人或其代理人作出同意承保的意思表示必须是无条件的,不得附加任何条件或对要约进行变更。在保险实务上,保险人收到投保人填写的投保单后,经过核保审查认为符合承保条件,在投保单上签字盖章并通知投保人即构成承诺。有些国家还对承诺的时间作出了明确的规定,如瑞士《保险合同法》第1条第1款规定了要约具有14天的约束力,若被保险人需作身体检查,该要约的有效期为4个星期,保险人的逾期接受不构成对投保人的约束。如果保险人或其代理人在对投保人的投保要求作出同意承保的意思表示的同时,又附加任何条件或对要约进行变更,则这种同意承保的意思表示不能作为承诺,不发生承诺的效力,而只能作为一种新的要约。这种新的要约,须经过投保人同意后,保险合同才能成立。需要明确的是,虽然保险合同订立过程中双方当事人的意思表示是"要约"还是"承诺"会发生变化,但无论谁是要约人,谁是承诺人,投保人作为要保人和保险人作为承保人的身份不变。在实践中,投保人忽略保险人对于投保单内容的改变,即忽略保险人所作的新的"要约",常常导致保险争议。如某商场与财产保险公司商谈签订财产保险合同。商场于2000年7月9日按投保单格式填写投保申请书,保险期限为自2000年7月9日中午12点至2001年7月8日中午12点止。商场在投保申请书上盖章。当日下午6时,由于意外起火,商场损失250多万元。7月10日,保险公司将其签发的财产综合保险单送至商场,保单约定保险期限自2000年7月10日零时至2001年7月9日24时止。商场收到保险单后未提异议,并于8月中旬向保险公司缴纳了保险费。事故发生后,商场要求保险公司查勘定损并提出索赔,保险公司以承保财产事故发生在保单约定期限之外,不属于承保责任范围为由,拒绝查勘定损和赔偿。商场以保险公司擅自修改事先约定的保险期限及损失扩大为由向当地法院提起诉讼。法院经审理后认为,商场与保险公司订立的保险合同合法有效。商场填就的投保单上的保险期限与保险公司签发的保险单上的保险期限不一致,视为保险公司对商场发出的要约提出了反要约,商场收受保险单视为对反要约的承诺。故保险期限以保单为准,保险公司对保险期限之前发生的保险事故免责。

保险人的承诺可以是口头方式、书面形式,或可以采用某种行为来表示,如签发保险单、接受保险费,或有关事实表明保险人已接受投保。承诺生效时保险合同成

---

① 关于代理人承诺的问题,我国台湾学者施文森认为,在财产保险中,尤其是责任保险、海上保险及农作物冰雹保险,因情况紧迫,无论要约与承诺,通常多以口头为之。代理人(无论是全权代理人或营业代理人)有代表保险人签订保险契约的权限,所以在收到投保申请后,无须转送保险人,便可以作出承保的表示。投保人的要约一经代理人承诺,保险合同即成立。但人身保险之承诺权则在于公司,代理人不能作出承诺的意思表示;但E. R. Hardy Ivamy则认为,无论财产保险还是人身保险,代理人都无权接受投保单而必须将其交给保险人来决定是否承诺。参见邓成明:《中外保险法律制度比较研究》,知识产权出版社2002年版,第41页。

立,保险人应当及时向投保人签发保险单或者其他保险凭证,并在保险单或者其他保险凭证上加盖保险公司公章、经授权出单的分支机构公章或上述两者的合同专用章。但若没有签字盖章,当事人一方已经履行主要义务,对方接受的,该保险合同也应视为成立。

通常缄默或者不行为不构成承诺,因为受要约人获得的是一种承诺的权利,对要约没有意思表示的义务。如瑞士《保险合同法》第3条规定:“保险人的缄默不构成承诺。”但也有国家规定缄默或不行为构成承诺,如韩国《商法典》第638条规定:“保险人若在收到要约30日内怠于发出承诺与否的通知时,视为已予以承诺。”在美国一些州的立法中,也承认缄默或不行为构成承诺,如北达科他州对于某些紧急情况保险(如农作物冰雹保险),以法律规定其生效期间,保险人在法定期间内不作拒绝的表示,则保险合同成立。

在保险实务中,经常会出现如此情形:保险人接受了投保人提交的投保单并收取了保险费,但在保险人尚未作出是否承保的意思表示之前却发生了保险事故,被保险人或者受益人要求保险人按照保险合同承担赔偿或者给付保险金责任。在此情形下,保险人是否承担保险责任,我国《保险法》对此并无明确规定,2013年6月8日生效的最高人民法院《关于适用〈中华人民共和国保险法〉若干问题的解释(二)》进行了回应:该投保符合承保条件的,被保险人或者受益人可以要求保险人按照保险合同承担赔偿或者给付保险金责任;不符合承保条件的,保险人不承担保险责任,但应当退还已经收取的保险费。保险人主张不符合承保条件的,应承担举证责任。是否“符合承保条件”是决定保险人承担保险责任的关键所在,该“承保条件”仅限于客观承保条件,并非主观承保条件。具体而言,客观承保条件应该是保险人在保险事故并未发生的核保环境下所通常执行的承保标准和规则,是在对风险发生不确定的背景下的承保决策,而并不应该是保险人知晓保险事故发生后所采用的承保标准和规则,否则,一旦发生了保险事故,保险人都会作出不符合承保条件的决定而免于承担保险责任。

第二节　保险合同的成立与生效

一、保险合同的成立

保险合同成立是指保险合同的当事人对保险合同的主要条款达成一致。在保险实务中,由投保人填具投保单作为要约,保险人承诺后,在保险单上签章,并向投保人出具保险单或其他保险凭证,即为保险合同成立的证明。在投保人与保险人就保险合同条款达成一致时,保险合同已经成立。但保险合同的成立不等同于保险合同的生效。在保险合同成立后，未生效前，发生保险事故的，保险人不承担保险责任。

保险合同的成立与保险合同的生效的区别在于：保险合同经当事人双方协商一致就成立，此时尚不发生法律效力；保险合同生效则是保险合同对当事人发生法律效力，此时合同当事人均受合同条款约束。保险合同成立后，尚未生效前，发生保险事故的，保险人不承担保险责任；保险合同生效后，发生保险事故的，保险人则应按合同约定承担保险责任。

投保人与保险人也可在保险合同中约定，保险合同一经成立就发生法律效力。在这种情形下，保险合同成立即为保险合同的生效。

我国《保险法》第 14 条规定："保险合同成立后，投保人按照约定交付保险费，保险人按照约定的时间开始承担保险责任。"保险合同成立后，投保人的基本义务是按照保险合同的约定交付保险费，保险人的义务是按照保险合同约定的时间开始承担保险责任。

保险合同成立后，投保人应当按照保险合同的约定交付保险费。投保人不论为自己利益还是为他人的利益订立保险合同，都负有交付保险费的义务。在投保人为他人利益而订立保险合同的情况下，保险人对于投保人所有的抗辩权，也可以对抗受益人。保险费可以一次交付或分期交付。合同约定分期支付保险费的，投保人应当于保险合同成立时支付首期保险费，并应当按期支付其他各期保险费。保险人对人身保险合同的保险费，不得采用诉讼方式要求投保人交付。我国《保险法》第 52 条规定，在保险合同有效期内，保险标的危险程度显著增加时，保险人有权要求增加保险费。在此情况下投保人不同意增加保费或保险人不愿继续承保时，保险人有权解除保险合同。被保险人未及时通知保险人有关危险程度显著增加的情况时，保险人对因保险标的危险程度显著增加而发生的保险事故，不承担赔偿责任。我国《保险法》第 53 条规定，有下列情形之一的，除合同另有约定外，保险人应当降低保险费，并按日计算退还相应的保险费：(1) 据以确定保险费率的有关情况发生变化，保险标的危险程度明显减少的；(2) 保险标的的保险价值明显减少的。

保险合同成立后，保险人并不一定立即承担保险责任，如果保险责任约定在某一时间开始，那么在此约定时间开始后，保险人才按保险合同的规定承担责任。例如，2001 年 2 月 13 日，某保险公司代理人张某与出租车司机王某达成签订机动车辆保险合同的协议。代理人张某当即出具了保费收据，但王某答应过几天再付清保费，并索取了保险证，以应付路上的车检。代理人张某在保单特别栏内注明了"未交保险费，本公司不负保险责任"的字样，王某在保单上签了字。此后，王某一直未付保费。2001 年 7 月 19 日上午，王某却主动到保险公司交纳保险费。19 日下午，保险公司代理人张某再次到王某家验车并审核时，方知王某的汽车已于 2001 年 7 月

18 日出险，司机死亡，汽车报废。王某向保险公司索赔 13 万元，保险公司因保单特别约定了承担保险责任的前提是王某交纳保险费而不应承担赔偿责任。①

二、保险合同的生效与无效

保险合同的生效是指已经成立的保险合同在当事人之间产生了一定的法律约束力，即保险合同对当事人的拘束性。只有具备有效条件的保险合同，才能发生法律效力。

保险合同生效的要件包括：(1) 投保人对保险标的必须具有保险利益。投保人对保险标的不具有保险利益的，保险合同无效。(2) 投保人不得为未成年子女以外的无民事行为能力人订立以死亡为给付保险金条件的人身保险合同，否则该保险合同无效。(2) 为被保险人订立以死亡为给付保险金条件的人身保险合同，必须征得被保险人同意。未征得被保险人同意的，该保险合同无效。

保险合同生效的时间，即保险合同效力开始产生的时间。我国《保险法》第 13 条第 3 款规定："依法成立的保险合同，自成立时生效。投保人和保险人可以对合同的效力约定附条件或者附期限。"一般情形下，保险合同具备成立要件，又具备生效要件后，其效力即开始发生，即保险合同的成立时间和生效时间是一致的。但在保险实务中，保险合同大多为有附属条款的合同。根据附属条款所约定的将来事实是确定还是不确定的，而将其为附条件与附期限两种情况。

(1) 附条件是指当事人在保险合同中指明一定的条件，把条件的成就作为合同效力产生或终止的依据。例如，航空旅客人身意外伤害保险条款规定保险责任从被保险人踏入本保险单上指定的航班班机的舱门开始，保险人按照约定的时间开始承担保险责任。通常保险责任以投保人缴纳保险费为前提条件。投保人不缴纳保险费，由于生效条件未成就，所以保险合同不发生约束双方当事人的效力。因为在保险合同中，保险人给予被保险人的对价是一种承诺，即保险人同意当保险事故发生时给被保险人支付赔偿金；作为对保险人承诺的回报，投保人给予保险人的对价通常是缴纳保费等义务。在一般情况下，投保人缴付保险费后，已订立的保险合同即开始生效。

(2) 附期限是指保险合同当事人指明一定的期限，把期限的到来作为合同效力发生或终止的依据。期限可以分为确定的期限和不确定的期限，确定的期限如某年某月某日等具体时间，我国保险合同的生效起始时间采限"零时起保"方式确定。不确定的期限如"航程终了"或"任务完成"等时间。

我国《保险法》还规定了保险合同无效的一些情形。如：人身保险的投保人在订

---

① 丁凤楚：《保险法案例评析》，汉语大词典出版社 2003 年版，第 293 页。

立合同时对被保险人不具有保险利益,合同无效;保险人在订立保险合同时应向投保人明确说明有关保险人责任免除条款未明确说明的,该条款不产生法律效力;在财产保险合同中,保险金额不得超过保险价值;超过保险价值的,超过的部分无效等。一般的无效保险合同采取返还财产的方式,即保险人将收取的保险费退还投保人,被保险人将保险人赔付的保险金额返还给保险人。对给当事人造成损失的无效保险合同按照过错责任原则,由有过错的一方向另一方赔偿,如果是双方都有过错,则相互赔偿。

三、保险责任的开始

保险责任开始是保险合同约定保险人开始承担保险责任的时间。根据我国《保险法》第14条的规定,保险合同成立、生效与保险责任开始不是一个概念。保险合同依法成立后,具备生效要件才能生效;保险合同生效后,保险责任才能开始。例如,吴先生于2013年1月20日向某保险公司投保了人身保险并预先交纳了1800元保险费,保险公司向他出具了保险费预收收据。在经过正常的核保流程之后,保险公司于1月28日向吴先生本人签发了保险单正本和保险费收据。保单的具体内容如下:投保人及被保险人为吴先生,保险金受益人为其妻张某;保险期间1年,即自2013年1月29日零时起至2014年1月28日24时止;保险金额为100万元。不料,就在保单签发前的1月23日,吴先生在外地出差时突遇车祸身亡。吴太太在1月28日收到了保险公司寄给吴先生的保险单正本与保险费收据,于是就向保险公司提出理赔申请,要求保险公司给付保险金100万元。但保险公司表示上述情况无须承担保险责任,不会进行赔付。在本案中,保险单上列明的保险责任期间自2013年1月29日零时起至2014年1月28日24时止,如保险事故发生在该期间内,保险公司应当承担责任,而王某的保险事故发生于1月23日,不在保险责任期间内。由此可以看出,保险合同成立并不意味着保险责任的开始,预付保险、签发保单也并不必然是保险责任的开始,关键还是看保险合同对于保险期间的约定,即保险责任的开始时间。

在保险实务中,如果双方当事人对保险合同生效没有特别约定,保险合同成立时间与保险责任开始时间通常是一致的,但也有两种例外,其一是海上保险合同中的追溯保险,即保险责任期间追溯到保险期间开始前的某一个时点,保险人对于合同成立前所发生的保险事故也要承担保险责任;二是健康保险合同中的观察期间规定,保险责任开始时间是在保险合同生效的若干天后。还有如人身保险中,尤其是要求被保险人体检之情形下,在体检前,虽然保险公司收取了投保人缴纳的款项,但如果发生保险事故,保险公司原则上不承担保险责任。但如果被保险人体检合格,则保险公司可以承担保险责任。有人把这种做法称为人身保险合同的溯及力,即把人身保险合同成立、生效时间追溯至收取款项之时。如韩国《商法典》规定:“在保险人从保险合同人处接受保险合同的要约及全部或部分保险费承诺该要约以前,若发生保险合同所定的保险事故时,除非有理由能够拒绝之外,保险人应当承担保险责任。但是,人寿保险合同的被保险人应当接受体检而未接受体检时除外。”

相对应的是,如果保险人已经接受投保,且投保人已经缴纳保险费,但保险人没有及时签发保险单,发生保险事故时保险人应当承担保险责任,不能因为保险人违反义务而使合同的另一方受到损失。例如,王某向某保险公司投保了一份人身意外险,王某和保险代理人共同签署了投保单,并预先交纳了首期保险费,然而仅一天后王某就不幸身故,此时保险公司还没来得及签发保险单。王某家人认为,王某签署了投保单并缴付了首期保费,王某已履行作为投保人应负的主要义务,保险合同已成立并生效,要求保险公司承担保险责任。保险公司则表示,不能仅仅根据保险人已收取保险费这一事实,就认定保险合同成立,加之保险公司并没有签发保单,保险公司不应对王某的意外身故承担保险责任。保险合同是一种诺成性合同,根据我国《保险法》规定,投保人提出保险要求,经保险人同意承保,并就合同的条款达成协议,保险合同即成立。如果当事人没有在合同中约定合同生效的时间和条件的,保险合同一般自成立时生效。保险人签发保险单或其他保险凭证并不构成保险合同成立的要件,而是保险人的法定义务。因此,在一般情况下,如果保险人已经接受投保,且投保人已经缴纳保险费,但保险人没有及时签发保险单,在此期间内发生保险事故,保险人应当承担保险责任。

我国《保险法》第 14 条规定:“保险合同成立后,投保人按照约定交付保险费,保险人按照约定的时间开始承担保险责任。”保险合同本质上属于私法契约,必须遵循契约自由、意思自治原则,保险合同的保险责任开始时间可以由双方当事人约定,主要类型有:(1) 在保险合同中明确约定保险责任的开始日、时及终止日、时。此种规定是特殊规定,具有优先效力。一般会采用此种方式约定保险责任期间。(2) 以投保人支付保险费或者第一期保险费作为保险责任开始的前提条件。某些火灾保险基本条款中通常会规定:“保险费应该在本保险合同成立时交付,除本公司同意延缓交付,对于保险费交付以前所发生的损失,本公司不负赔偿责任。”由此可以看出,一旦交付保费后发生保险事故,保险人就必须承担保险责任。(3) 以保险单的签发日作为保险责任起始日。保险人有时候会在投保单中载明:“本保险合同在签发保险单后生效并承担保险责任”,此种做法在英、美保险业中比较常用。(4) 以保险单交付日作为保险责任起始日。保险人在某些情况下会在投保单中明确:“本保险合同在保险人将保险单交付给投保人后方生效并承担保险责任”,此种约定也是惯用于英、美诸国。(5) 约定交付保险单给投保人之后,再经过“一定期间”或者“不特定期间”,保险责任才开始,此种情况主要适用于投保人尚未交付保险费的情形,保险合同必须待该保险费的交付特定日期到来并交付了保险费才开始保险责任的承担。[①]

【案例研讨】　　保险合同属诺成,保单签发非前提[②]

2007年5月初,王某经人介绍认识了甲保险公司业务员李某。李某动员王某购买其所代理的甲保险公司的家庭财产保险。王某经过慎重考虑,同意与李某代理的甲保险公司签订家庭财产保险合同。

2007年5月12日(星期五),李某携带着甲保险公司印刷好的家庭财产保险合同条款及投保单来到王家中。王某对于该保险条款进行了分析后,在李某的指导下填写了投保单、签了名,并将全部保险费交给了李某。投保单所填保险期限为2007年5月12日中午12时起至2008年5月12日中午12时止。李某随即出具了盖有甲保险公司财务专用章的收据,并将家庭财产保险条款留给王某。李某表示,将会在第二周送来保险单,随后携填写好的投保单离去。

5月14日(星期日)晚,王某之妻由于用电不慎,引发火灾,家庭财产损失惨重。5月15日(星期一)上午,王某向甲保险公司报案并提出索赔,而此时李某尚未将保费及投保单交回甲保险公司,因此,甲保险公司尚未向王某签发保险单。虽然,甲保险公司在接受了王某的索赔要求后予以立案,并确认了上述事实,但是,在是否应当承担理赔问题上出现了分歧。其争议的焦点在于火灾发生之时保险公司尚未签发保险单,王某所投保的家庭财产保险合同是否已经成立。如果该保险合同已经成立,则保险公司应按照保险合同的约定进行赔付;如果该保险合同尚未成立,则保险公司无须承担保险责任。

本案所涉及的法律问题是:(1) 如何认定保险合同的成立?(2) 保险公司签发保险单的行为是否能作为保险合同成立的前提条件?

我国《保险法》第13条规定:“投保人提出保险要求,经保险人同意承保,保险合同成立。保险人应当及时向投保人签发保险单或者其他保险凭证。保险单或者其他保险凭证应当载明当事人双方约定的合同内容。当事人也可以约定采用其他书面形式载明合同内容。依法成立的保险合同,自成立时生效。投保人和保险人可以对合同的效力约定附条件或者附期限。”第14条规定:“保险合同成立后,投保人按照约定交付保险费,保险人按照约定的时间开始承担保险责任。”由此可见,保险合同的成立与保险单或者其他保险凭证的签发是两个完全不同的法律概念。保险合同的成立不以保险单或者其他保险凭证的签发作为必要条件,只要投保人提出保险要求,经保险人同意承保,保险合同便成立。也就是说,经过合同签订过程所必需的要约和承诺两个步骤,保险合同即可宣告成立。至于保险单或者其他保险凭证的签发,则只是保险人在合同成立后的法定义务,不影响合同成立的效力。因此,具体到本案,投保人王某填写了投保单、签了名,而甲保险

---

① 刘宗荣:《新保险法:保险契约法的理论与实务》,中国人民大学出版社2009年版,第30—32页。
② 贾林青:《保险法案例分析》,中国人民大学出版社2007年版,第139—141页。

公司业务员李某将保险条款留给王某，这标志着双方经过要约和承诺两个步骤达成了合意，保险合同随之成立。同时，在投保人和保险公司业务员没有特别约定的情况下，依法成立的合同自成立时生效，保险人也随即承担保险责任。所以，该火灾发生时并未签发保险单，但是保险合同已经成立、生效且保险人依法承担保险责任，保险人理应承担赔偿责任。最后需要强调的是，李某作为甲保险公司业务员，并具有甲公司的投保单、保险条款、盖有财务专用章的收据，实质上是取得甲保险公司授权的代理人，其行为应视为甲保险公司的行为，其法律后果依法由甲保险公司承担。

【深度阅读】

1. 黎建飞：《保险法的理论与实践》，中国法制出版社2005年版，第四章。
2. 李玉泉：《保险法学——理论与实务》，高等教育出版社2007年版，第六章。
3. 吴定富：《中华人民共和国保险法释义》，中国财政金融出版社2009年版，第二章。
4. 刘建勋：《保险法典型案例与审判思路》，法律出版社2009年版，第一章。

【问题与思考】

1. 保险合同订立的基本流程是怎样的？
2. 保险合同成立的要件是什么？
3. 保险合同成立、生效的关系如何？
4. 签发保险单、交付保险费与保险合同成立、生效以及保险责任开始之间的关系如何？

第八章　保险合同的变更、中止、解除与终止

第一节　保险合同的变更

一、保险合同变更的概念和要件

（一）保险合同变更的概念

保险合同的变更是指在保险合同的有效期限内，当事人根据主客观情况的变化，依照法律规定的条件和程序，在协商一致的基础上，对保险合同的某些条款进行的修改或补充。保险合同一旦成立即具有法律约束力，任何一方不得擅自变更合同。保险合同的变更有其特殊之处，各国法律都对其予以规制。

保险合同的变更有广义和狭义之分，广义的保险合同的变更是指保险合同的主体、客体及内容的变更，而狭义的保险合同的变更则仅指内容的变更。对于保险合同主体的变更，是指保险合同当事人的变更，即投保人或者保险人的变更。主体变更导致保险合同的权利、义务至少对原当事人中的一方不再有约束力，而且在转让过程中至少涉及三方当事人，所以有人主张将其称为保险合同的转让更为恰当。① 从狭义的角度看，由于保险合同的客体是保险合同成立的必备要件之一。变更保险利益会使保险合同因丧失保险利益而失效。并且，保险合同客体的变更是通过保险标的的变更来实现的，而每一个保险标的所面临的风险都是不同的，不论是财产保险合同，还是人身保险合同，保险标的的状况直接影响到保险人决定是否承保或提高保险费率。以一个保险标的取代另一个保险标的，当事人之间的权利义务就必将随之发生实质性的变化，其结果将是原保险合同关系的结束和一个新保险合同的产生。由此，保险合同的变更就仅指保险合同内容的变更，即是对保险合同某些条款的修改或补充，变更前后的内容具有一定的连续性，变更所引起的后果是保险合同效力的变动，而不是消灭。我国《保险法》第 20 条明确规定："投保人和保险人可以协商变更合同内容。"

（二）保险合同变更的要件

（1）以当事人已经存在的合同关系为基础。保险合同的变更是当事人在原合

---

① 肖梅花：《保险法新论》，中国金融出版社 2000 年版，第 205 页。

同的基础上对某些合同的条款加以修改或补充。如果不存在原合同,则当事人协商的结果可能是一个合同的订立,而不是合同的变更。

(2) 依据法律的规定或当事人的约定。当保险合同某些条款的变化符合法律规定的变更情形时,当事人可以提出变更保险合同。如投保人、被保险人未按照约定履行其对保险标的的安全应尽的责任的,保险人有权要求增加保险费。当保险标的的危险程度明显减少或保险价值明显减少时,保险人应当降低保险费等,都会引起保险费条款的变更。在一般情况下,保险合同的变更是通过双方当事人的约定来进行的。

(3) 必须经过双方当事人协商一致。当事人依据法律规定或合同约定变更保险合同,只有在双方达成一致协议的情况下,才会产生变更合同的效果。当事人通过协商变更保险合同内容的,也必须遵守平等、自愿的原则,不允许采取欺诈、胁迫等方式强制对方接受变更要求,否则合同变更的部分不能成立。

(4) 保险合同的变更必须符合法定形式。我国《保险法》第 20 条第 2 款规定:"变更保险合同的,应当由保险人在原保险单或者其他保险凭证上批注或者附贴批单,或者由投保人和保险人订立变更的书面协议。"这表明保险合同的变更必须采用书面形式。批单是保险合同变更时最常用的书面凭证。如果不采用批单的,投保人和保险人必须订立变更保险合同的书面协议。

二、保险合同变更的种类

(一) 保险合同主体的变更

保险合同的主体变更,是指保险合同当事人或关系人的变更,包括投保人(被保险人)、保险人及受益人的变更。而保险人作为从事保险业经营的保险公司,需他人分担保险责任时是通过再保险转移给其他保险人。因而保险人除发生合并、分立、破产、因违法而被撤销,保险合同责任由其他保险人或政府或有关基金承担;或保险人违法经营保险业务,根据政府方面的行政命令,将保险合同转让给其他保险人等情形外,一般不存在转让保险合同即主体变更的问题。

1. 投保人的变更

投保人的变更主要体现在财产保险合同中。引起财产保险合同投保人变更的主要原因包括保险标的的所有人因买卖、继承、赠与等致使保险标的的所有权发生变更;保险标的的承包人、租赁人因承包、租赁合同的订立、变更、终止,致使保险标的的使用权或收益权发生变更;在保险标的为担保物的情况下,主债权债务的设立、变更、终止也可导致保险合同主体的变更。因现代商品经济社会中,财产的转让甚为普遍,各国各地区立法根据经济生活中财产转让频繁的实际困难,对财产转让所引起的保险合同主体变更予以规定。变更的原因主要有买卖及赠与、继承及投保人破产导致财产被清算机构接管。投保人变更后,受让者取得了原投保人的地位,承担其权利与义务。如德国《保险合同法》第95条第1款规定:“如果投保人将保险标的物转让,则受让人取得投保人在拥有保险标的物所有权期间基于保险合同所享有之权利及应承担之义务。”

在这类主体变更中,出让方与受让方有通知保险人的义务及共同交付保险费的义务。如德国《保险合同法》将其规定为:“出让方与受让方应将保险标的物的转让的事实立即通知保险人,在出让方与受让方未将保险标的物的转让的事实通知保险人的情况下,如果保险事故于该通知应送达保险人之日起1个月后发生并且保险人不会接受受让人替代出让人被保险人地位的情况下,保险人可以拒绝承担保险责任。”我国澳门《商法典》第1012条第2款规定:“让与人负责支付保险期间之已到期之保险费,而在将让与一事及取得人之名称通知保险人前,须对后来到期之保险费与取得人负连带责任。”当保险标的转让后,受让方(被保险人)不愿继续保险合同,或保险人不愿继续承保,双方均有权终止合同。对于投保人的合同终止权,各国法律都予以确认(货物运输保险和运输工具航程保险除外)。当保险人因为保险标的的转让使他面临更大的风险或有其他不利的情势时,也有权终止合同。

我国《保险法》第49条规定:“保险标的转让的,保险标的的受让人承继被保险人的权利和义务。保险标的转让的,被保险人或者受让人应当及时通知保险人,但货物运输保险合同和另有约定的合同除外。因保险标的转让导致危险程度显著增加的,保险人自收到前款规定的通知之日起30日内,可以按照合同约定增加保险费或者解除合同。保险人解除合同的,应当将已收取的保险费,按照合同约定扣除自保险责任开始之日起至合同解除之日止应收的部分后,退还投保人。被保险人、受让人未履行本条第2款规定的通知义务的,因转让导致保险标的危险程度显著增加而发生的保险事故,保险人不承担赔偿保险金的责任。”此规定确定了保险标的转让中受让人自动继承被保险人权利义务的原则。保险的核心功能之一在于个人财产乃至社会财富风险的防范与化解,因此,保险合同一旦成立,在制度设计上应尽量维持合同关系的存续,以便最大限度地发挥保险的作用。就财产保险而言,保险标的的危险程度通常取决于其自身的性质、用途与状况,与单纯的被保险主体更替关联性不大。因此,在保险标的转让未显著增加其危险程度的情况下,法律直接推定保险标的的受让人自动继承被保险人的权利与义务。德国、日本、韩国以及我国台湾地区均有类似规定。在此情况下,保险人作为保险合同当事人,理应有权知晓保险标的转让的情况。更为关键的是,法律直接推定保险标的受让人继承被保险人权利与义务,其前提应该是要确保保险人有机会评估保险标的转让对保险标的的危险状况的影响,不能使其承担高于最初签订合同时所能预见之风险,否则,被保险人有权决定增加保险费或者解除合同。[①]

【案例研讨】 **转让保险标的不影响投保人解除保险合同**[②]

2010年1月16日,宋泉以登记于其女友杨芳名下的机动车辆为被保险车辆向某保险公司投保,保险公司同意承保并且签发了交强险和自愿投保的商业性保险(以下简称自愿保险)的保险单。保险合同成立之后,杨芳将该车辆转卖给他人。宋泉认为,鉴于被保险车辆已经被转卖,故保险失去意义。因此,宋泉起诉保险公司,其诉讼请求为:请求法院判令保险公司退还交强险和自愿保险两份合同项下剩余保险期间的保险费共计3680元。

保险公司答辩称,该公司认可与宋泉订立了交强险、自愿保险的保险合同,认可宋泉向该公司支付了保险费。但是,被保险车辆的车主是杨芳而不是宋泉。在保险合同成立之后的2010年4月14日,杨芳将被保险车辆转卖给范仪。2010年4月18日,范仪向保险公司提出了解除自愿保险之保险合同的申请,同时要求保险公司向其退还该保险合同项下剩余保险期间的保险费。就此,保险公司出具了保险批单,同意解除自愿保险合同并且将该合同剩余保险期间的保险费3043.61元退还范仪。

在人身保险合同中,由于人身保险合同以被保险人的寿命或身体为保险标的,其人身性质决定了人身保险合同不发生保险标的转让的问题。所以,人身保险合同主体的变更取决于投保人或被保险人的主观意愿。人身保险合同投保人的变更须征得被保险人同意,并通知保险人,经保险人核准后方可变更。被保险人的变更经投保人、保险人及新被保险人同意后可予变更。

2. 受益人的变更

在财产保险中,受益人往往就是被保险人,所以有关受益人的变更与被保险人变更并无二致。在人身保险合同中,投保人或被保险人有决定受益人的权利,由此派生而来的是其对受益人指定的撤回。如韩国《商法典》第733条在规定了投保人指定的权利的同时,也赋予了其变更的权利。我国澳门《商法典》第1035条也作了同样规定。如果投保人撤回指定,则不管其是否重新指定新的受益人,原来的受益人都发生了变更。

受益人也可能因自身行为丧失受益权。如受益人违背了诚实信用原则,加害被保险人导致其权利法定剥夺。德国《保险合同法》第170条规定:"指定第三人为受

---

① 吴定富:《中华人民共和国保险法释义》,中国财政经济出版社2009年版,第122页。

② 刘建勋:《保险法典型案例与审判思路》,法律出版社2012年版,第332—337页。

益人的死亡保险，该第三人故意以非法行为致被保险人死亡者，视为无指定。”我国澳门《商法典》第1039条第1款规定：“如受益人谋害被保险人之生命……该指定的效力亦终止。”但需要强调的是，受益人加害被保险人的行为并未导致保险人给付责任的免除。因为受益人是合同关系人，他的任何行为并不引起合同主体权利义务的变化，只对其个人权利义务发生影响。所以，如果受益人有加害行为，只能剥夺其获得给付的权利。但保险人和投保人是保险合同的主体，投保人履行了他的各项义务，则保险人也应当按合同约定履行其义务。如果被保险人死亡，没有其他受益人，则被保险人的继承人有权要求给付保险金；如果尚有其他受益人，其他受益人有权要求给付其应得的份额，如果被保险人并未死亡，则投保人或被保险人有权重新指定受益人。

如果受益人先于被保险人死亡的，受益人发生变更。新的受益人有两种方式可以确定。一是投保人重新指定；二是在投保人没有指定时，原受益人的继承人成为新的受益人。韩国《商法典》第733条第3款规定：“保险受益人在保险存续期间死亡的，保险合同人可以重新指定保险受益人。在此情形下，若保险合同人未行使指定权而死亡的，则应将保险受益人的继承人视为保险受益人。

我国《保险法》第41条规定：“被保险人或者投保人可以变更受益人并书面通知保险人。保险人收到变更受益人的书面通知后，应当在保险单或者其他保险凭证上批注或者附贴批单。投保人变更受益人时须经被保险人同意。”可见，受益人的变更取决于被保险人的意愿。投保人或被保险人变更受益人的，须书面通知保险人，保险人收到该书面通知后，应在保险单上批注。

【案例研讨】　　变更受益人未通知保险公司，保险金应如何给付？[①]

2009年10月，王某为自己购买了一份具有分红性质的终身寿险。因其与儿子住在一起，关系也还融洽，于是指定其儿子作为受益人。后因其儿子结婚生子，由于住房紧张而产生矛盾，关系不断恶化，最后父子反目，不能相容，王某不得已搬到女儿家居住，由其女儿照顾生活。2010年12月，老人病危，召集家里亲戚和朋友，决定让其女儿取代儿子作为受益人，但没有通知保险公司。不久，老人病逝，其女儿和儿子同时向保险公司提出索赔，要求取得所有保险金和红利。对此，保险公司内部对于向谁给付问题产生了分歧。第一种意见认为，老人王某临终前向家人宣布其女儿作为受益人，合情合理，同时他也有权变更受益人，因而保险公司应向其女儿履行给付保险金及红利的义务。第二种意见认为，王某虽然有权变更受益人，但他并未通知保险人，因为变更无效，所以保险公司应将保险金给付其儿子。

① 许崇苗：《保险法原理及疑难案例解析》，法律出版社2011年版，第223—224页。

本案的保险金及分红应向谁给付和如何给付,涉及受益人的变更及受益权限的界定问题。根据我国《保险法》的有关规定,受益人是被保险人或者投保人指定的享有保险金请求权的人。投保人或者被保险人指定受益人后,仍有权利加以变更。因为受益权是一种期待权,在保险事故发生时,才能转变为现实的既得权。但无论是受益人的指定,还是受益人变更或者撤销,均应当书面通知保险人。保险人收到书面通知后,应当在保险单上批注或者附粘批单。若受益人的指定、变更或者撤销未通知保险人,不能对抗保险人。除合同另有约定外,受益人所取得的权利仅以保险金请求权为限。其他因保险合同而产生的权利,原则上应属于投保人所有,而不属于受益人所有,如保险费返还请求权、保险单现金价值返还请求权、人身保险单质押借款权和获取保险单红利。本案中,被保险人王某只是向家人和朋友宣布改由其女儿作为受益人,而没有书面通知保险公司,因而保险公司只能向其儿子给付保险金。但是,被保险人王某向家人和朋友宣布改由其女儿作为受益人的决定还是有效的,只是不能对抗保险公司。对于红利,因受益人的受益权以保险金请求权为限,应根据王某生前意愿,将其女儿作为指定继承人,由其女儿领取红利,王某儿子并不享有领取红利的权利。

(二) 保险合同内容的变更

保险合同内容的变更是指在保险合同主体不变的情况下,保险合同的约定事项变更。内容变更往往会引起当事人的权利和义务变更。保险合同内容的变更包括保险人或被保险人的地址变更,保险标的数量、价值或存放地点、用途、危险程度、危险责任、保险期限、保险金额的变更,保险责任范围的变更等。

保险合同内容的变更有协议变更和法定变更两种。

协议变更是指保险合同当事人通过协商变更保险合同的有关内容。在保险合同有效期内,投保人和保险人经协商同意,可以变更保险合同的有关内容。这体现了当事人订立保险合同的自愿、协商一致原则。当出现了特定情形时,当事人应协议变更保险合同的有关内容。如我国《保险法》第 52 条第 1 款规定:“在合同有效期内,保险标的的危险程度显著增加的,被保险人应当按照合同约定及时通知保险人,保险人可以按照合同约定增加保险费或者解除合同。”保险标的的危险程度显著增加,超出保险人决定承保时候的预期,加重了保险人的责任,因此保险人可以要求增加保险费。这些内容变更一般包括保险标的数量增加、价值增加或保险标的由低风险的地方放置到高风险的地方或被保险人原来从事低风险的工作而后来从事高风险的工作、保险期限的延长等。

法定变更是指在出现法律规定情形时,由法律直接规定而非当事人协议变更保险合同。依据我国《保险法》第 53 条规定:“有下列情形之一的,除合同另有约定外,保险人应当降低保险费,并按日计算退还相应的保险费:(一) 据以确定保险费率的有关情况发生变化,保险标的的危险程度明显减少的;(二)保险标的的保险价值明显减少的。”在财产保险合同生效后,决定保险金额和保险费率的一些因素可能发生变化,如保险标的的价值增加或者减少、危险程度增加或降低。在保险标的的价值减少、危险程度降低的情况下,保险人的保险责任也随之减轻。为保证保险合同的公平合理,维护投保人、被保险人的利益,适当地降低保险费是合适的,对保险人来说也不存在不公平情况。①

韩国《商法典》第648条也规定:“在保险合同当事人预料特别危险而定好保险费的情形下,若在保险期间内已消灭该预料到的风险时,保险合同人可以请求减少其后的保险费。”另外,我国《合同法》第54条也规定,如果保险合同系当事人一方因重大误解而订立;或者订立时显失公平;或者系一方以欺诈、胁迫的手段或者乘人之危,使对方在违背真实意思的情况下订立,则受损害方有权请求人民法院或者仲裁机构变更。而且该条第3款还规定,当事人请求变更的,人民法院或仲裁机构不得撤销。

第二节 保险合同的中止

保险合同的中止是保险合同效力的一种特有状态,指在保险合同有效期限内,因某种事由出现而使合同的效力处于暂时停止的状态。

一、保险合同中止的适用范围与原因

(一)保险合同中止的适用范围

保险合同中止一般是因投保人欠交保险费引起,尤其是合同约定分期支付保险费,投保人支付首期保险费后,超过规定的期限未支付当期保险费的,导致合同效力的中止。在我国,保险合同的中止只适用于人身保险合同。我国《保险法》第36条规定:“合同约定分期支付保险费,投保人支付首期保险费后,除合同另有约定外,投保人自保险人催告之日起超过30日未支付当期保险费,或者超过约定的期限60日未支付当期保险费的,合同效力中止,或者由保险人按照合同约定的条件减少保险金额。”我国台湾地区“保险法”第116条规定:“人寿保险之保险费到期未交付者除契约另有约定外,经催告到达后逾30日仍不交付时,保险契约之效力停止。”但根据德国《保险合同法》有关续期保费经宽限期未交付的规定,适用于包括财产保险在内

① 法律出版社专业出版委员会编著:《案例导读:保险法及配套规定适用与解析》,法律出版社2013年版,第94页。

的大部分险种,因为财产保险尤其是长期保险或高额保险,也多有分期交费的情形。意大利保险合同中止的情况也适用于所有分期支付保险费的合同。

（二）保险合同中止的原因

（1）续期保险费逾期仍未交付。主要指投保人在交付首期保险费后,不能按照合同约定的日期或者交费宽限期,向保险人交付保险费。保险合同,尤其是人身保险合同,往往需要投保人多年来按期交纳保险费,会发生投保人因疏忽而忘记交费或者因经济条件发生变化而不能按时交费的情况。为了方便投保人,也同时有利于保险人继续经营已有的业务,法律规定投保人可以交费的宽限期。在宽限期内,投保人未交当期保险费的,保险合同的效力依然存在,如果在宽限期内发生保险事故的,保险人仍应承担保险责任,但在给付的保险金中要扣除欠交的保险费及利息。宽限期间届满,投保人仍不交保险费的,保险合同效力开始中止。

宽限期有两种形式,即约定宽限期和法定宽限期。如果双方在保险合同中约定有具体的宽限期,依其约定;如果没有约定宽限期,则适用法定宽限期,即保险人催告之后的30日或者约定支付期限届满后的60日。保险人的催告应理解为被保险人支付保险费期限届满后的催告,而非期限届满前的催告。至于催告的生效,由于催告的性质是意思通知,其效力准用意思表示的规定,以到达投保人时生效。①

投保人未依合同约定交纳保险费,而且超过法律规定的宽限期,合同又未约定可以采取其他补救措施的(如减少保险金额、保险费自动垫付、被保险人代为垫付等),保险合同效力中止。但也有下列除外情况:保险人同意缓期交付的;保险人应催交而未催交的;保险人无正当理由拒收的;因发生重大事故,如天灾人祸、交通阻塞或中断,致使投保人无法交付保险费的,保险人应允许投保人在合理时间内补交,以保持保险合同的效力。

【案例研讨】　超过宽限期不支付保费发生的保险事故如何处理?②

2007年11月27日,宋某为其5岁的儿子购买了某保险公司的增额人寿保险。保险条款约定,保险费支付方式分为按年交纳、按半年交纳和按月交纳。按年交纳保险费的交费期为生效日每年对应日所在的月。交费期的次月为宽限期,宽限期内保险人仍负保险责任。宽限期届满后仍未支付保险费,保险单自动失效,保险人不负保险责任。保险条款约定,被保险人在保险合同有效期内因疾病死亡,保险人按保险金额给付保险金。投保人宋某选择了按年交付的方式并于2007年11月27日交纳了首期保险费1000元。

① 吴定富:《中华人民共和国保险法释义》,中国财政金融出版社2009年版,第98页。
② 许崇苗:《保险法原理及疑难案例解析》,法律出版社2011年版,第247页。

2008年,投保人宋某按合同约定和保险公司的通知交纳了保险费。到2009年11月,宋某没有交纳保险费,在次月的宽限期内,宋某仍然没有交纳保险费。2010年1月中旬,被保险人患重病死亡,宋某向保险公司提出给付保险金的要求。保险公司经审查后认为,保险合同已经失效,保险公司不承担保险责任,仅同意退回保险单的现金价值2000元。宋某认为,自己连续交纳了两年保险费,此前保险公司没有通知交纳保险费,且保险法规定交纳保险费的宽限期为60日,而不是30日,保险事故发生在宽限期内,保险公司应当承担保险责任。因此,双方发生了争议。

本案涉及人身保险合同的宽限期与合同效力中止问题。虽然保险合同效力中止是保险合同效力的暂时停止,但合同效力中止后发生保险事故,保险公司不承担保险责任。合同效力中止发生在保险合同约定或者法定的宽限期之后。合同效力中止是自动发生的,不需要履行任何法律手续。当然,因此,宽限期长短对投保人和被保险人利益影响较大。宽限期长短首先取决于合同约定,合同有约定的优先适用合同约定;合同没有约定的才适用保险法规定。保险合同可以任意约定宽限期的长短,如短于60日,或者长于60日,都是有效的,不违反保险法规定。因此,在本案中,该宽限期应该是30日,而不是60日。投保人在宽限期内没有交纳保险费,合同效力中止,保险公司不承担保险责任。至于保险公司是否应该通知交费,是售后服务的内容,并不是交纳保费的前提条件。

(2)保险费自动垫交本息达到保险单现金价值。保险费的自动垫交是用保险单具有的现金价值自动垫付投保人欠交的保险费。当垫交保险费及利息达到保险单现金价值数额时,会导致保险合同效力的中止。在保险费的自动垫交上,应当尊重投保人的意愿,只有投保人主动提出要求,并将自己的要求以书面形式表达出来时,才发生保费自动垫交的效力;在发生自动垫交的效力后,投保人还可以随时予以取消。

保险费自动垫交,实质上等于投保人履行了交费义务,所以当垫交的本息达到保险单现金价值数额时,投保人依然可以享有宽限期间的权利,超过宽限期投保人仍不交保险费的,保险合同的效力才发生中止。

(三)保险合同中止的后果

保险合同在效力中止期间,即使有保险事故的发生,保险人不负给付保险金的责任。但保险合同的中止并非终止,中止仅仅是其效力的暂时停止,只要具备一定的条件,中止合同的效力即可恢复。

二、保险合同的复效

已经中止效力的保险合同在符合一定条件时,可以恢复原有的效力。我国《保险法》第36、37条规定:保险合同效力中止后,经保险人与投保人协商并达成协议,在投保人补交保险费后，合同效力恢复。保险公司承担保险责任，视为保险合同的效力从未中止。

（一）保险合同复效的条件

（1）投保人向保险人提出复效请求。保险合同效力中止后，投保人愿意恢复合同效力的，必须向保险人提出复效申请。我国法律规定自合同效力中止之日起2年内双方未达成复效协议的，保险人有权解除合同。也就是说，自合同中止之日起2年内，投保人有权随时提出复效申请。但投保人提出复效申请并不以在复效期内为先决条件，如在2年后，保险人已经行使解除权解除合同的，保险合同不复存在，投保人申请复效的基础也随之丧失；如果保险人未行使解除权解除合同的，保险合同依然存在，而且由于导致合同效力中止的事由没有消除，合同的效力仍处于停止状态，投保人仍可以提出复效申请。

（2）被保险人在申请复效时符合投保条件。在保险合同效力中止期间，被保险人的各种情况可能发生变化，以致出现不符合保险人的承保条件的情形。在此情况下，中止的保险合同就没有复效的可能，即使投保人提出申请，保险人也可以拒绝。所以，在各保险公司拟订的保险条款中都规定：投保人提出复效申请的同时，还应当提交被保险人的健康声明书或者保险公司指定的医疗机构出具的体检报告书。只有被保险人在保险合同效力中止期间仍符合投保条件的，保险合同才能复效。

（3）投保人补交保险费。保险合同效力中止的主要原因就是投保人未按照保险合同约定交纳保险费，要使中止合同复效就应当补交保险费。补交保险费的范围包括：合同中止前欠交的保险费和合同中止期间应当交纳的保险费。在保险实务中，有关的保险条款均规定，投保人补交保险费时还应加上相应的利息，计息日为交费对应日的次日。对此，美国寿险保单也规定：投保人应交清自保险费到期日至复效日为止欠交的各期保险费并加上利息。日本寿险保单则规定：投保人应交清自保费到期日至复效日为止欠交的各期保险费，但因保费自动垫交或保单贷款本息超过解约金而失效之契约，复效时应交清欠交的保险费加上贷款利息。

（4）保险人和投保人就复效达成协议。投保人提出的复效申请，必须经过保险人的同意。保险人对投保人提出的复效申请表示同意，是中止合同复效的必备条件之一。如果保险人和投保人对于保险合同的复效不能达成协议，保险合同就不能复效。如果双方当事人未达成复效协议的，中止保险合同的效力就可能有两种结果：一是保险合同中止期间未满2年，保险人行使解除权的条件尚未成就，或者虽然成就但保险人未行使解除权的，合同仍处于效力中止状态；二是保险合同中止期间已满2年，保险人行使解除权解除合同的，合同效力结束。

（二）保险合同复效的后果

中止的保险合同具备复效条件后，其效力即可恢复，复效后的保险合同，是复效前的保险合同的继续。中止保险合同复效的具体日期，各国大多以投保人补交保险费的时间来确定。保险合同复效后，中止期间仍计入保险期间，保险期间视为从未间断，合同复效后发生保险事故的，保险人应以合同成立时的约定承担保险责任。

中止保险合同复效后其效力仍可以保持连续性和完整性，但事实上保险合同的效力毕竟发生过变动，为了控制道德风险，对于某些特殊条款的期间就不能连续计算，而需要在复效后从复效之日起重新计算。例如，自杀条款中的自杀期间以及弃权条款中的可争期间的计算。

自杀条款是指当事人在人寿保险合同中约定的，在一定期间后被保险人自杀的，保险人依合同约定承担给付保险金责任的条款。因此，被保险人自杀后，保险人是否承担给付保险金的责任主要取决于被保险人自杀的时间。在保险合同中，被保险人自杀一般属于保险人的除外责任。如我国《保险法》第 44 条第 1 款规定：以被保险人死亡为给付保险金条件的合同，自合同成立或者合同效力恢复之日起 2 年内，被保险人自杀的，保险人不承担给付保险金的责任，但被保险人自杀时为无民事行为能力人的除外。这表明保险人对被保险人的自杀承担给付保险金责任所附的期限为 2 年，从保险合同成立之日起的 2 年内为其自杀责任除外期，2 年之后才是其保险责任期。由于保险人对被保险人的自杀承担给付保险金责任需要附期限，该附期限在保险合同中止后又复效的就应当重新计算。

弃权条款是指因投保人违反告知义务而使保险人有权解除合同或者拒绝承担保险责任的，经过特定的期间后，保险人就不得再行使该权利的条款。保险人有无抗争的权利，主要取决于是否在特定的期间内。保险人可争期间一般也为 2 年，该期间的起算，是从保险合同成立之日开始。如果保险合同效力中止又复效的，可争期间应当重新开始计算。因为中止保险合同在复效过程中，对风险情况的重新评估比在保险合同订立时对风险的评估更为重要。对于在发现被保险人有疾病后提出的复效申请，如果可争期间从保险合同成立之日起连续计算，则该期间早已届满。所以，在复效期间投保人仍应承担如实告知的义务，可争期间也随之从复效之日起重新计算，即从中止合同复效之日起的 2 年内为可争期间，超过 2 年的才为不可争期间。

【背景资料】　**保险复效被要求加费**[①]

重新体检发现问题，保单复效被加收保险费，这让李女士很后悔当初大意地让保单失效。2006 年，李女士给老公购买了一份保险期限为 20 年的重大疾病险，因 2008 年底搬

① 中国人寿保险股份有限公司教材编写委员会：《保险法及案例解析》，中国金融出版社 2009 年版，第 109 页。

家未告知保险公司导致保单失效。2009年初大扫除时她才发现尘封的保单,她向保险公司提出复效申请时,被告知需重新为其老公做体检。体检结果显示李女士老公的部分指标超标,因此,保险公司要求以后每年多收600元的保费。目前市场上一些中长期的重大疾病险通常会给客户某些优惠,比如费率不随着年龄增长而提高,10万元保额以下的免体检等。但一旦保单失效,复效则必须重新审核、重新体检,假如身体状况不好,就可能被加费或者拒保。

第三节 保险合同的解除

一、保险合同解除的概念和种类

(一) 保险合同解除的概念

保险合同的解除是指在保险合同生效后、有效期限届满之前,经过双方当事人的协商,或者由一方当事人根据法律规定或合同的约定行使解除权,从而提前结束合同效力的法律行为。与普通的民事或经济合同解除是双方当事人的权利不同的是,根据我国《保险法》第15条的规定,保险人通常不能解除保险合同,除非出现某些特定的事实;同时,第15条还规定,除该法另有规定或者保险合同另有约定外,保险合同成立后,投保人可以解除保险合同。

保险合同的解除与保险合同的变更不同。保险合同的变更会产生一种新的法律关系,而保险合同的解除是原有保险合同的消灭,不再产生新的法律关系。保险合同的解除与保险合同的无效也不同。二者的区别具体表现为:(1) 从发生的原因看,无效是指保险合同根本就不符合法律规定的生效要件,其效力从未在当事人之间发生;而解除所针对的是已经生效的保险合同,解除的目的是为了使已经生效的保险合同的效力提前结束。(2) 从权利的行使看,保险合同无效的确认权归人民法院和仲裁机关;而保险合同的解除,依法律规定或合同约定产生的解除权,均由权利人自己行使。(3) 从法律后果看,保险合同双方当事人因故意违法而导致合同无效的,依法应追缴当事人所获得的非法财产;而保险合同的解除则不存在追缴财产的问题。[①] 但在保险人解除效力已中止的保险合同后,根据投保人是否已经交足2年的保险费,会产生两种不同的法律效果:(1) 投保人已经交足2年保险费的,保险人应当按照合同约定退还保险单的现金价值。保险人退还保险单的现金价值时,不附加利息,因为在此事项上保险人无过错而投保人有过错。(2) 投保人未交足2年保

① 肖梅花:《保险法新论》,中国金融出版社2000年版,第227页。

险费的,保险人应当在扣除手续费后,退还保险费,但也不附加利息。

（二）保险合同解除的种类

保险合同解除包括法定解除、约定解除和协议解除三种。

法定解除是指在保险合同有效期限内,当事人一方行使法定的解除权而使合同效力归于消灭的行为。在法定解除情况下,当事人的解除权是直接根据法律规定产生的,通过行使法定的解除权而使合同得以解除。比如保险标的转让导致危险程度显著增加的情形。

约定解除是指当事人在保险合同中约定,在合同的有效期限内,当某种情况出现时,当事人一方有解除权,通过行使解除权而使合同效力归于消灭。只要当事人的约定不违背法律、法规的强制性规定以及社会公共利益,就可以对双方产生约束力。如我国《保险法》第15条规定有除"保险合同另有约定外",即当事人对保险合同解除的情形有明确约定的,首先以合同的约定为准。但对于《保险法》第50条和《海商法》第227、228条的强制性规定,当事人就不得通过合同约定加以改变。

协议解除是指保险合同当事人双方通过协商达成解除合同的一致意见,使合同的效力归于消灭的行为。当事人协议解除合同的,必须遵循自愿、平等的原则,且不得因此损害国家、集体及他人的利益。协议解除与约定解除的区别在于约定解除源于事前的约定,由当事人在订立合同时约定或者在合同订立后另行约定;协议解除则属于事后约定,是当事人根据合同履行中出现的实际情况而作出的解除决定。在约定解除中,约定事由的出现仅仅意味着解除权的形成,只有权利人实际行使了解除权,才可产生解除合同的效果;而在协议解除中,约定本身就可以直接产生解除合同的效果。

【案例研讨】　　**投保人能解除保险合同吗?**[①]

1999年4月16日,原告李晖与被告中国人寿保险公司签订了88鸿利终身保险合同,合同规定年交保险费1080元,交费期为20年,保险金额为2万元,根据被告方在保险单上的提示,该保险合同由保险单、保险条款、声明、批注以及与合同有关的投保单、更改保单申请表、体检报告书及其他的约定书共同构成。该保险条款第18条第2款规定:"本合同的保险责任自本公司接到解除合同申请书之日起终止,投保人于签收保险单后10日内要求解除合同,本公司退还已收全部保险费,但如经本公司体检的,则应扣除体检费,投保人已缴足两年以上保险费的,本公司退还保险单现金价值,投保人未缴足两年保险费的,本公司在扣除手续费后,退还保险费。"合同签订之日,原告交纳首期保险费1080元,

① 董彪:《保险法判例新解》,社会科学文献出版社2011年版,第185—187页。

后原告于2000年6月20日、2001年6月4日、2002年5月23日分别交纳第二年、第三年、第四年保费1080元,2003年5月6日,原告要求解除合同,并向被告单位递交了退保申请,要求足额退还保费4320元。被告按照88鸿利终身保险现金价值表的标准退还仅2600元,双方产生纠纷。

法院认为,原、被告双方签订的人身保险合同系双方真实意思表示,符合有关法律规定,应为有效合同。在履行该合同过程中,原告申请解除合同,被告同意,符合法律规定,应予准许。关于"88鸿利终身保险现金价值表"的法律效力,尽管"88鸿利终身保险条款"第18条"投保人已缴足两年以上保险费的,本公司退还保险单现金价值"。但被告没有提供现金价值来源的法律依据,对于该表的计算标准不能作出合法性的解释。在此背景下,没有手续费的现金价值的概念相对于投保人来讲只能理解为"保费金额"。尽管保险合同一经签订,保险人就开始承担风险责任,但随着投保年限的增长,保险人承担风险责任的几率逐年下降,其受益几率相对增加,已缴足两年以上保费金额退还保费本金,体现了保险合同的公平性、合理性。法院认为,原告诉请理由正当,应予支持,但其主张滞纳金的请求缺乏法律依据,不予支持。判决如下:(1)解除原被告双方签订的88鸿利终身保险合同。(2)被告退还原告保险费4320元,限判决生效之日起3日内付清。(3)驳回原告其他诉讼请求。

二、保险合同解除的条件

(一)保险合同解除的一般条件

(1)保险合同的解除只适用于合法有效的合同。依法成立的保险合同对双方当事人具有法律约束力,如果由于某种原因而使保险合同不能履行时,当事人就可以采用解除合同的方式。由于只有有效合同才存在消灭其效力的问题,所以保险合同的解除只适用于有效合同。

(2)保险合同的解除应当依据法律规定或合同约定。保险合同当事人可以根据法律的规定或者合同的约定解除合同。依据合同约定解除合同的,由当事人协商进行或在合同中确定解除的条件;而依据法律规定的条件解除合同时,不同的当事人要受到法律不同的限制。

(3)保险合同的解除必须有解除行为。在保险合同有效期限内,如果出现了法律规定的或者合同约定的解除事由时,并不会导致合同的当然解除,而是要有当事人解除合同的具体行为。根据我国《合同法》第96条规定,当事人一方主张解除合同的,应当通知对方。该通知就是当事人行使解除权解除合同的行为。与合同变更不同的是,一方当事人行使解除权解除合同的,并不需要征得对方的同意,当解除合同的通知到达对方时,即可发生解除的效力。除当事人协商解除合同的以外,当法律规定或者合同约定的解除事由出现仅仅意味着解除权的形成，是否会产生解除合同的效果，就取决于享有解除权的一方当事人是否行使自己的权利。如果权利人选择了解除合同，并向对方发出解除合同的通知时，保险合同于通知到达对方时解除；如果权利人知道有解除权的存在而没有行使该权利时，保险合同的效力依然存在，当事人双方仍需按照合同的约定履行各自的义务。

（4）保险合同的解除应当具有书面形式。由于保险合同解除的结果是合同效力的提前结束，使双方当事人约定的权利义务关系发生重大变化，继而引发了一系列善后问题的处理以及双方责任的认定。因此，当保险合同一方当事人决定解除保险合同时，应当及时通知对方当事人。通知到达对方当事人时，开始发生解除合同的效力。解除保险合同的通知应当是书面形式，以此作为终止权利义务关系的证据。双方协议解除的，应当就保险合同的解除问题达成专门的书面协议。

（二）投保人解除保险合同的条件

我国《保险法》第 15 条规定："除本法另有规定或者保险合同另有约定外，保险合同成立后，投保人可以解除保险合同"。"本法另有规定"是指《保险法》第 50 条的规定，即"货物运输保险合同和运输工具航程保险合同，保险责任开始后，合同当事人不得解除合同"。

可见，对于投保人可以依法解除合同的情形，法律采取排除的方法，规定投保人除了货物运输保险合同和运输工具航程保险合同外，对其他保险合同的解除没有限制，但合同另有约定的除外。而且，即使属于以上两类合同的范围，只要保险人承担的保险责任尚未开始，投保人依然可以解除。

对投保人的保险合同解除权作这样的规定是因为投保人在保险合同订立过程中处于"弱势"地位。即分散的投保人在经济力量上无法与保险人相抗衡，投保人对于保险的专业知识比较缺乏，保险合同是附和合同，投保人没有对保险合同条款进行讨价还价的能力。保险法为了保持双方当事人在保险法律关系中真实的平等性，对其在订立保险合同过程中的不平等关系加以矫正，在保险合同解除权的分配上侧重投保人。并且，在保险法律关系中，投保人在分担其他投保人风险责任的同时，也在分享其他投保人共担风险所带来的安全保障。投保人行使合同解除权，事实上也是对自己享有的受保险保障权利的一种放弃。任何一个投保人均可以基于自愿通过投保接受该权利，也可以基于自愿通过解除合同而放弃该权利。

具体来说，依照我国《保险法》的规定，保险合同成立后，保险人在下列情形下有权解除保险合同：

（1）投保人违反如实告知义务。对于影响或者有关保险标的的危险程度的重要事项或者有关被保险人的情况，投保人没有如实向保险人申报或者说明的，保险人可以解除保险合同。《保险法》第 16 条第 2 款规定："投保人故意或者因重大过失未履行前款规定的如实告知义务,足以影响保险人决定是否同意承保或者提高保险费率的,保险人有权解除合同。"《保险法》第 32 条第 1 款也规定:"投保人申报的被保险人年龄不真实,并且其真实年龄不符合合同约定的年龄限制的,保险人可以解除合同,并按照合同约定退还保险单的现金价值。"

(2) 被保险人或受益人的违法行为。被保险人或者受益人意图诈欺保险人给付保险金,或者故意造成保险事故而获取保险金,或者采取其他欺骗手段图谋保险金的,属于违法行为。被保险人或者受益人有违法图谋保险金的行为时,保险人有权解除保险合同。《保险法》第 27 条第 1 款、第 2 款规定,未发生保险事故,被保险人或者受益人谎称发生了保险事故,向保险人提出赔偿或者给付保险金请求的,保险人有权解除合同,并不退还保险费。投保人、被保险人故意制造保险事故的,保险人有权解除合同,不承担赔偿或者给付保险金的责任;除本法第 43 条规定外,不退还保险费。

(3) 投保人或者被保险人违反防灾减损义务。投保人或者被保险人违反法律规定或者保险合同约定的防灾减损义务,保险人可以解除保险合同。依照《保险法》第 51 条第 3 款规定,投保人、被保险人未按照约定履行其对保险标的的安全应尽责任的,保险人有权要求增加保险费或者解除合同。

(4) 保险标的危险程度显著增加,被保险人未履行义务。在保险合同有效期内,保险标的危险程度的增加,被保险人按照合同约定应当及时通知保险人。《保险法》第 52 条第 1 款规定:"在合同有效期内,保险标的的危险程度显著增加的,被保险人应当按照合同约定及时通知保险人,保险人可以按照合同约定增加保险费或者解除合同。"

(5) 投保人违反保险费给付义务。给付保险费是投保人的主要义务,如果其未如期给付,保险人有权解除合同。在人身保险合同中,保险人必须在投保人复效请求期限届满后,方能解除合同,如《保险法》第 37 条规定,自人身保险合同效力中止之日起满 2 年投保人和保险人未达成协议的,保险人有权解除保险合同。

(6) 投保人违反特约条款。投保人违反保险合同规定的特约条款的,保险人可以解除保险合同。

【案例研讨】 **保险公司是否享有解除权?**①

田七系田群之子,2007 年 6 月 21 日,田群与重庆人寿保险公司签订保险合同,合同约定:投保人为田群,被保险人为田七,受益人为田群,投保险种为康宁终身保险,保险期

① 国家法官学院案例开发研究中心:《中国法院 2012 年度案例》,中国法制出版社 2013 年版,第 200 页。

间为终身,保险金额为2万元,如被保险人身故,重庆人寿保险公司将按基本保额的3倍给付身故保险金。合同签订后,田群按照合同约定向重庆人寿保险公司支付了2007年至2009年的保险费共计4500元。2009年11月23日,田七因患肺结核死亡。田群认为属于保险责任事故,向重庆人寿保险公司提出理赔申请。重庆人寿保险公司于2009年12月25日以被保险人在投保前已患有疾病为由,依照保险法相关规定,向田群出具了《拒绝给付保险金通知书》。2001年3月24日,田七在重庆忠县疾病预防控制中心进行肺结核治疗,于同年11月24日治愈。2008年5月16日,田七在重庆忠县人民法院住院治疗,经诊断为"肺结核",同年6月17日,田七好转出院。2007年6月19日,田群申请投保时,在填写个人保险投保单告知事项时,田群及田七均填写为"否"。投保人田群及被保险人田七均签字确认保险公司尽了明确说明义务。田群请求保险公司支付赔偿金6万元。

重庆市忠县法院一审认为:保险合同成立虽然超过两年,但根据保险法司法解释(一)第5条第3项规定,保险公司行使解除权的期限应当从2009年10月1日起计算,适用2年期限,故保险公司仍可解除合同。被保险人虽在保险期间病故,但因重庆人寿保险公司已履行明确说明义务,而田群故意未履行如实告知义务,故重庆人寿保险公司可以不承担给付保险金责任。

田群持原审判决上诉。重庆市第二中级人民法院审理认为:投保人因故意未履行如实告知义务,保险人解除权应当在保险合同成立之日2年内(其起算时间为2009年10月1日)行使,但保险公司知道解除原因的,其行使解除权的期间为知道解除原因之日起30日内。从2009年12月25日保险公司就应当知道解除事由,而其在法定期间未行使解除权,其解除权已经消灭。保险合同对双方仍有拘束力。保险公司应当按照保险合同约定承担给付田群保险金的责任。

本案中,核心在于对我国《保险法》第16条第3、4、5款的认识。第3款规定保险人解除权有两方面的限制:一是保险人知道有解除事由之日起30天内;二是保险合同成立之日起2年内。如果保险人知道解除事由,当然、优先地适用30天的限制。保险合同成立之日起2年是对保险人知道解除事由并行使解除权的最长限制期限。保险人未在法律规定期限内解除合同,解除权消灭。第4、5款规定是发生保险事故情形下保险合同解除的法律后果,而不是保险人丧失保险合同解除权后的法律后果。在投保人故意或者因重大过失不履行如实告知义务时不必然适用第4、5款,也不必然导致免除保险人保险责任的法律后果。

保险合同解除的后果就是使合同的效力提前消灭。但从何时开始消灭,则取决于保险合同的解除是否具有溯及力。确定保险合同的解除有无溯及力,主要在于确定对当事人已经履行的保险合同如何解决,通常是投保人交纳的保险费,保险人是否应当退还。如果当事人约定解除的,由双方约定解除的后果;当事人依据法定条件解除的,应当依据《保险法》的规定处理。

根据我国法律规定，投保人解除人身保险合同的，其解除的效力自始发生，即具有溯及力。我国《保险法》第 47 条规定："投保人解除合同的，保险人应当自收到解除合同通知之日起 30 日内，按照合同约定退还保险单的现金价值。"这是由于人身保险合同属于给付性质的合同，带有明显的储蓄性，投保人交纳的保险费经过积累而成为保险责任准备金，最终仍归属于被保险人或受益人。它不是保险人已经取得的利益，而是保险人对投保人的负债。

投保人解除财产保险合同的不具有溯及力。我国《保险法》第 54 条规定："保险责任开始前，投保人要求解除合同的，应当按照合同约定向保险人支付手续费，保险人应当退还保险费。保险责任开始后，投保人要求解除合同的，保险人应当将已收取的保险费，按照合同约定扣除自保险责任开始之日起至合同解除之日止应收的部分后，退还投保人。"这是因为财产保险合同是补偿性合同，当事人订立合同的目的在于补偿被保险人因保险事故发生而遭受的实际损失，而投保人交纳的保险费则是保险人承担保险责任的对价。保险人未开始承担保险责任的，没有理由要求投保人支付保险费，对于保险人在保险合同的订立过程以及成立后出具相应的单据中有费用，应由投保人向保险人支付手续费。保险人未承担保险责任时退还给投保人的保险费是扣除手续费后的余额。保险人已经开始承担保险责任的，有权收取相应期间的保险费，如果尚有剩余的，应当退还给投保人。

保险人根据法律规定的情形行使解除权解除合同的，其解除的效力，因投保人、被保险人或受益人的过错程度不同及分别财产保险合同和人身保险合同而不同。

因投保人的过失行为而导致保险人解除合同的，或者依据法律规定的情形，保险人解除人身保险合同的，其解除的效力自始发生，双方就合同已经履行的部分需要回复到合同订立前的状态。如投保人因重大过失未履行如实告知义务，对保险事故的发生有严重影响，保险人解除合同的，应向投保人退还保险费；人身保险合同的投保人申报的被保险人的年龄不真实，因其真实年龄不符合合同约定的年龄限制，保险人解除合同的，应在扣除手续费后，向投保人退还保险费；人身保险合同因效力中止 2 年内双方未达成复效协议，保险人解除合同的，应当按照合同约定退还保险单的现金价值。

因投保人、被保险人或受益人的故意行为或欺诈行为而导致保险人解除合同的，解除的效力始自保险合同成立就不需承担保险责任，已对其履行的，负有返还的义务，而已向保险人交纳的保险费，保险人无需退还。如因投保人故意不履行如实告知义务，保险人解除合同的，对保险合同解除前发生的保险事故，不承担赔偿或者给付保险金的责任，并不退还保险费；因投保人、被保险人或受益人的欺诈行为而导致保险人解除合同的，保险人不承担保险责任，也不退还保险费。

第四节　保险合同的终止

一、保险合同终止的概念

保险合同的终止是指保险合同成立后因法定理由或约定事项出现，保险合同的效力永远消失。保险合同的终止与解除虽然都是使合同的效力消灭，但保险合同解除的效力有可能溯及既往，而终止的效力仅向将来发生，对于当事人已经作出的履行无须恢复原状。保险合同终止的适用范围比保险合同解除广，保险合同的解除是引起保险合同终止的原因之一。

二、保险合同终止的原因

（一）保险合同的有效期限届满

保险合同有效期限届满而引起的保险合同的终止，称为自然终止或届期终止。这是保险合同终止最多的原因，因为大部分保险合同所承保的风险都未实际发生。当保险合同约定的期限届满时，当事人之间的权利义务关系即归于消灭。至于保险合同期限届满以后续保，并不是保险合同的继续，而是又一个新合同的成立。

（二）保险合同约定的义务已履行

保险合同约定的义务已履行，主要是指保险人具体赔偿或给付保险金义务的履行。当保险合同约定的事故或事件发生，保险人依合同约定赔偿或给付保险金后，保险合同即告终止。这既包括保险合同约定的义务已全部履行，即保险人按照合同约定的保险金额已全数赔偿或给付；也包括保险标的在保险期间内数次发生部分损失，在保险金额不变的情况下，保险人分次进行赔偿，当赔偿的保险金已达到保险合同约定的数额时，保险人的义务即已全部履行，合同终止。人身保险合同中，保险人按照合同约定的方式给付保险金后，合同终止。

保险合同约定的义务部分履行后，保险合同的效力并不当然终止，保险人对保险标的未遭受损失的部分继续承担保险责任。但是，如果当事人行使终止权的，可以提前结束合同的效力。根据我国《保险法》第 58 条的规定：保险标的发生部分损失的，自保险人赔偿之日起 30 日内，投保人可以解除合同；除合同另有约定外，保险人也可以解除合同，但应当提前 15 日通知投保人。

（三）保险标的灭失或被保险人死亡

在财产保险合同中，保险标的如因非保险事故而全部灭失或损毁，风险终结，保险合同也因此终止。我国台湾地区“保险法”就规定:“保险标的物非因保险契约所载之保险事故而完全灭失时,保险契约即为终止。”在人身保险合同中,被保险人因非保险事故或事件死亡的,生命终结时风险终止,保险合同也因此终止。例如,意外伤害保险中的被保险人因疾病死亡。

(四) 保险合同的效力中途丧失

保险合同效力的中途丧失是指在保险合同的有效期限内,因决定合同效力的要件丧失而使有效合同变成无效合同。例如,财产保险合同中保险标的的转让,除货物运输保险合同和另有约定的合同中保险标的的转让不需要经过保险人的同意外,未通知保险人并经保险人同意继续承保的,则从保险标的转让给第三人时起,保险合同终止。

(五) 保险合同当事人破产

保险合同当事人破产,其权利义务都因此消灭,保险合同效力终止。如韩国《商法典》第 654 条规定:“保险人宣告破产的,投保人可以终止合同”。德国《保险合同法》第 16 条规定:“在保险人宣告破产的情况下,保险合同在破产宣告 1 个月后终止;在上述期限到来之前,保险合同仍然有效。”但根据我国《保险法》第 92 条规定,经营有人寿保险业务的保险公司被依法撤销或者被依法宣告破产的,其持有的人寿保险合同及责任准备金,必须转让给其他经营有人寿保险业务的保险公司;不能同其他保险公司达成转让协议的,由国务院保险监督管理机构指定经营有人寿保险业务的保险公司接受转让。

三、保险合同终止的后果

保险合同终止的,自终止效力发生之时起,保险合同关系消灭。保险事故发生在保险合同终止后,保险人不承担保险责任。

保险合同终止后,在某些情况下保险人需向投保人退还保险费。因保险标的发生部分损失,当事人终止合同的,保险人应将保险标的的未受损失部分的保险费,扣除自保险责任开始之日起至终止合同之日止期间的应收部分后退还投保人。非因保险事故,保险标的的全部灭失或损毁的,保险人应向投保人退还保险费。非因保险事故或事件,被保险人死亡的,根据投保人的交费年限,保险人应向投保人退还保险费或者保险单的现金价值。

【深度阅读】

1. 贾林青:《保险法》,中国人民大学出版社 2011 年版,第七章。

2. 董彪:《保险法判例新解》,社会科学文献出版社2011年版,第二章。

3. 吴定富:《中华人民共和国保险法释义》,中国财政金融出版社2009年版,第二章。

4. 孙宏涛:《德国保险合同法》,中国出版社2012年版,第一编。

【问题与思考】

1. 保险标的转让的法律要件及后果是什么?
2. 如何理解保险合同的宽限期?
3. 如何认识保险合同复效制度?
4. 保险合同解除包括哪些类型?

第三编

保险合同分论

第九章　人身保险合同概述

人身保险合同以人的寿命和身体为保险标的，是投保人根据合同约定，向保险人支付保险费，保险人在被保险人死亡、伤残、疾病或者达到合同约定的年龄、期限时，承担给付保险金义务的保险合同。人身保险包括人寿保险、意外伤害保险和健康保险。

第一节　人身保险合同的特征和分类

一、人身保险合同的特征

我国《保险法》第 12 条第 3 款规定："人身保险是以人的寿命和身体为保险标的的保险。"结合我国《保险法》第 2 条的规定，人身保险合同是指投保人与保险人之间约定，以人的生命或身体为保险标的，以被保险人的生、死、残疾为保险事故，投保人向保险人交付一定数额的保险费的保险合同。当被保险人因意外事故、意外灾害、疾病、衰老等原因导致死亡、残疾或丧失劳动能力或年老退休，或在保险期限届满生存时，保险人应当按照约定向被保险人给付保险金或年金。

人身保险合同除具有双务、有偿、射幸、最大诚信、诺成、不要式、附合性等保险合同共通的特征外，与财产保险合同相比，还具有以下特征：

（一）保险标的人格化

人身保险合同的保险标的是人的寿命或者身体，体现显著的人身属性，是人格化的标的。而财产保险合同的保险标的则是财产以及相关利益，体现强烈的物质属性，是物化的标的。保险标的具有的特殊属性，是人身保险合同区别于财产保险合同的最大特点，也是人身保险合同的其他特征存在的前提和基础。一方面，人的寿命和身体不是商品，不能用货币来评估、衡量、表现其价值，因此，人身保险合同不存在保险价值，也就不存在财产保险中的超额保险一说。另一方面，人的寿命和身体遭受保险事故造成的后果，可以表现为生命的丧失、健康的损害或身体的伤害，也可能是产生经济上的需要或者丧失劳动能力，甚至包括精神和肉体上的痛苦。基于对生命、对人格的尊重，这些后果是无法用货币加以准确衡量的，因而也是无法用货币对其进行充分赔偿或补偿的，这与财产保险合同的损失填补属性存在本质区别。①

（二）保险期间长期性

人身保险合同大都属于长期性合同，保险有效期可以持续几年，甚至几十年、终生。因为人身保险合同是投保人借以转嫁人身寿命风险和身体风险的一种法律手段。人身存在的寿命风险和身体风险在人的一生中都存在。并且，被保险人的年龄越大，其寻求保险保障的需要越大，而其交费的能力却在下降，人身保险合同采取长期保险形式，有利于降低保险费用，增强对老年人的保障作用。人身保险的保费收入稳定，保险人可从中获得收益，也可以利息方式返还给投保人。一般而言，保险人不能任意中止或者变更合同，但可以作出对投保人一方有利的修改。

（三）保险金额给付定额性

人身保险合同以被保险人的生命和身体作为保险标的，而人的生命和身体本身不能用货币来衡量。因而人身保险合同的保险金额无法以保险标的的价值为依据，而是由保险人事先综合各种因素进行科学计算所规定的固定金额，由投保人选择适用，或者由保险人与投保人协商确定一个数额。保险人依此固定数额履行保险责任。所以，人身保险合同不会发生超额保险的问题。

确定人身保险的保险金额主要从两个方面进行考虑：一是投保人对人身保险需要的程度，二是投保人缴纳保费的能力。在此基础上，由当事人双方从客观情况出发，根据经验与科学分析，协商确定一个保险金额，在保险事故发生时，由保险人按此给付保险金。在人身保险中，因此只考察投保人有无保险利益，而不管其金额的多少。保险利益只是订立保险合同的前提条件，而不是维持合同有效性或给付保险金的条件。

由于人身保险是定额保险，所以不管是否发生经济上的损失，也不管损失程度的大小，只要在保险期间内发生保险责任范围内的保险事故，保险人就应当依据合同约定，支付保险金额。由于人身保险是定额保险，所以也不会有超额投保问题，不必受重复投保的限制。被保险人可以同时持有若干份有效保单，只要按时缴纳保费，保险事故发生后，被保险人就可以根据各张保单的约定获得相应的保险金。

当保险期满时，无论保险事故发生与否，被保险人或受益人都可以收回保险金额的全部或部分。人寿保险的纯保险费一般由两部分构成，即危险保险费和储蓄保险费。前者是自然保险费；后者是投保人的储金，用以积存责任准备金。保险人可以将这笔保险费投资或贷款以便获得利息收益，为被保险人的保险储金增值。所以投保人身保险，即使未发生保险事故，在保险期满后，被保险人仍然可以收回一部分

① 李玉泉：《保险法学——理论与实务》，高等教育出版社2010年版，第266页。

保险费,一般称为保单的现金价值。人身保险的被保险人可以在保险单的责任准备金额内,用保单做抵押向保险人借款,也可在中途解除合同时领回退保金。

(四) 危险概率变动性、必然性和分散性

人在不同年龄阶段死亡率不同,当人到晚年死亡率会加速上升。人身保险危险率变动在一定程度上影响保险费率的确定。为了避免保险费率频繁变动,使人到晚年仍可获得保险保障,同时也保证保险人的正常经营,一般人身保险采用"平准保费法",以均衡的费率代替每年更新的自然保险费率。

在以人的生命为标的,以生存或死亡为保险事故的人身保险中,保险事故的发生即生或死具有必然性。在将人的生存、死亡或伤残等作为保险事故时,保险事故的发生也完全是必然的。但人身保险的保险事故的发生又比较分散,一般不会同时出现保险事故,只有意外的大型灾害的出现,才可能导致大量保险标的同时遭受损失的情况。

正是由于人身保险合同所承保的死亡事故是必然要发生的,保险人向受益人给付保险金也是必然的,因此,保险人收取的保险费,除了部分用于营业开支外,大部分的积累将返还给被保险人或受益人。投保人将少数的钱款积存于保险人手中,保险事故发生后,被保险人或受益人可以得到一笔可观的数额,这点同储蓄一样。投保人逐次缴纳保险费后,待保险期限届满时所获得的保险金实际上相当于保险费的总和加上一定比例的利息。因为人身保险合同具有储蓄性质,所以投保人和被保险人可以享有储蓄方面的权利。

(五) 主体多样性

人身保险合同涉及的主体包括投保人、保险人、被保险人和受益人,涉及的辅助人包括代理人、经纪人、公估人。其中,受益人可以是多人,也可以是一人。

人身保险合同中的被保险人是具有生命的自然人,只能限于具有生命、独立存在的自然人。法人、胎儿以及死去的人,均不能成为人身保险合同中的被保险人。被保险人在人身保险合同中不可或缺,其寿命或者身体是人身保险合同的标的,是人身保险合同法律关系存在的基础,没有被保险人保险合同将无从成立。但被保险人不是人身保险合同的当事人。

投保人和保险人才是人身保险合同的当事人,人身保险合同由投保人与保险人签订,投保人和保险人按照合同约定享有相应的权利,承担相应的义务。

人身保险合同的条款也主要是针对投保人和保险人的。比如,如实告知条款要求投保人应当就被保险人健康等有关状况向保险人如实告知,保险人据此决定是否承保以及承保保险费的高低;而保险责任条款、保险期间条款、责任免除条款等规定了保险人承担赔偿或者给付责任的范围。

（六）不存在代位求偿权

根据人身保险合同的约定，只要保险事故致使被保险人死亡或伤残，或者合同约定的期限届满，保险人即应当按照约定的金额向被保险人或受益人给付保险金，而不以被保险人的实际损失为前提，也不论被保险人或者受益人是否已从其他途径得到补偿。我国《保险法》第46条规定："被保险人因第三者的行为而发生死亡、伤残或者疾病等保险事故的，保险人向被保险人或者受益人给付保险金后，不享有向第三者追偿的权利，但被保险人或者受益人仍有权向第三者请求赔偿。"所以，人身保险合同不存在所谓的代位求偿权问题。

这是因为人的生命或身体的价值无法用金钱来衡量，因而不存在超额保险的问题。在人身保险合同中，保险人给付保险金额，纯属履行合同义务，并不是填补被保险人或受益人的损失。被保险人的生命或身体受到侵害时，即使未造成直接的财产损失，但极可能给被保险人及其家属造成精神损害，因此，被保险人或其家属也可请求加害人给予一定的赔偿，这种请求权与保险人的给付保险金义务不是同一法律关系。

【案例研讨】

人身保险的保险人不能以实施致害行为的第三人已经赔偿为由拒赔①

某科技公司以李某等8人为被保险人向保险公司投保国寿绿洲团队意外伤害保险（A型）和国寿附加绿洲意外费用补偿团体医疗保险。2010年3月22日，龚某驾驶普通二轮摩托车搭载李某与毛某驾驶的小型普通客车相撞，造成两车损坏，龚某经抢救无效死亡，李某受伤。道路交通事故认定书确定龚某应承担此交通事故的主要责任，毛某承担次要责任，李某不承担此事故责任。后李某向保险公司索赔。保险公司辩称，根据国寿附加绿洲意外费用补偿团体医疗保险第4条保险责任的规定，李某已经通过其他途径获得足额赔偿，保险公司不再承担保险责任。

法院经审理认为，保险公司承保某科技公司投保的国寿附加绿洲意外费用补偿团体医疗保险属于人身保险，不属于财产保险，不适用"损失补偿原则"，被保险人从其他途径获得足额赔偿后，仍然有权从保险公司获得保险金。同时，保险公司利用预先设定的格式免责条款排除了原告依法享有的权利，上述合同条款因违反法律规定而不具有法律效力。因此，即使在原告已经通过侵权人获得全部医疗费赔偿的情况下，被告作为保险人也不能以实施致害行为的第三人已经向被保险人给予赔偿为由拒绝赔偿。最终，法院判决保险公司在国寿附加绿洲意外费用补偿团体医疗保险项下赔付李某1万元。

① 法律出版社专业出版委员会编著：《案例导读：保险法及配套规定适用与解析》，法律出版社2013年版，第83—84页。

（七）保费支付不可诉性

我国《保险法》第 38 条规定："保险人对人寿保险的保险费，不得用诉讼方式要求投保人支付。"人身保险合同大多数是人寿保险合同，与财产保险乃至意外伤害保险合同和健康保险合同相比，人寿保险合同有其特殊性：第一，长期的人寿保险合同一般采用分期支付的方式，在保险期间，投保人的收入水平、支付能力会发生较大变化。在投保人收入减少、发生支付困难的时候，保险人采用诉讼方式向投保人请求支付保险费，违背人寿保险保障生活的初衷，与以人为本、稳定社会秩序的主旨也不相符合。第二，人寿保险合同中的保费由两部分组成——危险保险费和储蓄保险费。危险保险费是根据每年的危险保险金额计算而得的保险费；储蓄保险费是投保人的储金，以责任准备金形式积存。作为责任准备金部分的保险费相当于投保人的储蓄存款，最后以保险金的形式返还受益人，或者在投保人退保或者保险人以特定事由解除合同时，以现金价值的形式向投保人退还。因此，基于"情势变更"及"禁止强迫储蓄"的考量，排除保险人以诉讼方式请求支付保险费的权利。①

二、人身保险合同的形式和类型

（一）人身保险合同的形式

依据我国《保险法》的规定，订立人身保险合同必须采用书面形式。人身保险合同的书面形式主要表现为保险单、投保单和保险批单等。

1. 保险单

保险单是保险人和投保人之间订立人身保险合同的正式的书面文件，又称保单。保险单包括人身保险合同中的所有内容，是投保人与保险人履行权利义务的依据，是最为重要的书面形式。在签发保险单前发生了保险事故，要分别不同的情况确定保险人是否承担保险责任。如果是人身意外伤害保险，保险人收到款项但未出单，那么发生保险事故时应予赔偿；如果是其他长期性人身保险，保险人尽管收到款项，保险责任也要到出单后才开始。

2. 投保单

投保单是投保人向保险人提出保险要求和订立人身保险合同的书面要约。投保单一般都会载明保险合同的主要条款，包括投保人、被保险人以及受益人的姓名、身份证号码、性别、家庭住址和出生年月等基本信息；投保的险种、保险金额、保险期限、缴费方式和缴费期限；开始认领年金的年龄、领取方式、领取标准和红利派发形式；保险费和付款方式等事项。投保单是人身保险合同的重要组成部分，如果投保

① 吴定富：《中华人民共和国保险法释义》，中国财政金融出版社 2009 年版，第 103 页。

单上有记载,而保险单上有遗漏,其效力与记载在保险单上的内容相同。

3. 保险批单

保险批单是人身保险合同双方就保险单内容进行修改和变更的证明文件。通常用于对已经印制好的保险单的内容作部分修改,或对已经生效的保险单的某些项目进行变更。保险批单一经签发,就自动成为人身保险合同的组成部分。保险批单的法律效力优于保险单,当保险批单内容与保险单不相一致时,以保险批单内容为准。

(二) 人身保险合同的类型

人身保险合同可以根据不同标准划分成不同的类型。

1. 补偿型人身保险合同和给付型人身保险合同

补偿型人身保险合同是保险人根据保险标的所遭受的实际损失进行经济补偿的合同,医疗保险合同属于此类合同。给付型人身保险合同是事先由人身保险合同双方当事人约定保险金额,当被保险人发生保险事故时,由保险人按约定的保险金额给付保险金的合同。人身保险的许多险种均属定额保险,特别是人寿保险。

2. 长期保险合同和短期保险合同

长期保险合同是指保险期限超过1年的人身保险合同,人寿保险合同大多数都属于长期保险合同。短期保险合同是指保险期限为1年或1年以下的人身保险合同,人身意外伤害保险中的许多险种均为短期保险,如航空旅客人身意外伤害保险,保险期限仅为一个航程。

3. 人寿保险合同、意外伤害保险合同和健康保险合同

人寿保险合同是以被保险人的寿命为保险标的,以生存或死亡为给付保险金条件的人身保险合同,年金保险合同是人寿保险合同的特殊形式。意外伤害保险合同是以被保险人因遭受意外伤害事故造成死亡或残疾为保险事故的人身保险合同。健康保险合同是以人的身体为对象,以被保险人在保险期限内因患病、生育所致医疗费用支出和工作能力丧失、收人减少及因疾病、生育、致残或死亡为保险事故的人身保险合同。

4. 个人保险合同、联合保险合同和团体保险合同

个人保险是以单一个人为保险对象的人身保险。联合保险是将存在一定利害关系的2个或2个以上的人视为联合被保险人而同时投保的人身保险。联合保险中的一个被保险人死亡,保险金将给付给其他生存的人;如果保险期限内无一死亡,保险金给付给所有联合被保险人或其指定的受益人。团体保险是以机关、团体、企事业单位或其他单位为承保对象,以单位名义投保并由保险人签发一份总的保险合同,保险人按合同规定向其单位中的成员提供保障的保险。团体保险有团体人寿保

险、团体年金保险、团体意外伤害保险和团体健康保险等。

5. 个人保险合同、集合保险合同和综合保险合同

个人人身保险合同是指以单个人为保险对象的人身保险合同。大多数的投保人都针对单个的被保险人进行投保。集合保险合同是将多个性质相似的保险标的集合在一起,而对每一保险标的分别订立各自的保险金额的保险合同。在集合人身保险合同中,当发生保险事故时,单个的被保险人的赔偿按个人人身保险的赔付方式赔付,即在个人的保险金额限定下,按合同约定方式进行全额或比例赔付。综合保险合同是指保险人承保的是性质不一定类似的众多的保险标的,但仅确定一个总的保险金额,不分别规定单个保险金额的保险合同。这种合同无特定的保险标的,仅以一定标准限定标的的范围,并按此范围内的所有标的来规定一个总保险金额,保险人在保险金额的限度内承担保险责任。

第二节　人身保险合同的内容

人身保险合同内容在广义上指人身保险合同的全部记载事项,包括合同的当事人、关系人、双方权利义务和合同标的及保险金额等;狭义的人身保险合同的内容仅仅是指人身保险合同双方当事人所约定的、由法律确认的权利与义务,也就是人身保险合同的条款。人身保险合同的条款可以分为基本条款和特约条款。基本条款是根据法律规定由保险人制定的,必须具备的条款。包括保险责任范围条款、保费和红利条款、保单贷款条款、不丧失价值条款、如实告知条款和不可抗辩条款等。特约条款是指在基本条款以外,由投保人与保险人根据实际需要而协商约定的其他条款,包括保证条款和附加条款。附加条款增加或限制了双方的权利义务,是对基本条款的修改或变更,其效力优于基本条款,通常采取在保险单上加批注或批单的方式使之成为合同的一部分。

一、保险责任条款

人身保险的保险责任是指保险合同约定的保险事故发生后或达到合同约定的年龄、期限时,保险人所应承担的保险金赔付责任。人身保险合同的保险责任范围包括责任期间、保险责任和责任免除三部分。

(一) 责任期间

责任期间规定保险责任什么时候开始,什么时候终止。我国《保险法》第 18 条规定,保险合同应当包括“保险期间和保险责任开始时间”等事项。现行的保险条款一般规定保险合同自保险人同意承保、收取首期保险费并签发保险单的次日开始生

效，通常合同生效日期即为保险人开始承担保险责任的日期。保险责任期间的长短，取决于投保人与保险人之间的约定。

（二）保险责任

我国《保险法》第18条规定，保险合同应当包括“保险责任和责任免除”事项。其中的保险责任事项通常以列举说明的方式规定保险人在什么情况下应当承担赔偿或者给付保险金责任，应当如何承担赔偿或者给付保险金的责任。

保险责任一般基于某种原因或后果。前者指引起保险事故的原因，比如意外伤害、疾病。后果是指保险事故所造成的后果，比如死亡、残疾、支出医疗费、保险期满等。某些保险责任只要求后果而不追究原因，比如生存保险只要被保险人生存到保险期满或一定的年龄就给付保险金。

（三）责任免除

责任免除事项规定保险人免于承担保险责任的各种情形。“保险责任”是对于在“保险责任”之内而保险人又不愿承保的特定的情形进行排除。

二、保费条款

保险费是投保人为取得保险保障，而需按合同约定向保险人支付的费用。保险费多少是根据保险金额、保险费率、保险期限、被保险人的年龄、职业等因素计算决定的。

保险合同不仅要载明保险费的数额，还要明确交付的方式，如保险费一次付清还是分期交付，每次交费的相隔周期，每次交付的数额，以及交付的宽限日期等。

人身保险合同的保险人不能强制投保人履行交付保险费的义务，不得以诉讼方式请求交付。一旦投保人未能按规定交付保险费，则保险合同效力随之停止，保险人亦不再承担保险责任。

缴付首期保费与保险合同是否生效有重大关系。我国《保险法》第35条规定：“投保人可以按照合同约定向保险人一次支付全部保险费或者分期支付保险费。”首期保费之后的各期保费称为续期保费。缴付续期保费是人身保险合同保持其效力的条件。投保人不必允诺缴付续期保费，保险人也不能以诉讼的方式要求投保人缴付续期保费，但如果投保人未能在规定的宽限期届满前缴付续期保费，将会导致保险合同效力中止。

投保人可以直接到保险人的营业场所缴付现金，也可将现金保费交与经保险人授权的代理人。向经保险人授权收取保费的代理人缴付现金保费相当于向保险人本人缴付。如果代理人收取现金保费后没有及时或者根本不向保险人上缴，保险人可以通过法律途径要求代理人承担相应的责任，但对投保人而言，保费缴付已经完成。

如果保险合同具有红利或者现金价值而且保险合同作了相应的约定，投保人可以用红利缴付保费或者以保险合同现金价值自动垫缴保费，这分别称为红利缴费法和自动保费垫缴法。

三、红利条款

包含红利条款的人身保险合同被称为分红保险合同。分红保险是指保险人将其实际经营成果优于保守定价假设的盈余，按照一定比例向保险合同持有人分配的人寿保险。在分红保险中，保险人会向分红保险的投保人收取更多的保费，以确保将来经营安全稳健。保险公司确定保险费时，在平均死亡率基础之上还要加入安全保证，从而保险费毛额总要超过实际的需要程度，如果没有特殊的不利发生，人身保险的经营就会有盈余出现。所谓的保单红利，实质上应视为超收保费的退还，与股东的投资报酬不同。

保险人应当按照法律的规定和合同的约定向投保人分配红利。中国保监会规定，保险人盈余分配的比例不得低于当年可分配盈余的70%。保险人应当向保险监管部门报送财务报告和分红业绩报告，以保证红利分配的真实性和公正性。红利分配有几种方式：领取现款；以红利额作为抵免费用调整下一期的保险费；存在保险公司，以公司的保证利率累积生息；作为趸缴保费购买增额缴清保险，使得保险金额年年递增，同时也提高保单的现金价值；获得一年定期保险选择权，同时可以在用红利的一部分行使此权利后，余下部分作其他选择。红利条款通常规定，若投保人在投保时没有选定红利处理方式，保险人按累积生息方式处理。

四、不可抗辩条款

不可抗辩条款的内容是指在被保险人生存期间，从保险合同订立之日起满两年后，除非投保人停止缴纳保险费，保险人将不得再以投保人在投保时的误告、漏告、隐瞒事实等为理由，主张合同无效或拒绝给付保险金。

根据最大诚信原则的要求，投保人要在投保人身保险时如实申报被保险人的职业、年龄、健康状况、持有有效保单的情况等等，以便保险人决定是否承保。如果投保人隐瞒真实情况，保险人查实后可主张合同无效，从而不承担保险责任。但是人身保险合同的期限一般较长，投保许多年之后，被保险人的情况必然发生很大变化，如果保险人以上述理由主张合同无效，会侵害投保人的权益，因而列入不可抗辩条款，使保险合同在两年后无可争议。

不可抗辩条款仅针对与保险合同有效性相关的抗辩，在可争议期满后，保险人不能对保险合同的有效性提出争议。但即使可争议期已经结束,在欺骗性冒名顶替、缺乏可保利益、为蓄意谋杀被保险人而投保等情况发生时,保险人仍然可以进行抗辩。

根据我国《保险法》第32条的规定,投保人申报的被保险人年龄不真实,并且其真实年龄不符合合同约定的年龄限制的,保险人可以解除合同,并按照合同约定退还保险单的现金价值。保险人行使合同解除权,自保险人知道有解除事由之日起,超过30日不行使而消灭。自合同成立之日起超过2年的,保险人不得解除合同;发生保险事故的,保险人应当承担赔偿或者给付保险金的责任。仅在投保人误报被保险人年龄的情形下,方适用不可抗辩条款。

五、不丧失价值条款

人身保险具有储蓄性质,保险人所收的保险费中,除去费用开支和当年给付保险金外,剩余部分必须充当责任准备金,以便将来给付被保险人或其受益人。责任准备金即是投保人的储蓄。按照人身保险的通例,投保人在缴付保险费若干年后,其保险单即具有现金价值,并且逐年递增。

由于前期需要付给代理人高额佣金,保险人通常在缴费期的前两年内摊销更多的费用,这使得责任准备金扣减解约退保费用后的余额可能为零,即没有现金价值。我国《保险法》第37条、第43条、第44条、第45条、第47条均规定,保险人或者投保人解除保险合同时,投保人已交足两年以上保费的,保险人应退还保单的现金价值。但这些条款都没有要求保险人在投保人未交足两年保费的情况下必须退还保单的现金价值。

不丧失价值选择权条款又称不没收条款,是指当投保人无力或不愿意继续缴纳保费维持合同效力时,保单所具有的现金价值不因投保人退保或者保单失效而丧失,而应由其选择如何处理保单项下积存的责任准备金:(1)领取退保金。退保金是指保单具有的现金价值减去未偿还的保单贷款及其利息后的净值。(2)选择展期保险。展期保险以原保单的保额扣除未偿还的贷款及其利息后的净值为保额,以退保金所允许的最大期限为保险期间。(3)选择减额缴清保险。减额缴清保险以原保单的保险期间为保险期间,以退保金所允许的最大保额为保险金额。如果投保人未作出不丧失价值选择,保险人有权依照合同预先约定的方式处理退保金,或自动按展期方式继续提供保险保障,或自动按减额缴清保险方式继续提供保险保障。保险人之所以为投保人提供了诸多选择,目的还是在于维系保险合同,尽量防止解约,保证经营的稳定。解约可能使得保险人的业务量降低,投资收益减少,对经营不利。

六、保单贷款条款

投保人保险费缴纳一定时间后，如有临时性经济上的需要，可以凭保险单向保险人申请贷款，贷款的限额一般不得超过保险单现金价值的若干成数，并应支付借款利息。一般当保险费付足 1 年以上时，投保人可以向保险公司申请保单贷款。

这同样源于人身保险合同履行中形成的责任准备金，相当于投保人存储在保险公司的存款。投保人或被保险人一旦急需款项就可能办理退保，以退保金应付资金的不足。但退保对双方都有不利影响。为此，保险人以责任准备金的一部分向投保人提供贷款。在一定意义上，保单贷款是保险人将其最终必须支付的款项预先支付予投保人。所以，投保人不必承诺将来偿还该贷款。因为即使投保人不偿还保单贷款而选择退保或听任保单失效，保险人也不因此而受损。保险人有权在支付退保金之前，从保单现金价值中扣除未偿还的保单贷款及其利息，或者在依照合同给付保险金时扣除未偿还的保单贷款及其利息。

保单贷款提高了人身保险保单的使用价值，给投保人提供了极大的便利，同时也保证了保险人的稳定经营。由于保险人的自主资金运用因保单贷款而减少，影响其投资收益，因此加收利息也是合理的。

与此相关的是保费自动垫缴，即投保人按期缴纳保费满一定时期以后，因故未能在宽限期内缴付保险费时，保险人可以把保单的现金价值作为借款，自动垫缴投保人所欠保费，使保单继续有效。保费自动垫缴条款的前提是，保单具有的现金价值足够缴付所欠保费，而且，投保人没有反对的声明。如果第一次垫缴后，再次出现保费未在规定期间缴付的情况，则垫缴继续进行，直至累计的贷款本息达到保单的现金价值为止。在垫付保险费期间发生保险事故，保险人给付保险金时应从中扣除垫付保险费的本息。

七、自杀条款

自杀条款是指在保险单生效的若干年后，被保险人因自杀所致的死亡危险，由保险人承担给付保险金的责任。

自杀是指故意用某种手段终结自己生命的各种行为，但人身保险合同中所谓的“自杀”特指“故意自杀”，即要在主观上有自杀的意图，在客观上实施了足以实现意图的行为，二者缺一不可。被保险人很可能为谋取保险金而与保险人订立保险合同，在合同生效后故意自杀。为防止此类情况出现造成损失，保险人通常在合同中加入自杀免责内容，规定因被保险人自杀死亡的，保险人不承担死亡给付责任。

将自杀死亡列入保险人的免责条款，可以防止被保险人发生道德危险，图谋巨额保险金。但死亡保险的给付对象是受益人而非被保险人，如果将自杀死亡完全归入除外责任，不给付保险金，也会使受益人失去保障。所以对图谋保险金的自杀死亡不应给付保险金；对于其他原因的自杀死亡，则应履行给付义务。为了判断自杀动机上的方便，自杀条款假设即图谋保险金的人早有自杀企图，会在订立合同两年内自杀；超过两年的则认为在投保时没有自杀意图，从而应当给付保险金。

我国《保险法》第44条对此作出的规定是："以被保险人死亡为给付保险金条件的合同，自合同成立或者合同效力恢复之日起2年内，被保险人自杀的，保险人不承担给付保险金的责任，但被保险人自杀时为无民事行为能力人的除外。保险人依照前款规定不承担给付保险金责任的，应当按照合同约定退还保险单的现金价值。"

在司法实践中，"2年"的时间容易界定，对于被保险人死亡是否是"自杀"却常常引起纠纷，由此产生了举证责任由谁承担的问题。例如，被保险人文某向某保险公司投保全家福保险，每人保额达5万元，保险期间1年。保险生效5个月后的某一天，文某死亡。事发后，文某的女儿持保单向保险公司要求理赔。但保险公司认定文某是农药中毒自杀，并以此为由拒付保险金。文某的女儿不服，向法院提起诉讼。法院经审理后认为，保险公司主张被保险人文某系自杀身亡无充分证据证明，因此，其拒绝支付保险金的理由不成立，判决保险公司支付5万元保险金。① 同时，如果被保险人是在故意杀人后畏罪自杀，故意犯罪和自杀之间存在因果、直接关系，则认定被保险人属于故意犯罪导致身故，属于保险人免责范围。倘若保险人实施故意犯罪后因其他因素自杀，即故意犯罪和自杀之间没有因果、直接关系，则属于被保险人自杀，保险人不能免责，应当承担给付保险金的责任。②

【背景资料】 **自杀的界定③**

最高人民法院关于如何理解《保险法》第六十五条"自杀"含义的请示的答复

（[2001]民二他字第18号 2002年3月6日）

江西省高级人民法院：

你院[2001]赣经请字第3号关于如何理解《保险法》第六十五条"自杀"含义的请示收悉，经研究答复如下：

本案被保险人在投保两年内因患精神病，在不能控制自己行为的情况下溺水身亡，

---

① 董彪：《保险法判例新解》，社会科学文献出版社2011年版，第245—247页。

② 许崇苗：《保险法原理及疑难案例解析》，法律出版社2011年版，第239—241页。

③ 资料来源：中国百科网，http://www.chinabaike.com/law/zy/sf/fy/1338067.html，2013年11月16日访问。

不属于主动剥夺自己生命的行为，也不具有骗取保险金的目的，故保险人应按合同约定承担保险责任。

此复

【案例研讨】　　**自杀还是故意犯罪?①**

2002年4月27日，崔某以自己为被保险人，与某保险公司签订了一份人身保险合同以及附加险合同，年交保险费208元。保险条款责任免除中约定，因下列情形之一，导致被保险人身故的，保险公司不负给付保险金责任：第二项，被保险人故意犯罪或拒捕、故意自伤；第四项，被保险人在合同生效或者复效之日起2年内自杀的。合同生效后，2004年9月5日，被保险人崔某因十几年前与被害人赵某的爷爷有过节，曾多次扬言要绝其后代，趁赵某与邻居众人一起玩耍时，用随身携带的匕首朝赵某胸部捅了一刀，赵某一边喊"救命"一边跑，崔某再次向其胸部捅了一刀后，逃回家中服毒自杀。经法医鉴定，死者赵某系被他人用尖刀刺破左侧胸腔脏器致大出血死亡，崔某为服氰化物中毒死亡。公安局刑警大队认定：崔某作案后逃离现场，在其家中畏罪自杀。原告依保险合同要求被告理赔，被告却发出不予给付保险金的理赔决定通知书，双方形成争议。

一审法院认为，崔某与被告签订的保险合同是当事人真实意思的表示，未违反法律、行政法规的禁止性规定，合法有效。被保险人崔某的死亡属服毒自杀，其行为属故意犯罪，导致被保险人身故，属于适用保险条款的免责范围，被告不负给付保险金责任，对原告的诉讼请求不予支持。依照我国《保险法》第67的规定，判决驳回原告肖某（崔某之母）的诉讼请求。案件受理费1600元，原告肖某负担。

宣判后，肖某不服，向二审法院提起上诉。上诉时提出的理由为：(1) 原审判决认定崔某"畏罪自杀"，没有证据支持，纯属主观臆断；(2) 原审判决依据我国《保险法》第67条判决上诉人败诉，适用法律错误；(3) 依据我国《保险法》第66条的规定和合同约定，被上诉人应当赔偿。请求二审法院撤销原判，判令被上诉人赔偿保险金4万元，并赔偿因延期给付保险金所造成的经济损失。

被上诉人答辩称：(1) 本案被保险人崔某确系畏罪自杀，其自杀死亡的后果与故意杀人犯罪之间有直接的因果关系；(2) 被保险人崔某死亡情形符合保险条款的约定及我国《保险法》第67条的规定，上诉人主张的条款约定和法律规定中都没有包括"犯罪之后自杀身亡"，因而不能适用；(3) 被保险人崔某的自杀死亡不适用保险条款及我国《保险法》第66条的关于"2年内自杀"方面的约定和规定，因其是故意犯罪之后的畏罪自杀，应当适用保险条款和我国《保险法》当中有关"故意犯罪"的约定和规定。因此，请求二审法院

① 中国人寿保险股份有限公司教材编写委员会：《保险法及案例解析》，中国金融出版社2010年版，第133—135页。

依法维持原判，驳回上诉人的诉讼请求。

本案中，上诉人之子崔某作为投保人、被保险人与保险公司签订的人身保险合同以及附加险合同，系当事人的真实意思表示，崔某连续3年交足保费，该合同应认定为合法有效。被保险人崔某杀害赵某的行为属于故意犯罪。崔某随后逃回家服毒自杀身亡，符合我国《保险法》第67条关于被保险人故意犯罪导致其死亡的情形。上诉人认为依据我国《保险法》第66条的规定和合同约定，在合同生效之日起2年之后自杀的，被上诉人应当承担给付保险金义务。因被保险人崔某涉嫌故意杀人，其故意犯罪行为又是保险条款的免责范围，虽保险合同成立已满2年，但不能适用《保险法》第66条的规定和保险条款第3条第1款的约定，该上诉理由不能成立。上诉人上诉称原审判决认定崔某"畏罪自杀"没有证据支持。原审判决在案件事实上摘录采用了公安机关的调查报告，而在判决说理部分并未认定，但是否"畏罪自杀"还是其他因素自杀，并不能否认故意犯罪的客观事实，更不影响本案的实体处理。该上诉理由同样不能成立。最终，二审法院依法驳回上诉，维持原判。

八、保单复效条款

复效条款是指在保险合同失效后，投保人可以在一定时间内申请恢复合同效力。人身保险通常是长期性的合同，投保人难免因各种因素不能在宽限期间交付保险费导致合同停止效力。失效后，投保人可以重新投保成立新的保险合同，也可以要求恢复保险合同的原本效力。旧合同复效往往要比新成立合同更为有利。

由于保险人不得用诉讼方式要求投保人支付人身险保费，法律和保险条款规定投保人未按规定缴付保费的合同效力中止，以此避免保险人既要承担保险责任又不能按期收取保费的后果。但是，保险人也不希望因合同效力中止而最终失去该保险业务，于是允许投保人依照一定的条件申请保单复效。被保险人只有在符合投保条件的情况下，经保险公司审查同意，才能使原保险合同的效力得以恢复。通常要求保险合同失效不超过2年，失效时间超过2年就不能申请复效。投保人如果已经办理退保手续并已领取退保金的，就不能申请复效。申请复效须提供符合投保条件的体检健康证明书，要求投保人如实告知被保险人的健康状况，以防止逆选择。申请复效时投保人须缴清失效期间内的保险费本息。如果失效前投保人尚有贷款未还清，还须还清贷款本息。

九、年龄误报条款

被保险人的年龄在人身保险中至关重要，是保险人决定是否承保、确定何种费率的关键性因素，因此，被保险人年龄的重要性不言而喻。年龄误报条款指人身保险投保时如果误报了被保险人的年龄，保险合同将根据真实年龄予以调整。如果实际年龄已超过可以承保的年龄限度，那么保险合同无效，保险人将已收保险费无息退还，但需要在可争辩期间之内完成。根据最大诚信原则，投保人在办理投保手续时应当如实申报被保险人年龄。保险人对此一般不进行严格的审查，只有在保险事故发生后，保险人审核各种单证时才会核实被保险人的年龄。年龄误报条款可以在一定程度上保护保险人的利益。

被保险人年龄误报可能出现两种情况：一是申报年龄大于真实年龄，二是申报年龄小于真实年龄。相应地也可能出现两种结果：一是实缴保费多于应缴保费，即溢缴保险费；二是实缴保费少于应缴保费，即少缴保险费。前者如死亡类保险合同的被保险人申报年龄大于真实年龄，后者则是相反情况。我国《保险法》第 32 条第 2、3 款对上述两种情况的调整方法分别进行了规定：

（一）溢缴保险费

被保险人年龄误报导致溢缴保险费，其调整方法有两种：

（1）在保险事故发生或者生存期满给付保险金时，如果发现了误报年龄，一般应按真实年龄和实际已缴保费调整给付金额。调整公式为：

应付保险金 = 约定保险金额 ×（实缴保险费/应缴保险费）

公式中的实缴保费指投保人以错报年龄为计算标准而已经实际缴付的保险费，应缴保险费是以被保险人真实年龄为计算标准而应该缴纳的保险费。

（2）在保险合同有效期间内，如果发现了被保险人的年龄误报，既可以以前述方式调整保险金额，也可以退还溢缴保险费，一般来说，保险人都按照第一种方式调整保险金额，只有在调整后的保险金额超过保险合同规定的上限时，才使用退还溢缴保险费方式进行调整。我国《保险法》第 32 条第 3 款规定："投保人申报的被保险人年龄不真实，致使投保人支付的保险费多于应付保险费的，保险人应当将多收的保险费退还投保人。"

（二）少缴保险费时的调整

如果被保险人由于年龄误报而少缴保险费，有两种救济措施：其一，在合同有效期内，保险人可以要求投保人补缴少缴的保险费；其二，在保险事故发生时，按照实缴保险费和应缴保险费的比例调整保险金额，具体公式与溢缴保险费情况下一致。①

① 樊启荣：《保险法》，高等教育出版社 2010 年版，第 115 页。

【背景材料】　2012年全国人寿保险公司前二十强经营数据表①

排名	属性	公司名称	总保费(亿元)	市场份额	同比增幅
1	中资	中国人寿	3227.408063	32.41%	1.41%
2	中资	平安寿险	1287.711727	12.93%	8.24%
3	中资	新华人寿	977.185197	9.81%	3.08%
4	中资	太保寿险	934.608014	9.39%	0.28%
5	中资	人保寿险	640.303020	6.43%	-9.00%
6	中资	泰康人寿	615.776388	6.18%	-9.36%
7	中资	太平人寿	364.554983	3.66%	15.89%
8	中资	生命人寿	244.902623	2.46%	4.81%
9	中资	阳光人寿	157.196295	1.58%	-1.47%
10	中资	中邮人寿	145.463972	1.46%	81.30%
11	中资	国寿存续	131.746685	1.32%	-5.58%
12	中资	民生人寿	89.020464	0.89%	-8.84%
13	外资	友邦保险	86.911523	0.87%	6.16%
14	中资	合众人寿	80.846699	0.81%	-19.01%
15	中资	人保健康	75.997286	0.76%	65.78%
16	中资	华夏人寿	58.729206	0.59%	13.72%
17	中资	平安养老	58.692164	0.59%	17.50%
18	中资	建信人寿	58.675713	0.59%	357.98%
19	中资	幸福人寿	57.070589	0.57%	13.10%
20	外资	工银安盛	47.507087	0.48%	196.93%

【深度阅读】

1. 樊启荣:《保险法》,高等教育出版社2010年版,第八章。

2. 邢海宝:《中国保险合同法立法建议及说明》,中国法制出版社2009年版,第三章。

3. 沙银华:《日本保险经典判例评析》,法律出版社2009年版,第二章。

① 资料来源:中国保监会网站,http://www.circ.gov.cn/web/site0/tab5203/info234403.htm,2013年11月23日访问。

4. 国家法官学院案例开发研究中心:《中国法院2012年度案例:保险纠纷》,中国法制出版社2012年版,第二章。

【问题与思考】

1. 人身保险合同的特征是什么?
2. 人身保险合同包括哪些主要内容?
3. 如何理解人身保险合同中的保单贷款条款?
4. 年龄误报的法律后果如何?

第十章　人寿保险合同

第一节　人寿保险合同概述

一、人寿保险合同的概念

人寿保险合同,是指投保人和保险人约定,被保险人在合同规定的年限内死亡,或者达到合同约定的年龄、期限时,由保险人按照约定向被保险人或受益人给付保险金的保险合同。[①] 人寿保险合同以人的寿命为保险标的,只要被保险人在保险期间内处于生存或者死亡状态,保险人即按照约定的保险金额给付保险金,一般不考虑风险发生的原因。例如,我国台湾地区"保险法" 第 101 条规定:"人寿保险人于被保险人在契约规定年限内死亡,或届契约规定期限而生存的,依照契约,负给付保险金额之责。"

二、人寿保险合同的特征

人寿保险合同也具有与人身保险合同相同的下列特征:保险金定额给付;保险期间的长期性;保险费的储蓄性;不存在代位求偿权;保费支付的不可诉性。

【背景资料】　　**经验生命表**

经验生命表又称"死亡率表",反映的是社会平均年龄及不同年龄人群的生存概率和死亡概率,广泛应用于人寿保险产品定价、现金价值计算、准备金评估、内含价值计算、风险管理等各个方面。因此,对人寿保险行业而言,科学、准确的经验生命表是防范风险的重要手段和条件。

经验生命表的建立可追溯到 1661 年,英国编制了历史上最早的死亡几率统计表。1693 年,英国天文学家哈莱制定了《哈莱死亡表》,被认为是世界上第一张生命表,奠定了近代人寿保险费计算的基础。1700 年,英国又建立了"均衡保费法",使投保人每年缴费是同一金额。

我国保险业对经验生命表的研制工作最早可以追溯到 1847 年,当时在中国设立代表

① 许崇苗:《保险法原理及疑难案例解析》,法律出版社 2011 年版,第 264 页。

处的英国标准人寿形成了中国经验生命表的雏形。1949年新中国成立后，所有的人身保险业务由中国人民保险公司经营。中国人民保险公司最初借用的是日本全会社第二回生命表，据此开发了简易人身保险、福寿安康保险和城镇养老保险等险种。1984年又引进了日本全会社第三回生命表，并以此表为基础推出了个人养老金业务。但日本经验死亡率水平与中国被保险人群死亡率水平存在差异，这对我国人寿保险业务的经营产生了一定影响，不能准确、合理地制定保险费率和提留寿险责任准备金。

1995年，中国人民银行颁布《中国人寿保险业经验生命表(1990—1993)》，这是我国真正意义上的第一张经验生命表。这张表是根据原中国人民保险公司1990年到1993年的独家数据编制而成。随着生活水平提高和医疗技术进步，保险消费者群体的寿命呈延长趋势，同时，国内保险公司数量不断增多，核保制度逐步建立，原生命表已经不能适应行业发展的要求。

2003年初，中国保监会初正式决定编制人寿保险业的第二张经验生命表，观察期间为2000—2003年，命名为《中国人寿保险业经验生命表(2000—2003)》。第一次在全行业范围内进行经验死亡率调查，参调公司为国内经营时间较长、数据量较大的六家人寿保险公司，所用保单数据一亿多条，占行业数据量的98%以上。《中国人寿保险业经验生命表(2000—2003)》于2005年12月22日发布，并于2006年1月1日正式实施，该表比较客观地反映了人寿保险业经验死亡率，为保险公司厘定费率、准备金评估以及死亡率的研究提供了科学的依据。

【背景资料】　　保险贷款利息怎么算?①

朱先生是个生意人，下海经商近8年了，生意向来还不错。1996年，在保险代理人的推荐下，30岁的朱先生为自己购买了一款终身寿险，保额10万元，缴费期为20年，朱先生每年应缴纳保险费2570元。2010年4月，朱先生和往年一样，按时缴纳了下一期的保险费。可是就在5月份，一直很顺利的生意突然遭到市场强烈冲击，急需融资，但朱先生乐观地估计融资后的两个月便可度过难关。情急之下，朱先生想到代理人曾经讲过，可以用保单来借款，于是在五一节过后，朱先生就试着将自己的保单向保险公司申请借款。

按照这份保单的规定，在保单生效一年以后并且在累积有现金价值的情况下，朱先生就可以向保险公司申请借款了，最高可以借到保单现金价值的90%，每次借款的时间最长为6个月，借款利率将会参照银行6个月期流动资金的贷款利率(目前为5.40%)，并以此为基础，可上下浮动10%。

保险公司在收到朱先生的借款申请之后，通过计算，朱先生的保单在申请借款时，它

① 资料来源:中国保险学会网站，http://www.iic.org.cn/D_infoZL/infoZL_read.php?id=17901，2013年12月13日访问。

的现金价值已累积到了 11970 元，那么按照 90% 的最高借款比例来计算，朱先生应该可以向保险公司最高借到 10773 元(11970 元 × 90% = 10773 元)。朱先生的借款在被保险公司核准后，从 5 月 12 日起正式生效，按照每次借款时间最长为 6 个月的规定，朱先生应该最晚在 11 月 11 日归还所有本金并支付借款利息。

假设情况正如先前所预计的那样，朱先生在融资后的两个月便可度过难关，也就是说，朱先生可以在借款期满之日(11 月 11 日)前归还所借的本金和利息，那么，这时候朱先生承担的借款利息会是：本金 ×(借款天数/365) × 借款利率。

如果情况并不如朱先生想象的那样，他在 6 个月后仍然无法摆脱困境，也就是说，朱先生无力在借款期满之日缴付本金和利息，那么逾期未付的所有利息将被并入借款金额中。这时朱先生应承担的借款利息会是：前 6 个月的利息 +(本金 + 前 6 个月的利息) × (超过 6 个月后的借款天数 /365) × 借款利率。

由于保单的借款功能主要基于保单是否有现金价值，所以当朱先生保单的现金价值不足以偿还借款本金和利息时，朱先生保单的效力即会中止。

【案例研讨】

体检医生误诊，保险公司能否以投保人违反告知义务解除合同？[①]

在日本，X(投保人，原告)和 Y(寿险公司，被告)之间，以 A(X 的丈夫)为被保险人，以 X 为死亡保险金受益人，前后共签订了三份保险合同。第一份合同的死亡保险金为 1000 万日元，住院特约(类似国内的附加保险)中规定每天的住院费为 5000 日元。第二份合同是一个月后签订的，死亡保险金为 500 万日元。半年后，第三份合同成立，死亡保险金为 1000 万日元。三份合同合计死亡保险金为 2500 万日元。A 在第三份合同成立后一个月，因肝炎和肝硬化正式住院。住院半年后，在医院因医治无效死亡。X 向 Y 请求支付 A 的死亡保险金 2500 万元。Y 对 X 的请求加以拒绝。Y 表示，因 X 和 A 在投保时没有履行告知义务，所以在 A 病故前一个月，保险公司已经通知投保人解除上述的三份保险合同。X 不服，遂向日本京都地方裁判所提起诉讼，要求 Y 履行支付死亡保险金的义务。

X 主张，在 A 投保上述三个保险时，A 因肝脏的机能恶化，在某医院进行检查时，已经是肝肿三四指，医生诊断为 A 具有腹水、肝硬化、贫血、慢性肝炎。由于体检医生失误，没有对 A 的肝脏部位进行临床触诊，而是让 A 坐在凳子上保持坐姿，用手对 A 的腹部触诊一下，就诊断为肝脏正常。同时，对 A 也没有进行血液检查。当时，只要进行临床触诊就能发现 A 的肝脏肿大。由于体检医生的过失，造成 Y 判断失误。由于体检医生的过失而没有发现被保险人的病情，使得保险合同成立，Y 在保险合同成立上是有过失的，是由于

① 沙银华：《日本保险经典判例评释》，法律出版社 2011 年版，第 35—38 页。

过失而“不知”的,因此根据日本《商法典》的规定,不能解除保险合同。日本《商法典》第678条第1款是这样规定:“签订保险合同时,投保人或被保险人因故意或重大过失,没有将重要的事实告诉保险人,或对重要事实不实告知的,保险人可以解除保险合同。但是,保险人对其事实已知或因过失而不知的,则不在此限。”X主张根据日本《商法典》的规定,Y因过失而不知,所以不能解除保险合同。

Y在反驳X的主张时表明,由于A在订立保险合同的时候,没有履行告知义务,Y有权解除保险合同。另外,关于体检医生在体检的过程中没有发现A的健康状况已经不能属于被保险体(合格体)的状况,不能认定为过失。

本案的争议焦点集中于:第一,体检医生是否存在过失?第二,保险公司能否行使解约权?保险公司能否解除保险合同,关键在于体检医生是否具有过失。如果体检医生有过失,那么体检医生的过失是不是等同于保险公司的过失?在揭示这两个问题之前,有必要将体检医生的性质和地位等问题加以揭示。

1. 体检医生的性质

在人寿保险中,保险人在投保人投保之前,大部分的险种根据寿险的经营原则,有对被保险人进行体检的要求和需要。而这项涉及医学方面内容的项目,一般是委托具有医学专业知识的医生来进行。许多寿险公司都配有专门进行体检的具有医生资格的医生,由这些从属于保险公司的医生对被保险人进行身体健康的检查,根据保险业有关危险测定中必须掌握的重要事项,对被保险人的健康状况进行检查。

在体检过程中,被保险人对体检医生所进行的关于身体健康状况的告知行为,是否等同于被保险人向保险公司的告知行为?其效力是否相同?明确一点说,体检医生接受被保险人的告知,其接受告知的行为是不是代表保险公司在接受告知行为?也就是说,体检医生有没有接受告知领受权?日本保险法学界和业界对体检医生的性质,有几种不同的理论。(1) 机关论。该理论认为,体检医生是保险公司的一种机关,它代表保险公司进行活动,因此它具有接受被保险人告知的领受权。(2) 责任归属理由论。被保险人对体检医生进行告知后,没有理由把责任归到告知义务者身上。也就是说,作为告知义务者的被保险人在完成了对体检医生的告知之后,就没有理由把发生过失的责任归属给被保险人;如果是体检医生的过失没有发现时,被保险人也不应该承担没有告知的责任。(3) 代理领受告知论。体检医生从保险公司取得了代替保险公司领受被保险人的告知的代理权限。总而言之,上述三种理论虽然在文字上表述各有不同,但是在体检医生具有被保险人告知受领权上来看,没有根本性的区别,都主张体检医生是有领受告知的权限的。

在上述问题明确之后,体检医生的过失是不是等同于保险公司的过失就值得进一步分析。如果体检医生有领受告知权,那么其接受告知的行为就是代表保险公司在接受。而体检医生在这一过程中所出现的过失,实际上应当视为保险公司的过失。如果体检医生是有过失的,保险公司理应承担其过失责任,根据日本《商法典》的规定无法解除保险合同。因此,体检医生是否具有过失成为本案的关键。

2. 体检医生是否有过失

京都地方裁判所在判旨中认为,由于A作为被保险人并没有在投保时告知自己患有肝脏的疾病,所以体检医生并没有注重这一方面的检查,只是根据一般的情况进行了检查,在通常情况下不能说很容易发现这种疾病。关于血液检查,一般情况下,体检医生不会被要求对被检查体进行精密检查,除非事先得知该被检查体已经有疑问。因此,很难认定体检医生没有采取措施检查存在过失。

根据日本业界的惯例,体检医生所做的体检,只需要符合普通开业医生的体检水平,而没有必要利用一切手段和技术,花费昂贵的检查费用和很长时间来进行。在众多的判例中也沿袭或使用这种惯例。因此,本案判断基本上是沿袭了大多数判例的做法。京都地方裁判所全面否定X的请求,X败诉。

第二节 人寿保险合同的分类

人寿保险合同依据不同的划分标准,存在以下不同的分类。

一、死亡保险合同、生存保险合同、生死两全保险合同和年金保险合同

以保险金的给付条件为标准,人寿保险合同可以分为死亡保险合同、生存保险合同、生死两全保险合同和年金保险合同。

(一) 死亡保险合同

死亡保险合同,是指投保人和保险人签订的以被保险人死亡为保险金给付条件的人寿保险合同。以死亡保险合同保险期间的确立方式为标准,死亡保险合同又可以主要分为定期人寿保险合同和终身人寿保险合同。

(1) 定期人寿保险合同,又称"定期寿险合同",是指投保人和保险人签订的以被保险人在约定的保险期间内死亡作为保险人给付保险金条件的死亡保险合同。如果被保险人在保险单约定的期间内死亡,其受益人有权要求保险人给付保险金;如果被保险人在保险期间内依然健在,保险人无须支付保险金,也不返还保险费。

定期人寿保险合同具有以下特征:第一,保险人仅仅承担确定期限内的保险责任,因此,在保险金额相等的条件下,定期人寿保险合同的保险费低于其他人寿保险合同,被保险人的风险保障性价比更高。第二,定期人寿保险合同是对被保险人在特定期间内的死亡提供纯粹的风险保障作用,没有终身人寿保险合同的储蓄和投资属性。第三,保险期间届满时,被保险人不必进行体检便可以选择延长保险期间,不论其健康状况如何。如此规定是为了保护被保险人的利益,防止被保险人在保险期

间届满后可能因健康状况欠佳或其他原因而被保险人拒绝续保。第四,被保险人可以直接选择将定期人寿保险合同变更为终身人寿保险合同或生死两全保险合同,不需要体检,也不管其健康状况如何。定期人寿保险合同是纯粹的风险保障保险合同,适合那些短期内从事危险工作而且需要保险保障的人,也适宜于那些仍需为摆脱经济困境努力工作但又需要防范风险的年轻人。

(2) 终身人寿保险合同,又称"终身寿险合同",是指投保人和被保险人签订的约定保险责任从保险合同生效后一直到被保险人死亡之时为止的死亡保险合同。这是一种不定期的死亡保险合同,提供终身保障。人的死亡是必然结局,终身人寿保险合同的保险金最终必然要支付给受益人,同时其保险期间很长,故费率高于定期人寿保险合同。

终身人寿保险合同具有现金价值,投保人既可以中途退保领取退保金,也可以在保单的现金价值的一定限额内贷款,具有较强的储蓄和投资功能,是目前市场中主要的人寿保险合同之一。

(二) 生存保险合同

生存保险合同,是指投保人和保险人约定被保险人必须生存至约定的保险期间届满时才能领取保险金的人寿保险合同。倘若被保险人在约定的保险期间死亡,保险人既不需要给付保险金,也不需要退还保险费。生存保险合同具有很强的储蓄性和投资性,主要是为了满足被保险人一定期限之后的特定需要,比如子女的教育资金或者被保险人的养老金等。

(三) 生死两全保险合同

生死两全保险合同,是指投保人和保险人约定,如果被保险人在保险期间内死亡,保险人向其受益人给付保险金,如果被保险人生存至保险期间届满,保险人向被保险人给付保险金的人寿保险合同。生死两全保险合同是死亡保险合同和生存保险合同的混合,可分为两个部分,即定期寿险和储蓄投资,定期寿险部分的保费逐年递减,至保险期间届满日为零,而储蓄投资部分的保费则逐年递增,至保险期间届满日为投保金额。生死两全保险合同最能体现风险保障和储蓄投资的双重性,无论被保险人在保险期间内死亡与否,被保险人或受益人在保险间届满之后都可以获得稳定的保险金,如此既可以保障被保险人的晚年生活,又能解决被保险人死亡后对家庭经济造成的不利影响。

(四) 年金保险合同

年金保险合同,是指投保人和保险人约定,在被保险人生存期间,保险人按照合同约定的金额、方式在约定的期限内有规则地、定期地向被保险人给付保险金的人寿保险合同。它本质上也是一种生存保险合同,只不过在保险金支付方式上有所不同。在年金保险合同中，投保人要在开始领取之前支付完毕所有保费，不能一边交保费，一边领年金。年金保险合同可以确定保险期间，也可以不确定保险期间，但均必须以被保险人的生存为支付前提。年金保险合同为被保险人的晚年生活提供稳定而可预期的经济保障。

年金保险合同主要有以下几种类型：

（1）个人年金保险合同，是指投保人和保险人签订的由投保人按约定缴纳保险费，被保险人达到约定年龄次日开始领取年金直至身故的年金保险合同。被保险人可以选择一次性或选择分期领取年金。如果被保险人在达到退休年龄之前死亡，保险公司会退还积累的保险费或者现金价值。

（2）定期年金保险合同，是指投保人在规定期限内缴纳保险费，被保险人生存至一定时期后依照约定从保险人按期领取年金直至约定期间届满时止的年金保险合同。如果被保险人在约定期间内死亡，则自被保险人死亡时终止给付年金。

（3）联合年金保险，是指以两个或两个以上的被保险人的生存作为给付年金条件的年金保险合同。主要有联合最后生存者年金保险合同以及联合生存年金保险合同两种类型。联合最后生存者年金合同，是指同一保险合同中的两个人或两个以上被保险人，只要还有一人生存就继续给付年金，直至全部被保险人死亡后才停止。主要适用于夫妻和有一个永久残疾子女的家庭。联合生存年金保险合同，是指只要其中一个被保险人死亡就停止给付年金或者将随之减少一定的比例的年金保险合同。

二、个人人寿保险合同、联合人寿保险合同和团体人寿保险合同

以被保险人数量为标准，人寿保险合同可以分为个人人寿保险合同、联合人寿保险合同和团体人寿保险合同。

（一）个人人寿保险合同

个人人寿保险合同是指以单一自然人为被保险人的人寿保险合同。这是最常见、最典型的人寿保险合同。

（二）联合人寿保险合同

联合人寿保险合同，是指以存在保险利益关系的两个或两个以上自然人为被保险人的人寿保险合同，比如父母、夫妻、子女、兄弟姐妹等。如果其中一个自然人死亡或者生存至约定的期限，保险人支付保险金。具体而言，如果其中一个自然人死亡，保险人向其他健在的自然人给付保险金；如果所有的被保险人均生存至约定的期间，保险人则向所有被保险人或者受益人支付保险金。

（三）团体人寿保险合同

团体人寿保险合同，是指以一定社会团体内的全部成员为被保险人，以被保险

人指定的家属或其他人为受益人的人寿保险合同。团体人寿保险合同体现为一张总保险单,每一被保险人都持有一张保险单证明书,以行使其应有的各项权利。被保险人的人数有最低人数限制。团体人寿保险合同的保险期间通常为1年,附有续保条款,期满可以续保,即延长保险合同期间,保险人不得拒绝。在保险合同保险期间内,被保险人因疾病、请假或被解雇,只要继续交纳保险费,保险合同继续有效。如被保险人永久离职,则保险合同的效力至被保险人离职后满一定期间为止。在此期间内,被保险人可另外投保个人保险合同或者加入其他团体人寿保险合同。保险金额可以依照被保险人的类别或者等级确定,在同一类别之内的员工,保险金额是一致的。①

三、普通人寿保险合同和特种人寿保险合同

以承保技术为标准,人寿保险合同可以分为普通人寿保险合同和特种人寿保险合同。从承保技术上说,人身保险最初是为了保障和救助人们因保险事故所致死亡后果所遭受的损失。此后,其保障范围扩展到人的身体和健康因保险事故导致的疾病、伤残、丧失工作能力等损害后果,进而扩展到社会成员在日常生活中因特殊情况(诸如儿童的成长教育、子女的婚姻、妇女的怀孕、成人的失业等)遭受的经济困难。其中,多数是保障"生、老、病、死"等基本事件的人身保险,称为普通人寿保险合同。其他人身保险合同则是由普通人身保险派生而来,称为特种人寿保险合同。②

(一) 普通人寿保险合同

普通人寿保险合同,是指以自然人为投保人和承保对象,运用一般的技术方法经营死亡保险、生存保险及生死两全保险的人寿保险合同。在我国保险实务中,普通人寿保险合同通常附加意外伤害保险合同。③

(二) 特种人寿保险合同

特种人寿保险合同,是指除普通人寿保险合同以外的其他各种人寿保险合同。这是相对于普通人寿保险合同而言的。我国目前的保险市场中,特种人寿保险合同主要包括简易人寿保险合同和团体人寿保险合同。

【案例研讨】　　**免责条款不免责④**

2007年5月12日,原告崔伟的父亲崔男经被告中国人寿保险公司的业务员冯二介

① 李玉泉:《保险法——理论与实务》,高等教育出版社2010年版,第269页。
② 贾林青:《保险法》,中国人民大学出版社2011年版,第240页。
③ 王卫国:《保险法》,清华大学出版社2010年版,第141页。
④ 董彪:《保险法判例新解》,社会科学文献出版社2011年版,第242—245页。

绍在被告处办理了国寿简易人身两全保险。合同约定:投保人及被保险人为崔男,保期20年,年交保险费500元,基本保险金为10840元。该合同条款第5条第2项约定,被保险人因遭意外伤害,并自意外伤害之日起180日内身故,由保险公司按基本保险金额的8倍给付身故保险金。2008年8月12日崔男驾驶的摩托车在道路行驶时,被追尾而来的一辆由陈毅酒后无证驾驶的轿车碰撞,致崔男当场死亡。该事故经交警队责任认定,崔男无事故责任。

同时查明,崔男在与被告签订该保险合同时,被告的业务员为方便开展保险业务,未将保险条款中的责任免除条款告知投保人。

原审法院认为,原告崔伟的父亲与中国人寿保险公司签订的保险合同合法有效。原告作为被保险人的法定继承人,对其保险金依法享有继承权。被告应按照保险合同约定向原告赔偿被保险人应享有的基本保险金的8倍,即86720元。被告辩称,被保险人崔男系无证驾驶机动车辆发生交通事故死亡,根据保险合同条款第6条的约定,保险人不负保险责任。原审法院认为,被保险人虽无证驾驶机动车在交通事故中死亡,但其不承担事故责任,应当认定被保险人的死亡与其无证驾驶机动车的行为无因果关系,且被告在与被保险人签订保险合同时,也未将免责条款告知投保人,故据我国《保险法》规定,该条款对投保人不产生法律效力。其抗辩理由依法不能成立。判决如下:被告中国人寿保险公司赔偿原告崔伟保险金86720元,于判决生效后5日内付清。

上诉人中国人寿保险公司不服原审判决,提起上诉。二审法院认为,崔男依约交纳保险费后,上诉人在保险期间内应承担保险金赔付义务。本案中,保险投保单上并不显示责任免除条款,客户保障声明中也不显示。虽然国寿简易人身两全保险条款中规定了被保险人无有效驾驶执照驾驶车辆,保险公司不负赔偿责任。根据我国《保险法》的规定:"保险合同中规定有关保险人责任免除条款的,保险人在订立保险合同时应当向投保人明确说明,未明确说明的,该条款不产生效力。"本案中,上诉人在订立保险合同时,虽然就有关免责条款在保单上进行了提示,但未举出证据证明其对该条款的概念、内容及法律后果向投保人作出了解释。应认定上诉人在订立保险合同过程中,没有完全履行法律规定的明确说明的法定义务,且该规定属于强行性规范,因此该免费条款不发生法律效力。另外,上诉人并没有提交证据证明本次保险事故的发生与崔男无证驾驶车辆有直接关系。本案中,崔男无证驾驶摩托车因其他肇事车辆追尾发生交通事故,崔男无事故责任,其无证驾驶与保险事故无关,因此,保险公司无理由拒赔。上诉人称崔男无证驾驶车辆发生交通事故,不应承担保险责任的理由,法院不予采纳。被上诉人作为被保险人的法定继承人,对其保险金依法享有继承权。上诉人应按照保险合同的约定向被上诉人赔付被保险人应享有的基本保险金的8倍即86720元。判决如下:驳回上诉,维持原判。

【深度阅读】

1. 吴定富:《中华人民共和国保险法释义》,中国财政经济出版社2009年版,第二章。

2. 刘建勋:《保险法典型案例与审判思路》,法律出版社 2012 年版,第五章。

3. 沙银华:《日本保险经典判例评析》,法律出版社 2009 年版,第二章。

4. 〔美〕约翰·道宾:《美国保险法》,梁鹏译,法律出版社 2008 年版,第一章。

【问题与思考】

1. 人寿保险合同的特征是什么?
2. 如何理解人寿保险合同的储蓄性?
3. 人寿保险合同包括哪些主要分类?
4. 死亡保险合同与生存保险合同有哪些区别?

第十一章　意外伤害保险合同

第一节　意外伤害保险合同概述

一、意外伤害保险合同的概念

意外伤害保险合同,是指投保人与保险人约定,投保人向保险人支付保险费,在保险期间内,如果被保险人遭受意外伤害,并且在该意外伤害发生后的一定期间内死亡、残疾,保险人按照约定向被保险人或者受益人给付保险金的保险合同。

二、意外伤害保险合同的责任要件

意外伤害保险合同的保险责任构成要件由三部分组成,三者必须同时具备,相辅相成,缺一不可,具体如下:

(一) 被保险人遭受意外伤害事故

被保险人遭受意外伤害是构成意外伤害保险责任的先决条件,主要有以下内涵:

(1) 被保险人遭受的意外伤害是指在被保险人没有预见或者违背其主观意愿的情况下,突然发生的外来致害物对被保险人身体明显、剧烈地侵害的客观事实。意外伤害由意外和伤害两个因素并存构成,两者相辅相成,缺一不可。仅有主观上的意外而无客观的伤害事实,不能构成意外伤害;仅有客观的伤害事实而无主观上的意外,也无法构成意外伤害。因此,意外伤害必须是已经发生的客观事件,必须是外来的、突发的、非本意的、非疾病的客观事件,不是主观臆想或者人为推测的事件,也不是被保险人自身潜在的、长期存在的、出于本意的、自身疾病导致的客观事件。德国《保险合同法》第178条规定:“意外伤害是指由于突发外部事件对被保险人身体产生外部冲击并导致其非自愿健康受损的事实。除非有相反证明,否则上述事实应被推定为非自愿。”

(2) 被保险人遭受的意外伤害的客观事实必须发生在保险期间内,如果被保险人所遭受的意外伤害发生在保险期间之前,即使在保险期间内因此死亡或者残疾,也不属于意外伤害保险责任。当然,如果被保险人所遭受的意外伤害发生在保险期间之后,也不属于意外伤害保险责任。

(二) 被保险人死亡或者残疾

被保险人在责任期间内死亡或者残疾是构成意外伤害保险责任的必要条件,主要有以下内涵:

(1) 被保险人死亡或者残疾。死亡是相对于生命体存在的生命现象,意指维持一个生物存活的所有生物学功能的永久终止。能够导致死亡的现象一般有:衰老、疾病、自杀、被杀、意外事故或者受伤。法律意义上的死亡包括两种形式:第一,生理死亡,这个需要通过医学证据予以界定,传统上对死亡的定义是心跳停止且无自主性呼吸运动,1968 年哈佛医学院特设委员会把死亡定义为不可逆的昏迷或脑死亡,脑死亡逐步成为界定生理死亡的标准。第二,宣告死亡,是指法院对下落不明满一定时期的公民,经利害关系人的申请而对其作出的宣告死亡的行为。残疾一般包括两种情况:第一,人体组织的永久性残缺或者缺损,比如肢体的断离等情况;第二,人体器官正常机能的永久丧失,比如丧失视觉、听觉、嗅觉、语言机能、运用障碍等。

【背景资料】　　意外伤害保险残疾程度与保险金给付比例表

《中国人民财产保险股份有限公司意外伤害保险条款(2009 版)》中将意外伤害保险残疾程度与保险金给付比例表作为保险合同的重要组成部分,具体如下:

等级	项目	残疾程度	最高给付比例
第一级	一	双目永久完全失明者(注 1)	100%
	二	两上肢腕关节以上或两下肢踝关节以上缺失者	
	三	一上肢腕关节以上及一下肢踝关节以上缺失者	
	四	一目永久完全失明及一上肢腕关节以上缺失者	
	五	一目永久完全失明及一下肢踝关节以上缺失者	
	六	四肢关节机能永久完全丧失者(注 2)	
	七	咀嚼、吞咽机能永久完全丧失者(注 3)	
	八	中枢神经系统机能或胸、腹部脏器机能极度障碍,终身不能从事任何工作,为维持生命必要的日常生活活动,全需他人扶助者(注 4)	
第二级	九	两上肢、或两下肢、或一上肢及一下肢,各有三大关节中的两个关节以上机能永久完全丧失者(注 5)	75%
	十	十手指缺失者(注 6)	
第三级	十一	一上肢腕关节以上缺失或一上肢的三大关节全部机能	50%
	十二	永久完全丧失者	
	十三	一下肢踝关节以上缺失或一下肢的三大关节全部机能永久完全丧失者,十手指机能永久完全丧失者(注 7)	
	十四	十足趾缺失者(注 8)	
	十五	双耳听觉机能永久完全丧失者(注 9)	
第四级	十六	一目永久完全失明者	30%
	十七	语言机能永久完全丧失者(注 10)	
	十八	一上肢三大关节中,有二关节之机能永久完全丧失者	
	十九	一下肢三大关节中,有二关节之机能永久完全丧失者	
	二十	一手含拇指及食指有四手指以上缺失者	
	二一	一下肢永久缩短 5 公分以上者	
	二二	十足趾机能永久完全丧失者	

（续表）

等级	项目	残疾程度	最高给付比例
第五级	二三	一上肢三大关节中，有一关节之机能永久完全丧失者	20%
	二四	一下肢三大关节中，有一关节之机能永久完全丧失者	
	二五	两手拇指缺失者	
	二六	一足五趾缺失者	
	二七	两眼眼睑显著缺损者(注11)	
	二八	一耳听觉机能永久完全丧失者	
	二九	鼻部缺损且嗅觉机能遗存显著障碍者(注12)	
第六级	三十	一手拇指及食指缺失，或者拇指或食指有三个以上手指缺失者	15%
	三一	一手拇指或食指有三个或三个以上手指机能永久完全丧失者	
	三二	一足五趾机能永久完全丧失者	
第七级	三三	一手拇指或食指缺失，或中指、无名指和小指中有二个或以上缺失者	10%
	三四	一手拇指及食指机能永久完全丧失者	

备注：

1. 失明包括眼球缺失或摘除、或不能辨别明暗、或仅能辨别眼前手动者。最佳矫正视力低于国际标准视力表0.02，或视野半径小于5度，并由有资格的眼科医师出具医疗诊断证明。

2. 关节机能的丧失是指关节永久完全僵硬、或麻痹、或关节不能随意识活动。

3. 咀嚼、吞咽机能的丧失是指由于牙齿以外的原因引起器质障碍或机能障碍，以致不能作咀嚼、吞咽运动，除流质食物外不能摄取或吞咽的状态。

4. 为维持生命必要的日常生活活动，全需他人扶助是指食物摄取、大小便始末、穿脱衣服、起居、步行、入浴等，皆不能自己为之，需要他人帮助。

5. 上肢三大关节是指肩关节、肘关节和腕关节；下肢三大关节是指髋关节、膝关节和踝关节。

6. 手指缺失是指近侧指间关节以上完全切断。

7. 手指机能的丧失是指自远侧指间关节切断，或自近侧指间关节僵硬或关节不能随意识活动。

8. 足趾缺失是指自趾关节以上完全切断。

9. 听觉机能的丧失是指语言频率平均听力损失大于90分贝。语言频率为500、1000、2000赫兹。

10. 语言机能的丧失是指构成语言的口唇音、齿舌音、口盖音和喉头音的四种语言机能中，有三种以上不能构声，或声带全部切除，或因大脑语言中枢受伤害而患失语症，并须有资格的五官科（耳、鼻、喉）医师出具医疗诊断证明，但不包括任何心理障碍引致的失语。

11. 两眼眼睑显著缺损是指闭眼时眼睑不能完全覆盖角膜。

12. 鼻部缺损且嗅觉机能遗存显著障碍是指鼻软骨全部或二分之一缺损及两侧鼻孔闭塞、鼻呼吸困难，不能矫治或两侧嗅觉丧失。

所谓“永久完全丧失”是指自意外伤害之日起经过180天的治疗，机能仍然全丧失。但眼球摘除等明显无法复原的情况，不在此限。

【案例研讨】　如何正确看待《残疾程度与保险金给付比例表》?①

原告张良系港务公司员工,2005 年 12 月 30 日,港务公司为张良等 78 名员工在被告天安保险公司无锡分公司投保了团体人身意外伤害保险,该保险的保险金额为每人 10 万元,并附加了团体意外医疗保险每人 5000 元和团体意外住院补贴每人 5400 元。保险期间自 2006 年 1 月 1 日 0 时起至 2006 年 12 月 31 日 24 时止。《天安保险公司团体人身意外伤害保险条款》规定有如下内容:第 3 条保险责任规定了意外伤害身故保险金、意外残疾保险金及意外全残收益保障补偿金,其中意外残疾保险金是指在本合同有效期间内,被保险人因遭受意外伤害,自意外事故发生之日起 180 日内因同一原因导致身体残疾,且符合《残疾程度与保险金给付比例表》(以下简称《比例表》)所列残疾程度,保险人按表中所列给付比例及残疾给付说明给付意外伤害残疾保险金。保险人所负给付保险金的责任以保险金额为限,对被保险人一次或者累计给付的保险金达到保险金额时,保险责任终止。《比例表》规定的伤残程度等级为十级,共有 44 项伤残项目,所对应的损伤情况基本为四肢、五官的缺损。

2006 年 8 月 12 日下午,张良在位于无锡国电华新起重运输设备有限公司(以下简称国电公司)内的工地干活时左前臂被砸伤。随后,张良就其所受伤害以国电公司为被告向无锡高新技术产业区人民法院提起诉讼。该法院在审理过程中委托无锡市中西医结合医院司法鉴定所对张良的伤残程度进行鉴定,该司法鉴定所出具《司法鉴定书》,认定张良左腕关节活动严重受限,左上肢功能丧失 59.75%,其伤残程度被评定为九级伤残。

另查明,无锡市中西医结合医院司法鉴定所就原告张良所受伤残进行了答复,张良左腕关节活动严重受限,左上肢功能丧失 59.75%,其严重程度要明显高于《比例表》中第九级伤残所列情形,与《比例表》中最为接近的是第五级第一项“上肢三大关节中,有一关节之机能永久完全丧失”。

无锡市滨湖区人民法院经审理认为:天安保险无锡分公司对张良主张的团体意外医疗保险金 1 万元、住院补贴 4020 元无异议。对张良的该部分主张,法院予以确认。关于张良主张的意外伤害残疾保险金,虽其伤残情况与《比例表》中的伤残情形不能完全对应一致,但其伤残程度明显高于《比例表》中的第九级伤残;现在之所以不能找到对应关系,是因《比例表》所列的伤残情形范围过窄所致。现张良主张按第九级伤残要求赔偿意外伤害残疾保险金 4000 元,符合法律规定,亦不损害天安保险无锡分公司的权益,应予以确认。

无锡市滨湖区人民法院根据自 2003 年 1 月 1 日起施行的《保险法》第 17 条第 5 款、第 24 条、第 52 条,参照自 2009 年 10 月 1 日起施行的《保险法》第 19 条,最高人民法院《关于适用〈中华人民共和国保险法〉若干问题的解释(一)》第 1 条之规定,判决如下:天

① 国家法官学院案例开发研究中心:《中国法院 2012 年度保险案例:保险法纠纷》,中国法制出版社 2012 年版,第 185—187 页。

安保险无锡分公司于本判决生效后立即给付张良团体意外伤害医疗保险金1万元、住院补贴4020元、意外伤害残疾保险金4000元,以上三项合计为人民币1.802万元。

天安保险无锡分公司不服一审判决,提起上诉。无锡市中级人民法院经审理后认为:保险条款虽约定意外伤害残疾保险金的给付是被保险人所受的伤害需符合《比例表》所列的残疾程度,但因《比例表》所列举的残疾情况有限,而人身伤害的情况存在多样性,医疗机构及医疗鉴定机构对受害人伤情所作的表述也无固定标准可循,故《比例表》并不能涵盖受害人可能受到的各种伤残。港务公司与天安保险无锡分公司签订保险合同的目的是为保障其员工在遭受意外伤害后能获得一定的赔偿,且港务公司并非具有医疗专业知识的主体,故其无法预见其员工可能因所受伤害不在《比例表》列举的伤残情形之列而无法获得赔偿,因此将被保险人所受伤残情形限制在《比例表》列举情形之内并非港务公司签订合同时的真实意思表示。综上,原审法院所作判决结果并无不当,可予维持。该法院作出判决,驳回上诉,维持原判。

---

(2)被保险人死亡或者残疾的结果发生在责任期限之内。责任期限是人身意外伤害保险和健康保险所特有的内容,在人寿保险和财产保险中,则无此内容。在意外伤害保险中,责任期限是界定被保险人遭受意外伤害后导致的死亡结果或者残疾程度的期限,是意外伤害保险责任赖以确定的期限,一般是180天左右。如果被保险人在保险期间内遭受了意外伤害而在责任期限内生理死亡,属于意外伤害保险的责任范围。实际业务中,被保险人在保险期间内遭受意外而下落不明,自事故发生之日起满两年,法院才宣告被保险人死亡,但此时往往已经超过责任期限。为了解决此问题,保险人和投保人可以在意外伤害保险条款中约定失踪条款或者在保险单中进行特别约定,如果被保险人确因意外伤害事故下落不明超过一定期限(一般是180天),视为被保险人死亡,保险人按照约定给付保险金。但若被保险人被宣告死亡后生还的,保险金受领人应于知道或应当知道被保险人生还后30日内退还保险人给付的身故保险金。

(3)在保险期间内被保险人遭受意外伤害,在责任期限内因该意外伤害造成保险合同所附《人身保险残疾程度与保险金给付比例表》所列残疾程度之一的,保险人按该表所列给付比例乘以保险金额给付残疾保险金。如果责任期限届满但治疗仍未结束的,按责任期限届满当日的身体情况进行残疾鉴定,并据此给付残疾保险金。即使被保险人在责任期限届满之后经过治疗痊愈或残疾程度有所减轻,保险人不得要求被保险人返还对应的全部或者部分残疾保险金。倘若被保险人在责任期限届满之后残疾程度有所加重甚至死亡,保险人不补充给付对应的保险金。

(三)被保险人的死亡或者残疾与意外伤害事故之间存在因果关系

在意外伤害保险中,被保险人在保险期间内遭受意外伤害,并且在责任期限内死亡或者残疾，并不意味着必然构成保险责任。只有当意外伤害与被保险人死亡或者残疾之间存在因果关系，即意外伤害是被保险人死亡或者残疾的直接原因或者近因时，才能构成意外伤害保险责任。意外伤害与死亡、残疾之间的因果关系体现为以下三种具体情形：

（1）意外伤害是被保险人死亡或者残疾的直接原因。当意外伤害是被保险人死亡、残疾的直接原因时，构成保险责任，保险人应当按照保险金额给付死亡保险金，或者按照保险金额和残疾程度两个因素予以确定后给付残疾保险金。

（2）意外伤害是被保险人死亡或者残疾的近因。当意外伤害是导致被保险人死亡、残疾或一系列结果的最有效、起决定作用的原因时，构成保险责任，保险人应当按照保险金额给付死亡保险金，或者按照保险金额和残疾程度两个因素予以确定后给付残疾保险金。

（3）意外伤害是被保险人死亡或者残疾的诱因。当意外伤害致使被保险人原有疾病发作，从而加重后果，最终导致被保险人死亡或者残疾时，该意外伤害就是被保险人死亡、残疾的诱因，也构成保险责任。但在此情况下，保险人不是按照保险金额和被保险人的最终后果给付保险金，而是比照身体健康遭受该意外伤害会造成何种后果而给付保险金。①

【案例研讨】　**猝死是否属于意外伤害?②**

2004年3月16日，干松明与太平保险公司签订了《保险合同》，该合同包含的险种有：太平丰登两全保险（分红型）、太平综合意外伤害保险等，其中太平综合意外伤害保险的保险金额为10万元。《太平综合意外伤害保险条款》第3条保险责任对人身伤害赔偿金约定为“若在本保险合同的有效期间内发生意外伤害事故，且自意外伤害事故发生之日起180日内，被保险人因该意外伤害事故而导致身故，本公司在收到被保险人身故的书面通知后，经本公司查核属实确在本合同责任范围内的，给付等值于保险金额的身故保险金，本合同终止。”第4条责任免除：“因下列情形之一导致被保险人身故、残疾或烧烫伤的，本公司不承担给付保险金责任：（1）投保人或受益人故意杀害或伤害被保险人；（2）被保险人犯罪、企图犯罪、拒捕或者任何情况下自伤或自虐；（3）被保险人斗殴、醉酒或在任何情况下自杀或企图自杀；（4）被保险人服用、吸食或注射毒品或未遵医嘱使用管制药物；（5）被保险人酒后驾驶、无照驾驶或驾驶无有效行驶证的机动车辆；（6）被保险人流产或分娩；（7）被保险人接受整容手术或者其他内外科手术导致的医疗事故；（8）被

---

① 郭颂平：《保险基础知识》，首都经济贸易大学出版社2006年版，第279页。

② 国家法官学院案例开发研究中心：《中国法院2012年度保险案例：保险法纠纷》，中国法制出版社2012年版，第182—184页。

保险人从事潜水、跳伞、热气球运动、攀岩运动、探险活动、武术比赛摔跤比赛、特技表演、赛马、赛车等高风险活动;(9) 被保险人患有艾滋病(AIDS)或感染艾滋病病毒(HIV);(10) 被保险人从事或参与恐怖主义活动、邪教组织活动;(11) 战争、军事行动、武装叛乱或暴乱;(12) 核爆炸、核辐射或核污染。若发生上述情况而导致被保险人身故,本合同终止,本公司按照本条款第17条第2款所列表格退还未满期保险费。"该合同第20条为释义,其中对意外伤害事故解释为:指外来的、突发的、非本意的、非疾病的使身体受到伤害的客观事件。2009年8月29日,干松明突发晕倒,经成都市金牛区人民医院抢救40分钟后死亡。成都市金牛区人民医院出具成都市公民死亡医学证明书,死亡诊断死因为猝死(死因不明)。

原告刘丽珍、干萍在庭审中,举出保险代理人王敏出具的情况说明1份,欲证明其已在被保险人死亡后24小时之内向被告报案,被告代理人在庭审中认可王敏系保险公司保险员,但不清楚情况说明是否为王敏所写。为了查清本案事实,因王敏系被告太平保险公司保险员,成都市青羊区人民法院依法向被告太平保险公司送达通知书,要求其向保险员王敏进行核实,并查询2009年8月29日95589报案电话系统中是否有该保险事故报案记载,并在收到通知之日起5日内将核实情况回复法院。被告太平保险公司收到通知后,未向法院作出回复。因情况说明虽然系原告刘丽珍、干萍所举证据,但若被告太平保险公司对此提出异议,应当举出反证证明该份情况说明不属实,且因王敏系被告太平保险公司保险员,而95589报案电话系统也是太平保险公司自身查询系统,据此,依照证据规则之规定,法院认定干松明家属在事故发生后24小时内向太平保险公司报案。

本案争议的焦点是:被保险人干松明猝死是否属于本案保险合同中意外伤害事故的赔偿范围,被告是否应当向原告赔付太平综合意外伤害保险10万元。成都市金牛区人民医院对干松明的死亡诊断为猝死,但死因不明。猝死属于死亡的一种表现形式,而不是死亡原因。结合本案现有证据,不能推断干松明死亡的主要、直接原因是身体疾病造成。如被告认为干松明的死亡属于因疾病导致死亡,应在接到报案后,及时对干松明进行尸检,以查明其是否因疾病死亡,但被告在接到报案后既未对干松明进行尸检,也未通知其家属保全尸体以备尸检,致使干松明的尸体已经火化,无法查明干松明的死亡原因,对此,被告应当承担举证不能的法律后果。但干松明的死亡是突然的、非本意的意外死亡是事实。对本案保险合同中约定的"意外伤害"的概念应如何理解,虽然保险条款对意外伤害以"释义"的形式进行了解释,但保险合同中的有关条款属于格式条款,在保险双方对"意外事故"的理解产生分歧时,保险对"意外事故"的条款解释不是唯一依据,应从合同条款、案件事实及保护被保险人的合法利益角度出发,综合考虑。现干松明的尸体已经火化,无法查明死亡原因,鉴于干松明的死亡不属于保险合同第四条的责任免除情形,且系意外的、突然的、非本意的死亡,故被告应当承担相应的赔付责任。刘丽珍、干萍请求太平保险公司给付保险金10万元的诉讼请求,应予支持。

第二节　意外伤害保险合同的特征与分类

一、意外伤害保险合同的特征

与其他的人身保险合同相比,意外伤害保险合同具有以下特征:

(一) 保险责任是意外伤害导致的死亡和残疾

意外伤害保险的基本保险责任是因意外伤害事故造成的被保险人死亡或者残疾,不仅关注被保险人死亡或者残疾的结果,而且关注被保险人死亡或者残疾的原因,即意外伤害事故,两者缺一不可。如果是疾病导致被保险人的死亡或者残疾,则不属于意外伤害保险合同责任范围,而属于人寿保险合同或者健康保险合同责任范畴。比如人寿保险合同中的死亡保险,不论是疾病,还是身体功能的衰竭,或者是自然灾害等原因,只要发生死亡的结果,保险人都必须给付保险金。

(二) 保险期间较短

人寿保险合同为长期保险合同,保险期间较长,少则几年,多则几十年,甚至是终生。而意外伤害保险合同的保险期间较短,一般不超过 1 年,最长是 3 年或者 5 年。同时,意外伤害存在责任期限,一般是 180 天。意外伤害发生后,只有在责任期间内出现死亡或者确定残疾,保险人才承担给付保险金的义务。死亡或者残疾的最终确定很有可能会发生在保险期间之外,但只要在责任期限以内,保险人仍然应当承担保险责任。

(三) 偏向于定额给付

人寿保险是标准的定额给付保险,当约定的保险条件成就或者期限届满时,不论实际损失存在与否或者损失程度轻重如何,保险人都按约定的金额进行给付。而在意外伤害保险合同中,死亡保险金的金额由保险合同事先确定,当被保险人死亡时依约给付;残废保险金的金额按照保险金额的一定百分比支付,一般由保险金额和残疾程度两个因素确定;医疗保险金则按照实际支付医疗费和保险合同的约定进行补偿支付。综上可知,意外伤害保险合同兼有定额给付和损失补偿双重属性,但更偏向于定额给付。

(四) 费率厘定以意外伤害发生概率为基础

人寿保险的费率厘定主要考虑被保险人的死亡概率,具体取决于被保险人的年龄、性别、健康状况等因素。但对于意外伤害保险,被保险人遭受意外伤害的概率取决于其职业、工种或者所从事的活动,与被保险人的年龄、性别、健康状况等因素无直接关系。在其他承保因素一致的情况下,被保险人的职业危险系数越高、所从事的活动危险程度大,其意外伤害保险费率就越高。保险公司都制订了职业风险系数表,投保人投保时,保险公司会将被保险人的职业、工种或者从事的活动与职业风险系数表进行相应的比较,不同的职业按照不同的职业风险系数予以确定。一般按照职业风险系数从低到高划分为一类职业、二类职业,最高为六类职业。如果被保险人的职业发生变更,需要如实告知保险公司,办理相应的职业变更手续,保险公司会依据其职业风险系数表,对被保险人作出拒保、加费或不变的决定。① 比如,王某2013年6月在某银行从事柜员工作,为自己投保了意外伤害保险。5个月之后,他跳槽进入某矿产公司从事现场施工爆破工作。不料,刚工作没有几天,他就在一次爆破施工过程中遭遇意外,导致大腿骨折,住院30多天,共花费医疗费2万多元。他向保险公司申请理赔时,遭到保险公司拒赔,理由是:王某职业变动增加了意外伤害保险所承保的风险,属于保险公司拒保的职业,王某也没有及时告知保险公司,属于拒赔情形。

【案例研讨】　　被保险人职业和工种的认定②

2010年4月9日,高玉龙搭乘川AA1731号货车行至国道318线时,由于该车右侧篷布没有扎牢被卷起缠住高压电线,高玉龙在解开篷布时触电身亡。意外伤害保险合同受益人董琼、高霞在保险理赔时,永诚财险四川分公司以高玉龙系营业用货车随车工人为由,只同意按第六类职业即总金额的20%赔偿2万元,其余均免赔。双方无法达成一致意见。董琼、高霞起诉至法院,请求判令永诚财险四川分公司支付保险赔偿金10万元,并由永诚财险四川分公司承担本案诉讼费用。

法院经审理认为,2009年12月7日,高玉龙向永诚财险四川分公司投保人永诚B款人身意外伤害综合险,永诚财险四川分公司向高玉龙签发了保险单,该行为是双方当事人真实意思表示,且内容不违反我国法律法规的禁止性规定,应认定为合法有效。对于高玉龙是否属于随车工人的问题,因其系搭乘货车时在解开与高压线缠在一起的篷布时触电身亡,根据雅江县公安局刑警大队出具的事故认定书,高玉龙系货车搭乘人员。货车搭乘人员不能等同为专门长期跟随汽车进行服务的随车工人,其风险与随车人员有所区别,故对永诚财险四川分公司辩称高玉龙系随车人员应按第六类职业赔付限额20%的比例予以赔付的主张不予支持。对于永诚财险四川分公司是否履行了对保险条款的说明及提示义务的问题,高玉龙在投保时,根据保险公司向高玉龙提交的永诚B款人身意

---

① 中国人寿保险股份有限公司教材编写委员会:《保险法及案例解析》,中国金融出版社2010年版,第97页。

② 国家法官学院案例开发研究中心:《中国法院2012年度保险案例:保险法纠纷》,中国法制出版社2012年版,第149—151页。

外伤害综合保险说明，该说明中并未载明职业的划分标准以及对赔偿标准进行足以引起对方注意的提示，且保险公司也并未提供相应的证据证明对职业的划分以及赔偿标准向高玉龙履行了说明义务。保险公司是在理赔时才向董琼、高霞出示的《人身意外伤害保险职业分类表》。根据我国《保险法》第 17 条规定："订立保险合同，采用保险人提供的格式条款的，保险人向投保人提供的投保单应当附格式条款，保险人应当向投保人说明合同的内容。对保险合同中免除保险人责任的条款，保险人在订立合同时应当在投保单、保险单或者其他保险凭证上作出足以引起投保人注意的提示，并对该条款的内容以书面或者口头形式向投保人作出明确说明；未作提示或者明确说明的，该条款不产生效力。"永诚财险四川分公司作为保险人认为高玉龙属于第六类职业即随车工人，要求免除相应的赔偿责任的请求没有事实根据和法律依据，永诚财险四川分公司的辩称理由不成立。高玉龙在保险期间发生保险事故，其受益人董琼、高霞要求永诚财险四川分公司履行给付保险金的义务，予以支持。

成都市锦江区人民法院依照《保险法》第 13 条、第 17 条之规定，判决被告永诚财险四川分公司赔偿原告董琼、高霞保险金 10 万元。被告不服，提起上诉。

成都市中级人民法院经审理，确认一审法院认定的事实和证据，认为上诉人永诚财险四川分公司主张高玉龙在事故发生时的职业为随车工人应承担相应的举证责任，但其在本案中仅凭高玉龙在事故发生时与司机和同乘人共同解开缠绕在高压线上的篷布的事实，不能证明高玉龙的职业就是该货车的随车工人，上诉人在本案中亦无其他证据能够证明其主张，故承担举证不能的不利后果。成都市中级人民法院依照我国《民事诉讼法》第 153 条之规定，作出驳回上诉、维持原判的判决。

（五）一次性支付保险费

人寿保险合同保险期间长，兼有储蓄金性质，其保险费金额相对较高，故多采用分期等额支付的方式。意外伤害保险的保险费，则以一次交付为原则。意外伤害保险合同期限较短，有一定的损失补偿属性，保险费金额相对较低，且其保险费率与被保险人的年龄、健康状况关系不大，保险费不会随年龄的增长而显著调整，故多采用一次性支付保险费的方式。

二、意外伤害保险合同的分类

（一）普通意外伤害保险合同和特种意外伤害保险合同

以承保风险性质为标准，可以将意外伤害保险合同分为普通意外伤害保险合同和特种意外伤害保险合同。

（1）普通意外伤害保险合同，又称"一般意外伤害保险合同"，或称"日常或个人意外伤害保险合同”，是指被保险人与保险人约定以日常生活中可能遭受的各种意外伤害为保险事故的意外伤害保险合同。普通意外伤害保险承保在保险期间内发生的各种可保意外伤害，而不是特别限定的某些意外伤害，保险期限一般以一年为限。目前市场中大多数意外伤害保险属于此类，比如个人人身意外伤害保险、团体人身意外伤害保险、学生团体平安保险等。

（2）特种意外伤害保险合同，是指投保人与保险人订立的以特定时间、特定地点或特定原因发生的意外伤害为保险风险的意外伤害保险合同。比如，仅仅承保矿井下发生的意外伤害、煤气罐爆炸导致的意外伤害、驾驶机动车辆过程中发生的意外伤害、在建筑工地发生的意外伤害等。比较常见的是机动车驾驶人员意外伤害保险合同、交通工具乘客意外伤害保险合同、建筑施工人员团体意外伤害保险合同、境外旅行意外伤害保险合同等。

（二）意外伤害死亡残疾保险合同、意外伤害医疗保险合同、综合意外保险合同和意外伤害收入保障保险合同

以保险责任为标准，可以将意外伤害保险合同分为意外伤害死亡残疾保险合同、意外伤害医疗保险合同、综合意外保险合同和意外伤害收入保障保险合同。

（1）意外伤害死亡残疾保险合同，又称意外伤害保险合同，是指保障被保险人因意外伤害所导致的死亡和残疾的意外伤害保险合同。比如《中国人民财产保险股份有限公司意外伤害保险条款（2009版）》中规定保险责任为：“在保险期间内被保险人遭受意外伤害，并因该意外伤害导致其身故、残疾或烧伤的，保险人依照约定给付保险金，且给付各项保险金之和不超过保险金额。”

（2）意外伤害医疗保险合同，是指被保险人遭受意外伤害，且在责任期限内，因该意外伤害在医院治疗并由本人支付的治疗费用，保险人按照合同约定支付保险金的意外伤害保险合同。《中国人民财产保险股份有限公司附加意外伤害保险条款（2009版）》规定：“在保险期间内，被保险人遭受意外伤害，并在中华人民共和国境内（不包括港、澳、台地区）二级或二级以上医院或保险人认可的医疗机构进行治疗，保险人在扣除社会基本医疗保险或任何第三方（包括任何商业医疗保险）已经补偿或给付部分以及本附加保险合同约定的免赔额后给付意外医疗保险金。本附加险合同适用补偿原则。被保险人通过任何途径所获得的医疗费用补偿金额总和以其实际支出的医疗费用金额为限。被保险人已经从社会基本医疗保险或任何第三方（包括任何商业医疗保险）获得相关医疗费用补偿的，保险人仅对扣除已获得补偿后的剩余医疗费用，按照合同约定承担给付保险金责任。”

（3）综合意外伤害保险合同，是前两种保险合同的综合，在其保险责任中，既有被保险人因遭受意外伤害身故或者残疾的保险金给付责任，也有因该意外伤害导致被保险人在医院治疗所花费的医疗费用的医疗保险金给付责任。

（4）意外伤害收入保障保险合同，是指被保险人因遭受意外伤害，且在责任期限内死亡、残疾的，保险人依合同规定给付死亡保险金或者残疾保险金；对于被保险人因遭受意外伤害造成身故或残疾达到一定程度时，保险人对被保险人或受益人按照合同约定给付收入保障年金。①

（三）个人意外伤害保险合同和团体意外伤害保险合同

以投保方式为标准，可将意外伤害保险合同分为个人意外伤害保险合同和团体意外伤害保险合同。

个人意外伤害保险合同，是指单一自然人投保人或者被保险人自行独立购买的意外伤害保险合同，是意外伤害保险合同的基础和标准形式。

团体意外伤害保险合同，是指以团体方式投保的人身意外保险，而其保险责任、给付方式则与个人意外伤害保险合同相同。意外伤害保险的保险费率主要取决于被保险人的职业、工种或者所从事的活动，与被保险人的年龄和健康状况无关，团体所属成员从事的工作或者活动在风险属性方面相同或者相近，比之人身险或者健康险，其更适宜采用团体方式投保。团体意外伤害保险合同在保险实务中非常普遍。

（四）自愿性意外伤害保险合同和强制性意外伤害保险合同

以投保法律依据为标准，可将意外伤害保险合同分为自愿性意外伤害保险合同和强制性意外伤害保险合同。

自愿性意外伤害保险合同，是指投保人与保险人通过自由协商、独立自主签订的意外伤害保险合同。这是双方意思自治、契约自由的体现，投保人有是否投保的自由，保险人有是否承保的自由。

强制性意外伤害保险合同，是指根据有关法律法规的规定，投保人与被保险人必须签订的意外伤害保险合同。投保人是否投保、保险人是否承保完全基于法律法规强制性的规定。

（五）基础意外伤害保险合同和附加意外伤害保险合同

基础意外伤害保险合同，又称意外伤害保险主险合同，是指可以单独投保的基本意外伤害保险合同。

附加意外伤害保险合同，是指不能单独投保，只能附加于主险投保的意外伤害保险合同。附加险的存在是以主险存在为前提的，不能脱离主险，主险和附加险组合形成一个比较全面的保险责任范围。附加险合同与主险合同相抵触之处，以附加险合同为准。附加险合同未约定的事项，以主险合同为准。主险合同效力终止，附

① 郭颂平：《保险基础知识》，首都经济贸易大学出版社2006年版，第281页。

加险合同效力亦同时终止；主险合同无效，附加险合同亦无效。

【案例研讨】　　游客突发疾病死亡 保险公司拒赔败诉①

宫先生在埃及旅游期间突发疾病死亡，其配偶蔡女士及子女于2011年初将北京某人寿保险公司诉至北京市海淀区人民法院，要求保险公司支付保险金26.6万元。

原告诉称，宫先生参加环境国际旅行社有限公司组织的到埃及的旅行团。2010年3月31日，北京某人寿保险公司出具了旅游意外伤害保险承保确认书，内容包括意外身故、残疾保险金25万元；急性病身故15万元；丧葬费用1.6万元；旅游地为埃及。同年4月22日，宫先生在埃及酒店卫生间意外身故，同团人员在第一时间向保险公司报案，埃及医疗机构出具了意外心脏骤停的死亡证明。之后在中国驻埃及大使馆的帮助下，宫先生的亲属到埃及办理了相关手续将遗体运回天津火化。其间，保险公司不予积极办理理赔事宜。诉讼中，蔡女士及其两位子女向法院提交天津市河西区人民法院及天津市第二中级人民法院判决，用以证明宫先生死因属意外身故，保险公司应当理赔。

被告保险公司辩称，被保险人宫先生的死亡不构成涉案保险合同规定的意外伤害导致死亡的保险责任，请求法院驳回原告的诉讼请求。

法院经审理后认为，天津市河西区人民法院及天津市第二中级人民法院的民事判决书均认定宫先生因心脏骤停身故，宫先生死因也符合保险条款约定情形。保险公司已将急性病身故作为独立险种予以承保，故被保险人如因急性病身故，根据保险合同承保险种约定，应以急性病身故保险进行赔付，而不应再行适用意外身故、残疾保险。据此，法院判决保险公司赔付蔡女士及子女急性病身故保险保险金15万元、丧葬费用险保险金1.6万元。

从保险法的角度而言，保险事故发生后，当事人应当依照保险合同的约定行使各方权利和义务。在险种适用上应依照合同条款规定的内容进行理解及适用，尤其是特别条款的约定应充分予以重视。具体到本案，双方争议主要体现在宫先生因心脏骤停死亡后，其保险理赔到底应当适用意外身故险种还是急性病险种。因保险单中除约定意外身故、残疾险外，还约定了急性病身故险，且对急性病的定义作出了明确语义解释，在此种情况下，对于宫先生的身亡，保险公司应当依据急性病险种规定进行赔付。宫先生继承人主张适用意外身故险自然无法得到法院的支持。

---

① 资料来源：中国保险学会网站，http://www.iic.org.cn/D_infoZL/infoZL_read.php? id = 24161，2013年11月19日访问。

第三节　意外伤害保险合同的基本内容

一、意外伤害保险合同的形式与主体

意外伤害保险合同由保险条款、投保单、保险单或其他保险凭证、批单组成。凡涉及保险合同的约定，保险公司均要求采用书面形式。

具有完全民事行为能力的被保险人本人、对被保险人有保险利益的其他人可作为意外伤害保险合同的投保人。被保险人为限制民事行为能力人的，应由其监护人作为投保人。被保险人不满10周岁的，应由其父母作为投保人。年龄在6个月至65周岁、身体健康、能正常工作或正常生活的自然人可作为意外伤害保险合同的被保险人。

订立意外伤害保险合同时，被保险人或投保人可指定一人或数人为身故保险金受益人。身故保险金受益人为数人时，应确定其受益顺序和受益份额；未确定受益份额的，各身故保险金受益人按照相等份额享有受益权。意外伤害保险合同的残疾保险金的受益人为被保险人本人。被保险人或投保人可以变更保险金受益人，但需书面通知保险人，由保险人在保险合同上批注。保险人一般都会约定，对因保险金受益人变更发生的法律纠纷，保险人不承担任何责任。投保人指定或变更保险金受益人的，应经被保险人书面同意。被保险人为无民事行为能力人或限制民事行为能力人的，应由其监护人指定或变更保险金受益人。受益人故意造成被保险人身故、伤残的，或者故意杀害被保险人未遂的，该受益人丧失受益权。

二、意外伤害保险合同的保险责任

一般来说，意外伤害保险合同保险责任是在保险期间内被保险人遭受意外伤害并因该意外伤害所导致的身故、残疾，保险人承担给付保险金义务，且给付各项保险金之和不超过保险金额。保险金额是保险人承担给付保险金责任的最高限额，由投保人、保险人双方约定，并在保险单中载明。保险金额一经确定，在保险期间内一般不得变更。

意外伤害保险合同保险责任主要分为身故保险责任、残疾保险责任和附加险保险责任。

（一）身故保险责任

身故保险责任是指在保险期间内被保险人遭受意外伤害，并自意外伤害发生之

日起在责任期限内因该意外伤害身故的，保险人按保险金额给付身故保险金。被保险人因遭受意外伤害且自该意外伤害发生之日起下落不明，后经人民法院宣告死亡的，保险人按保险金额给付身故保险金。但若被保险人被宣告死亡后生还的，保险金受领人应于知道或应当知道被保险人生还后一定期限内退还保险人给付的身故保险金。被保险人身故前保险人已给付保险合同所约定的残疾、烧伤保险金的，身故保险金应扣除已给付的保险金。

（二）残疾保险责任

残疾保险责任是指在保险期间内被保险人遭受意外伤害，并自该意外伤害发生之日起在责任期限内因该意外伤害造成保险合同所附《人身保险残疾程度与保险金给付比例表》所列残疾程度之一的，保险人按该表所列给付比例乘以保险金额给付残疾保险金。如在责任期限内治疗仍未结束的，按当日的身体情况进行残疾鉴定，并据此给付残疾保险金。被保险人因同一意外伤害导致一项以上残疾时，保险人给付各项残疾保险金之和，但给付总额不超过保险金额。不同残疾项目属于同一肢（指人体的四肢，即左上肢、右上肢、左下肢和右下肢）时，仅给付其中给付比例最高一项的残疾保险金。被保险人如在当次意外伤害之前已有残疾，保险人按合并后的残疾程度在《人身保险残疾程度与保险金给付比例表》中所对应的给付比例给付残疾保险金，但应扣除原有残疾程度在《人身保险残疾程度与保险金给付比例表》所对应的残疾保险金。

（三）附加险保险责任

除了上述基础保险责任，还有一些附加险保险责任，比如医疗费用保险责任、住院津贴保险责任、住院误工津贴保险责任、救护车费用保险责任等。

在《中国人民财产保险股份有限公司附加意外伤害住院误工津贴保险条款（2009版）》中，该附加险的保险责任是“在保险期间内，被保险人遭受意外伤害并因该意外伤害在保险期间内入住中华人民共和国境内（不包括港、澳、台地区）二级或二级以上医院或保险人认可的医疗机构）进行治疗，对于该被保险人的实际住院日数，保险人按照《津贴给付表》的约定给付意外伤害住院误工津贴保险金。若被保险人因同一原因多次住院，前次出院与后次住院日期间隔未达90日的，则视为同一次住院。保险人依照约定给付保险金，且总给付日数最高以180日为限。”

该附加险保险责任涉及的《津贴给付表》具体如下：

实际住院日数	每次意外伤害住院误工津贴保险金
不超过免赔日数	无
超过免赔日数	如(实际住院日数 - 免赔日数) < 每次最高给付日数,则 每次意外伤害住院误工津贴保险金 = 每日意外伤害住院误工津贴金额 ×(实际住院日数 - 免赔日数) 如(实际住院日数 - 免赔日数) > 每次最高给付日数,则 每次意外伤害住院误工津贴保险金 = 每日意外伤害住院误工津贴金额 × 每次最高给付日数

(四) 除外责任

在实务中,意外伤害保险合同中的除外责任一般分为原因除外和期间除外,具体如下:

1. 原因除外

一般情况下,被保险人因下列原因而导致身故、残疾的,保险人不承担给付保险金责任:

(1) 投保人的故意行为;

(2) 被保险人故意自伤或自杀,但被保险人自杀时为无民事行为能力人的除外;

(3) 因被保险人挑衅或故意行为而导致的打斗、被袭击或被谋杀;

(4) 被保险人妊娠、流产、分娩、药物过敏;

(5) 被保险人接受包括美容、整容、整形手术在内的任何医疗行为而造成的意外;

(6) 被保险人未遵医嘱服用、涂用、注射药物;

(7) 被保险人受酒精、毒品、管制药物的影响;

(8) 疾病,包括但不限于高原反应、中暑;

(9) 非因意外伤害导致的细菌或病毒感染;

(10) 任何生物、化学、原子能武器,原子能或核能装置所造成的爆炸、灼伤、污染或辐射;

(11) 恐怖袭击。

2. 期间除外

通常情况下,被保险人在下列期间遭受意外伤害导致身故、残疾的,保险人不承担给付保险金责任:

(1) 战争、军事行动、武装叛乱或暴乱期间;

(2) 被保险人从事违法、犯罪活动期间或被依法拘留、服刑、在逃期间;

(3) 被保险人存在精神和行为障碍(以世界卫生组织颁布的《疾病和有关健康

问题的国际统计分类(ICD-10)》为准)期间;

(4) 被保险人酒后驾车、无有效驾驶证驾驶或驾驶无有效行驶证的机动交通工具期间;

(5) 被保险人从事潜水、跳伞、热气球运动、攀岩运动、探险活动、武术比赛、摔跤比赛、特技表演、赛马、赛车等高风险的活动期间,但被保险人作为专业运动员从事其专业运动期间除外;

(6) 被保险人驾驶或搭乘非商业航班期间;

(7) 被保险人患有艾滋病(AIDS)或感染艾滋病病毒(HIV)期间。

三、意外伤害保险合同的权利与义务

(一) 投保人及被保险人的主要权利

在意外伤害保险合同约定的保险事故发生时,如果被保险人身故,受益人有权请求保险人按照约定支付死亡保险金;如果被保险人残疾,被保险人有权请求保险人按照约定支付残疾保险金。

在意外伤害保险合同成立后,投保人可以书面形式通知保险人解除合同,但保险人已根据保险合同约定给付保险金的除外。投保人解除保险合同时,应填写保险合同解除申请书,提供下列证明文件和资料:(1) 保险合同解除申请书;(2) 保险单原件;(3) 保险费交付凭证;(4) 投保人身份证明。投保人要求解除保险合同,自保险人接到保险合同解除申请书之时起,保险合同的效力终止。保险人收到相关证明文件和资料后在约定期限内退还保险单的现金价值。

(二) 投保人及被保险人的主要义务

1. 交费义务

投保人应当在保险合同成立时交清保险费。保险费交清前发生的保险事故,保险人不承担保险责任。

2. 年龄申报义务

投保人申请投保时,应按被保险人的周岁年龄填写。投保人申报的被保险人年龄不真实,并且其真实年龄不符合本保险合同约定的年龄限制的,保险人有权解除保险合同,并向投保人退还现金价值。《中国人民财产保险股份有限公司意外伤害保险条款(2009版)》规定:“现金价值 = 保险费 × [1 - (保险单已经过天数/保险期间天数)] × 75%。经过天数不足一天的按一天计算。”

3. 如实告知义务

投保人应如实填写投保单并回答保险人提出的询问,履行如实告知义务。投保人故意或者因重大过失未履行如实告知义务,足以影响保险人决定是否同意承保或者提高保险费率的，保险人有权解除合同。投保人故意不履行如实告知义务的，保险人对于合同解除前发生的保险事故，不承担给付保险金的责任，并不退还保险费。投保人因重大过失未履行如实告知义务，对保险事故的发生有严重影响的，保险人对于合同解除前发生的保险事故，不承担给付保险金的责任，但应当退还保险费。

4. 职业或者工种变更通知义务

被保险人变更职业或工种时，投保人或被保险人应在规定的期限内以书面形式通知保险人。被保险人所变更的职业或工种，依照保险人职业分类其危险性减低的，保险人接到通知后，自职业变更之日起，退还变更前后职业或工种对应的未满期保费差额。危险性增加的，保险人在接到通知后，自职业变更之日起，增收变更前后职业或工种对应的未满期保险费差额；被保险人所变更的职业或工种依照保险人职业分类在拒保范围内的，保险人有权解除本保险合同。如保险人解除合同的，保险合同自保险人接到通知之日的次日零时起终止，保险人退还现金价值。

被保险人变更职业或工种且未依约定通知保险人而发生保险事故的，若依照保险人职业分类不在拒保范围内但其危险性增加的，保险人按其原保险费与新职业或工种所对应的保险费的比例计算并给付保险金；若被保险人所变更的职业或工种依照保险人职业分类在拒保范围内的，保险人不承担给付保险金的责任，保险人退还现金价值。

5. 保险事故通知义务

发生保险责任范围内的事故后，投保人、被保险人或受益人应及时通知保险人，并书面说明事故发生的原因、经过和损失情况。故意或者因重大过失未及时通知，致使保险事故的性质、原因、损失程度等难以确定的，保险人对无法确定的部分，不承担给付保险金的责任，但保险人通过其他途径已经及时知道或者应当及时知道保险事故发生的除外。前述约定，不包括因不可抗力而导致的迟延。

（三）保险人的主要权利与义务

保险人可以要求投保人按照约定及时交付保险费，同时可以特别约定对于保险费交清前发生的保险事故，保险人不承担保险责任。保险人可以就涉及承保的重要事项询问投保人，投保人应当如实告知。投保人故意或者因重大过失未履行如实告知义务，足以影响保险人决定是否同意承保或者提高保险费率的，保险人有权解除合同。投保人故意不履行如实告知义务的，保险人对于合同解除前发生的保险事故，不承担给付保险金的责任，并不退还保险费。投保人因重大过失未履行如实告知义务，对保险事故的发生有严重影响的，保险人对于合同解除前发生的保险事故，不承担给付保险金的责任，但应当退还保险费。

保险人在收到保险金申请人提交的材料后，应及时就是否属于保险责任作出核定，情形复杂的，保险人在收到保险金申请人的上述请求后的约定期限内未能核定保险责任的，保险人与保险金申请人根据实际情形商议合理期限，保险人在商定的期限内做出核定结果并通知保险金申请人。保险人应当将核定结果通知被保险人或者受益人，对属于保险责任的，保险人应在与保险金申请人达成有关给付保险金数额的协议后约定期限内，履行给付保险金义务；对不属于保险责任的，应当自作出核定之日在起约定的期限内向保险金申请人发出拒绝给付保险金通知书，并说明理由。保险人自收到给付保险金的请求和有关证明、资料之日起的约定期限内，对其给付保险金的数额不能确定的，应当根据已有证明和资料可以确定的数额先予支付；保险人最终确定给付保险金的数额后，应当支付相应的差额。

【案例研讨】 **被保险人确实是溺水身亡吗？**①

2009年2月27日，谢育云与中国人寿广西分公司签订《吉祥无忧卡保险单》，载明："(1) 投保人、被保险人为谢育云；(2) 如无指定受益人，则以法定继承人为受益人，受益人为数人但未明确受益份额的，受益人按照相等份额享有受益权；(3) 保险金额，意外身故或高残保障金额6万元，意外医疗费用金额1万元，意外伤害住院收入保障金额30元/天，最高给付180天；(4) 保险费100元；(5) 保险责任起止时间壹年，自保单签发日的次日0时起至期满日24时止。"该保险单未指定受益人。2009年8月23日谢育云死亡，谢育云的父母、妻子、子女等六位原告称谢育云是意外掉入水塘溺水身亡，被告中国人寿广西分公司称六原告提交的证据无法证明保险事故发生的性质和原因，且由于六原告的不及时通知导致被告的正常查勘受阻，直接导致保险事故无法最终得到确认。

2009年8月23日，广西横县公安局百合派出所出具证明，载明："兹有本辖区居民谢育云，男，汉族，1953年7月23日出生，2009年8月23日谢育云因在村里抗旱时不小心掉入水塘溺水死亡。经我派出所莫泽伦副所长、梁育智警长与平福村委主任谢永湘调查，确定谢育云为失足溺水身亡，其家属对谢育云的死亡调查结果无异议。"被告中国人寿广西分公司在向六原告以及百合派出所调查过程中，发现六原告提交的用以证明保险事故性质和原因的重要证据，即横县公安局百合派出所2009年8月23日出具的证明的真实性、合法性均存在重大疑点。在查勘中，六原告也承认在事发当时未向派出所和村委会报案，事后派出所亦未到现场做任何的勘察调查。这就与派出所证明中所述的"经我派出所莫泽伦副所长、梁育智警长与平福村委主任谢永湘调查，确定谢育云为失足溺水身亡"相矛盾，因此该证明的认定结果依法不应被采信，在没有做任何现场调查的情况下出具的文书不应作为本案的定案依据。2009年9月25日，六原告向被告中国人寿广西分公司递交理赔申请书申请理赔，但被告拒绝支付保险金。

① 国家法官学院案例开发研究中心：《中国法院2012年度保险案例：保险法纠纷》，中国法制出版社2012年版，第171—173页。

法院经审理后认为，谢育云向被告购买《吉祥无忧卡保险单》，是双方真实意思表示，没有违反法律强制性规定，双方保险合同成立，为有效合同，双方应按照合同的约定履行合同义务。原告主张谢育云的死亡是失足溺水身亡，其提供的由百合派出所出具的证明明确说明了经调查确认谢育云为失足溺水身亡，由于百合派出所是认定其辖区内公民意外死亡原因的法定部门，故本院对原告该主张予以采信。被告主张百合派出所的证明无效，但被告未能提供相反证据足以推翻该证明所认定的事实，故本院对被告主张不予支持。失足溺水而亡属于谢育云与被告之间签订的《吉祥无忧卡保险单》中约定的意外伤害身故范围，被保险人谢育云死亡后，六原告作为谢育云的第一顺序法定继承人，根据保险单的约定主张被告支付保险金6万元，本院予以支持。被告以原告没有及时向其报告导致事故性质无法确定为由，主张免责，但由于原告已及时向百合派出所报案，并由该派出所认定了谢育云的死因，所以，即使原告迟延向被告报告，也不足以影响对谢育云死因的查明，故本院对被告该主张不予支持。

横县人民法院依照我国《保险法》第2条、第5条，最高人民法院《关于适用〈中华人民共和国保险法〉若干问题的解释(一)》第1条、第3条之规定，作出如下判决：被告中国人寿广西分公司支付保险金6万元给六位原告。

被告对原审判决提起上诉，南宁市中级人民法院依照我国《民事诉讼法》第153条、第158条，作出如下判决：驳回上诉，维持原判。

【深度阅读】

1. 郭颂平：《保险基础知识》，首都经济贸易大学出版社2006年版，第十章。
2. 许崇苗：《保险法原理及疑难案例解析》，法律出版社2011年版，第五章。
3. 孙宏涛：《德国保险合同法》，中国法制出版社2012年版，第二编。
4. 董彪：《保险法判例新解》，社会科学文献出版社2011年版，第三章。

【问题与思考】

1. 意外伤害保险合同的构成要件是什么？
2. 如何理解意外伤害的内涵？
3. 意外伤害保险合同的特征是什么？
4. 意外伤害保险合同包括哪些分类？

第十二章　健康保险合同

第一节　健康保险合同概述

一、健康保险合同的概念

健康保险合同,是指保险人与投保人签订的由保险人通过疾病保险、医疗保险、失能收入损失保险和护理保险等方式对因健康原因导致的损失给付保险金的保险合同。健康保险合同以被保险人的身体为保险标的,补偿被保险人因疾病、意外伤害所发生的费用或损失。健康保险合同承保的核心风险是疾病,主要有以下要求:第一,必须是明显的非外来原因所造成;第二,必须是非先天性原因所造成;第三,必须是非长期存在原因所造成。

实务中,健康保险合同主要包括疾病保险合同、医疗保险合同、失能收入损失保险合同和护理保险合同等。疾病保险合同是指以约定的疾病发生为给付保险金条件的保险合同,如重大疾病保险合同、癌症保险合同及女性疾病等特定疾病保险合同;医疗保险合同是指以约定的医疗行为的发生为给付保险金条件、保障被保险人接受诊疗期间医疗费用支出的保险合同;失能收入损失保险合同是指以因意外伤害、疾病导致收入中断或减少为给付保险金条件的保险合同;护理保险合同是指以因保险合同约定的日常生活能力障碍引发护理需要为给付保险金条件的保险合同。

二、健康保险合同的特征

与人寿保险合同、意外伤害保险合同相比,健康保险合同具有以下特征:

(一)承保风险主观性强

健康保险承保人体发生疾病的风险,涉及人体某个或多个器官、组织甚至系统功能,因素多,范围广,主观性强,专业度高,风险评估与确定难度大,容易导致逆选择和道德风险。健康保险所涉及的诸多环节中,难以选择唯一确定的解决路径,也难以获得唯一确定的结论。对于被保险人的疾病,可供选择的合理诊疗方法一般会有很多,中医或者西医,保守治疗或者手术治疗,诊疗费用不尽相同,甚至相差甚远。同时,健康保险的涉及环节较多,包括被保险人门诊治疗、住院治疗、医生开药方出具有关证明以及被保险人申请索赔,任何一个环节都存在较强的主观性和不确定性,属于滋生逆选择和道德风险的温床。为防范逆选择和道德风险,健康保险在核保核赔方面要更加严格,也需要更多的专业知识和人员。

【案例研讨】　**“过度医疗”谁来买单?**①

2010年2月25日,江西城市学院大三学生张某无意中发现右臀部有异常,观察发现红肿、热、痛,并且反复发作,自行就诊服药后仍无效。寒假期间,张某在家人陪同下前往当地(安徽)的淮北矿工总医院入院治疗,后经医生诊断为右臀部脓肿,予以完善相关检查后,在麻醉下行右臀部脓肿切开引流术,术后医生予以抗炎、输液对症支持治疗,手术后切口愈合良好,直至出院,基本上可以自由行动,病情明显好转。在治疗期间,共花费材料费、治疗费、药品费、住院费等7353.88元。因张某在校期间由学校统一购买了学平险,出院后,即向承保的保险公司提出理赔要求。

该保险公司认为,张某是在学校所在地南昌由学校统一购买学平险,理应在南昌就诊治疗,并且根据张某病历及住院结算单,其在住院治疗期间使用头孢米诺钠药量超过正常剂量。根据医学常识,对于这种药品成人一天剂量按0.5克一支来讲是4支,住院10天也不过40余支,而张某在治疗过程中使用达到114支,完全超出正常范围。张某的病情应属于一般情况,在现实中,对于治疗重症感染及败血病等这些重大病症,这种药的使用可提高到一天6克,但前提是必须有医生诊断,而且像败血病这种情况已经是危及生命,病情非常严重。据调查,张某的病情并未到该程度,因此在进行核损剔除不合理部分后进行理赔,而张某及其家人对这一结果表示不满意,遂向江西省保险行业协会递交了调解申请书。

保险公司认为,该剂量完全超出正常用药范围,应剔除;而张某则认为,自己在住院治疗期间所用药品均为医生根据病情所开,自己不能控制且无法抗拒。而且张某在向保险公司提出理赔申请后,该公司的南昌分公司迟迟未派人去现场调查,也未委托当地公司去核损,只凭经验及常理判断即下定论。经调解员耐心做工作,保险公司最终决定让步,鉴于申请人当时病情比较严重,疼痛感明显,医生出于治疗、稳定病情考虑,因此不管这种剂量是否合理,考虑到申请人本身也是受害者,保险公司同意在学平险范围内承担治疗费用总计3641.42元,目前已赔付完毕。

本案的争议焦点集中于:张某住院治疗期间头孢米诺钠使用的剂量,是否可作为超出部分剔除?试从以下角度进行剖析。

① 资料来源:中国保险学会网站,http://www.iic.org.cn/D_infoZL/infoZL_read.php?id=25641,2013年11月20日访问。

（1）保险人对免除保险人责任内容是否进行明确说明。通常，保险公司认为投保人用药不符合国家基本医疗保险标准范围，即予以核损剔除，这属于一个保险行业操作惯例，也潜藏在“免除保险人责任的条款”的范畴之中。现实中，保险合同纠纷的产生多半是因为保险事故的发生属于保险合同约定的免责情形，因不构成保险责任遭保险公司拒赔而引发保险诉讼。对于该类保险纠纷，其争议就在于保险公司是否对于免责条款履行了明确说明义务，即订立保险合同时是否就免责事项向投保人履行明确说明义务或者其无证据证明履行了说明义务。如果投保人主张在订立保险合同时，保险人未对上述内容进行明确说明，司法机关很可能援引我国《保险法》第17条认定该条款（惯例）不产生效力。保险人的说明义务是指在保险合同订立时，保险人应当就保险条款的主要内容、免责条款等向投保人或被保险人作出明确说明，并提出建议。此义务与一般合同订立中当事人就合同内容等相关事项向对方进行说明的义务具有高度重叠性，并可为后者所基本涵盖。如我国《合同法》第39条、第40条针对格式条款的规定同样适用于保险合同和非保险合同。我国《保险法》第17条就保险人对保险合同格式条款说明义务作了更为严格的限定，不仅包括保险合同中以“责任免除条款”命名的免责条款，还包括所有免除保险人责任的条款。但是，“免除保险人责任的条款”具体范围并不明确，实践中不排除有些司法机关会对此作扩大解释，如将重大疾病的“释义”、指定医疗机构、合同生效（复效）后的观察期等一些行业通常做法视为“免除保险人责任的条款”，由此对保险公司的正常经营带来不利的影响。

（2）保险人负有调查的义务。根据“谁主张、谁举证”的民事诉讼证据规则，保险公司对投保人提交的用药清单，认为其用药过量，应承担调查和举证的义务，即证明患者与医院相勾结恶意骗保，虚构用药清单。否则，保险公司应当按合同约定进行赔付。

（3）病人对治疗方法和用药计量鲜有选择权。健康保险合同涉及支付医疗费用的标准，应参照当地社会医疗保险主管部门规定的医疗报销标准确定。医疗保险条款之所以选择国家基本医疗保险标准作为商业保险理赔标准和定价标准，是因为国家基本医疗保险标准是在多年经验数据的基础上经过科学核算制定的，能够在治疗费用和治疗效果之间达成有效平衡。既然保险合同双方在保险合同条款中约定选择国家基本医疗保险标准作为保险理赔标准，且不违反相关法律法规的强制性规定，应尊重和确认该选择的合法性。本案有一定的特殊性，即争议焦点不是投保人所提供的用药清单中出现医保外用药，而是用药过量引起保险公司拒赔。患者在入院治疗后，对于自己的病情、用药是无法控制的，除非保险公司有明确证据证明患者与医院相勾结恶意骗保，保险公司应当按合同进行理赔。这种情况现在已不是个例，病人在医院进行治疗时，该使用何种药物、使用何种治疗方法完全是按照医生的要求，普通人对于药量多少为合适肯定是不清楚的，只能够完全按照医生的处方来接受治疗。但是在这种情况下，患者遵照医嘱进行治疗，最后到了保险公司理赔却发现有部分用药所产生的医疗费用不能予以赔偿时，这显然是不合理的。在特殊情况下，对于只是采取医保用药、按常理推断药量会导致病人的疾病无法治愈，甚至会出现恶化的情况，此时则应按照实际情况操作，即使是商业保险也应本着"以人为本"的出发点，优先考虑病人的治疗，因此这种情况下所产生的费用由谁来承担便引起争议，但基于患者无法控制用药，其他费用的产生是为了患者治疗考虑，这部分费用应由保险公司承担。

（二）保险金给付损失补偿性

与人寿保险合同的定额支付性相比，健康保险合同体现明显的损失补偿性。比如，疾病、医疗保险旨在补偿被保险人接受诊疗期间的医疗费用支出，失能收入损失保险旨在补偿被保险人因疾病或者意外伤害导致的收入减少或者中断，护理保险旨在补偿被保险人的护理支出。如果被保险人没有发生医疗费用支出，没有因疾病或者意外伤害导致收入减少或者中断，或者没有护理支出，保险人不会进行保险金的给付。《中国人民财产保险股份有限公司团体补充医疗保险条款（2009 版）》规定："本保险合同适用补偿原则。被保险人通过任何途径所获得的医疗费用补偿金额总和以其实际支出的医疗费用金额为限。被保险人已经从社会基本医疗保险或任何第三方（包括任何商业医疗保险）获得相关医疗费用补偿的，保险人仅对扣除已获得补偿后的剩余医疗费用，按照本合同约定承担给付保险金责任。"

（三）保险期间较短

与人寿保险合同比较，除重大疾病保险外，健康保险合同的保险期间绝大多数为一年以内。主要是因为医疗服务成本持续增长以及疾病发生率波动较大，保险人很难通过精算制定适用于长期的保险费率表。而人寿保险有较为可行且均衡的保险费率表，故其保险期限多为中长期。我国《保险法》第 95 条第 2 款规定："经营财产保险业务的保险公司经国务院保险监督管理机构批准，可以经营短期健康保险业务。"在短期健康保险合同中，一般都会有保证续保条款，即在前一保险期间届满后，投保人提出续保申请，保险公司必须按照约定费率和原条款继续承保的合同约定。

（四）费率厘定较为特殊

人身保险在费率制定时依据人的经验死亡率、费用率、利息率等因素进行精算，但健康保险费率制定则考虑疾病经验发生率、伤残率和疾病（伤残）持续时间等因素，并以保险金额损失率为基础，同时结合药品价格和医疗费用水平对费率进行相应调整。此外，对于短期健康保险业务，保险公司应当提取未到期责任准备金，应当采用下列方法之一：（1）二十四分之一毛保费法（以月为基础计提）；（2）三百六十五分之一毛保费法(以天为基础计提);(3) 根据风险分布状况可以采用其他更为谨慎、合理的方法,提取的未到期责任准备金不得低于方法(1)和(2)所得结果的较小者。

【背景资料】 中国人身保险业重大疾病经验发生率表(2006—2010年)①

6病种经验发生率男表(CI1)

年龄	ix	kx	年龄	ix	kx	年龄	ix	kx
0	0.000350	2.00%	35	0.001218	32.52%	70	0.034692	60.61%
1	0.000312	8.47%	36	0.001351	34.28%	71	0.036997	59.56%
2	0.000276	10.91%	37	0.001508	36.18%	72	0.039483	58.41%
3	0.000244	11.94%	38	0.001691	38.21%	73	0.041442	57.17%
4	0.000229	12.57%	39	0.001905	40.31%	74	0.043501	55.86%
5	0.000223	13.10%	40	0.002151	42.43%	75	0.045666	54.47%
6	0.000217	13.92%	41	0.002434	44.49%	76	0.047943	53.02%
7	0.000213	14.97%	42	0.002757	46.44%	77	0.050338	51.54%
8	0.000210	15.78%	43	0.003123	48.23%	78	0.052172	50.04%
9	0.000209	16.73%	44	0.003535	49.86%	79	0.054090	48.57%
10	0.000210	17.66%	45	0.003997	51.36%	80	0.056377	47.14%
11	0.000212	18.53%	46	0.004512	52.80%	81	0.058783	45.78%
12	0.000217	19.30%	47	0.005084	54.23%	82	0.061314	44.50%
13	0.000224	19.92%	48	0.005715	55.68%	83	0.063460	43.32%
14	0.000232	20.36%	49	0.006406	57.15%	84	0.065722	42.23%
15	0.000244	20.58%	50	0.007155	58.57%	85	0.068104	41.21%
16	0.000257	20.52%	51	0.007960	59.91%	86	0.070612	40.25%
17	0.000274	20.15%	52	0.008818	61.13%	87	0.073252	39.31%
18	0.000293	19.52%	53	0.009726	62.23%	88	0.076030	38.37%
19	0.000315	18.75%	54	0.010681	63.16%	89	0.078952	37.40%
20	0.000340	18.01%	55	0.011682	63.90%	90	0.081576	36.40%
21	0.000368	17.53%	56	0.012725	64.42%	91	0.084315	35.37%
22	0.000399	17.49%	57	0.013809	64.71%	92	0.087175	34.31%

① 中国保监会于2013年10月31日发布,6病种是指根据中国保险行业协会颁布的重大疾病有关定义规定的第1—6种重大疾病,即恶性肿瘤、急性心肌梗塞、脑中风后遗症、重大器官移植术或造血干细胞移植术、冠状动脉搭桥术(或称冠状动脉旁路移植术)和终末期肾病(或称慢性肾功能衰竭尿毒症期。资料来源:中国保监会网站,http://www.circ.gov.cn/web/site0/tab5225/info3891919.htm,2013年11月18日访问。

（续表）

年龄	ix	kx	年龄	ix	kx	年龄	ix	kx
23	0.000434	17.98%	58	0.014930	64.80%	93	0.090160	33.26%
24	0.000472	18.96%	59	0.016086	64.73%	94	0.093276	31.87%
25	0.000514	20.26%	60	0.017274	64.58%	95	0.096528	30.19%
26	0.000560	21.68%	61	0.018492	64.39%	96	0.099922	28.65%
27	0.000610	23.04%	62	0.019737	64.24%	97	0.103466	27.25%
28	0.000663	24.23%	63	0.021006	64.13%	98	0.107164	25.97%
29	0.000721	25.25%	64	0.022298	64.02%	99	0.111026	24.81%
30	0.000783	26.18%	65	0.023845	63.84%	100	0.114981	23.75%
31	0.000850	27.15%	66	0.025712	63.51%	101	0.119140	22.80%
32	0.000924	28.23%	67	0.027942	63.02%	102	0.123482	21.95%
33	0.001007	29.48%	68	0.029876	62.36%	103	0.128017	21.20%
34	0.001104	30.92%	69	0.031957	61.55%	104	0.132753	20.55%
						105	0.137700	13.77%

6 病种经验发生率女表(CI2)

年龄	ix	kx	年龄	ix	kx	年龄	ix	kx
0	0.000479	2.00%	35	0.001454	41.55%	70	0.022095	55.10%
1	0.000383	15.16%	36	0.001612	43.13%	71	0.023621	54.31%
2	0.000314	16.21%	37	0.001785	44.82%	72	0.025271	53.49%
3	0.000263	17.33%	38	0.001974	46.63%	73	0.026600	52.60%
4	0.000222	18.54%	39	0.002180	48.51%	74	0.028010	51.56%
5	0.000195	19.82%	40	0.002403	50.40%	75	0.029505	50.35%
6	0.000182	21.20%	41	0.002644	52.20%	76	0.031093	48.95%
7	0.000175	22.71%	42	0.002905	53.84%	77	0.032755	47.38%
8	0.000180	23.98%	43	0.003185	55.29%	78	0.033889	45.68%
9	0.000192	25.37%	44	0.003485	56.53%	79	0.035080	43.92%
10	0.000210	26.58%	45	0.003807	57.60%	80	0.036505	42.18%
11	0.000231	27.52%	46	0.004149	58.55%	81	0.037997	40.52%
12	0.000252	28.09%	47	0.004485	59.42%	82	0.039569	39.00%
13	0.000271	28.27%	48	0.004807	60.27%	83	0.041026	37.63%
14	0.000288	28.08%	49	0.005124	61.07%	84	0.042558	36.38%
15	0.000304	27.59%	50	0.005442	61.83%	85	0.044169	35.18%
16	0.000319	26.89%	51	0.005770	62.51%	86	0.045862	34.01%
17	0.000334	26.07%	52	0.006117	63.12%	87	0.047640	32.83%
18	0.000349	25.24%	53	0.006489	63.67%	88	0.049314	31.64%
19	0.000366	24.48%	54	0.006895	64.12%	89	0.051065	30.43%

（续表）

年龄	ix	kx	年龄	ix	kx	年龄	ix	kx
20	0.000385	23.89%	55	0.007343	64.45%	90	0.052629	29.20%
21	0.000407	23.59%	56	0.007840	64.63%	91	0.054253	27.96%
22	0.000433	23.68%	57	0.008395	64.63%	92	0.055939	26.73%
23	0.000463	24.21%	58	0.009016	64.48%	93	0.057687	25.54%
24	0.000499	25.16%	59	0.009711	64.16%	94	0.059501	24.13%
25	0.000540	26.42%	60	0.010487	63.70%	95	0.061381	22.55%
26	0.000589	27.89%	61	0.011353	63.13%	96	0.063331	21.11%
27	0.000644	29.43%	62	0.012316	62.45%	97	0.065353	19.80%
28	0.000709	30.99%	63	0.013385	61.66%	98	0.067449	18.61%
29	0.000782	32.52%	64	0.014567	60.77%	99	0.069623	17.53%
30	0.000865	34.04%	65	0.015871	59.78%	100	0.071820	16.54%
31	0.000958	35.55%	66	0.016887	58.75%	101	0.074126	15.66%
32	0.001063	37.06%	67	0.018082	57.73%	102	0.076516	14.87%
33	0.001180	38.55%	68	0.019389	56.78%	103	0.078995	14.17%
34	0.001310	40.04%	69	0.020791	55.91%	104	0.081565	13.54%
						105	0.084200	8.42%

第二节 健康保险合同的分类

一、医疗保险合同、疾病保险合同、失能收入损失保险合同和护理保险合同

以承保风险为标准，健康保险合同可以分为医疗保险合同、疾病保险合同、失能收入损失保险合同和护理保险合同。

（一）医疗保险合同

医疗保险合同，又称为大额医疗费支出保险合同，是指以约定的医疗行为的发生为给付保险金条件、保障被保险人接受诊疗期间医疗费用支出的保险合同。医疗给付保险旨在补偿大额医疗费用支出，而不是针对轻微疾病所发生的小额医疗费用支出予以补偿，轻微疾病所发生的低小额医疗费用支出不作为医疗给付保险合同的标的。医疗给付保险合同的保险金一般包括住院费、检查费、治疗费、手术费、护理费和药品费等。这是健康保险合同的主要构成。

医疗保险合同按照保险金的给付性质分为费用补偿型医疗保险合同和定额给

付型医疗保险合同。费用补偿型医疗保险合同是指根据被保险人实际发生的医疗费用支出,按照约定的标准确定保险金数额的医疗保险合同,其给付金额不得超过被保险人实际发生的医疗费用金额。保险公司设计费用补偿型医疗保险产品必须区分被保险人是否拥有公费医疗、社会医疗保险的不同情况,在保险条款、费率以及赔付金额等方面予以区别对待。保险公司经营费用补偿型医疗保险,应当加强与医疗服务机构和健康管理服务机构的合作,加强对医疗服务成本的管理,监督医疗费用支出的合理性和必要性。定额给付型医疗保险合同是指按照约定的数额给付保险金的医疗保险合同。该产品在理赔时无需考虑被保险人的实际医疗费用支出,也无须提供医疗费用单据,操作简单,定损便捷,适用范围广。

(二) 疾病保险合同

疾病保险合同,是指以约定的疾病发生为给付保险金条件的保险合同,如重大疾病保险合同、癌症保险合同及女性疾病等特定疾病保险合同。癌症、心脏疾病等特殊疾病通常会产生高额的费用支出,该险种的保险金额必须覆盖这些实际产生的各种医疗费用,因此一般会设置较高的保险金额。疾病保险合同在确定保险合同所约定的特种疾病发生后,通常是一次性支付保险金额。

疾病保险合同有以下特征:(1) 该险种为主险,投保人可以独立选择投保,无需附加于其他险种。(2) 一般都规定观察期,观察期结束后保险单才正式生效,保险人对被保险人在观察期内因疾病而支出的医疗费用及收入损失不承担保险责任。(3) 疾病保险合同所保障的重大疾病均是可能给被保险人的生命或生活带来重大影响的疾病项目,如急性心肌梗塞、恶性肿瘤等。(4) 保险期限较长,使投保人“一次投保,终身受益”,可以采用多种灵活方式交付保险费,通常设有宽限期条款。①

【案例研讨】　**重大疾病的认定②**

2000 年 4 月 25 日,向先生以其妻蒋某为被保险人向某保险公司投保了重大疾病终身保险合同,约定每年缴纳保险费 732 元,共缴纳 20 年,保险期限为终身,保险金额 1 万元,在合同有效期内,被保险人于合同生效或复效之日起 180 日后,初次发生,并经合同指定或认可的医疗机构确诊患重大疾病时,保险公司按保险单所载保险金额的 2 倍给付重大疾病保险金;该条款所称“重大疾病”之一是心脏病(心肌梗塞)。2004 年 2 月 16 日,蒋某患病,经某医院诊断为冠心病,下壁缺血。2005 年 4 月 4 日,蒋某到某市医院住院治疗,再次诊断为冠心病、不稳定性心绞痛。此后,蒋某依据保险合同向某保险公司申请支

① 郭颂平:《保险基础知识》,首都经济贸易大学出版社 2006 年版,第 281 页。
② 贾林青:《保险法案例分析》,中国人民大学出版社 2007 年版,第 355—356 页。

付约定的2倍保险金无果，遂于2005年6月28日诉至法院。

蒋某诉称，保险合同约定应予赔付的重大疾病包括心肌梗塞在内的所有心脏病(合同但书中所列心绞痛除外)，自己所患冠心病属心脏病之一，要求某保险公司履行保险责任。

某保险公司辩称，本案重大疾病保险合同约定的赔付的重大疾病仅指心肌梗塞一种心脏病，且该疾病的诊断还应符合该保险合同约定的三个条件：(1) 新近显示心肌梗塞变异的心电图。(2) 血液内心脏酶素含量异常增加。(3) 典型的胸病状。但心绞痛不在合同的保障范围之内。而原告蒋某所患冠心病不属保险合同约定的心脏病(心肌梗塞)，请求驳回蒋某的诉讼请求。

双方的争议焦点在于：被保险人蒋某在保险期间所患冠心病是否属于本案重大疾病保险合同第26条约定的重大疾病之一的心脏病(心肌梗塞)，其诊断是否同时具备约定的三项条件。

法院经审理认为，针对双方当事人的争执焦点，按照本案重大疾病保险合同完整的条文含义，结合医学专业知识分析，其意应指心肌梗塞。但该条文的具体表述却将“心脏病”这一种概念置于条文首位，而将“心肌梗塞”这一属概念在括号中标出，此种表述方式容易误导投保人作出与行文本意不同的理解。其后对“心脏病(心肌梗塞)”所作的解释，将“心肌梗塞”解释为“因冠状动脉阻塞而导致部分心肌坏死……”但该保险格式条款所面对的是不特定的、并非具有医学专业知识的投保人群体，故该解释对于普通投保人而言，并不清楚是对“心脏病”还是对“心肌梗塞”所作解释。这种解释对于格式合同而言，属于模糊性表述，确有不够严谨之处。现某保险公司无充分的证据证明其在订立保险合同时，已特别提醒投保人，明确说明了该条所承保的仅是“心肌梗塞”而不包括其他心脏病。因此，投保人对此作出有歧义的理解亦在情理之中。按照我国《保险法》第31条之规定，对格式条款的理解发生争议时，应作出有利于被保险人或受益人的解释。故认定被保险人蒋某所患冠心病属于心脏病，某保险公司对此应给付约定的保险金。据此判决，某保险公司支付蒋某重大疾病保险金2万元。

(三) 失能收入损失保险合同

失能收入损失保险合同，是指以因意外伤害、疾病导致收入中断或减少为给付保险金条件的保险合同。失能收入损失保险合同以被保险人因意外伤害、疾病丧失劳动能力为条件，其给付具有一定的期限，在这一期限内被保险人可以得到以平均工资为基准金额的一定比例的保险金。失能收入损失保险合同所给付的保险金，不一定能完全补偿被保险人因意外伤害、疾病而导致的全部收入损失，其保险金给付金额一般都低于被保险人遭受意外伤害、疾病以前的正常收入水平，这主要是为了保障被保险人的基本生活水平，同时又促使遭受意外伤害、疾病的被保险人尽早重返工作岗位。

（四）护理保险合同

护理保险合同，是指以因保险合同约定的日常生活能力障碍引发护理需要为给付保险金条件的保险合同。这种保险产品是老龄化社会的产物，起源于20世纪70年代的美国，发展于德国、英国、爱尔兰、南非等国家。作为亚洲国家，日本将护理保险作为公共服务产品引入国家社会保障体系，要求40岁以上的人都要参加。我国保险市场上近年来也相继出现了诸多护理保险产品，主要是针对老年人的护理问题，通常作为其他人身险的附加险出现，其运作方式与养老类保险大同小异。

二、长期健康保险合同和短期健康保险合同

以保险期限为标准，健康保险合同可分为长期健康保险合同和短期健康保险合同。

（一）长期健康保险合同

长期健康保险合同，是指保险期间超过一年或者保险期间虽不超过一年但含有保证续保条款的健康保险合同。保证续保条款是指在前一保险期间届满后，投保人提出续保申请，保险公司必须按照约定费率和原条款继续承保的合同约定。含有保证续保条款的健康保险产品，应当明确约定保证续保条款的生效时间，不得约定在续保时保险公司有调整保险责任和责任免除范围的权利。长期健康保险合同中的疾病保险产品，可以包含死亡保险责任，但死亡给付金额不得高于疾病最高给付金额。长期健康保险合同应当设置合同犹豫期，并在保险条款中列明投保人在犹豫期内的权利，犹豫期不得少于10天。

（二）短期健康保险合同

短期健康保险，是指保险期间在一年及一年以下且不含有保证续保条款的健康保险合同。保险公司销售短期个人健康保险时，可以在基准费率基础上，在费率浮动范围内，合理确定具体保险费率。

三、总括医疗保险合同和特定医疗保险合同

以保险人给付保险金的范围为标准，健康保险合同可分为总括医疗保险合同和特定医疗保险合同。

（一）总括医疗保险合同

总括医疗保险合同，是指保险人对于被保险人因疾病支出的各项费用，只要在约定保险金额以内，均不分项目地予以给付。这些费用包括医药费、住院费、手术

费、检查费、化验费等。

（二）特定医疗保险合同

特定医疗保险合同，是指保险人按照约定仅对被保险人的特定费用项目或特定疾病给付保险金的医疗保险合同。比如手术费用保险合同、住院费用保险合同、特定疾病保险合同等。

四、个人健康保险合同和团体健康保险合同

以投保主体为标准，健康保险合同分为个人健康保险合同和团体健康保险合同。

（一）个人健康保险合同

个人健康保险合同，是指单一自然人同时作为投保人和被保险人的健康保险合同。主要包括医疗保险合同、疾病保险合同、收入保障保险合同和长期护理保险合同等。

（二）团体健康保险合同

团体健康保险，是指以社会团体为投保人，以其所属员工为被保险人的健康保险合同。主要包括团体（基本）医疗费用保险合同、团体补充医疗保险合同、团体特种医疗费用保险合同和团体丧失工作能力收入保险合同。

【案例研讨】 **保险金分配之纠纷**[①]

1998年7月8日，投保人程某某以自己为被保险人向保险公司投保了一份A重大疾病终身保险，身故保险金额为3万元，指定受益人分别为被保险人程某某本人和其儿子程小某，受益份额各为50%。2011年7月26日，被保险人程某某因病死亡，经保险公司核查属于保险责任，但在保险金给付对象问题上产生了争议。

经查，程某某生前已离异，与前妻林某育有儿子程小某（未成年，由林某抚养监护）；此外，程某某父亲已于2012年1月病故，母亲蔡某某健在。程小某的监护人林某认为，程某某死亡后，其作为保险合同指定受益人之一所享有的份额应由保险合同另一指定受益人程小某享有，即程小某应享有并领取被保险人程某某身故保险金3万元。程某某的母亲蔡某某则认为，程某某死亡后，其作为保险合同指定受益人之一所享有的份额应作为遗产处理，即被保险人程某某身故保险金3万元的50%由程某某的第一顺序法定继承人

① 资料来源：中国保险学会网站，http://www.iic.org.cn/D_infoZL/infoZL_read.php?id=29661，2013年11月22日访问。

蔡某某和程小某继承。

本案的争议焦点是保险合同指定受益人之一(亦为被保险人)程某某死亡后,其50%受益份额应如何处理?

我国《保险法》规定,受益人是指人身保险合同中由被保险人或者投保人指定的享有保险金请求权的人。由此可见,保险合同受益人的确定方式是经被保险人或者投保人指定,而其享有的权利是向保险公司行使保险金请求权。保险实践中,受益人主要存在于含有死亡给付责任的人身保险合同中,受益人享有请求权的对象为被保险人的身故保险金。而对于满期保险金、生存保险金以及被保险人伤残、患病等产生的残疾、疾病保险金,保险合同大多约定其请求权归于被保险人本人,保险公司不接受其他指定。

具体到本案,A重大疾病终身保险的保险金分为重大疾病保险金和被保险人身故保险金。被保险人诊断患保险合同所指的重大疾病(无论一种或多种),保险公司给付重大疾病保险金,这一重大疾病保险金一般由被保险人享有,因为该保险金能及时为被保险人解危济困,符合订立保险合同的初衷。而如果在保险责任期间,被保险人未患保险合同所指的重大疾病,一旦被保险人身故(因意外伤害、其他疾病或者自然死亡等),保险公司给付身故保险金,保险合同终止。此时,被保险人身故保险金的享有人即为保险合同受益人。

我国《保险法》规定,投保人、被保险人可以为受益人。《保险法》第40条规定,被保险人或者投保人可以指定一人或者数人为受益人。受益人为数人的,被保险人或者投保人可以确定受益顺序和受益份额;未确定受益份额的,受益人按照相等份额享有受益权。

本案中,保险合同分别指定被保险人程某某本人和其儿子程小某为受益人,且确定了受益份额各为50%。程某某将自己指定为保险合同受益人,并无法律上的障碍。问题在于被保险人程某某将自己指定为本人身故保险金受益人,在逻辑上引发了矛盾,即被保险人程某某一旦死亡,他就不再是民事主体了,不享有民事权利能力,亦即他无法主张依据保险合同作为指定受益人所能享有的保险金请求权。那么,程某某身故后,其作为保单指定受益人之一的50%受益份额应如何处理呢?既然程某某的受益资格因其死亡归于消灭,那么该部分受益份额应依据《继承法》和《保险法》的有关规定,作为被保险人的遗产,按照法定继承顺序进行分配。而保险合同另一受益人程小某确定的受益份额为被保险人身故保险金的50%,其要求100%享有被保险人身故保险金的要求没有事实和法律依据。

综上,保险公司应先向受益人程小某给付被保险人程某某身故保险金3万元的50%即1.5万元,剩下1.5万元作为被保险人程某某的遗产,由其第一顺序法定继承人即母亲蔡某某和儿子程小某各得一半。

【深度阅读】

1. 郭颂平:《保险基础知识》,首都经济贸易大学出版社2006年版,第十章。

2. 贾林青:《保险法》,中国人民大学出版社2011年版,第十三章。

3. 邢海宝:《中国保险合同法立法建议及说明》,中国法制出版社2009年版,第九章。

4. 沙银华:《日本保险经典判例评析》,法律出版社2011年版,第二章。

【问题与思考】

1. 健康保险合同的主要特征是什么?
2. 健康保险合同的主要分类是什么?
3. 健康保险合同的适用范围是什么?
4. 医疗保险合同与疾病保险合同的区别是什么?

第十三章　财产保险合同概述

财产保险是以财产及其有关利益为保险标的的保险。财产保险的可保财产不仅包括有形的物质财产,还包括无形的财产以及与物质财产有关的利益。财产保险合同,是指投保人根据约定向保险人支付保险费,保险人对于约定的可能发生的事故因其发生所造成的财产损失承担赔偿保险金责任的保险合同。

第一节　财产保险合同的特征与分类

一、财产保险合同的特征

(一) 保险标的是财产及有关利益,具有可转移性

财产保险合同的保险标的为财产及有关利益,这既是财产保险合同区别于人身保险合同的根本特征,也是财产保险合同其他特征赖以存在的基础。财产保险合同以财产及其有关利益作为其标的,决定了这种保险标的可以随其所有权的转移而转移。根据我国《保险法》第 49 条的规定,保险标的转让的,保险标的的受让人承继被保险人的权利和义务。

财产保险合同的承保范围覆盖着除自然人的身体与生命之外的一切危险业务。它不仅包括动产、不动产、固定资产、流动资产以及在制的或制成的等有形物质财产,还包括运费、预期利润、民事责任、信用风险等无形财产和利益。同时,财产保险合同的保险标的无论归法人所有还是归自然人所有,均有客观而具体的价值标准,均可以用货币衡量其价值,被保险人可以通过财产保险来获得充分补偿;而人身保险的保险标的限于自然人的身体与生命,且无法用货币来计价。保险标的形态与保险标的价值衡量评估的差异,构成了财产保险合同与人身保险合同的分类,同时也是财产保险合同的本质特征。

(二) 属于补偿性保险合同

保险人经营财产保险业务要承担被保险人保险利益损失的赔偿责任,即保险人的经营是建立在补偿被保险人保险利益损失基础之上。因此,财产保险费率的制

定，需要以投保财产或有关利益的损失率为计算依据；财产保险基金的筹集与积累，也需要以能够补偿所有被保险人的保险利益损失为前提。当保险事件发生以后，保险人必须按照保险合同约定履行赔偿义务，同时也不允许被保险人通过保险获得额外利益，从而不仅适用权益转让原则，而且还适用重复保险损失分摊和损余折抵赔款等原则。

因此，在财产保险合同中，严格遵循"无损失无保险、无损失无赔偿"的原则。财产保险只是对危险所造成的损失给予经济补偿，赔偿也不得超过其实际损失，不能成为被保险人牟利的工具。并且，由于财产保险的标的是物质财产及其有关的利益，它的损失是可以用货币进行衡量的，补偿方法也主要是通过货币的支付，危险事故所导致的损失，必须在经济上能够计算价值，否则，保险的补偿功能难以实现。

（三）保险金额以保险标的的价值为基础

财产保险合同的保险金额根据保险标的的保险价值和被保险人对保险标的所具有的利益而定。保险价值是判断不足额保险、足额保险、超额保险和重复保险的标准。对于超额保险的法律效力，不同国家或者地区存在不同的认定标准。德国、日本及我国台湾地区等需要判断投保人的主观状态，如果投保人主观是恶意，保险合同全部无效，如果主观是善意，超出部分无效。德国《保险合同法》第 74 条规定："如果保险金额显著超过保险价值，则为了避免超额保险，投保人和保险人可以达成降低保险金额或者减少保险费的协议，并且上述协议立即生效；如果投保人为获取不合法的金钱利益而订立超额保险合同，则保险合同应归于无效，保险人可以保有自合同成立时起至其知晓保险合同无效时止的保险费。"日本《保险法》第 9 条规定："对于保险金额超过了保险标的物价值的，投保人以及被保险人是善意且没有重大过失的，投保人针对超过部分可以取消该损害保险合同"。我国台湾地区"保险法"第 76 条规定："保险金额超过保险标的价值之契约，系由当事人一方之欺诈而订立着，他方地解除契约。如有损失，并得请求赔偿。无欺诈情事者，除定值保险外，其契约仅限于保险标的价值之限度内为有效。"

但我国保险法并不对投保人的主观状态进行区分，统一规定财产保险合同的保险金额不得超过保险价值，超过保险价值的部分无效。在有形财产保险中，一般可以事先确定保险价值，以此作为双方约定保险金额的基础，在此情形下投保人与保险人约定的保险金额不得超过保险价值，这是保险人赔付保险金额的最高限额。在无形财产保险中，保险价值无法事先约定，而由双方在保险事故发生后估定，如保险金额超过保险价值，超过的部分无效。

（四）保险期间较短

财产保险合同保险期间通常以一年为限。一年的保险期间是指从约定起保的当日零时起，到保险期限届满之日的24时止。财产保险合同到期后，经双方当事人协商同意可以续保。相比之下，人身保险的期限则根据不同的保险类型有很大的变化，如为空中索道提供的人身意外伤害保险，期限可能只有几分钟，但是人寿保险的保险期限可能会从几年到几十年甚至终身不等。

在财产保险合同的保险期间内，存在着财产保险合同的继续性，即当保险标的因发生保险事故而受到损害时，保险人应立即承担损害赔偿责任，在保险人理赔完毕之后，保险合同仍然继续有效，而不是归于消灭。同时，财产保险合同所承保的保险标的风险增加时，被保险人应立即通知保险人，保险人可以增加保险费或者解除保险合同。

（五）适用代位求偿原则

如果第三人对于被保险人发生的损失应当负损害赔偿责任，被保险人请求保险金给付后，仍向该第三人请求损害赔偿，将获得超过其保险标的的保险价值的利益。所以，财产保险合同广泛适用或者约定有代位求偿权。

代位求偿原则在财产保险合同中的适用与其损失补偿的本质属性紧密联系，相辅相成。适用代位求偿原则，可以防止被保险人从保险中获利、得到双重赔偿，滋生道德风险，同时也可以迫使最初引发损害的人承担终局责任，构建公平、公正的社会秩序和公共政策。在实务中，代位追偿原则的适用也很可能会促进保险人在承保时适当降低费率或者作出有利于被保险人的承保条件，在理赔时适当降低赔付门槛、减少赔款环节、提高赔付效率，增进被保险人的利益。

二、财产保险合同的种类

根据不同的划分标准，财产保险合同通常有以下几种分类：

（一）有形财产保险合同和无形财产保险合同

以保险标的为标准，可以将财产保险合同分为有形财产保险合同和无形财产保险合同。

有形财产保险主要包括海上保险、火灾保险、水灾保险、汽车保险、航空保险、盗窃保险、玻璃保险、锅炉及机器保险、内陆运输保险等；无形财产保险主要包括信用保险、保证保险、责任保险、利益保险、权利保险、营业中断保险等。有形财产保险合同的保险标的是以物质形式存在、可以用货币价值衡量的财产。责任保险合同是以被保险人对第三者依法应负的赔偿责任为保险标的的保险合同。信用保险合同是以信用交易中债务人的信用作为保险标的，在债务人未能如约履行债务清偿义务而使债权人遭受经济损失时，由保险人向债权人提供风险保障的一种保险合同。保证保险由保险人为被保证人向权利人提供承诺，当被保证人违约或不忠诚而使权利人遭受经济损失时,权利人有权从保险人处获得补偿。我国《保险法》第95条第2款规定:“财产保险业务,包括财产损失保险、责任保险、信用保险、保证保险等保险业务。”

（二）定值财产保险合同和不定值财产保险合同

以保险价值是否预先确定为标准,可以将财产保险合同分为定值财产保险合同和不定值财产保险合同。

定值财产保险合同,是指保险价值由投保人和保险人在订立合同时约定,并在合同中明确记载的财产保险合同。一旦保险标的发生全损时,没有必要对保险标的进行估价,直接按照保险合同所规定的保险标的的价值进行全额赔付即可。由于有些保险标的,如艺术品、书画、古董等,其价值不易确定,当事人事先约定保险标的的价值可避免纠纷的产生。定值财产保险合同也在海上保险中广泛使用,因为海上保险标的的价值受时间和空间影响较大,在保险事故发生之后估计损失在技术上存在较多的困难;并且海上保险标的并不在被保险人控制之下,被保险人不可能故意损毁保险标的而向保险人索取赔偿。

在定值财产保险合同中,如果保险人对投保财产的估价缺乏经验,容易引起投保人、被保险人或者受益人的欺诈行为,从而诱发道德风险,所以美国有些州禁止定值财产保险合同。我国《保险法》第55条规定:“投保人和保险人约定保险标的的保险价值并在合同中载明的,保险标的发生损失时,以约定的保险价值为赔偿计算标准。投保人和保险人未约定保险标的的保险价值的,保险标的发生损失时,以保险事故发生时保险标的的实际价值为赔偿计算标准。”

不定值财产保险合同,是指当事人在缔约时不事先确定被保险财产的价值,而是在合同中载明保险事故发生之后再估计被保险财产的价值,以此确定赔偿金额的财产保险合同。由于许多保险标的的价值在保险期间是经常变动的,如果在财产保险合同存续期间,保险标的价值下降,一旦发生保险事故,保险人仍然以缔约时的价值来计算损害赔偿金额,就违背了保险的损失补偿原则。因此,绝大多数的财产保险合同都属于不定值保险合同。当不定值保险合同中的保险标的发生保险事故,保险人以损失发生地的市场价格为依据来确定保险价值,作为赔偿的标准。

（三）足额财产保险合同、不足额财产保险合同和超额财产保险合同

以保险价值与保险金额的关系为标准,可以将财产保险合同分为足额财产保险合同、不足额财产保险合同和超额财产保险合同。

足额财产保险合同,是指保险金额与保险价值完全相等的财产保险合同,即以保险价值全部付诸保险而缔结的保险合同。当保险标的因保险事故的发生而遭受

全部损失时，保险人按保险价值进行赔偿。这类保险合同既使被保险人所具有的保险标的的价值得到完全的保护，又因计算保险费的保险金额并未超过保险价值，使投保人没有支付多余的保险费。

在不定值财产保险合同中，保险事故发生时，如果合同中所规定的保险标的的价值与市场价值一致，该财产保险合同为全额保险。如果保险标的全部受损，保险人应将保险金额的全部赔付给被保险人。如果保险标的部分受损，则保险标的的实际损害是被保险人所受到的损失，被保险人的损失全部由保险人承担。但保险事故发生时，如果保险标的的实际价值高于或者低于合同所规定的价值，则该全额保险变为不足额保险或者超额保险，这将影响损害赔偿的计算标准，故应当以保险事故发生时保险标的的实际价值，而不是合同所规定的价值计算应赔付损失。

不足额保险合同是指保险金额低于保险价值的保险合同。当保险标的因保险事故的发生遭受全部损失时，保险人按保险金额赔偿，其与保险价值的差额部分，由被保险人自己承担；保险标的遭受部分损失的，保险人对保险标的的损失按保险金额与财产的实际价值的比例来承担。

不足额保险既可能发生在缔约时，也可能发生在缔约之后：在订立保险合同时，投保人仅以保险价值的一部分投保，因而保险金额低于保险价值。或在订立保险合同时，当事人约定的保险金额等于保险价值，但在合同成立之后，保险标的价值上升，导致保险金额低于保险价值。我国《保险法》第 55 条第 4 款规定："保险金额低于保险价值的，除合同另有约定外，保险人按照保险金额与保险价值的比例承担赔偿保险金的责任。"

超额保险合同是保险金额高于保险价值的保险合同。超额保险的实质在于双方当事人所约定的保险金额超过保险标的本身的价值，容易诱发道德风险，所以为法律所禁止。保险金额超过保险利益即为超额保险，保险公司予以承保的即为超额承保。保险公司超额承保不仅直接损害保险公司的利益，同时也为投保人、被保险人、受益人不当得利大开了方便之门。因此我国《保险法》对这种违法行为加以明确禁止，根据《保险法》第 164 条的规定，超额承保情节严重的，由保险监督管理机构责令改正，并处以 5 万元以上 30 万元以下的罚款。

【案例研讨】　　**代位追偿保险赔案引争议①**

宋某是某地渔船船东，长年雇佣渔民出海从事捕捞作业。2010 年 1 月，宋某在中国渔业互保协会为船上雇佣的 8 名渔民全部投保了雇主责任险，每人保额 15 万元。2010

① 资料来源：中国保险学会网站，http://www.iic.org.cn/D_infoZL/infoZL_read.php? id = 14802，2013 年 11 月 23 日访问。

年3月15日，宋某的渔船在海上航行过程中与林某的渔船相撞，导致宋某船上渔民张某和蔡某落海溺水死亡。经主管部门核定，这次碰撞事故中，宋某因驾驶不慎应负30%的责任，林某应负70%的责任。事故发生后，宋某作为雇主，支付渔民张某和蔡某家属死亡赔偿金等总计50万元，其间，林某因资金周转困难，暂时支付宋某赔偿金15万元。宋某在支付死亡渔民家属赔偿金后，即根据在中国渔业互保协会的保单，向中国渔业互保协会提出索赔。中国渔业互保协会在接到索赔后，对如何赔偿、赔偿多少、赔偿的依据，及互保协会在赔偿后是否享有代位追偿权，追偿金额又是多少产生了争议。那么，本案应如何赔偿、赔偿多少，中国渔业互保协会又是否可因赔付享有代位追偿权，可代位追偿多少呢?

(1) 本案中宋某既承担雇主责任，又承担侵权责任，保险机构仅对宋某承担的雇主责任负责赔偿。

本案中，宋某作为死亡渔民张某和蔡某的船东，理应承担全部的雇主责任，最后因张某和蔡某花费的费用为50万元，所以宋某承担100%的雇主责任，应支付两人总计50万元赔款；而又因宋某的渔船在碰撞事故中应负30%的过错责任，根据法律规定，宋某应对这30%的过错责任负责，承担30%的侵权责任。因此对于死亡渔民张某和蔡某来说，船东宋某和肇事渔船船东林某同样构成了侵权人，应承担侵权责任，各自承担的比例应分别为，宋某承担30%的侵权责任、林某承担70%的侵权责任。

船东宋某在中国渔业互保协会参保的是雇主责任险，根据雇主责任险的含义，保险机构仅在雇员在从事与雇主有关的工作中遭受意外伤害导致伤残或死亡，对雇主应承担的雇主责任在保险金额的范围内给予赔偿；而为了防范道德风险，对雇主因故意和重大过失造成的雇员的伤害是不予赔偿的。根据雇主责任险的含义，本案中保险机构仅对宋某应承担的100%雇主责任给予赔偿，而对宋某承担的30%的侵权责任，因其不包含在雇主责任险的范围内，因此保险机构是不应给予赔偿的。

此外，雇主责任险为责任险的一种，是一种定额保险，即仅在保险凭证约定的保险金额范围承担赔偿责任，而对超出保险金额的风险和费用，保险机构是不承担赔偿责任的。本案中，因为保险凭证中载明的两个人的保险金额总计为30万元，因此保险机构对宋某在本案中所负的100%的雇主责任，所赔偿的50万元赔款，仅应按保险金额全额支付30万元的保险金。对于超出的20万元赔款，该风险和费用应由宋某承担和向另一侵权人林某追偿，即投保人并不能因为保险而转嫁所有风险，所转嫁风险的多少由投保的保额决定，对于超出保额的风险，只能由个人承担，这也符合保险中损失补偿原则的要求。

(2) 本案中保险机构在向宋某支付赔偿金后，即在支付的赔偿金范围内享有向林某的代位追偿权。

代位追偿权常常出现在普通的财产保险中，在雇主责任险中是否适用代位追偿，保险机构在赔付时产生了不同的看法。实际上在雇主责任险中代位追偿也是适用的。法律规定，保险机构在承担财产保险赔偿后，可以行使代位追偿权，而责任险是财产保险的一种，因此雇主责任险也同样可以适用代位追偿，适用方法与普通的财产保险相同。

结合本案分析，中国渔业互保协会在向宋某支付雇主责任险赔偿后，可以行使代位追偿权，但从法律上分析其行使的代位追偿权并非基于林某的侵权行为。实际上从法律关系上来说，保险机构与林某没有任何实质的法律关系，其追偿行为仅基于保险机构在承担雇主责任赔偿金后从宋某那里转移来的部分债权。

(3) 本案保险机构的赔款金额、追偿金额及各个关系人各自承担的费用金额。

根据上面阐述的原理，本案中若肇事船东林某没有在宋某申请保险赔偿之前向宋某支付15万元用于对死亡渔民的赔偿，则在宋某索赔时，保险机构应向宋某支付全部雇主责任险赔偿金总计30万元，宋某因全部支付了对死亡渔民的赔偿金额，根据赔偿法的规定，还须对余下的20万元根据林某承担的70%的比例向林某索赔。

但在林某向宋某先行支付15万元的情况下，保险机构在向宋某支付雇主责任险赔偿金时就应扣除这15万元之中保险机构在日后代位追偿中可以追回的金额。这与保险机构在支付赔款后再代位追偿是一个道理。在计算上这部分金额应为30/50×15=9万元，则保险机构支付给宋某的雇主责任险赔偿金就应为30－9=21万元。在本案中，林某作为侵权方之一，其所应当承担的赔偿金额应为50×70%=35万元，则林某在支付了15万元后，还应支付20万元的赔款。因为宋某的雇主责任险保额小于实际发生的费用数额，保险机构根据保额支付给宋某的赔偿金并没有完全弥补宋某的损失，因此这20万元的赔偿款应由保险机构和宋某共同分割，则保险机构的代位追偿金额应为(30/50)×20=12万元，宋某在这20万元中应当从林某那里获得的受偿金额为(50－30)/50×20=8万元。

综上所述，本案中保险机构支付给宋某的雇主责任险赔偿金为21万元，代位追偿的金额为12万元，实际承担的费用为21－12=9万元；林某作为承担70%侵权责任的肇事船东应承担的赔偿金额为50×70%=35万元；宋某在支付死亡渔民雇主责任赔偿后从保险机构和林某处先后获得的款项金额为15+21+8=44万元，宋某在此次事故中实际承担的费用为50－44=6万元，在这起事故中宋某本应承担50－35=15万元，但因其投保的雇主责任险，便将部分风险9万元转移给了保险机构，最后实际仅承担赔款6万元。

第二节　财产保险合同的内容

一、保险标的

保险标的是确定保险条件和保险金额、计算保险费率和赔款标准的根据。明确保险标的有助于确定财产保险的种类，判断投保人是否具有保险利益，选择适用的保险条款和保险费率。

财产保险合同的保险标的必须是能够用货币衡量的财产或者利益，否则不能成为财产保险标的，例如，土地、矿藏、森林、江河等就不能成为保险标的。非法物品不能成为财产保险标的。例如，《中国人民财产保险股份有限公司企业财产保险条款》第3条规定下列财产不在保险财产范围以内："一、土地、矿藏、矿井、矿坑、森林、水产资源以及未经收割或收割后尚未入库的农作物；二、货币、票证、有价证券、文件、账册、图表、技术资料以及无法鉴定价值的财产；三、违章建筑、危险建筑、非法占用的财产……"

一般情况下，保险标的转让的，保险标的的受让人承继被保险人的权利和义务。同时，保险标的转让的，被保险人或者受让人应当及时通知保险人。但货物运输保险合同和另有约定的合同除外，因为货物运输，特别是海上运输，路程遥远，流动性大，货物在远地买卖易主，而且货物的风险并不会随着所有权的转让有所变化，因此，及时通知保险人货物转让既不可行也无必要。

二、保险责任

保险责任是在保险事故发生时，保险人应承担的损害赔偿或者给付保险金的责任。在保险合同中，保险人并不对保险标的所有风险所发生的损害承担赔偿责任，仅对与投保人所约定的特定风险所造成的损害承担赔偿责任。

保险人的保险责任包括基本责任和特约责任两个部分：(1) 基本责任是针对基本险而言的，有3种类型：第一，单一险责任，即保险人仅对某种特定危险所造成的损害而承担的赔偿责任；第二，综合险责任，通常称综合险或者混合险，即保险人应承担的由若干特定危险所造成的损害赔偿责任；第三，一切险责任，即保险人应承担除外责任之外的所有危险所造成的损害赔偿责任，是保险人承担危险范围最广泛的一种保险责任。(2) 特约责任是针对附加险而言的，是指双方当事人约定由保险人承担的保险责任。原则上特约责任是单一险责任。

例如，机动车保险的基本险有汽车损失险，保险责任包括汽车车身损失责任和救护行为的费用损失责任；附加险有汽车玻璃单独破碎保险、汽车停驶质量损失保险和自燃损失保险等。

三、保险价值

保险价值是在订立保险合同时，双方当事人对保险标的的估价。保险制度的目的在于填补被保险人遭受的损害。计算保险损害范围时必须先计算保险利益，即保险价值。被保险人在保险事故发生之后获得的保险赔偿，不得超过其实际损失，该损失范围仅限于保险价值之内，因此，保险价值是保险人在法律上承担保险责任的最高限额。

保险价值是确定保险金额的基础，保险价值必须通过货币来衡量和表现。保险价值的确定有两种方法：一种是由当事人约定，即在保险标的没有可供参考的市场价格时，保险合同当事人可以约定保险标的的价值；另一种是按照市场价格估计，保险人的保险赔偿金额不得超过保险标的在保险事故发生时的市场价值。一般情况下，按市场价格估计的保险价值，是较为客观的价值，而如果完全由当事人约定，则容易导致纠纷。我国《保险法》第55条规定："投保人和保险人约定保险标的的保险价值并在合同中载明的，保险标的发生损失时，以约定的保险价值为赔偿计算标准。投保人和保险人未约定保险标的的保险价值的，保险标的发生损失时，以保险事故发生时保险标的的实际价值为赔偿计算标准。"

在当事人没有约定保险标的保险价值的情况下，法律有明确规定的，则按照法律规定来确定保险价值。我国《海商法》第219条第2款规定："保险人与被保险人未约定保险价值的，保险价值依照下列规定计算：(1) 船舶的保险价值，是保险责任开始时船舶的价值，包括船壳、机器、设备的价值，以及船上燃料、物料、索具、给养、淡水的价值和保险费的总和；(2) 货物的保险价值，是保险责任开始时货物在起运地的发票价格或者非贸易商品在起运地的实际价值以及运费和保险费的总和；(3) 运费的保险价值，是保险责任开始时承运人应收运费总额和保险费的总和；(4) 其他保险标的的保险价值，是保险责任开始时保险标的的实际价值和保险费的总和。"

四、保险金额

保险金额是投保人对保险标的实际投保的金额，是保险人承担保险损害赔偿或者给付保险金的最高限额。财产保险金额应准确反映保险标的的实际价值，超过或者低于保险价值，均影响双方当事人的权利和义务。就保险人而言，保险金额不仅是收取保险费的计算标准，而且也是给付保险金的最高限额；就投保人而言，保险金额不仅是缴付保险费的计算标准，而且也是获得保险损害赔偿的范围。因此，保险金额是确定保险合同双方当事人权利和义务的依据。

保险金额是由保险人与被保险人约定的，但双方所约定的保险金额不得超过保险价值，因为保险价值是法律所规定的保险人给付保险金的最高限额。保险金额必须在合同订立时约定，合理确定保险金额既可节省投保人的保险费支出，又可在保险事故发生时使投保人的实际损失得到全额的赔偿。

五、保险费

保险费是投保人为获得保险人承诺给付保险金而向其支付的费用。投保人只有在同意支付或者已经支付保险费的前提下,才能获得保险人承担保险损害赔偿的承诺。保险合同没有保险费约定的,保险合同无效。

对于保险费的缴付,我国《保险法》与《海商法》有不同的规定。《保险法》规定,保险合同成立之后,投保人应按照双方的约定缴付保险费,即《保险法》第 14 条规定:"保险合同成立后,投保人按照约定交付保险费;保险人按照约定的时间开始承担保险责任。"《海商法》规定,保险合同缔结之后,投保人立即支付保险费。即《海商法》第 444 条规定:"除合同另有约定外,被保险人应当在合同订立后立即支付保险费;被保险人支付保险费前,保险人可以拒绝签发保险单证。"

财产保险合同的保险费一般为一次性缴付。根据保险惯例和各国的法律规定,投保人拒绝缴付保险费的,保险人可以通过诉讼方式强制投保人缴付。我国保险法规定人寿保险的保险费,不得通过诉讼的方式强制投保人缴付,但并未禁止保险人通过诉讼方式强制财产保险的投保人缴付保险费。

六、除外责任

除外责任,又称为责任免除,是指保险人不承担赔付责任的危险事项。除外责任是为了限制保险人的责任。最为常见的除外责任危险有:道德危险、战争、核辐射与核污染等。

具体来讲,世界各国关于除外不保危险事故大致有两种情形:(1) 战争、军事行动或者暴力行为。一旦发生战争、军事行动或者暴力行为,涉及面非常广,其造成损害的程度无法确定。战争包括正式宣战、不宣而战;军事行动包括武装冲突、敌方的故意挑衅行为、军事演习;暴力是指破坏社会秩序的武装骚乱事件。(2) 核辐射和污染。核武器爆炸和核反应堆发生事故而产生的辐射、污染导致被保险人财产损失的,保险人不承担赔偿责任。

七、保险期间

保险期间是指保险责任的起讫期间,即保险合同的有效期限。在该期限内发生保险事故的,保险人应当给付保险金。保险期间的计算直接关系到保险合同当事人的切身利益,甚至是判断保险责任的归属或者解除合同是否承担损失的关键。

关于保险期间,通常有两种约定方式:(1) 以年、月、日为计算标准。我国的保险条款通常规定,保险合同的保险期间从合同生效之日起零时计算,至合同终止之日 24 时结束。财产保险合同的保险期间一般为一年,合同期满之后可以再续。(2) 以某个事件的存续期间为计算标准。保险合同的有效期是以特定的事件的开始日为始期，以该事件的结束日为终期。例如，海上货物运输保险和海上运输工具保险以一个航程为保险期间。

在保险实务中，保险期限涉及：(1) 2 年的索赔诉讼时效期间，即人寿保险以外的其他保险的被保险人或者受益人，自其知道或者应当知道保险事故发生之日起 2 年内向保险人请求赔偿或者给付保险金；人寿保险的被保险人或者受益人自其知道或者应当知道保险事故发生之日起 5 年内向保险人请求给付保险金。(2) 60 天的缴费宽限期，即合同约定分期缴纳保险费的，投保人支付首期保险费后，除合同另有约定外，超过规定的缴费期 60 日未支付保险费，保险合同的效力方告中止，在 60 日宽限期内，保险合同持续有效。(3) 30 天缴费宽限期，即合同约定分期缴纳保险费的，投保人支付首期保险费后，投保人自保险人催告之日起超过 30 日未支付当期保险费，保险合同的效力方告中止。(4) 30 天的合同解除期限，即因保险标的转让导致危险程度显著增加的，保险人自收到被保险人或受让人通知之日起 30 日内，可以按照合同约定增加保险费或者解除合同。保险标的发生部分损失的，自保险人赔偿之日起 30 日内，投保人可以解除合同；除合同另有约定外，保险人也可以解除合同，但应当提前 15 日通知投保人。

这些期限起始日的计算，根据我国《民法通则》第 154 条的规定，民法所称的期间按照公历年、月、日、小时计算。规定按照小时计算期间的，从规定时开始计算。规定按照日、月、年计算期间的，开始的当天不算入，从下一天开始计算。期间的最后一天是星期日或者其他法定休假日的，以休假日的次日为期间的最后一天。期间的最后一天的截止时间为 24 点，有业务时间的，到停止业务活动的时间截止。《民法通则》第 155 条规定，民法所称的“以上”“以下”“以内”“届满”，包括本数；所称的“不满”“以外”，不包括本数。在保险合同中，无论是法定的期间还是约定的期间，其起始日和截止日均应依据上述法律的规定解释适用。

八、保险金的给付

保险事故发生后，按照保险合同请求保险人赔偿或者给付保险金时，投保人、被保险人或者受益人应当向保险人提供其所能提供的与确认保险事故的性质、原因、损失程度等有关的证明和资料。保险人按照合同的约定，认为有关的证明和资料不完整的，应当及时一次性通知投保人、被保险人或者受益人补充提供。

保险人收到被保险人或者受益人的赔偿或者给付保险金的请求后，应当及时作出核定；情形复杂的，应当在 30 日内作出核定，但合同另有约定的除外。保险人应当将核定结果通知被保险人或者受益人；对属于保险责任的，在与被保险人或者受益人达成赔偿或者给付保险金的协议后 10 日内，履行赔偿或者给付保险金义务。保险合同对赔偿或者给付保险金的期限有约定的，保险人应当按照约定履行赔偿或者给付保险金义务。保险人依据前述规定作出核定后，对不属于保险责任的，应当自作出核定之日起3日内向被保险人或者受益人发出拒绝赔偿或者拒绝给付保险金通知书，并说明理由。保险人自收到赔偿或者给付保险金的请求和有关证明、资料之日起60日内，对其赔偿或者给付保险金的数额不能确定的，应当根据已有证明和资料可以确定的数额先予支付；保险人最终确定赔偿或者给付保险金的数额后，应当支付相应的差额。

在财产保险实务中有三种赔偿方式：(1) 比例赔偿方式，即按保险金额和出险时财产实际价值的比例来进行赔偿。保险金额与实际价值相等时，被保险人就可以得到完全的补偿，如保险金额低于实际价值时，所得赔款也将会低于实际损失。(2) 第一危险赔偿方式，即将保险财产的价值视为两个部分，其中一部分为保险金额部分，是保险人应当负责的第一损失部分。而超过保额的另一部分，应当由被保险人负责。因此，这一赔偿方式的特点就是不分足额保险与不足额保险，只要损失在保险金额以内，都按实际损失赔付；如果损失金额超过保险金额，保险人对此不负赔偿责任。(3) 限额赔偿方式，即保险人仅在损失超过一定限度时才负赔偿责任，经常应用于农作物保险中，保险人只赔偿限额责任与收益之间的差额。

【案例研讨】 **如何认定超额保险**[①]

2008年10月17日，徐玉成为车牌号为京CV9221的别克汽车向民安保险公司投保，机动车辆商业保险单载明，徐玉成为投保人、徐明为被保险人。该车新车购置价为20万元，初次登记日期1998年3月。投保险种包括车辆损失险、商业三者险、车上人员责任险。其中车辆损失险保险金额为20万元。保险期间自2008年10月18日至2009年10月17日。2008年12月25日，民安保险公司出具保险批单，将被保险人变更为徐玉成，车主信息变更为徐玉成，车牌号变更为京N77270。保险条款第3条约定：被保险人或其允许的驾驶人故意导致保险事故发生，保险人不负责赔偿。第8条约定保险车辆的保险金额可以按照以下方式确定：(1) 按投保时与保险车辆同种车型的新车购置价；(2) 按投保时与保险车辆同种车型的新车购置价扣减折旧部分；(3) 投保人与本公司协商确定。但保险金额不得超过投保时同类车辆新车购置价，超过部分无效。

根据北京市公安局交通管理局朝阳交通支队机场大队出具的简易程序处理交通事故认定书记载，2009年2月17日，郭磊驾驶被保险车辆行驶至朝阳区机场第二高速公路焦庄桥下，车辆前部与台阶及桥墩接触，车辆前部、底部及两前轮损坏，无人员伤亡。徐

---

① 董彪：《保险法判例新解》，社会科学文献出版社2011年版，第260—263页。

玉成为修复被保险车辆支出修理费106336元及施救费650元。2009年5月6日,民安保险公司对被保险车辆出具损失情况确认书,定损金额为23320元,徐玉成未在确认书上签字。

庭审中,民安保险公司认为徐玉成修理费偏高,变速箱根本无需更换。事故发生时车辆的实际价值为42800元,并提交了一份来自网络的车辆估价表格,徐玉成对该估价不予认可。

北京市海淀区人民法院认为:民安保险公司主张投保金额与车辆实际价值差额巨大,超出部分应当无效,本院认为,首先,根据我国《保险法》,保险标的的保险价值,可以由投保人和保险人约定并在合同中载明,也可以按照保险事故发生时保险标的的实际价值确定。保险金额不得超过保险价值;超过保险价值,超过部分无效。可见,法律上关于"超过部分无效"的规定,是针对保险价值与保险金额的关系而言,与标的物的实际价值并无直接关联。保险价值与实际价值是两个完全不同的概念,实际价值虽然可以作为确定保险价值的依据,但保险合同双方可以在不考虑实际价值的基础上,通过协商方式确定保险价值。因此,保险金额高于实际价值但并不高于保险价值,不发生超额部分无效的法律后果。其次,保险合同中对保险金额的上限作出了约定,即保险金额不得超过投保时同类车辆新车购置价,超过部分无效。保单记载的新车购置价为20万元,保险金额也为20万元,可见诉争保险合同的保险金额是以新车购置价为依据确定的,两者数额相等,保险金额未超过新车购置价,因此不存在超过部分无效问题。判决:民安保险公司于判决生效之日起10日内给付徐玉成保险理赔款106986元。

判决后,民安保险公司不服一审法院民事判决,提起上诉。二审法院经审查:关于保险价值应以保险事故发生时保险标的的实际价值确定,本案属于超额保险的上诉意见,本院认为,根据我国《保险法》规定,保险金额根据保险价值确定,并且一般不得超过保险价值。保险价值是保险赔偿金额的计算依据,而保险赔偿金额又不能超过保险金额。二者都影响到保险赔偿金额的确定。从三者关系来看,保险价值≥保险金额≥保险赔偿金额。本案中,保险单中并没有"保险价值"的反映或约定,徐玉成按照20万元投保,并愿按此价格计算和缴纳保费;民安保险公司按此价格计算和收缴保费,说明20万元是双方对当时车辆实际价值协商一致的结果,保险金额是依据实际价值双方协商确定的。因此,本案不属于超额保险,民安保险公司的该项上述意见,本院不予支持。判决如下:驳回上诉,维持原判。

【背景资料】 **2012年全国财产保险公司前二十强经营数据表①**

排名	属性	公司名称	保费收入(亿元)	市场份额	同比增幅
1	中资	人保财险	1930.179644	34.90%	11.33%
2	中资	平安财险	987.862039	17.86%	18.54%
3	中资	太保财险	695.502823	12.58%	12.92%
4	中资	中华联合	245.558068	4.44%	17.19%
5	中资	国寿财险	235.417971	4.26%	43.59%
6	中资	大地财险	179.022228	3.24%	10.13%
7	中资	阳光财险	146.595845	2.65%	10.08%
8	中资	出口信用	142.600721	2.58%	39.34%
9	中资	天安保险	81.269122	1.47%	3.92%
10	中资	太平保险	77.681467	1.40%	33.91%
11	中资	安邦保险	70.637097	1.28%	-1.19%
12	中资	永安保险	70.253326	1.27%	8.55%
13	中资	华安保险	57.407805	1.04%	17.62%
14	中资	华泰财险	55.915195	1.01%	16.54%
15	中资	永诚保险	55.568429	1.00%	5.33%
16	中资	英大财险	50.149856	0.91%	66.30%
17	中资	天平车险	46.461953	0.84%	15.50%
18	中资	中银保险	41.452995	0.75%	43.15%
19	中资	都邦保险	30.964959	0.56%	-7.73%
20	中资	信达财险	24.223635	0.44%	99.22%

【深度阅读】

1. 郑功成:《财产保险》,中国金融出版社2010年版,第三章。

2. 贾林青:《保险法》,中国人民大学出版社2011年版,第十章。

3. 刘建勋:《保险法典型案例与审判思路》,法律出版社2012年版,第四章。

4. 吴定富:《中华人民共和国保险法释义》,中国财政经济出版社2009年版,第二章。

---

① 资料来源:中国保监会网站,http://www.circ.gov.cn/web/site0/tab5202/info234402.htm,2013年11月23日访问。

【问题与思考】

1. 财产保险合同的主要特征是什么?

2. 财产保险合同的主要分类是什么?

3. 如何理解财产保险合同的损失补偿性?

4. 足额财产保险合同、不足额财产保险合同和超额财产保险合同的区别是什么?

第十四章　财产损失保险合同

世界保险业起源于海上保险，随着社会经济发展，逐步拓展到火灾保险、机动车辆保险、运输保险、企业财产保险、家庭财产保险，从而形成了较为完整的财产损失保险体系。财产损失保险合同是以各类有形财产为保险标的的财产保险合同，其主要包括的业务种类有：机动车辆保险、企业财产保险、家庭财产保险、运输工具保险、货物运输保险、工程保险、能源与航天航空保险和农业保险等种类。

近年来，我国经济快速发展，汽车工业突飞猛进，居民生活水平日益提高，机动车保有量逐年猛增，2012 年全国民用汽车保有量达 12089 万辆（包括三轮汽车和低速货车 1145 万辆），同比增长 14.3%。2012 年，我国财产保险原保险保费收入为 5330 亿元，其中机动车辆保险为 4005 亿元，占比 75%，占据财产损失保险乃至整个财产保险业务的绝大部分，机动车辆保险是目前中国财产保险行业的重中之重。以中国人民财产保险股份有限公司为例，作为中国以及亚洲最大的财产保险公司，2012 年原保费收入 1935 亿元，其中车辆保险业务收入达到 1418 亿元，占比为 73%。作为市场份额达到 35% 的龙头财产保险公司，中国人民财产保险股份有限公司的车辆保险业务占比不算太高，目前国内很多财产保险公司尤其是中小财产保险公司的车辆保险业务比例达到 80% 甚至更高，基本可以称之为车辆保险公司。

第一节　机动车辆保险合同

一、机动车辆保险合同的概念和特征

机动车辆保险合同，又称汽车保险，是指以机动车辆本身及其第三者责任等为保险标的，保险人对保险车辆遭受保险事故所造成的损失承担给付保险金义务的保险合同。机动车辆是指汽车、电车、电瓶车、摩托车、拖拉机、各种专用机械车、特种车等。

机动车辆险合同有以下特征：(1) 承保风险不确定性和多样性强。机动车辆在陆上行驶，流动性强、机动度高，危险事故与保险损失发生难以预测，且形式多样、情形复杂。同时，只要是经被保险人允许的合格驾驶人员使用已保险的机动车辆，如

果发生保险合同中约定的保险事故，并造成第三者的财产损失或人身伤亡的，保险人均负赔偿责任，并要求发生保险事故时的驾驶人员对机动车辆拥有所有权、占有权或管理权等。(2) 保险标的广泛。机动车辆保险不仅承保有形物质损失，也承保无形的责任风险和相关费用损失。(3) 坚持无赔款优待原则，这是机动车辆保险合同所特有的制度之一，旨在解决风险的不均匀分布，使保险费与实际损失发生概率直接挂钩。同时也是鼓励被保险人及其驾驶人员严格遵守交通规则安全行车，形成良好的交通安全秩序。(4) 具有强制保险属性。机动车辆第三者责任保险实施强制保险制度，属于法定保险业务，旨在维护公众利益，确保在道路交通事故中受害的一方能够得到有效的经济补偿。

2012 年 3 月 15 日，中国保险行业协会发布《机动车辆商业保险示范条款》(以下简称《示范条款》)，为保险公司提供了商业车险条款行业范本，旨在更好地维护保险消费者的合法权益，切实提升车险承保、理赔工作质量，突出解决理赔过程中服务不到位的问题，促进保险业的持续健康发展。《示范条款》主要有四个突出特点：

一是调整车辆损失险承保、理赔方式，强化保护消费者利益。针对商业车险市场中广受关注的热点问题，《示范条款》明确规定，车辆损失保险的保险金额按投保时被保险机动车的实际价值确定。被保险机动车发生全部损失，保险公司按保险金额进行赔偿；发生部分损失，保险公司按实际修复费用在保险金额内计算赔偿。同时，《示范条款》还规定，因第三方对被保险机动车的损害而造成保险事故的，保险公司可以在保险金额内先行赔付被保险人，然后代位行使被保险人对第三方请求赔偿的权利。消费者在发生车辆损失保险事故后，除可以沿用过去的索赔方式外，还能直接向自身投保的保险公司进行索赔，免去了和第三方之间的沟通索赔之累。

二是扩大保险责任，减少免赔事项，提高车险保障能力。《示范条款》将原有商业车险中“教练车特约”“租车人人车失踪”“法律费用”“倒车镜车灯单独损坏”“车载货物掉落”附加险的保险责任直接纳入主险保险责任；删除了原有商业车险条款实践中存在一定争议的十余条责任免除，例如“驾驶证失效或审验未合格”“发生保险事故时无公安机关交通管理部门核发的合法有效行驶证、号牌，或临时号牌或临时移动证”；免去了原有商业车险条款中的部分绝对免赔率。从而有效扩大了商业车险的保险责任范围，使商业车险的保障更加满足广大消费者的需要。

三是强化如实告知，简化索赔资料，提升车险服务水平。《示范条款》根据实践经验和消费者反映，对原有商业车险条款中的概念、文字进行了修改和完善，尤其是对消费者最为关心的保险责任、责任免除、赔偿处理等内容进行了针对性完善，使条款文字表述更加清晰准确、通俗易懂，强化了保险公司的如实告知义务，便于广大消费者更好地理解车险条款。同时，《示范条款》对商业车险的索赔资料进行了简化，例如不再要求车辆损失保险索赔提供营运许可证或道路运输许可证复印件，不再要求盗抢保险索赔提供驾驶证复印件、行驶证正副本、全套原车钥匙等资料，便于广大消费者更快捷地办理索赔手续，提升车险理赔效率和服务水平。

四是简化产品体系，优化条款条例，便于车主阅读理解。《示范条款》简化了商业车险的产品体系，除对特种车，摩托车、拖拉机，单程提车单独设置条款外，其余机动车均采用统一的条款。每个条款分为总则、主险条款、通用条款、附加险条款、释义等部分。同时《示范条款》还对现有商业车险的附加险条款进行了大幅简化，把部分附加险纳入主险保障范围，仅保留玻璃单独破碎险、自燃损失险、车身划痕损失险等十个附加险，并新增了无法找到第三方不计免赔险。

二、机动车辆保险合同的分类

机动车辆保险合同一般分为商业保险合同和机动车交通事故责任强制保险合同两大类。

（一）商业保险合同

以保险责任的地位为标准，商业保险合同可分为基本险合同和附加险合同两部分。

1. 基本险合同

基本险合同主要包括车辆损失保险、商业第三者责任保险、全车盗抢险、车上人员责任险等。

车辆损失保险是指当保险车辆遭受保险责任范围的自然灾害或意外事故，造成保险车辆本身损失时，保险人依照约定给予赔偿的保险。根据保险标的适用范围不同，车辆损失保险可以分为家庭自用汽车损失保险、营业用汽车损失保险、非营业用汽车损失保险。

商业第三者责任保险是指非强制性投保的、保险人对机动车辆驾驶员因在驾驶车辆过程中发生意外事故导致他人遭受人身伤亡或者财产损失而依法承担的民事责任予以赔偿的保险。第三者责任保险主要是为了更好地保护交通事故受害者，维护公众安全与利益，故通常在一定范围和程度内实施强制保险，与商业保险相互搭配，共同保护公共利益。

全车盗抢险保险是指车辆全车被盗窃、被抢劫、被抢夺，经县级以上公安刑侦部门立案侦查证实满一定时间没有下落的，由保险人在保险金额内予以赔偿的保险。其保险责任为：(1) 保险车辆（含投保的挂车）全车被盗窃、被抢劫、被抢夺，经县级以上公安刑侦部门立案证实，满三个月未查明下落；(2) 保险车辆在被盗窃、被抢劫、被抢夺期间受到损坏或车上零部件、附属设备丢失需要修复的合理费用。

车上人员责任险是指发生意外事故致使保险车辆车上人员遭受人身伤亡，依法应由被保险人承担的经济赔偿责任，保险人依照《道路交通事故处理办法》和保险合同的规定给予赔偿。以下情形属于除外责任:(1) 因违章搭乘造成的人身伤亡;(2) 由于驾驶员的故意行为造成的人身伤亡;(3) 本车上的人员因疾病、分娩、自残、殴斗、自杀、犯罪行为所致的人身伤亡;(4) 乘客在车下时所受的人身伤亡。车上人员一般包含司机、售票员、乘车人。乘车人既包含购票上车人员,也包含减免票的人员(如残疾人、小孩等),在特殊情况下还包含借用人,比如甲将车借给有驾驶资质的乙使用,后发生事故,乙也享有车上人员险的保险权利;押运人,如乘坐在驾驶座内的押运人,但不包含在车厢内的押运人。一般不包含逃票人员等非法上车人员。

2. 附加险合同

附加险合同主要包括玻璃单独破碎险、划痕险、自燃损失险、涉水行驶险、无过失责任险、车载货物掉落责任险、车辆停驶损失险、新增设备损失险、不计免赔特约险等。玻璃单独破碎险、自燃损失险、新增加设备损失险,是车辆损失险的附加险,必须先投保车辆损失险后才能投保这几个附加险。无过失责任险、车载货物掉落责任险等是商业第三者责任险的附加险,必须先投保商业第三者责任险后才能投保这几个附加险;每个险别不计免赔是可以独立投保的。

(二) 机动车交通事故责任强制保险合同

机动车交通事故责任强制保险合同是指承保被保险人在使用被保险机动车过程中发生交通事故,致使受害人遭受人身伤亡或者财产损失,依法应当由被保险人承担的损害赔偿责任的保险合同。机动车交通事故责任强制保险于 2006 年 7 月 1 日起在全国统一实施,它有以下特点:(1) 强制承保,未投保机动车交通事故责任强制保险的机动车不得上道路行驶;(2) 以人为本,将保障交通事故受害人得到及时、有效的赔偿作为首要目标;(3) 奖优罚劣,费率水平与交通违章挂钩,安全驾驶可享受费率优惠,经常肇事费率将上浮;(4) 不亏不盈,保险公司在厘定交强险费率时只考虑成本因素,而不含利润因素。

三、车辆损失保险合同

(一) 保险责任

车辆损失保险合同的保险责任包括碰撞责任、倾覆责任与非碰撞责任,其中碰撞是指保险车辆与外界物体的意外接触,如车辆与车辆、车辆与建筑物、车辆与树木、车辆与行人、车辆与动物等碰撞,均属于碰撞责任范围之列;倾覆责任指保险车辆由于自然灾害或意外事故,造成本车翻倒,车体触地,使其失去正常状态和行驶能力,不经施救不能恢复行驶。非碰撞责任主要是指自然灾害、意外事故等造成的损失。在实务中,被保险人或其允许的驾驶人员在使用保险车辆过程中,因下列原因造成保险车辆的损失,保险人负责赔偿:(1) 碰撞、倾覆、坠落;(2) 火灾、爆炸;(3) 外界物体坠落、倒塌;(4) 暴风、龙卷风;(5) 雷击、雹灾、暴雨、洪水、海啸;(6) 地陷、冰陷、崖崩、雪崩、泥石流、滑坡;(7) 载运保险车辆的渡船遭受自然灾害(只限于有驾驶人员随车照料者)。发生保险事故时,被保险人为防止或者减少保险车辆的损失所支付的必要的、合理的施救费用,由保险人承担,最高不超过保险金额的数额。

(二) 除外责任

下列情况下,不论任何原因造成保险车辆损失,保险人均不负责赔偿:

(1) 地震、战争、军事冲突、恐怖活动、暴乱、扣押、罚没、政府征用;

(2) 竞赛、测试,在营业性维修场所修理、养护期间;

(3) 利用保险车辆从事违法活动;

(4) 驾驶人员饮酒、吸食或注射毒品、被药物麻醉后使用保险车辆;

(5) 保险车辆肇事逃逸;

(6) 驾驶人员有下列情形之一者:无驾驶证或驾驶车辆与驾驶证准驾车型不相符;公安交通管理部门规定的其他属于无有效驾驶证的情况下驾车;使用各种专用机械车、特种车的人员无国家有关部门核发的有效操作证;驾驶营业性客车的驾驶人员无国家有关部门核发的有效资格证书;

(7) 非被保险人允许的驾驶人员使用保险车辆;

(8) 保险车辆不具备有效行驶证件。

保险车辆的下列损失和费用,保险人不负责赔偿:

(1) 自然磨损、朽蚀、故障、轮胎单独损坏;

(2) 玻璃单独破碎、无明显碰撞痕迹的车身划痕;

(3) 人工直接供油、高温烘烤造成的损失;

(4) 自燃以及不明原因引起火灾造成的损失,自燃是指因本车电器、线路、供油系统发生故障或所载货物自身原因起火燃烧;

(5) 遭受保险责任范围内的损失后,未经必要修理继续使用,致使损失扩大的部分;

(6) 因污染(含放射性污染)造成的损失;

(7) 因市场价格变动造成的贬值、修理后因价值降低引起的损失;

(8) 车辆标准配置以外,未投保的新增设备的损失;

(9) 在淹及排气筒或进气管的水中启动,或被水淹后未经必要处理而启动车辆,致使发动机损坏;

(10) 保险车辆所载货物坠落、倒塌、撞击、泄漏造成的损失;

(11) 摩托车停放期间因翻倒造成的损失;

(12) 被盗窃、抢劫、抢夺,以及因被盗窃、抢劫、抢夺受到损坏或车上零部件、附属设备丢失;

(13) 被保险人或驾驶人员的故意行为造成的损失。

(三) 保险金额

保险金额由投保人和保险人从下列三种方式中选择确定,保险人根据确定保险金额的不同方式承担相应的赔偿责任:

(1) 按投保时被保险机动车的新车购置价确定。投保时的新车购置价根据投保时保险合同签订的同类型新车的市场销售价格(含车辆购置税)确定,并在保险单中载明,无同类型新车市场销售价格的,由投保人与保险人协商确定。

(2) 按投保时被保险机动车的实际价值确定。投保时被保险机动车的实际价值根据投保时的新车购置价减去折旧金额后的价格确定。被保险机动车的折旧按月计算,不足一个月的部分,不计折旧。例如9座以下客车月折旧率为0.6%,10座以上客车月折旧率为0.9%,最高折旧金额不超过投保时被保险机动车新车购置价的80%。折旧金额=投保时的新车购置价×被保险机动车已使用月数×月折旧率。

(3) 在投保时被保险机动车的新车购置价内协商确定。确定保险金额时,需要特别注意保险金额不得超过投保时新车购置价,否则,超过的部分无效。

(四) 保险费率

保险公司在厘定车辆损失保险费率时,以从车和从人因素为基础,适当考虑其他因素,以求费率的公平合理及竞争性。主要包括以下方面:

(1) 从车因素,比如车辆使用性质,是家庭用车还是营业用车、非营业用车;比如车牌型号,是车辆全进口还是国产组装、车辆价值高低如何等;还涉及车辆种类、排气量、新旧程度、安全配置状况、主要行驶区域、主要停放区域等因素。

(2) 从人因素,主要考虑被保险人性别、年龄、驾龄、既往违章记录、既往赔付记录、婚姻状况、驾驶员数量、健康状况等。

(3) 免赔额(率),保险人通常按照保险合同约定的责任比例承担免赔部分,比如,负全部事故责任或单方肇事事故责任的免赔率为15%,负主要责任事故的免赔率为10%,负同等事故责任的免赔率为8%,负次要事故责任的免赔率为5%。

(4) 其他因素,主要包括多辆车优惠、无赔款优待、赔偿限额、再保险、通货膨胀、货币的时间价值及法律法规政策等。①

投保车辆损失险时,首先根据车辆使用性质、所属性质、车辆种类和车龄,选择相应的车辆损失险基准保费费率表中对应的档次,确定固定保费和基准费率,按下

---

① 郭颂平:《保险基础知识》,首都经济贸易大学出版社2006年版,第151页。

列公式计算车辆损失险基准保费:车辆损失险基准保费 = 固定保费 +(车辆损失险保险金额 × 基准费率);其次,将车辆损失险的基准保费乘以费率系数表中的适用系数后,即为该车辆投保车辆损失险应支付的签单保费,公式如下:车辆损失险签单保费 = 基准保费 × C1 × C2 × . . . × Cn。比如,王某购买了 2013 款奥迪 A4L 轿车,购置价为 30 万元,某保险公司的车辆损失保险固定保费为 2000 元,费率为 1.1%,调整系数为 0.9,则该车的车辆损失险基准保费 = 2000 +(300000 × 1.1%)= 5300 元,车辆损失险签单保费 = 5300 × 0.9 = 4770 元。

【案例研讨】 **哪些情形能依据涉水险获赔?①**

实践中,在发生暴雨情形时常常出现导致包括发动机在内的车辆损失,而大部分车主仅投保了车辆损失险却没有投保作为附加险的涉水险,此时很容易出现纠纷,哪些情形下能够依据车辆损失险获赔,哪些情形只能依据涉水险获赔,是一个重要的问题。

涉水险,也称发动机涉水损失险,指的是机动车辆商业保险中的一种附加险,针对保险车辆在积水路面涉水行驶或发动机进水后造成的损失可给予赔偿。根据 2012 年保险行业协会发布的《机动车商业保险示范条款》,发动机涉水损失险作为一种附加险,承保的是被保险机动车在使用过程中因发动机进水后导致的发动机的直接毁损,该险种赔付时有 15% 的绝对免赔额。各保险公司的涉水险条款与上述规定大致相同,但对保险责任的描述可能存在一些具体上的差异。例如,以太平洋财产险的神行车保机动车综合险(2009 版)为例,其涉水损失险的保险责任的描述为"被保险人或其允许的合法驾驶人在使用保险机动车过程中,因下列原因造成保险机动车的发动机损坏,保险人按照保险合同约定负责赔偿:(1) 保险机动车在积水路面涉水行驶;(2) 保险机动车在水中启动"。该附加险也实行 15% 的绝对免赔率。

与涉水险密切相关的一个险种即作为主险的车辆损失险,如 2012 年保险行业协会发布的《机动车商业保险示范条款》中的主险即机动车损失保险,其承保的责任中包括因暴雨或洪水等原因造成被保险机动车的直接损失,但发动机进水后导致的发动机损坏通常被列为其责任免除的情形之一。涉水险作为附加险,和车辆损失险是一种补充关系,其所补充的风险部分恰好是车辆损失险中责任免除条款所指的"发动机进水后导致的发动机损坏"的情形。

案例一:因暴雨导致发动机进水后再次启动致损,仅投保车损险不赔

如果因为暴雨导致发动机进水后熄火,驾驶员不应再强行启动车辆,因为在这种情形下再次启动发动机很容易造成发动机损坏甚至报废。因暴雨导致发动机进水后再次启动造成的损失一般不在车损险的赔偿范围内,但如果投保了涉水险则可以获得赔偿。

---

① 贾辉:《哪些情形能依据涉水险获赔?》,载《中国保险报》2013 年 5 月 9 日。

在“徐某与某保险公司财产保险合同纠纷案”[(2008)青民四终字第91号]中,徐某与保险公司于2007年5月29日签订非营业用汽车保险合同,投保车辆损失险、第三者责任险等,但未投保涉水险。2007年7月18日,徐某驾驶保险车辆遇雨,造成发动机损坏,损坏的主要原因是缸内进水。一审法院审理认为,暴雨造成的发动机进水是引起保险事故的直接原因,保险公司没有证据推翻,故应承担保险责任。保险公司提起上诉,认为造成发动机进水的直接原因是徐某涉水时操作不当,引起熄火后强行启动车辆所致,属保险合同约定的责任免除事项,不应予以赔偿。二审法院支持了保险公司的上诉主张,认为分析本案的事实可以看出,保险车辆遭受暴雨浸泡熄火、气缸进水,启动发动机导致发动机受损,按照保险的近因原则,当保险人承保的保险事故是引起保险标的的损失的近因时,保险人应负赔偿(给付)责任。本案中保险事故的近因是强行启动发动机,暴雨并不必然导致发动机受损,因此暴雨不是近因,保险公司的上诉主张成立。

案例二:因暴雨导致发动机进水受损,未再次启动,车损险可赔

由于暴雨原因导致发动机进水,如果驾驶员尽到了相应的注意和谨慎,没有再次启动车辆,那么在此情形下造成的损失(包括可能造成的发动机损坏),则可以通过车辆损失险进行索赔。

在“周某与某保险公司保险合同纠纷案”中,周某在驾驶涉案车辆时,因暴雨导致马路左侧围墙被冲垮,大量雨水冲向涉案车辆,把车辆冲到马路牙子上致使发动机熄火并损坏。该车辆投保了机动车损失险、车上人员责任险等,但未投保涉水险。保险公司主张,根据保险合同中“发动机进水后导致的发动机损坏,保险人不负责赔偿”的约定,对发动机的损失将不给予赔偿,对车辆其他部件的损失将按照合同约定处理。原审法院对于保险公司的主张未予采纳,认为本案保险车辆是因暴雨使发动机进水导致的发动机损坏,属于保险机动车的部分损失,因此保险公司应按照保险条款的约定负责赔偿,而保险条款责任免除规定应是在保险条款保险责任规定之外的原因导致发动机损坏的情况下保险人不负责赔偿。二审法院支持了一审法院的观点,认为:周某在车辆被淹并冲向路边的情况下,立即离开车辆,在保险人进行勘验之前并未再次发动汽车,保险公司对此情况未予以否认,也没提供相反证据予以反驳。且发生保险事故后,周某已尽到了相应注意义务及谨慎义务,因此该车辆发动机的损坏近因应归结于暴雨造成的积水,而非保险公司理解的发动机进水,故周某有权依据保险合同的约定向保险公司请求赔偿。

案例三:雨后路面积水导致发动机进水致损,仅投保车损险不赔

雨后产生路面积水,驾驶员明知存在路面积水仍然驾车行驶,导致发动机进水受损,仅投保车辆损失险无法获得赔偿,但在投保涉水险的情况下则可获得赔偿。

在“台州某公司与某保险公司财产保险合同纠纷案”[(2010)浙台商终字第609号]中,台州市于2010年7月26日发生大暴雨,造成路面积水。次日,保险车辆行驶过程中,因路面积水严重,导致车辆发动机熄火损坏。该车辆投保了车辆损失险等,但未投保涉水险。保险公司认为,轿车因为涉水行驶而导致发动机进水,属于涉水险的责任范围,而不是车损险的责任范围,由于保险车辆未投保涉水险,因此保险公司依法不应当承担因涉水行驶而造成的损失。原审法院审理认为，车辆发生事故当日并不存在暴雨，前一日发生的暴雨仅是导致其后路面积水的原因，故前一日的暴雨并非本案保险车辆发动机损坏的近因。本案保险车辆发动机损坏事故系公司员工涉水行驶造成。在未投保涉水损失险的情况下，保险车辆因发生涉水损失事故的，保险人依法不承担保险责任。二审法院支持了一审法院的观点，认为车辆发动机进水，并非由暴雨造成，而是该车辆行驶在暴雨过后的积水路面所造成的。因此，本案事故与双方订立的机动车损失保险条款中关于保险责任所规定的情形不符，而是属涉水损失险责任范围。车辆事故发生当天的路面积水，虽系天气灾害引起，但却是完全可以预防和避险的，车辆驾驶员可以采取停驶车辆、避开积水路面等预防措施。且一名取得驾驶证的驾驶人员，理应必须具备相应专业技能，驾驶时应当能够预见在积水路面上行驶可能带来的风险。投保人和被保险人均系具有民事行为能力的法人主体，在签订保险合同过程中，都有义务谨慎审查合同条款及投保险种的免责说明。除交强险外，其余商业险种均由投保人自行选择，投保人既然未选择涉水损失险，则相关涉水事故造成的损失，应由其自行承担。

另外一个与涉水险相关的问题是，保险公司在销售机动车损失险和涉水险时应对保险产品和其相关保险条款作明确说明，尤其是关于车损险的免责条款，应就其内容及法律后果等积极向投保人履行解释或告知义务，否则免责条款不发生法律效力。实践中不乏因为保险公司未充分履行明确说明的义务而被法院裁定承担保险责任的案件。只有在最大诚信的基础上，让消费者明明白白选择，才能避免不必要的纠纷，也才能保障保险公司自身的利益。

四、机动车交通事故责任强制保险合同

机动车交通事故责任强制保险，简称“交强险”，是我国根据《道路交通安全法》推出的针对机动车的车辆险种，从2006年7月1日开始实施。

(一) 合同的订立与解除

保险公司经保监会批准，可以从事机动车交通事故责任强制保险业务。为了保证机动车交通事故责任强制保险制度的实行，保监会有权要求保险公司从事机动车交通事故责任强制保险业务。未经保监会批准，任何单位或者个人不得从事机动车交通事故责任强制保险业务。

机动车交通事故责任强制保险实行统一的保险条款和基础保险费率。保监会按照机动车交通事故责任强制保险业务总体上不盈利不亏损的原则审批保险费率。保险公司的机动车交通事故责任强制保险业务，应当与其他保险业务分开管理，单独核算。

机动车交通事故责任强制保险的保险期间为1年，但有下列情形之一的，投保

人可以投保短期机动车交通事故责任强制保险:(1) 境外机动车临时入境的;(2) 机动车临时上道路行驶的;(3) 机动车距规定的报废期限不足1年的。被保险机动车没有发生道路交通安全违法行为和道路交通事故的,保险公司应当在下一年度降低其保险费率。在此后的年度内,被保险机动车仍然没有发生道路交通安全违法行为和道路交通事故的,保险公司应当继续降低其保险费率,直至最低标准。被保险机动车发生道路交通安全违法行为或者道路交通事故的,保险公司应当在下一年度提高其保险费率。多次发生道路交通安全违法行为、道路交通事故,或者发生重大道路交通事故的,保险公司应当加大提高其保险费率的幅度。在道路交通事故中被保险人没有过错的,不提高其保险费率。降低或者提高保险费率的标准,由保监会会同国务院公安部门制定。

投保人在投保时应当选择具备从事机动车交通事故责任强制保险业务资格的保险公司,被选择的保险公司不得拒绝或者拖延承保。投保人投保时,应当向保险公司如实告知重要事项,主要包括机动车的种类、厂牌型号、识别代码、牌照号码、使用性质和机动车所有人或者管理人的姓名(名称)、性别、年龄、住所、身份证或者驾驶证号码(组织机构代码)、续保前该机动车发生事故的情况以及保监会规定的其他事项。签订机动车交通事故责任强制保险合同时,投保人应当一次支付全部保险费;保险公司应当向投保人签发保险单、保险标志。保险单、保险标志应当注明保险单号码、车牌号码、保险期限、保险公司的名称、地址和理赔电话号码。被保险人应当在被保险机动车上放置保险标志,保险标志式样全国统一。投保人不得在保险条款和保险费率之外,向保险公司提出附加其他条件的要求。保险公司不得强制投保人订立商业保险合同以及提出附加其他条件的要求。

保险公司不得解除机动车交通事故责任强制保险合同,但投保人对重要事项未履行如实告知义务的除外。投保人对重要事项未履行如实告知义务,保险公司解除合同前,应当书面通知投保人,投保人应当自收到通知之日起5日内履行如实告知义务;投保人在上述期限内履行如实告知义务的,保险公司不得解除合同。投保人不得解除机动车交通事故责任强制保险合同,但有下列情形之一的除外:(1) 被保险机动车被依法注销登记的;(2) 被保险机动车办理停驶的;(3) 被保险机动车经公安机关证实丢失的。机动车交通事故责任强制保险合同解除前,保险公司应当按照合同承担保险责任。合同解除时,保险公司可以收取自保险责任开始之日起至合同解除之日止的保险费,剩余部分的保险费退还投保人。

(二) 保险责任

按照《机动车交通事故责任强制保险条例》(简称《交强险条例》)的规定,机动车交通事故责任强制保险是由保险公司对被保险机动车发生道路交通事故造成本车人员、被保险人以外的受害人的人身伤亡、财产损失,在责任限额内予以赔偿的强制性责任保险,属于责任保险的一种。道路交通事故的损失是由受害人故意造成的,保险公司不予赔偿。驾驶人故意制造交通事故、驾驶人未取得驾驶资格或者未取得相应驾驶资格、醉酒、服用国家管制的精神药品或者麻醉药品后驾驶发生交通事故,导致第三人人身损害,当事人请求保险公司在交强险责任限额范围内予以赔偿,人民法院应予支持。保险公司在赔偿范围内向侵权人主张追偿权的,人民法院应予支持。追偿权的诉讼时效期间自保险公司实际赔偿之日起计算。

有下列情形之一的,保险公司在机动车交通事故责任强制保险责任限额范围内垫付抢救费用,并有权向致害人追偿:(1) 驾驶人未取得驾驶资格或者醉酒的;(2) 被保险机动车被盗抢期间肇事的;(3) 被保险人故意制造道路交通事故的。在前述情况下,发生道路交通事故的,造成受害人的财产损失,保险公司不承担赔偿责任。机动车交通事故责任强制保险在全国范围内实行统一的责任限额。责任限额分为死亡伤残赔偿限额、医疗费用赔偿限额、财产损失赔偿限额以及被保险人在道路交通事故中无责任的赔偿限额。

国家设立道路交通事故社会救助基金(以下简称"救助基金")。有下列情形之一时,道路交通事故中受害人人身伤亡的丧葬费用、部分或者全部抢救费用,由救助基金先行垫付,救助基金管理机构有权向道路交通事故责任人追偿:(1) 抢救费用超过机动车交通事故责任强制保险责任限额的;(2) 肇事机动车未参加机动车交通事故责任强制保险的;(3) 机动车肇事后逃逸的。救助基金的来源包括以下方面:(1) 按照机动车交通事故责任强制保险的保险费的一定比例提取的资金;(2) 对未按照规定投保机动车交通事故责任强制保险的机动车的所有人、管理人的罚款;(3) 救助基金管理机构依法向道路交通事故责任人追偿的资金;(4) 救助基金孳息;(5) 其他资金。

根据《交强险条例》的有关规定,在综合分析各方意见的基础上,保监会于2008年调整了交强险责任限额,具体如下:被保险机动车在道路交通事故中有责任的赔偿限额为:死亡伤残赔偿限额11万元人民币;医疗费用赔偿限额1万元人民币;财产损失赔偿限额2000元人民币。被保险机动车在道路交通事故中无责任的赔偿限额为:死亡伤残赔偿限额1.1万元人民币;医疗费用赔偿限额1000元人民币;财产损失赔偿限额100元人民币。据此,如果被保险车辆在交通事故中有责任,则最高赔偿金额为12.2万元;如果无责任,最高赔偿金额为1.21万元。

(三) 赔偿处理

被保险机动车发生道路交通事故,被保险人或者受害人通知保险公司后,保险公司应当立即给予答复,告知被保险人或者受害人具体的赔偿程序等有关事项。被保险人向保险公司申请赔偿保险金后,保险公司应当自收到赔偿申请之日起1日内,书面告知被保险人需要向保险公司提供的与赔偿有关的证明和资料。保险公司应当自收到被保险人提供的证明和资料之日起5日内,对是否属于保险责任作出核定,并将结果通知被保险人;对不属于保险责任的,应当书面说明理由;对属于保险责任的,在与被保险人达成赔偿保险金的协议后10日内,赔偿保险金。保险公司可以向被保险人赔偿保险金,也可以直接向受害人赔偿保险金。但是,因抢救受伤人员需要保险公司支付或者垫付抢救费用的,保险公司在接到公安机关交通管理部门通知后,经核对应当及时向医疗机构支付或者垫付抢救费用。

【案例研讨】　　司机酒驾致人死亡　保险公司在交强险范围内先赔[①]

2012年8月10日22时45分许,吴某某雇佣的司机付某某驾驶"东风"牌小型普通客车由东向西行至北京市房山区京周路房山东关路口迤东时驶入非机动车道,小型普通客车前部与刘某某骑的自行车相撞,造成刘某某死亡。经北京市公安局公安交通管理局房山交通支队认定,付某某负全部责任,刘某某无责任。吴某某在某财产保险公司投保了交强险,事发时在保险期间内。刘某某的家属向北京市房山区法院起诉,要求判令保险公司在交强险范围内给付原告死亡赔偿金、丧葬费、医疗费等其他合理费用共计117142元,诉讼费由被告保险公司负担。

被告保险公司对发生交通事故的经过和责任认定无异议,认可事故车辆投保了交强险,且事故发生在保险期内。但认为原告起诉的主体有遗漏,原告应在起诉侵权人的同时起诉保险公司;事故车辆驾驶人系醉酒后驾车,保险公司不应赔付相应费用,保险公司只是垫付医疗费,而且垫付后保险公司还有追偿权;死亡原因鉴定费不属于医疗费,原告计算错误。

法院审理认为,本案肇事司机付某某虽是醉酒驾车,但2011年12月21日起施行的最高人民法院《关于审理道路交通事故损害赔偿案件适用法律若干问题的解释》第18条规定:驾驶人未取得驾驶资格或者未取得相应驾驶资格的;醉酒、服用国家管制的精神药品或者麻醉药品后驾驶机动车发生交通事故的;驾驶人故意制造交通事故的,这三种情况下,导致第三人人身损害,当事人请求保险公司在交强险责任限额范围内予以赔偿,法院应予支持。根据该规定,保险公司应在交强险责任限额范围内承担相应的赔偿责任。保险公司在履行了赔偿义务后可在相应的诉讼时效内向相关侵权人行使追偿权。

关于死亡原因的鉴定费用的负担问题,原告提交了鉴定费发票以及房山区法院已生效的(2012)房刑初字第707号刑事附带民事判决书在案佐证,被告保险公司虽然认为鉴定费不属于医疗费,但未提供相关证据予以证明,法院不予支持。

综上,法院支持了刘某某家属的诉讼请求,判决保险公司赔偿原告刘某某家属死亡赔偿金、丧葬费、医疗费(含鉴定费)合计117142元。案件受理费1321元由被告保险公司

① 袁婉珺:《司机酒驾致人死亡 保险公司在交强险范围内先赔》,载《中国保险报》2013年3月7日。

负担。

另外，据了解，被告人付某某因犯交通肇事罪，(2012)房刑初字第707号刑事附带民事判决书依法判决付某某有期徒刑一年六个月，并赔偿附带民事诉讼原告人刘某某家属死亡赔偿金等合理经济损失人民币215750元。

五、商业第三者责任保险合同

(一) 保险责任

商业第三者责任保险合同中的第三者是指因被保险机动车发生意外事故遭受人身伤亡或者财产损失的人，但不包括投保人、被保险人、保险人和保险事故发生时被保险机动车本车上的人员。商业第三者责任保险合同可根据投保人保费的高低决定赔偿限额，远远高于交强险，例如商业第三者责任险共分为5万、10万、15万、20万、30万、50万、100万7个档次，投保人可自主决定投保哪个档次。当然，所需要的保费也由低到高差别很大。

保险期间内，被保险人或其允许的合法驾驶人在使用被保险机动车过程中发生意外事故，致使第三者遭受人身伤亡或财产直接损毁，依法应当由被保险人承担的损害赔偿责任，保险人依照保险合同的约定，对于超过机动车交通事故责任强制保险各分项赔偿限额以上的部分负责赔偿。保险事故发生时，被保险机动车未投保机动车交通事故责任强制保险或机动车交通事故责任强制保险合同已经失效的，对于机动车交通事故责任强制保险各分项赔偿限额以内的损失和费用，保险人不负责赔偿。

(二) 责任免除

被保险机动车造成下列人身伤亡或财产损失，保险人不负责赔偿：

(1) 被保险人及其家庭成员的人身伤亡、所有或代管的财产的损失；

(2) 被保险机动车本车驾驶人及其家庭成员的人身伤亡、所有或代管的财产的损失；

(3) 被保险机动车本车上其他人员的人身伤亡或财产损失。

保险人对以下情况造成的对第三者的损害不负责赔偿：

(1) 地震及其次生灾害；

(2) 战争、军事冲突、恐怖活动、暴乱、扣押、收缴、没收、政府征用；

(3) 竞赛、测试、教练，在营业性维修、养护场所修理、养护期间；

(4) 利用被保险机动车从事违法活动；

(5) 驾驶人饮酒、吸食或注射毒品、被药物麻醉后使用被保险机动车；

（6）事故发生后，被保险人或其允许的驾驶人在未依法采取措施的情况下驾驶被保险机动车或者遗弃被保险机动车逃离事故现场，或故意破坏、伪造现场、毁灭证据；

（7）驾驶人有下列情形之一者：无驾驶证或驾驶证有效期已届满；驾驶的被保险机动车与驾驶证载明的准驾车型不符；实习期内驾驶公共汽车、营运客车或者载有爆炸物品、易燃易爆化学物品、剧毒或者放射性等危险物品的被保险机动车，实习期内驾驶的被保险机动车牵引挂车；持未按规定审验的驾驶证，以及在暂扣、扣留、吊销、注销驾驶证期间驾驶被保险机动车；使用各种专用机械车、特种车的人员无国家有关部门核发的有效操作证，驾驶营运客车的驾驶人无国家有关部门核发的有效资格证书；依照法律法规或公安机关交通管理部门有关规定不允许驾驶被保险机动车的其他情况下驾车。

（8）非被保险人允许的驾驶人使用被保险机动车；

（9）被保险机动车转让他人，被保险人、受让人未履行通知义务，且因转让导致被保险机动车危险程度显著增加而发生保险事故；

（10）除另有约定外，发生保险事故时被保险机动车无公安机关交通管理部门核发的行驶证或号牌，或未按规定检验或检验不合格；

（11）被保险机动车拖带未投保机动车交通事故责任强制保险的机动车（含挂车）或被未投保机动车交通事故责任强制保险的其他机动车拖带。

此外，保险人对下列损失和费用也不负责赔偿：

（1）被保险机动车发生意外事故，致使第三者停业、停驶、停电、停水、停气、停产、通讯或者网络中断、数据丢失、电压变化等造成的损失以及其他各种间接损失；

（2）精神损害赔偿；

（3）因污染（含放射性污染）造成的损失；

（4）第三者财产因市场价格变动造成的贬值、修理后价值降低引起的损失；

（5）被保险机动车被盗窃、抢劫、抢夺期间造成第三者人身伤亡或财产损失；

（6）被保险人或驾驶人的故意行为造成的损失；

（7）应当由机动车交通事故责任强制保险赔偿的损失和费用。

（三）赔偿处理

被保险人索赔时，应当向保险人提供与确认保险事故的性质、原因、损失程度等有关的证明和资料，主要包括保险单、损失清单、有关费用单据、被保险机动车行驶证和发生事故时驾驶人的驾驶证。属于道路交通事故的，被保险人应当提供公安机关交通管理部门或法院等机构出具的事故证明、有关的法律文书（判决书、调解书、裁定书、裁决书等）及其他证明。属于非道路交通事故的，应提供相关的事故证明。

保险人按照国家有关法律、法规规定的赔偿范围、项目和标准以及保险合同的约定,在保险单载明的责任限额内核定赔偿金额,按照国家基本医疗保险的标准核定医疗费用的赔偿金额。未经保险人书面同意,被保险人自行承诺或支付的赔偿金额,保险人有权重新核定。不属于保险人赔偿范围或超出保险人应赔偿金额的,保险人不承担赔偿责任。保险人依据被保险机动车驾驶人在事故中所负的事故责任比例,承担相应的赔偿责任。被保险人或被保险机动车驾驶人根据有关法律法规规定选择自行协商或由公安机关交通管理部门处理事故未确定事故责任比例的,按照保险合同事先确定事故责任比例。在实务中,该比例一般是:被保险机动车方负主要事故责任的,事故责任比例为70%;被保险机动车方负同等事故责任的,事故责任比例为50%;被保险机动车方负次要事故责任的,事故责任比例为30%。

保险人在依据保险合同约定的相关责任限额计算赔款的时候,通常会有一系列的免赔率或者免赔额,以此免除部门的保险责任。在实务中,主要免赔率如下:(1)负次要事故责任的免赔率为5%,负同等事故责任的免赔率为10%,负主要事故责任的免赔率为15%,负全部事故责任的免赔率为20%;(2)违反安全装载规定的,增加免赔率10%;(3)投保时指定驾驶人,保险事故发生时为非指定驾驶人使用被保险机动车的,增加免赔率10%;(4)投保时约定行驶区域,保险事故发生在约定行驶区域以外的,增加免赔率10%。

保险人对被保险人给第三者造成的损害,可以直接向该第三者赔偿。被保险人给第三者造成损害,被保险人对第三者应负的赔偿责任确定的,根据被保险人的请求,保险人应当直接向该第三者赔偿。被保险人怠于请求的,第三者有权就其应获赔偿部分直接向保险人请求赔偿。

(四)交强险与商业第三者责任保险的区别

(1)强制性不同。机动车的所有人或管理人都应当投保交强险,保险公司不能拒绝承保、不得拖延承保、不得随意解除合同。而商业三者险不具有强制性,投保人与保险公司在充分协商、自愿自主的情况下订立保险合同。

(2)赔偿原则不同。发生保险事故时,交强险不仅对被保险人有责任时应承担的损害赔偿责任进行赔付,而且对被保险人无责任时的损害赔偿责任予以赔付。商业第三者责任保险仅对被保险人有责任或者有过错的情况下造成的损害承担赔偿责任。另外,商业第三者责任保险合同还存在诸多“责任免除”,限定赔偿范围。

(3)责任限额不同。交强险实行分项责任限额,对每次事故在一定项目下的赔偿限额内负责赔偿,责任限额刚性,不可突破。如死亡伤残赔偿限额为11万元,医疗费用赔偿限额为1万元,财产损失赔偿限额为2000元。商业第三者责任保险的赔偿限额一般在5万元至100万元区间,甚至可以更高,由投保人自行选择。

(4)保险费率不同。交强险实行全国统一的保险条款和基础费率,保监会按照交强险业务总体上“不盈利不亏损”的原则审批费率。而商业第三者责任保险以营利为目的,费率厘定取决于诸多因素,如保险金额、车型、车龄、既往赔付记录等,保险费率也比较高。

在实务中,有些投保人为了节省保费,只投保交强险,不投保商业第三者责任保险,或者只投保部分商业险等,假如发生保险事故,其风险保障范围和程度是不充分的。因此,除了投保交强险,最好还是投保必要的商业第三者责任保险作为补充。比如,车主刘某于2009年1月13日为他的四座小轿车仅投保了机动车交通事故责任强制保险,保险期限为2009年1月13日至2010年1月12日。2009年3月18日,刘某驾驶爱车撞倒了怀抱小孩的曾女士,致使曾女士和小孩受伤。曾女士在事故中因颅脑受伤,深度昏迷不醒。经过医院抢救治疗,被司法鉴定为一级伤残。2009年9月,经法院判决,要求赔偿曾女士医疗费、残疾赔偿金等。保险公司基于交强险赔付了122000元,刘某不得不赔付独立承担交强险责任限额以外的部分,即430329元。

【案例研讨】　**交强险脱保　商业三责险能否免责**①

2010年10月30日18时,被告罗某某驾驶赣A3A×××号小车在南昌市富大有堤水产品市场门口段与原告邓某某所骑的电动车发生碰撞,造成原告受伤、车辆受损的交通事故。事故发生后,原告被送往江西中医学院住院治疗91天,经交警大队认定被告罗某某负全部责任,原告不负责任。因双方协商不成,原告诉至南昌市东湖区法院要求被告及肇事车承保公司永诚保险江西分公司赔偿各项费用共计100609.45元。经查,事故车辆在永诚保险江西分公司投保了商业第三者责任险(下称"商业三责险"),保险期间自2010年6月4日至2011年6月3日;投保商业三责险之前,其交强险投保单位在都邦保险江西分公司,保险期间自2009年9月2日至2010年9月1日,故交通事故发生时,涉案肇事车辆的交强险已脱保。

南昌市东湖区法院经审理认为:交强险脱保,法律规定应承担行政违法责任,对民事责任法律没有规定。本案虽然交强险脱保,但永诚保险公司与投保人并没有明文约定保险责任范围为超过交强险各分项赔偿限额部分。对保险公司只承担交强险之外的责任,不承担交强险责任限额范围的保险责任未履行说明和告知义务,存在过错。投保人投保了商业三责险,如作为另一救济手段的交强险不能予以赔偿,则保险公司应在商业三责险范围内予以赔偿。车辆所有人为其所有的车辆购买保险的目的是降低行车风险,交强险和商业三责险均系基于对标的车辆发生事故给第三者造成损失而承担赔偿责任的保障,旨在保护不特定第三者的权益。因此,被告永诚保险公司提出的对于交强险限额以内的费用依法应由机动车所有人罗某某自行承担的抗辩理由不能成立。据此,判决永诚

---

① 余香成:《交强险脱保 商业三责险能否免责》,载《中国保险报》2013年3月14日。

保险江西分公司一次性支付商业第三者责任险赔款100000元。永诚保险江西分公司不服,上诉至南昌市中级人民法院。

南昌市中级法院经审理认为:本案的争议焦点主要是:未缴纳机动车交通事故责任强制保险的是否应当在商业机动车第三者责任保险中予以全部赔偿的问题。《江西省实施〈中华人民共和国道路交通安全法〉办法》第67条规定:机动车与非机动车、行人之间发生交通事故造成人身伤亡、财产损失的,由机动车所投保的保险公司在机动车交通事故责任强制保险责任限额范围内予以赔偿;机动车未参加机动车交通事故责任强制保险的,由机动车一方在相当于相应的强制保险责任限额范围内予以赔偿。依法应当赔偿的数额超过机动车交通事故责任强制保险责任限额的部分,由机动车一方承担责任。本案中,被上诉人罗某某所有并驾驶的机动车所投保的车辆交强险已过期脱保,根据上述规定,上诉人保险公司不需要在本案中承担交强险赔偿部分,至于超出交强险部分,因被上诉人即本案原审原告邓某某未提起诉讼,本案不能一并处理。原审法院判决不当,应予以改判,上诉人上诉理由充分应予支持,据此,撤销原判,依法改判。

本案主要争议焦点为:交强险脱保,商业三责险责任如何承担?本案裁判于2011年,当时道路交通事故损害赔偿司法解释尚未出台,全国各地对于交强险脱保车辆如何承担责任判决不一。

《江西省实施〈中华人民共和国道路交通安全法〉办法》第66条规定:"机动车之间发生交通事故造成人身伤亡、财产损失的,由机动车各方所投保的保险公司在机动车交通事故责任强制保险责任限额范围内予以赔偿;机动车未参加机动车交通事故责任强制保险的,由机动车所有人或者管理人在相当于相应的强制保险责任限额范围内予以赔偿。依法应当赔偿的数额超过机动车交通事故责任强制保险责任限额的部分,由有过错的一方承担赔偿责任;双方都有过错的,按照各自过错的比例分担赔偿责任。"第67条规定:"机动车与非机动车、行人之间发生交通事故造成人身伤亡、财产损失的,由机动车所投保的保险公司在机动车交通事故责任强制保险责任限额范围内予以赔偿;机动车未参加机动车交通事故责任强制保险的,由机动车一方在相当于相应的强制保险责任限额范围内予以赔偿。依法应当赔偿的数额超过机动车交通事故责任强制保险责任限额的部分,由机动车一方承担赔偿责任,但有证据证明非机动车驾驶人、行人有过错的,按照下列规定适当减轻机动车一方的赔偿责任:……"而《广东省道路交通安全条例》仅第46条规定:"机动车与非机动车驾驶人、行人之间发生交通事故,造成人身伤亡、财产损失的,由保险公司在机动车第三者责任强制保险责任限额范围内予以赔偿。不足的部分,按照下列规定承担赔偿责任:……未参加机动车第三者责任强制保险的,由机动车方在该车应当投保的最低保险责任限额内予以赔偿,对超过最低保险责任限额的部分,按照第一款的规定赔偿。"江西未保交强险由车主自担理赔款适用于所有交通事故类型,而广东则仅限于机动车与非机动车之间的事故类型。

2012年12月公布的《最高人民法院关于审理道路交通事故损害赔偿案件适用法律若干问题的解释》第19条规定:"未依法投保交强险的机动车发生交通事故造成损害,当事人请求投保义务人在交强险责任限额范围内予以赔偿的，人民法院应予支持。”对此问题一锤定音，不区分事故类型。交通事故损害赔偿司法解释的规定与江西省道交法实施办法的规定相一致。

此外，从商业保险合同约定的角度来讲，本案商业性《机动车第三者责任保险条款》第1条“保险责任”已明确约定为：“在保险期间内，被保险人或其允许的合法驾驶人在使用保险车辆过程中发生意外事故，致使第三者遭受人身伤亡和财产的直接损毁，依法应由被保险人承担的经济赔偿责任，保险人对于超过机动车交通事故责任强制保险各分项赔偿限额以上的部分，按照本保险合同的规定负责赔偿。”第6条还约定：“应当由交强险赔偿的损失和费用，保险人不负责赔偿。”保险合同已经清楚约定商业三责险不赔偿交强险部分。

最后，从公平原则的角度而言，如果商业三责险承担了交强险的法定赔偿责任，由于商业三责险的费率较交强险费率低，将从客观上鼓励更多的人只购买商业三责险，而规避购买交强险，有违交强险立法初衷。

第二节　企业财产保险合同

一、企业财产保险合同概述

企业财产保险合同，是指以企业、事业单位或其他组织的各类财产以及相关利益作为保险标的的物质损失保险合同。企业财产保险的投保人与被保险人不仅仅是国有企业、集体所有制企业、三资企业、私营企业，还包括了各类社会团体，如学校、机关、事业单位等，主要是以相对于个人业务（家庭财产保险）的“组织”或者“团体”来界定这类业务。根据保险责任的范围和地位，企业财产保险合同可以分为主险合同和附加险合同。

根据保险责任范围的不同，企业财产险合同包括三种主险合同，分别是财产基本险、财产综合险和财产一切险合同。财产基本险承保火灾、爆炸、雷击、飞行物体及其他空中运行物体坠落等风险，是最基本的保障。财产综合险采用列明承保风险方式，承保雷击、暴雨、洪水、暴风、龙卷风、冰雹、台风、飓风、暴雪、冰凌、突发性滑坡、崩塌、泥石流、地面突然下陷下沉等自然灾害和火灾、爆炸、飞行物体及其他空中运行物体坠落等意外事故造成的财产损失。财产一切险采用列明责任免除的方式，承保除责任免除以外的任何自然灾害和意外事故造成的财产损失，该保险合同表述采用“一切”加“除外”的形式，即除了保险合同责任免除范围列明的风险和损失之外,其他一切由于自然灾害和意外事故造成的财产损失保险人都负责赔偿。保险人在这三个主险中的保险责任范围具有一定的梯度性,财产基本险保障的范围最窄,财产综合险的保障为中等,财产一切险保障的范围最宽。

企业财产险合同的附加险合同按照其性质不同可以分为三大类,即扩展类、限制类和规范类。其中扩展类又分为六小类,即一般扩展责任类、特定标的扩展责任类、扩展费用类、扩展标的地点类、扩展标的类和扩展赔偿基础类。扩展类附加合同是指在投保主险的基础上,针对特定的风险、特定的标的、特定的费用以及特定的地点等内容加以扩展,是对保险人承担保险责任的扩展或增加。限制类附加合同是承保责任的缩小,此类条款将一部分风险或责任从财产综合险或一切险中剥离出来,保险人在承保时应根据风险评估的情况,适当附加限制类扩展条款以控制承保风险。规范类附加合同是对主险合同中的某些约定加以明确,或是对主险合同措辞所作的特定补充,或是约定被保险人的某些义务或保证,保险人使用此类条款主要是为了规范双方的权利义务,避免误解和争议,使保险合同尽可能地缜密、规范。

二、保险标的

企业财产保险合同的保险标的主要是指被保险人所有或与他人共有而由被保险人负责的财产、由被保险人经营管理或替他人保管的财产、或其他法律上承认的与被保险人有经济利害关系的财产。凡列为保险标的的财产应在保险合同中列明。我国《保险法》第 12 条第 2 款规定:“财产保险的被保险人在保险事故发生时,对保险标的应当具有保险利益。”第 48 条规定:“保险事故发生时,被保险人对保险标的不具有保险利益的,不得向保险人请求赔偿保险金。”

企业财产保险合同的保险标的分为可保财产、特约保险财产和不保财产。

(一) 可保财产

可保财产,是指根据保险合同的规定投保人可以向保险人投保、保险人可以作为企业财产保险标的在企业财产保险项下承保的财产。在实务中,企业财产基本险、企业财产综合险和企业财产一切险对于可保财产的表述一致。以《中国人民财产保险股份有限公司财产基本险条款(2009 版)》为例,其具体表述为:本保险合同载明地址内的下列财产可作为保险标的:(1) 属于被保险人所有或与他人共有而由被保险人负责的财产;(2) 由被保险人经营管理或替他人保管的财产;(3) 其他具有法律上承认的与被保险人有经济利害关系的财产。

可保财产通常可用两种方式分类:(1) 按会计科目分类, 即可保财产可以按照会计科目表述,如固定资产、在建工程、流动资产、账外财产和其他财产等。(2) 按企业财产项目类别分类,主要包括房屋、建筑物、机器设备、工具及生产用品、原材料、半成品、在产品、产成品、包装物、低值易耗品、仓储物等。按照财产项目类别分类方式确定可保财产时，通常采用列明项目方式，在剔除不可保标的情况下，具体列明各个可保标的的名称、数量、金额等信息。

（二）特约保险财产

特约保险财产是需经保险双方特别约定，并在保险单中载明名称和金额，方可承保的财产。在实务中，企业财产基本险、企业财产综合险和企业财产一切险对特约保险财产的表述一致，以《中国人民财产保险股份有限公司财产基本险条款（2009版）》为例，其具体表述为：本保险合同载明地址内的下列财产未经保险合同双方特别约定并在保险合同中载明保险价值的，不属于本保险合同的保险标的：（1）金银、珠宝、钻石、玉器、首饰、古币、古玩、古书、古画、邮票、字画、艺术品、稀有金属等珍贵财物；（2）堤堰、水闸、铁路、道路、涵洞、隧道、桥梁、码头；（3）矿井（坑）内的设备和物资；（4）便携式通讯装置、便携式计算机设备、便携式照相摄像器材以及其他便携式装置、设备；（5）尚未交付使用或验收的工程。

企业财产保险合同中规定特约保险财产必须经保险双方特别约定后方可承保，并在保险合同备注栏中注明"特约"字样，合同中特别强调"未经保险合同双方特别约定并在保险合同中载明保险价值的，不属于本保险合同的保险标的"，这表明即使在保险合同中列明的标的项目中涵盖了这些标的，但未对它们进行特别约定并载明保险价值的，这些财产仍不能作为保险标的。特约保险财产主要分为两类：第一类，是指无须加贴附加条款予以特约承保的标的，这些财产的市场价格变化较大或无固定价格（如金银、珠宝、钻石、玉器、首饰、古币、古玩、古书、古画、邮票、书画、艺术品、收藏品、纪念品、稀有金属等珍贵财物），或风险较为特殊（如堤堰、水闸、铁路、道路、涵洞、桥梁、码头）。第二类，是指必须加贴特约条款并增收保险费方可承保的财产，这些财产有的是特殊行业才具有的财产（如矿井内的设备和物资），有的是具有很强的移动性（如便携式通讯装置、便携式计算机设备、便携式照相摄像器材以及其他便携式装置、设备），有的则是受某些风险影响较大（如尚未交付使用或验收的工程、铁路机车）。对于仅适用于特定附加条款的标的，要在保险合同备注栏中注明适用的附加条款名称。

（三）不保财产

不保财产是指在企业财产保险中，保险人不予承保的财产。保险公司不予承保的财产，主要基于以下考虑：（1）属于社会公共资源的财产，其本身的数量或价值不易估算，比如土地、水资源等；（2）财产的风险和损失难以掌握，不采用通用的企业财产保险合同承保，可以通过其他更为专业的保险合同进行承保，比如用专门的现金保险承保货币等；（3）财产具有的价值主要在于其所载有的信息，但这些信息的价值难以鉴定，不予承保；（4）与法律法规相抵触的财产，比如枪支弹药等；（5）财产风险性质特殊,应由其他更专业的保险合同进行承保,比如采用养殖业保险合同承保畜禽类。

以《中国人民财产保险股份有限公司财产基本险条款(2009 版)》为例,其第 4 条规定:“下列财产不属于本保险合同的保险标的:(1) 土地、矿藏、水资源及其他自然资源;(2) 矿井、矿坑;(3) 货币、票证、有价证券以及有现金价值的磁卡、集成电路(IC)卡等卡类;(4) 文件、账册、图表、技术资料、计算机软件、计算机数据资料等无法鉴定价值的财产;(5) 枪支弹药;(6) 违章建筑、危险建筑、非法占用的财产;(7) 领取公共行驶执照的机动车辆;(8) 动物、植物、农作物。”

三、保险责任

企业财产保险合同的保险责任,是指保险人承担的经济损失补偿的责任。企业财产基本险合同、财产综合险合同、财产一切险合同保险责任的保障范围是逐级递增的。企业财产基本险采用列明方式约定保险责任,列明的风险包括火灾、爆炸、雷击、空中运行物体坠落等。财产综合险也采用了列明方式约定保险责任,与基本险相比,综合险的保险责任增加了列明的自然灾害和自有设备的三停损失责任。企业财产一切险约定的保险责任为自然灾害或意外事故造成保险标的的损失,且除了责任免除中列明的除外责任以外,其他自然灾害和意外事故均属于保险责任范围内。

在实务中,以中国人民财产保险股份公司的对应条款为例,企业财产基本险合同的保险责任具体表述为:在保险期间内,由于下列原因造成保险标的的损失,保险人按照保险合同的约定负责赔偿:(1) 火灾;(2) 爆炸;(3) 雷击;(4) 飞行物体及其他空中运行物体坠落。前述原因造成的保险事故发生时,为抢救保险标的或防止灾害蔓延,采取必要的、合理的措施而造成保险标的的损失,保险人按照保险合同的约定也负责赔偿。保险事故发生后,被保险人为防止或减少保险标的的损失所支付的必要的、合理的费用,保险人按照保险合同的约定也负责赔偿。

企业财产综合险合同的保险责任具体表述为:在保险期间内,由于下列原因造成保险标的的损失,保险人按照保险合同的约定负责赔偿:(1) 火灾、爆炸;(2) 雷击、暴雨、洪水、暴风、龙卷风、冰雹、台风、飓风、暴雪、冰凌、突发性滑坡、崩塌、泥石流、地面突然下陷下沉;(3) 飞行物体及其他空中运行物体坠落。前述原因造成的保险事故发生时,为抢救保险标的或防止灾害蔓延,采取必要的、合理的措施而造成保险标的的损失,保险人按照保险合同的约定也负责赔偿。被保险人拥有财产所有权的自用的供电、供水、供气设备因保险事故遭受损坏,引起停电、停水、停气以致造成保险标的直接损失,保险人按照保险合同的约定也负责赔偿。保险事故发生后,被保险人为防止或减少保险标的的损失所支付的必要的、合理的费用,保险人按照保险合同的约定也负责赔偿。

企业财产一切险合同的保险责任具体表述为：在保险期间内，由于自然灾害或意外事故造成保险标的直接物质损坏或灭失（以下简称“损失”），保险人按照保险合同的约定负责赔偿。前述原因造成的保险事故发生时，为抢救保险标的或防止灾害蔓延，采取必要的、合理的措施而造成保险标的的损失，保险人按照保险合同的约定也负责赔偿。保险事故发生后，被保险人为防止或减少保险标的的损失所支付的必要的、合理的费用，保险人按照保险合同的约定也负责赔偿。

四、责任免除

企业财产保险合同责任免除是指保险人依照法律规定或合同约定，不承担保险责任的范围，是对保险责任的限制。企业财产保险合同在约定保险责任的同时规定了责任免除，主要是出于两方面的考虑：其一，为了剔除部分保险责任。责任免除里列明的原因导致保险责任中列明的事故，或者发生保险责任范围内的事故后导致责任免除中列明的损失和费用，通过责任免除的特别约定，保险人都可以不负责赔偿。其二，为了避免误解和歧义。由于某些风险不属于保险责任，也未在保险责任中列明，但容易与保险责任混淆从而导致误解，故采用反向说明的方式在责任免除中列明，有效地避免误解和歧义的产生。

（一）企业财产基本险合同

下列原因造成的损失、费用，保险人不负责赔偿：

（1）投保人、被保险人及其代表的故意或重大过失行为；

（2）行政行为或司法行为；

（3）战争、类似战争行为、敌对行动、军事行动、武装冲突、罢工、骚乱、暴动、政变、谋反、恐怖活动；

（4）地震、海啸及其次生灾害；

（5）核辐射、核裂变、核聚变、核污染及其他放射性污染；

（6）大气污染、土地污染、水污染及其他非放射性污染，但因保险事故造成的非放射性污染不在此限；

（7）保险标的的内在或潜在缺陷、自然磨损、自然损耗，大气（气候或气温）变化、正常水位变化或其他渐变原因，物质本身变化、霉烂、受潮、鼠咬、虫蛀、鸟啄、氧化、锈蚀、渗漏、自燃、烘焙；

（8）暴雨、洪水、暴风、龙卷风、冰雹、台风、飓风、暴雪、冰凌、沙尘暴、突发性滑坡、崩塌、泥石流、地面突然下陷下沉；

（9）水箱、水管爆裂；

（10）盗窃、抢劫。

下列损失、费用，保险人也不负责赔偿：

（1）保险标的遭受保险事故引起的各种间接损失；

（2）广告牌、天线、霓虹灯、太阳能装置等建筑物外部附属设施，存放于露天或简易建筑物内部的保险标的以及简易建筑本身，由于雷击造成的损失；

（3）锅炉及压力容器爆炸造成其本身的损失；

（4）任何原因导致供电、供水、供气及其他能源供应中断造成的损失和费用；

（5）保险合同中载明的免赔额或按保险合同中载明的免赔率计算的免赔额。

（二）企业财产综合险合同

下列原因造成的损失、费用，保险人不负责赔偿：

（1）投保人、被保险人及其代表的故意或重大过失行为；

（2）行政行为或司法行为；

（3）战争、类似战争行为、敌对行动、军事行动、武装冲突、罢工、骚乱、暴动、政变、谋反、恐怖活动；

（4）地震、海啸及其次生灾害；

（5）核辐射、核裂变、核聚变、核污染及其他放射性污染；

（6）大气污染、土地污染、水污染及其他非放射性污染，但因保险事故造成的非放射性污染不在此限；

（7）保险标的的内在或潜在缺陷、自然磨损、自然损耗，大气（气候或气温）变化、正常水位变化或其他渐变原因，物质本身变化、霉烂、受潮、鼠咬、虫蛀、鸟啄、氧化、锈蚀、渗漏、自燃、烘焙；

（8）水箱、水管爆裂；

（9）盗窃、抢劫。

下列损失、费用，保险人也不负责赔偿：

（1）保险标的遭受保险事故引起的各种间接损失；

（2）广告牌、天线、霓虹灯、太阳能装置等建筑物外部附属设施，存放于露天或简易建筑物内部的保险标的以及简易建筑本身，由于雷击、暴雨、洪水、暴风、龙卷风、冰雹、台风、飓风、暴雪、冰凌、沙尘暴造成的损失；

（3）锅炉及压力容器爆炸造成其本身的损失；

（4）保险合同中载明的免赔额或按保险合同中载明的免赔率计算的免赔额。

（三）企业财产一切险合同

下列原因造成的损失、费用，保险人不负责赔偿：

（1）投保人、被保险人及其代表的故意或重大过失行为；

（2）行政行为或司法行为；

（3）战争、类似战争行为、敌对行动、军事行动、武装冲突、罢工、骚乱、暴动、政变、谋反、恐怖活动；

（4）地震、海啸及其次生灾害；

（5）核辐射、核裂变、核聚变、核污染及其他放射性污染；

（6）大气污染、土地污染、水污染及其他非放射性污染，但因保险事故造成的非放射性污染不在此限；

（7）保险标的的内在或潜在缺陷、自然磨损、自然损耗，大气（气候或气温）变化、正常水位变化或其他渐变原因，物质本身变化、霉烂、受潮、鼠咬、虫蛀、鸟啄、氧化、锈蚀、渗漏、烘焙；

（8）盗窃、抢劫。

下列损失、费用，保险人也不负责赔偿：

（1）保险标的遭受保险事故引起的各种间接损失；

（2）设计错误、原材料缺陷或工艺不善造成保险标的本身的损失；

（3）广告牌、天线、霓虹灯、太阳能装置等建筑物外部附属设施，存放于露天或简易建筑物内的保险标的以及简易建筑，由于雷电、暴雨、洪水、暴风、龙卷风、冰雹、台风、飓风、暴雪、冰凌、沙尘暴造成的损失；

（4）锅炉及压力容器爆炸造成其本身的损失；

（5）非外力造成机械或电气设备本身的损失；

（6）被保险人及其雇员的操作不当、技术缺陷造成被操作的机械或电气设备的损失；

（7）盘点时发现的短缺；

（8）任何原因导致公共供电、供水、供气及其他能源供应中断造成的损失和费用；

（9）保险合同中载明的免赔额或按保险合同中载明的免赔率计算的免赔额。

综上可以看出，企业财产保险合同责任免除主要分为两类，即原因除外和损失费用除外。原因除外主要是第一部分的除外责任，财产基本险包含 10 项，财产综合险包含 9 项，财产一切险包含 8 项。相对于财产一切险，财产基本险除外责任中，根据险种不同增加了部分列明自然灾害除外及水箱、水管爆裂除外两项，财产综合险中增加水箱、水管爆裂除外一项。损失费用除外主要是第二部分责任免除，是对第一部分原因除外的补充，其中财产基本险中包含 5 项，财产综合险中包含 4 项，财产一切险中包含 9 项。

五、保险价值、保险金额与免赔额（率）

保险价值，是指保险标的在损失发生时的实际价值，是被保险人对保险标的所享有的保险利益的货币价值，是确定保险金额和损失赔偿计算的基础。保险标的的保险价值可以为出险时的重置价值、出险时的账面余额、出险时的市场价值或其他价值，由投保人与保险人协商确定，并在保险合同中载明。具体说明如下：(1) 重置价值是指替换、重建遭受损失的保险标的，以使其达到全新时的状态而发生的费用，但不包括被保险人进行的任何变更、性能增加或改进所产生的额外费用，主要适用于建筑物、大型成套设备、较为昂贵的机器等固定资产类保险标的，对于年代久远、功能落后的机器设备等财产则不宜适用重置价值。(2) 账面余额主要适用于存货类的保险标的，其前提是被保险人的财务报表数据必须真实可靠，对于中小型企业或个体工商户应谨慎使用。(3) 市场价值有两种确定方式，其一是可以在市场中获得询价的保险标的，以市场询价作为市场价值，其二是对于无法在市场中获得询价的保险标的，可以采用重置价值扣除相应折旧予以确定。

保险金额，是指保险人承担赔偿或者给付保险金责任的最高限额，也是保险人计算报废的依据。保险金额可由投保人参考保险价值自行确定，并在保险合同中载明。这一约定体现两层含义：一是投保人有自主确定保险金额的权利，二是提示保险金额的确定可以参考保险价值。通过保险金额与保险价值的比较可以判断是否为足额保险。保险金额超过保险价值的，属于超额保险，超过的部分无效；保险金额低于保险价值的，属于不足额保险，保险人按照保险金额与保险价值的比例承担赔偿责任。因此，为了满足被保险人获得足额、有效的保障需求，在实际业务中，保险公司的业务员在投保人确定保险金额时应给投保人以相应的建议，让其参考保险标的的对应保险价值确定保险金额，并对超额保险或者不足额保险的后果予以提示。[①]

免赔额一般分为相对免赔额和绝对免赔额。绝对免赔额是指不管损失金额多少都必须予以相应扣减的免赔额，相对免赔额则是指如果损失金额大于免赔额则不用进行相应扣减。免赔额可以是绝对的数值，也可以是一定的比例。实务中，企业财产保险合同较多是采用绝对免赔额(率)，并设每次事故免赔额(率)。

第三节　家庭财产保险合同

一、家庭财产保险合同的概念

家庭财产保险合同，简称“家财险”，是指以城乡居民或家庭的有形物质财产为保险标的的保险合同。被保险人所有、使用或保管的、座落于保险单列明的地址的房屋内的财产，可以约定范围向保险人投保家庭财产保险合同。家庭财产保险补偿居民或家庭的财产损失，保障居民生活安定和社会稳定，是目前面向个人和家庭投

---

① 郭颂平:《保险基础知识》，首都经济贸易大学出版社 2006 年版，第 101 页。

保的最主要险种之一。

根据被保险人的不同需要,家庭财产保险主要可以分为普通型家庭财产保险和理财型家庭财产保险。普通型家庭财产保险是纯粹、典型的风险保障险种,承担损失补偿功能,保险期限不长于一年,没有特殊原因,中途不得退保。保险期间届满后,所交纳的保险费不退还,继续保险需要重新办理保险手续。理财型家庭财产保险具有损失补偿和投资储蓄的双重功能,投保人交纳固定的保险储金,储金的利息转作保费,保险期间届满时,无论在保险期内是否发生保险事故,保险储金均返还给投保人。

二、保险标的

一般情况下,家庭财产保险合同的保险标的是城乡居民或家庭所有、使用或保管的、座落于保险单载明地址的房屋内的有形物质财产,主要包括以下三方面:

(一) 可保财产

城乡居民或家庭所有的下列财产:(1) 房屋及其室内附属设备,比如固定装置的水暖、气暖、卫生、供水、管道煤气及供电设备、厨房配套的设备等;(2) 室内装潢;(3) 室内财产,比如家用电器和文体娱乐用品、衣物和床上用品、家具及其他生活用具。投保人可以就前述三类保险标的单独、部分投保或者全部投保。

(二) 特约保险财产

下列财产经保险合同双方特别约定并在保险合同中载明保险价值的,可以成为家庭财产保险合同的保险标的:(1) 属于被保险人代他人保管或者与他人共有而由被保险人负责的前述可保财产;(2) 存放于院内、室内的非机动农机具、农用工具及存放于室内的粮食及农副产品;(3) 经保险人同意的其他财产。

(三) 不保财产

下列财产不属于家庭财产保险合同的保险标的:(1) 金银、珠宝、钻石及制品,玉器、首饰、古币、古玩、字画、邮票、艺术品、稀有金属等珍贵财物;(2) 货币、票证、有价证券、文件、书籍、账册、图表、技术资料、电脑软件及资料,以及无法鉴定价值的财产;(3) 日用消耗品、各种交通工具、养殖及种植物;(4) 用于从事工商业生产、经营活动的财产和出租用作工商业的房屋;(5) 无线通讯工具、笔、打火机、手表,各种磁带、磁盘、影音激光盘;(6) 用芦席、稻草、油毛毡、麦杆、芦苇、竹竿、帆布、塑料布、纸板等为外墙、屋顶的简陋屋棚及柴房、禽畜棚、与保险房屋不成一体的厕所、围墙、无人居住的房屋以及存放在里面的财产;(7) 政府有关部门征用、占用的房屋,违章建筑、危险建筑、非法占用的财产。

三、保险责任

在保险期间内,由于下列原因造成保险标的的损失,保险人按照保险合同的约定负责赔偿:(1)火灾、爆炸;(2)雷击、台风、龙卷风、暴风、暴雨、洪水、雪灾、雹灾、冰凌、泥石流、崖崩、突发性滑坡、地面突然下陷;(3)飞行物体及其他空中运行物体坠落,外来不属于被保险人所有或使用的建筑物和其他固定物体的倒塌。

保险事故发生时,为抢救保险标的或防止灾害蔓延,采取必要的、合理的措施而造成保险标的的损失,以及保险事故发生后,被保险人为防止或减少保险标的的损失所支付的必要的、合理的费用,保险人按照保险合同的约定也负责赔偿。

四、责任免除

责任除外主要分为原因除外和费用除外两部分,具体如下:

(一)原因除外

(1)战争、敌对行为、军事行动、武装冲突、罢工、骚乱、暴动、恐怖活动、盗抢;

(2)核辐射、核爆炸、核污染及其他放射性污染;

(3)被保险人及其家庭成员、寄宿人、雇佣人员的违法、犯罪或故意行为;

(4)地震、海啸及其次生灾害;

(5)行政行为或司法行为。

(二)费用除外

(1)保险标的遭受保险事故引起的各种间接损失;

(2)家用电器因使用过度、超电压、短路、断路、漏电、自身发热、烘烤等原因所造成本身的损毁;

(3)座落在蓄洪区、行洪区,或在江河岸边、低洼地区以及防洪堤以外当地常年警戒水位线以下的家庭财产,由于洪水所造成的一切损失;

(4)保险标的本身缺陷、保管不善导致的损毁;保险标的的变质、霉烂、受潮、虫咬、自然磨损、自然损耗、自燃、烘焙所造成本身的损失;

(5)保险合同中载明的免赔额。

五、保险价值、保险金额与免赔额

房屋及室内附属设备、室内装潢的保险价值为出险时的重置价值。保险金额由投保人参照保险价值自行确定,并在保险合同中载明。其中:房屋及室内附属设备、室内装潢的保险金额由投保人根据购置价或市场价自行确定。室内财产的保险金额由投保人根据当时实际价值分项目自行确定。不分项目的,按各大类财产在保险金额中所占比例确定，一般在实务中，具体比例为：城市家庭的室内财产中的家用电器及文体娱乐用品占40%，衣物及床上用品占30%，家具及其他生活用具占30%。农村家庭的室内财产中的家用电器及文体娱乐用品占30%，衣物及床上用品占15%，家具及其他生活用具占30%，农机具等占25%。特约财产的保险金额由投保人和保险人双方约定。每次事故的免赔额由投保人与保险人在订立家庭财产保险合同时协商确定，并在保险合同中载明。

六、赔偿处理

保险事故发生时，被保险人对保险标的不具有保险利益的，不得向保险人请求赔偿保险金。保险标的发生保险责任范围内的损失，保险人有权选择下列方式赔偿：(1) 货币赔偿，即根据受损标的的实际损失和保险合同的约定，以支付保险金的方式赔偿；(2) 实物赔偿，即保险人以实物替换受损保险标的，该实物应具有保险标的出险前同等的类型、结构、状态和性能；(3) 实际修复，即保险人自行或委托他人修理修复受损标的。对受损保险标的在替换或修复过程中，被保险人进行的任何变更、性能增加或改进所产生的额外费用，保险人不负责赔偿保险金。

保险标的遭受损失后，如果有残余价值，应由双方协商处理，如果折归被保险人，由双方协商确定其价值，并在保险赔款中扣除。被保险人为防止或减少保险标的的损失所支付的必要、合理的施救费用，在保险标的损失赔偿金额以外另行计算，但最高不超过保险合同载明的保险金额。如果保险标的的赔偿金额因重复保险的存在而减少时，保险人对于施救费用的赔偿金额也以同样的比例为限。在此基础上，保险人按照实际损失扣除保险单载明的免赔额后，在保险金额范围内计算赔偿。

如果存在重复保险，保险人按照本保险合同的相应保险金额与其他保险合同及本保险合同相应保险金额总和的比例承担赔偿责任。其他保险人应承担的赔偿金额，本保险人不负责垫付。若被保险人未如实告知导致保险人多支付赔偿金的，保险人有权向被保险人追回多支付的部分。

保险标的发生部分损失，保险人履行赔偿义务后，保险合同的保险金额自损失发生之日起按保险人的赔偿金额相应减少，保险人不退还保险金额减少部分的保险费。如果投保人请求恢复至原保险金额，应按原约定的保险费率另行支付恢复部分从投保人请求的恢复日期起至保险期间届满之日止按日比例计算的保险费。投保三年、五年期的，则在下一保险年度自动恢复原保险金额。

如果发生在保险责任范围内的损失，应由负有责任的第三方进行赔偿，保险人自向被保险人赔偿保险金之日起，在赔偿金额范围内代位行使被保险人对有关责任方请求赔偿的权利，被保险人应当向保险人提供必要的文件和所知道的有关情况。被保险人已经从第三方取得赔偿的，保险人赔偿保险金时，可以相应扣减被保险人已从第三方取得的赔偿金额。在保险人未赔偿保险金之前,被保险人放弃对第三方请求赔偿权利的,保险人不承担赔偿责任;保险人向被保险人赔偿保险金后,被保险人未经保险人同意放弃对第三任方请求赔偿权利的,该行为无效;由于被保险人故意或者因重大过失致使保险人不能行使代位请求赔偿的权利的,保险人可以扣减或者要求返还相应的保险金。

第四节　工程保险合同

一、工程保险合同概述

工程保险合同,是指保险人对工程项目在建设过程中可能出现的自然灾害和意外事故所造成的物质损失和依法应对第三者的人身伤亡和财产损失承担的经济赔偿责任给付保险金的财产保险合同。与传统的财产保险相比较,工程保险具有承保风险广泛而集中、涉及利益关系主体较多、不同工程保险险种内容相互交叉、保险期限不确定性、保险金额易于变动等特征。

以承保风险范围为准,工程保险合同可以分为一切险合同(即建筑工程一切险合同、安装工程一切险合同)和列明责任保险合同(即建筑安装工程保险合同)。在大中型项目中一般会采用一切险合同,小型项目则更适宜于列明责任的建筑安装工程保险合同。以适用范围为准,工程保险合同可以分为建筑工程保险合同和安装工程保险合同,建筑工程保险合同承保土建工程风险,主要适用于住宅、学校、医院、办公大楼、城市轨道交通、桥梁、隧道、水电站、航道疏浚等;安装工程保险承保设备安装风险,主要适用于机械电气设备安装工程、管线安装工程、锅炉、化工设备安装等。

工程保险合同的投保人是与保险人订立保险合同并负有缴付保险费义务的人,一般是承包商,也可以是业主,在特殊情况下,工程的其他利益主体也可以成为投保人。被保险人主要包括以下主体:(1) 工程所有人,即建筑工程的最后所有者;(2) 工程承包人,即负责承建该项工程的施工单位,可分为总承包人和分承包人;(3) 技术顾问,即由所有人聘请的建筑师、设计师、工程师和其他专业顾问;(4) 其他关系方,如贷款银行或其他债权人等。

二、保险标的

工程保险合同的保险标的主要分为物质损失和第三者责任两部分。

(一) 物质损失部分的保险标的

物质损失部分的标的包括可保财产、特约保险财产和不保财产。

可保财产是指在保险合同明细表中分项列明的在列明工地范围内的与实施工程合同相关的财产或费用，具体包括：

（1）永久工程性工程，是指在工程合同以及相关的修改文件中详细说明的工程，包括但不限于所有的永久性建筑结构以及所有在完工后继续发挥一定作用的工程，以及任何在工程合同中以合同方式要求完成并维护的其他工程。

（2）临时工程性工程，是指任何基于工程建设需要而建造的临时性工程，包括但不限于模板、建筑用模具、材料、脚手架、围堰、钢板桩、临时便桥（道）和其他类似项目。

（3）工程建设的各种材料、建造费、安装费、运保费等。

特约保险财产，是指必须经过投保人和保险人事先特别约定并在保险单上载明其详细情况，方可承保的财产，具体包括：

（1）施工用机具、设备、机械装置；

（2）在保险工程开始以前已经存在或形成的位于工地范围内或其周围的属于被保险人的财产；

（3）在保险合同保险期间终止前，已经投入商业运行或业主已经接受、实际占有的财产或其中的任何一部分财产，或已经签发工程竣工证书或工程承包人已经正式提出申请验收并经业主代表验收合格的财产或其中任何一部分财产；

（4）清除残骸费用。

不保财产，是指确定、当然地无法承保的财产，具体包括：

（1）文件、账册、图表、技术资料、计算机软件、计算机数据资料等无法鉴定价值的财产；

（2）便携式通讯装置、便携式计算机设备、便携式照相摄像器材以及其他便携式装置、设备；

（3）土地、海床、矿藏、水资源、动物、植物、农作物；

（4）领有公共运输行驶执照的，或已由其他保险予以保障的车辆、船舶、航空器；

（5）违章建筑、危险建筑、非法占用的财产。

（二）第三者责任部分的保险标的

第三者责任部分的保险标的，是指在保险期间内，因发生与保险合同所承保工程直接相关的意外事故引起工地内及邻近区域的第三者人身伤亡、疾病或财产损失，依法应由被保险人承担的经济赔偿责任。在工程保险合同中，第三者责任保险不能单独承保。

三、保险责任

（一）物质损失部分的保险责任

（1）在保险期间内，保险合同分项列明的保险财产在列明的工地范围内，因保险合同责任免除以外的任何自然灾害或意外事故造成的物质损坏或灭失；

(2) 保险事故发生后，被保险人为防止或减少保险标的的损失所支付的必要的、合理的费用；

(3) 经保险合同列明的因发生上述损失所产生的其他有关费用。

(二) 第三者责任部分的保险责任

(1) 在保险期间内，因发生与保险合同所承保工程直接相关的意外事故引起工地内及邻近区域的第三者人身伤亡、疾病或财产损失，依法应由被保险人承担的经济赔偿责任。

(2) 本项保险事故发生后，被保险人因保险事故而被提起仲裁或者诉讼的，对应由被保险人支付的仲裁或诉讼费用以及其他必要的、合理的费用，经保险人书面同意，保险人按照保险合同约定也负责赔偿。

四、责任免除

(一) 物质损失部分的保险责任

(1) 设计错误引起的损失和费用；

(2) 自然磨损、内在或潜在缺陷、物质本身变化、自燃、自热、氧化、锈蚀、渗漏、鼠咬、虫蛀、大气(气候或气温)变化、正常水位变化或其他渐变原因造成的保险财产自身的损失和费用；

(3) 因原材料缺陷或工艺不善引起的保险财产本身的损失以及为换置、修理或矫正这些缺点错误所支付的费用；

(4) 非外力引起的机械或电气装置的本身损失，或施工用机具、设备、机械装置失灵造成的本身损失；

(5) 维修保养或正常检修的费用；

(6) 档案、文件、账簿、票据、现金、各种有价证券、图表资料及包装物料的损失；

(7) 盘点时发现的短缺；

(8) 领有公共运输行驶执照的，或已由其他保险予以保障的车辆、船舶和飞机的损失；

(9) 除非另有约定，在保险工程开始以前已经存在或形成的位于工地范围内或其周围的属于被保险人的财产的损失；

(10) 除非另有约定，在保险合同保险期间终止以前，保险财产中已由工程所有人签发完工验收证书或验收合格或实际占有或使用或接收部分的损失。

(二) 第三者责任部分的保险责任

(1) 由于震动、移动或减弱支撑而造成的任何财产、土地、建筑物的损失及由此造成的任何人身伤害和物质损失；

（2）领有公共运输行驶执照的车辆、船舶、航空器造成的事故；

（3）保险合同物质损失项下或本应在该项下予以负责的损失及各种费用；

（4）工程所有人、承包人或其他关系方或其所雇用的在工地现场从事与工程有关工作的职员、工人及上述人员的家庭成员的人身伤亡或疾病；

（5）工程所有人、承包人或其他关系方或其所雇用的职员、工人所有的或由上述人员所照管、控制的财产发生的损失；

（6）被保险人应该承担的合同责任，但无合同存在时仍然应由被保险人承担的法律责任不在此限。

五、保险金额

工程保险合同的保险金额主要分为三类：（1）物质损失部分的保险金额；（2）第三者责任部分的保险限额；（3）扩展类附加险的保险金额。

物质损失部分的保险金额由以下几部分构成：（1）保险工程完成时的总价值，主要包括原材料费用、设备费用、建造费、安装费、运保费、关税、其他税项和费用，以及由工程所有人提供的原材料和设备的费用；（2）施工机具、设备按重置价确定的保险金额；（3）保险双方约定的其他保险财产的保险金额；（4）清理残骸费用的赔偿限额；（5）对地震、海啸、洪水、风暴、暴雨等特种风险造成损失所单独设定的赔偿限额。

第三者责任部分的保险金额一般是指对第三者人身伤亡和财产损失设定的赔偿限额，通常有以下四种：（1）设定每次事故赔偿限额，其中对人身伤亡和财产损失再制定分项限额；（2）设定每次事故赔偿限额，无分项限额无累计赔偿限额；（3）在每次事故赔偿限额的基础上，规定保险期间内的总赔偿限额；（4）保险期间内总赔偿限额和每次事故的赔偿限额均为同一金额。

扩展类附加险的保险金额由投保人与保险人协商确定，并在保险合同中载明。

六、赔偿处理

（一）物质损失部分

对保险标的遭受的损失，保险人可选择以支付赔款或以修复、重置受损项目的方式予以赔偿。对保险标的在修复或替换过程中，被保险人进行的任何变更、性能增加或改进所产生的额外费用，保险人不负责赔偿。

保险人按下列方式确定损失金额：（1）可以修复的部分损失，即以将保险财产修复至其基本恢复受损前状态的费用考虑保险合同约定的残值处理方式后确定的赔偿金额为准。但若修复费用等于或超过保险财产损失前的价值时，则按全部损失或推定全损处理。(2) 全部损失或推定全损,即以保险财产损失前的实际价值考虑保险合同约定的残值处理方式后确定的赔偿金额为准。

保险标的发生保险责任范围内的损失,保险人按以下方式计算赔偿:(1) 保险金额等于或高于应保险金额时,按实际损失计算赔偿,最高不超过应保险金额;(2) 保险金额低于应保险金额时,按保险金额与应保险金额的比例乘以实际损失计算赔偿,最高不超过保险金额。

每次事故保险人的赔偿金额是根据前述计算赔偿方式所计算的金额扣除每次事故免赔额后的金额,或者是根据前述计算赔偿方式所计算的金额与免赔率乘积后的金额。

若保险合同所列标的不止一项时,应分项计算赔偿,保险人对每一保险项目的赔偿责任均不得超过保险合同明细表对应列明的分项保险金额,以及保险合同特别条款或批单中规定的其他适用的赔偿限额。在任何情况下,保险人在保险合同下承担的对物质损失的最高赔偿金额不得超过保险合同明细表中列明的总保险金额。保险标的的保险金额大于或等于其应保险金额时,被保险人为防止或减少保险标的的损失所支付的必要的、合理的费用,在保险标的损失赔偿金额之外另行计算,最高不超过被施救标的的应保险金额。保险标的的保险金额小于其应保险金额时,上述费用按被施救标的的保险金额与其应保险金额的比例在保险标的损失赔偿金额之外另行计算,最高不超过被施救标的的保险金额。

(二) 第三者责任部分

保险人的赔偿以下列方式之一确定的被保险人的赔偿责任为基础:(1) 被保险人和向其提出损害赔偿请求的索赔方协商并经保险人确认;(2) 仲裁机构裁决;(3) 人民法院判决;(4) 保险人认可的其他方式。

在保险期间内发生保险责任范围内的损失,保险人按以下方式计算赔偿:(1) 对于每次事故造成的损失,保险人在每次事故责任限额内计算赔偿,其中对每人人身伤亡的赔偿金额不得超过每人人身伤亡责任限额;(2) 在依据前述第一种方式计算的基础上,保险人在扣除保险合同载明的每次事故免赔额后进行赔偿,但对于人身伤亡的赔偿不扣除每次事故免赔额;(3) 在依据前述第一种方式计算的基础上,保险人在扣除按保险合同载明的每次事故免赔率计算的每次事故免赔额后进行赔偿,但对于人身伤亡的赔偿不扣除每次事故免赔额。

保险人对多次事故损失的累计赔偿金额不超过保险合同列明的累计赔偿限额。

保险人对被保险人给第三者造成的损害,可以依照法律的规定或者保险合同的约定,直接向该第三者赔偿保险金。被保险人给第三者造成损害,被保险人对第三者应负的赔偿责任确定的,根据被保险人的请求,保险人应当直接向该第三者赔偿保险金。被保险人怠于请求的,第三者有权就其应获赔偿部分直接向保险人请求赔偿保险金。被保险人给第三者造成损害,被保险人未向该第三者赔偿的,保险人不得向被保险人赔偿保险金。

【深度阅读】

1. 郑功成:《财产保险》,中国金融出版社2010年版,第八章。
2. 贾林青:《保险法》,中国人民大学出版社2011年版,第十一章。
3. 秦道夫:《我和中国保险》,中国金融出版社2009年版,第十九、二十章。
4. 郭颂平:《保险基础知识》,首都经济贸易大学出版社2006年版,第五章。

【问题与思考】

1. 机动车辆保险合同的主要特征是什么?
2. 如何认识机动车交通事故责任强制保险合同?
3. 机动车交通事故责任强制保险合同与商业第三者责任保险合同有何区别?
4. 企业财产保险合同的保险标的包括什么?
5. 工程保险合同的保险责任包括什么?

第十五章　责任保险合同

第一节　责任保险合同概述

一、责任保险合同的概念

责任保险合同,是指保险人对被保险人对第三者依法应负的赔偿责任给予保险金的保险合同。我国《保险法》第 65 条第 4 款规定:“责任保险是指以被保险人对第三者依法应负的赔偿责任为保险标的的保险。”责任保险合同从广义上仍然属于财产保险,坚持损失补偿原则,承保被保险人面临的法律风险,补偿被保险人因依法承担侵权或者合同责任所导致的损失。

在世界范围内,保险业的发展显示出有形财产——人寿生命——无形财产的风险覆盖轨迹,第一阶段是传统的海上保险、火灾保险等有形财产损失保险,第二阶段则发展到人寿、生命、健康等人身保险,第三阶段则升华至责任保险、信用保险、保证保险等无形财产损失保险,这一发展历程与人类社会进步、经济模式升级、思想观念提升、法律制度完善等因素相辅相成,息息相关。

责任保险发源于 19 世纪的欧美各国,20 世纪 70 年代以后在工业化国家迅速扩张发展。1855 年,英国制定了《提单法》,这是世界上首部提单法,该法的出台导致承运人面临着相应的法律责任风险,承运人责任保险自此萌芽。1875 年,英国沃顿保险公司签发了第一张载有公众责任的保险单,同年还出现了马车第三者责任保险,专门承保因使用马车而引起的赔偿责任。1880 年,英国颁布雇主责任法,该法规定雇主在经营过程中因过错致使雇员受到伤害必须承担法律责任,当年就有专业的雇主责任保险公司成立。1886 年,英国在美国开设了雇主责任保险公司分公司,1889 年,美国拥有了属于自己的专门从事雇主责任保险业务的保险公司。20 世纪 70 年代,责任保险在工业化国家迎来了黄金发展时期。在这个时期,首先是各种运输工作的第三者责任保险得到迅速发展,其次是雇主责任保险成为广泛普及的责任保险险种。随着商品经济的发展和工业化社会的到来,人们开始进入风险社会,风险无处不在,事故无时不有,各种民事赔偿事故层出不穷,弥补受害人的及时性、必要性凸显,社会稳定以及实质正义需求日益增加,使得责任保险在 20 世纪 70 年代后的工业化国家全面、迅速发展。在西方发达国家,责任保险服务领域十分广泛,内容非常丰富，早已形成了门类齐全、险种众多、专业性强的特色，真正成为企业、团体、家庭、个人乃至政府机关必不可少的风险保障工具和各国保险公司的主要业务种类。美国的各种责任保险业务早在20世纪70年代末就占整个非寿险业务收入的45%—50%左右，欧洲一些国家的责任保险业务约占其整个非寿险业务的30%以上，日本等国的责任保险业务收入也占其非寿险业务的25%—30%以上。进入20世纪90年代，许多发展中国家也日益发展责任保险业务。①

我国责任保险的发展起步相对较晚，1949年新中国成立后，50年代初期曾开办了汽车第三者责任险以及具有涉外经济性质的责任保险，但数量非常少，由于各种原因导致从50年代后期到70年代末停办。1979年保险业恢复经营以后，机动车第三者责任保险首先恢复开展，其他责任保险业务仍然只在涉外经济领域发展。80年代末以后，《民法通则》《产品质量法》《消费者权益保护法》《医疗事故处罚条例》等法律法规相继颁布实施，涉及损害赔偿的民事法律法规不断完善，社会公众的法律观念和维权意识持续增强，为我国责任保险市场的发展提供了良好的法律土壤和环境。市场经济的发展、机械工业化的普及、各种安全事故频发、企业竞争加剧、各类专业技术人员面临的风险激增，进一步激发了我国责任保险市场的发展需求。有资料显示，全国平均每天要发生7起一次死亡3人以上的较大事故，每3天要发生一起死亡10人以上的重大事故，每个月要发生一起死亡30人以上的特别重大事故……这些风险和涉案金额相当一部分属于责任保险承保的范围。事实表明，风险无处不在，责任重于泰山，大力开展与普及责任保险已成为社会成熟与进步的重要标志之一。

近年来，责任保险在我国受到的重视程度日益提升，迎来发展黄金时期，前景广阔。2006年，国务院《关于保险业改革发展的若干意见》指出："大力发展责任保险，健全安全生产保障和突发事件应急机制。充分发挥保险在防损减灾和灾害事故处置中的重要作用，将保险纳入灾害事故防范救助体系。不断提高保险机构风险管理能力，利用保险事前防范与事后补偿相统一的机制，充分发挥保险费率杠杆的激励约束作用，强化事前风险防范，减少灾害事故发生，促进安全生产和突发事件应急管理。采取市场运作、政策引导、政府推动、立法强制等方式，发展安全生产责任、建筑工程责任、产品责任、公众责任、执业责任、董事责任、环境污染责任等保险业务。在煤炭开采等行业推行强制责任保险试点，取得经验后逐步在高危行业、公众聚集场所、境内外旅游等方面推广。完善高危行业安全生产风险抵押金制度，探索通过专业保险公司进行规范管理和运作。进一步完善机动车交通事故责任强制保险制度。通过试点，建立统一的医疗责任保险。"2006年7月1日，《机动车交通事故责任强制

① 郑功成：《财产保险》，中国金融出版社2010年版，第339—340页。

保险条例》正式实施,明确要求“在中华人民共和国境内道路上行驶的机动车的所有人或者管理人,应当依照《中华人民共和国道路交通安全法》的规定投保机动车交通事故责任强制保险”。2013 年 3 月,环保部和保监会联合印发的《关于开展环境污染责任强制保险试点工作的指导意见》强调:“根据环境风险管理的新形势新要求,开展环境污染强制责任保险试点工作,建立环境风险管理的长效机制,是应对环境风险严峻形势的迫切需要,是实现环境管理转型的必然要求,也是发挥保险机制社会管理功能的重要任务。运用保险工具,以社会化、市场化途径解决环境污染损害,有利于促使企业加强环境风险管理,减少污染事故发生;有利于迅速应对污染事故,及时补偿、有效保护污染受害者权益;有利于借助保险“大数法则”,分散企业对污染事故的赔付压力。”2013 年 10 月,《中华人民共和国食品安全法(修订草案送审稿)》公开征求意见,该送审稿规定:“国家建立食品安全责任强制保险制度。食品生产经营企业应当按照国家有关规定投保食品安全责任强制保险。食品安全责任强制保险具体管理办法由国务院保险监督管理机构会同国务院食品药品监督管理部门制定。”

二、责任保险合同的特征

尽管责任保险合同属于广义财产保险合同范畴,适用财产保险合同的一般经营原则,但其具有独特的理论依据和经营原则,主要体现在以下方面:

(一) 以民事赔偿责任为保险标的

责任保险所针对的是无形的法律责任风险,承保被保险人对第三者依法应负的赔偿责任。责任保险承保的是民事责任,而非刑事或者行政责任,其目的在于恢复被害人的权利,补偿权利人所遭受的损害。责任保险所针对的民事责任主要包括侵权民事责任和违约民事责任,在侵权民事责任中主要以过错责任为主,同时也有一些严格责任,比如环境污染责任。在过错责任中,需要区分致害人的主观形态,责任保险合同只承保致害人因一般过失导致的民事责任,而故意所造成的民事责任则属于除外责任。在违约责任中,包括直接合同责任和间接合同责任。直接合同责任是指一方由于违约而对另一方所遭受的损失承担赔偿责任,比如雇主对雇员在雇佣期间所受到的人身伤害承担赔偿责任;间接责任则是指一方根据合同约定对另一方所造成的其他第三方损失承担赔偿责任,比如在建筑施工承包合同中约定,工程所有人对承包人造成第三方的损失予以赔偿。合同责任相对更加自由、宽泛,只要合同所约定的责任不违反法律法规的强制性规定,均可以纳入责任保险合同承保范围。责任保险所覆盖的民事责任一般包括人身损害和财产损失两部分,一般都会将精神损害赔偿或者惩罚性赔偿作为除外责任,除非保险合同中有特别约定。

（二）适用方式多样性

在保险实践中，根据各种投保需求，保险人承保责任保险的方式也不同，具有较强的灵活性和多样性，主要是以下三种方式：(1) 将民事赔偿责任作为基本责任，由保险人予以承保。例如，船舶碰撞责任作为基本责任而被列入相应的船舶保险合同之中，由保险人承担保险责任。(2) 将民事赔偿责任作为附加责任，连同其所依附的财产保险合同（主险），由保险人一并承保，无须签发单独的责任保险单。例如，机动车辆第三者责任保险、建筑工程和安装工程的第三者责任保险等。(3) 将民事赔偿责任作为专门的保险责任，由保险人予以承保，签发独立的责任保险单。目前，国际保险市场中开办的专门性责任保险合同，如产品责任保险合同、公众责任保合同、雇主责任保险合同等即属此类。①

（三）具有第三者性质

责任保险合同是承保被保险人对第三者依法应负的赔偿责任，避免被保险人因承担对第三者的损害赔偿责任而遭受财产损失，保障被保险人的财产权益。此外，第三者在遭受人身或者财产损害时，可以直接从保险人处获得赔偿，维护第三者的合法利益。我国《保险法》第 65 条第 1 款规定："保险人对责任保险的被保险人给第三者造成的损害，可以依照法律的规定或者合同的约定，直接向该第三者赔偿保险金。"在保险合同中，尽管被保险人不是第三者，第三者也不是保险合同当事人，但是从责任保险合同签发的目的、保障对象、赔付路径等方面来看，具有明显的第三者性质。如果没有第三者人身或者财产的损失，被保险人的保险需求便不存在，责任保险合同也就无用武之地。

（四）保险金额限额化

与传统财产保险合同相比，责任保险合同承保的是无形的民事法律风险，不存在有形的物质保险标的。对于每一个投保责任保险的投保人而言，其责任风险可大可小，可高可低，一般都是事先无法预估、无法衡量。相应的，保险人对这些民事法律风险所承担的赔偿责任也无法通过保险价值和保险金额来界定。但保险人如果没有对赔偿金额设置上限，那么其后果无法想象，尤其是面临系统性风险的时候，其正常运营将受损甚至破产。因此，在责任保险合同中，保险人在设置承保条件时，会对每项保险责任设置相应的赔偿限额，以此作为保险人承担赔偿责任的最高限额，超过限额的实际损失部分则由投保人自行承担。比如在实务中，《中国人民财产保险股份有限公司环境污染责任保险条款》规定："本保险合同设每次事故第三者责任限额、每次事故清污费用责任限额、累计责任限额。除另有约定外，每次事故第三者

① 贾林青：《保险法》，中国人民大学出版社 2011 年版，第 204 页。

责任限额项下设每次事故每人人身伤亡责任限额和每次事故每人财产损失责任限额,每次事故每人人身伤亡责任限额项下设每次事故每人医疗费用责任限额。以上各项责任限额由投保人和保险人协商确定,并在保险合同中载明。”

三、责任保险合同的分类

(一)公众责任保险合同、雇主责任保险合同、环境污染责任保险合同、职业责任保险合同、第三者责任保险合同等

以具体的保险标的为准,责任保险合同可以分为公众责任保险合同、雇主责任保险合同、环境污染责任保险合同、职业责任保险合同、产品质量责任保险合同、第三者责任保险合同等。

公众责任保险合同,是指保险人对被保险人在列明的地点范围内从事生产、经营等活动时由于意外事故造成第三者人身伤亡或财产损失而依法承担的民事赔偿责任给付保险金的责任保险合同。根据不同的地点、场所、经营活动,可以有不同的承保内容的公众责任保险合同,比如承租人责任保险合同、出租人责任保险合同、独立承包人责任保险合同、电瓶车责任保险合同、电梯责任保险合同等。

雇主责任保险合同,是指保险人对被保险人因所聘用员工在从事业务工作中遭受人身伤害而依法承担的民事赔偿责任给付保险金的责任保险合同。

环境污染责任保险合同,是指保险人对被保险人从事生产经营活动时由于突发意外事故造成第三者人身伤亡或直接财产损失而依法承担的民事赔偿责任给付保险金的责任保险合同,这是公众责任保险合同的特殊形态。

职业责任保险合同,是指保险人对被保险人因从事职业工作造成第三者损害而依法承担的民事赔偿责任给付保险金的责任保险合同。主要险种包括律师责任保险合同、会计师责任保险合同、医疗责任保险合同等。

产品质量责任保险合同,是指保险人对被保险人因产品缺陷造成消费者、使用者或者其他第三者人身或者财产损害而依法承担的民事赔偿责任给付保险金的责任保险合同。

第三者责任保险合同,是指保险人对被保险人的运输工具、建筑安装工程因意外事故造成第三者人身或者财产损害而依法承担的民事赔偿责任给付保险金的责任保险合同。主要包括机动车辆第三者责任保险合同、建筑安装工程第三者责任保险合同等。

(二)自愿责任保险合同和强制责任保险合同

以订立保险合同是否有法律法规规定为准,责任保险合同可以分为自愿责任保险合同和强制责任保险合同。

自愿责任保险合同,是指保险人和投保人在自由协商、意思自治的基础上签订

责任保险合同。投保人自行、自由决定是否签订责任保险合同、选择任意保险人签订保险合同、选择责任保险合同的责任限额、决定是否解除责任保险合同;保险人也可以独立自主决定是否承保、决定承保条件。目前大多数责任保险合同都是自愿责任保险合同,这是契约自由的体现。

强制责任保险合同,是指根据国家法律法规规定,投保人必须与保险人签订的责任保险合同。在强制责任保险合同中,投保人和保险人是基于法律法规的强制性规定而订立责任保险合同,并非出于合同当事人双方的意思自治,是对契约自由的限制。强制责任保险合同使用范围较小,限制严格,一般都是在涉及公共利益、社会安定等领域适用。在我国,机动车辆交通事故责任强制保险合同是典型的强制责任保险合同,今后在食品安全、环境污染等领域有可能会推行强制责任保险合同。

(三) 基础责任保险合同和附加责任保险合同

以保险责任的地位和性质为准,责任保险合同可以分为基础责任保险合同和附加责任保险合同。

基础责任保险合同,是指保险人与投保人基于独立的保险责任内容而专门签署的责任保险合同。基础责任保险合同中的保险责任具有基础性地位,独立存在,不需要依附于其他保险合同。公众责任保险合同、产品责任保险合同、雇主责任保险合同等都是常见的基础责任保险合同。

附加责任保险合同,是指依附于其他基础保险合同而存在的责任保险合同。此类责任保险合同不需要单独再签发保险单。在实务中,基础责任保险合同一般都会有相应的附加责任保险合同,其他的财产保险合同也可能有一定的附加责任保险合同,比如建筑安装工程险的第三者责任保险合同、机动车辆交通事故责任保险合同等。

(四) 侵权责任保险合同和合同责任保险合同

以保险责任发生原因为准,责任保险合同可以分为侵权责任保险合同和合同责任保险合同。

侵权责任保险合同,是指保险人对被保险人的民事侵犯赔偿责任承担保险责任的责任保险合同。保险人的保险责任是基于被保险人侵犯第三者人身和财产权利而产生,一般是对绝对权利的侵犯所导致。此类责任保险合同的保险责任分为过错责任和无过错责任,过错责任承保被保险人因疏忽或者一般过错对第三者造成损害时依法应当承担的赔偿责任,主要包括职业责任保险合同、个人责任保险合同、商业机动车第三者责任保险合同等。无过错责任承保被保险人无论是否有过错都要依法对第三者的损害承担的赔偿责任,主要包括雇主责任保险合同、产品责任保险合同、环境污染责任保险合同等。基于被保险人故意侵犯所导致的赔偿责任,则不属于保险责任范围。

合同责任保险合同,是指保险人对被保险人的民事违约赔偿责任承担保险责任的责任保险合同。保险人的保险责任基于被保险人违反与第三者签订的合同而产生,被保险人是否承担赔偿责任完全基于其与第三方的合同约定,属于相对权责任。合同责任保险合同是特殊形式,一般不属于责任保险合同的承保对象,除非投保人和保险人通过特别约定将其纳入承保范围。如果投保人要求加保合同责任,应将所有合同责任都向保险人申报,并提供合同文本内容,由保险人决定承保与否。

(五)事故发生型责任保险合同和索赔提出型责任保险合同

以保险责任承担方式为准,责任保险合同可以分为事故发生型责任保险合同和索赔提出型责任保险合同。

事故发生型责任保险合同,是指保险人对发生在保险期间内的保险事故承担保险责任的责任保险合同。具体来说,即不论产品是否在保险期间内生产或销售,也不论遭受人身伤害或财产损失的用户或消费者是否在保险期间内提出索赔,只要是保险责任范围内的事故,发生在保险期间内,保险人就负责赔偿。这种承保方式是产品责任险最初采取的方式,但由于保单项下赔偿责任往往要拖延多年甚至几十年才能确定,且受到货币贬值等因素的影响,受害人的索赔金额往往会远远超过责任事故发生当时的水平或标准,也就是通常所说的“长尾巴风险”。现在产品责任险一般已经不采用这种承保方式。

索赔提出型责任保险合同,是指保险人对第三者向被保险人请求赔偿的事实发生在保险期间内给付保险金的责任保险合同。具体而言,即不论产品是否在保险期间内生产或销售,也不管产品责任事故发生在保险期间内还是保险有效期之前,只要产品责任事故的受害者第一次向被保险人提出索赔是在保险期间内,保险人就承担赔偿责任。这种承保方式是产品责任保险的通用做法。

【案例研讨】 **车上货物责任险赔不赔?**[①]

2011年4月21日,江苏省淮安市某运输公司为其所有的苏HE143号中型货车投保了机动车第三者责任险及附加车上货物责任险等险种,其中车上货物责任险对应保险(放心保)金额(责任限额)是3万元,保险期间自2011年4月21日至2012年4月20日止。车上货物责任险条款第1条载明:“保险期间内,发生意外事故致使被保险机动车所载货物遭受直接损毁,依法应由被保险人承担的损害赔偿责任,保险人负责赔偿。”

---

① 资料来源:中国保险学会网站,http://www.iic.org.cn/D_infoZL/infoZL_read.php? id = 30221,2013年11月25日访问。

2012年3月12日,运输公司驾驶员李某向派出所报案,称其所运输的约300袋大米从车上洒落在公路上。当日派出所“接处警工作登记表”记载:“苏HE143号车辆驾驶员李XX反映在运输途中所载货物25公斤装的约300袋大米从车上掉落在公路上,民警接警后到现场,将现场85袋大米收集后交还失主,另有部分大米损毁无法收集。”后运输公司向保险公司理赔,要求保险公司支付货物损失2.45万元,保险公司以大米损失不在保险责任范围内拒绝理赔。2012年年底,运输公司向法院提起诉讼,要求判决保险公司支付货物损失2.45万元。

法院经审理认为,本案争议焦点为:原告运输公司大米损失是否在保险责任范围内。车上货物责任险条款第1条载明:“保险期间内,发生意外事故致使被保险机动车所载货物遭受直接损毁,依法应由被保险人承担的损害赔偿责任,保险人负责赔偿。”本案中,原告运输公司保险车辆在运输途中所载大米掉落致损确为事实,但根据日常生活经验,可能引起车上货物掉落的原因众多,可能是装载货物方法本身存在不当所致,可能是人为破坏货物捆绑设施所致,也可能是发生交通事故等意外事故所致,而原告运输公司在本案中所举证据并不能证明其所载大米掉落致损是由于意外事故所致,根据《民事诉讼法》第64条第1款、《最高人民法院关于民事诉讼证据的若干规定》第2条之规定,判决驳回原告运输公司诉讼请求。

车上货物责任险是第三者责任险的附加险种,是指保险车辆在使用过程中发生意外事故致使保险车辆所载货物遭受直接损毁,依法应由被保险人承担的经济赔偿责任,保险人负责赔偿。可见,车上货物责任险的保险范围仅限于意外事故造成的车载货物损失,在具体的诉讼案件中,被保险人应对发生意外事故及因此而造成的损失承担举证责任。

本案中,原告运输公司保险车辆在运输途中所载袋装大米掉落存在损失为事实,但导致袋装大米掉落的原因却无法查明,就日常生活经验而言,运输途中袋装大米从车上掉落的原因很多,既可能是货物本身捆绑不善所致,也可能是发生交通事故等意外事故所致。如上所述,车上货物责任险仅对因意外事故造成的货物损失予以赔偿,因此,运输公司应举证证明货物损失是由意外事故导致,在运输公司不能举证证明大米掉落是由于意外事故所致的情况下,根据最高人民法院《关于民事诉讼证据的若干规定》第2条的规定,运输公司应承担举证不能的法律后果,保险公司不承担保险责任。

第二节　公众责任保险合同

一、公众责任保险合同的概念

公众责任保险合同,是指保险人对被保险人在列明的地点范围内从事生产、经营等活动时由于意外事故造成第三者人身伤亡或财产损失而依法承担的民事赔偿责任给付保险金的责任保险合同。根据不同的地点、场所、经营活动,可以有不同的承保内容的公众责任保险合同,比如承租人责任保险合同、出租人责任保险合同、独立承包人责任保险合同、电瓶车责任保险合同、电梯责任保险合同等。

二、投保人和被保险人

凡依法设立的企事业单位、社会团体、个体工商户、其他经济组织及自然人,均可作为投保人和被保险人。

在实际业务中,公众责任保险合同常见的投保人和被保险人一般被分为三大类:(1)工业仓储行业企业;(2)事业单位、社会团体;(3)服务行业企业。总体来说,事业单位、社会团体被保险人风险最低,出险频率和损失后果都处于较低水平;工业仓储行业企业风险适中,出险频率低,损失后果则按照行业风险等级递增;服务行业企业风险最高。

三、保险责任

被保险人保险单明细表中列明的地点范围内依法从事生产、经营等活动以及由于意外事故造成下列损失或费用,依法应由被保险人承担的民事赔偿责任,保险人负责赔偿:(1)第三者人身伤亡或财产损失;(2)事先经保险人书面同意的诉讼费用;(3)发生保险责任事故后,被保险人为缩小或减少对第三者人身伤亡或财产损失的赔偿责任所支付的必要的、合理的费用。

被保险人从事生产、经营等活动必须具有合法性,如果被保险人属于违反国家法律、法规从事生产经营活动而造成第三者的人身损害或财产损失,保险人不承担保险责任。被保险人从事的业务必须在保险单中列明,如果是保险单中未予列明的业务,保险人不承担保险责任。此外,公众责任保险合同对保险事故的发生地点也是有明确限制的,保险事故必须是发生在被保险人营业场所范围内。

四、除外责任

公众责任保险合同除外责任主要分为以下几类:原因除外、费用和责任除外、其他险种除外和特约除外。

(一)原因除外

下列原因造成的损失、费用和责任,保险人不负责赔偿:

(1)被保险人及其代表的故意或重大过失行为;

(2)战争、敌对行为、军事行为、武装冲突、罢工、骚乱、暴动、盗窃、抢劫;

(3) 政府有关当局的没收、征用；
(4) 核反应、核子辐射和放射性污染；
(5) 地震、雷击、暴雨、洪水、火山爆发、地下火、龙卷风、台风、暴风等自然灾害；
(6) 烟熏、大气、土地、水污染及其他污染；
(7) 锅炉爆炸、空中运行物体坠落；
(8) 直接或间接由于计算机2000年问题引起的损失。

(二) 费用和责任除外

被保险人的下列损失、费用和责任，保险人不负责赔偿：
(1) 被保险人或其代表、雇佣人员人身伤亡的赔偿责任，以及上述人员所有的或由其保管或控制的财产的损失；
(2) 罚款、罚金或惩罚性赔款；
(3) 被保险人根据与他人的协议应承担的责任，但即使没有这种协议，被保险人依法仍应承担的责任不在此限。

(三) 其他险种除外

下列属于其他险种保险责任范围的损失、费用和责任，保险人不负责赔偿：
(1) 被保险人或其雇员因从事医师、律师、会计师、设计师、建筑师、美容师或其他专门职业所发生的赔偿责任；
(2) 不洁、有害食物或饮料引起的食物中毒或传染性疾病，有缺陷的卫生装置，以及售出的商品、食物、饮料存在缺陷造成他人的损害；
(3) 对于未载入保险单而属于被保险人的或其所占有的或以其名义使用的任何牲畜、车辆、火车头、各类船只、飞机、电梯、升降机、自动梯、起重机、吊车或其他升降装置造成的损失；
(4) 由于震动、移动或减弱支撑引起任何土地、财产、建筑物的损害责任，被保险人因改变、维修或装修建筑物造成第三者人身伤亡或财产损失的赔偿责任；
(5) 被保险人及第三者的停产、停业等造成的一切间接损失。

(四) 特约除外

下列原因造成的损失、费用和责任，保险人不负责赔偿：
(1) 被保险人因在保险单列明的地点范围内所拥有、使用或经营的游泳池发生意外事故造成的第三者人身伤亡或财产损失；
(2) 被保险人因在保险单列明的固定场所内布置的广告、霓虹灯、灯饰物发生意外事故造成的第三者人身伤亡或财产损失；
(3) 被保险人因在保险单列明的地点范围内所拥有、使用或经营的停车场发生意外事故造成的第三者人身伤亡或财产损失；

（4）被保险人因出租房屋或建筑物发生火灾造成第三者人身伤亡或财产损失的赔偿责任。

五、责任限额

公众责任保险合同的责任限额一般通过累计赔偿限额、每次事故赔偿限额、每人人身伤亡赔偿限额进行确定。

保险人对第三者人身伤亡或财产损失和诉讼费用的每次事故赔偿总金额不超过保险单明细表中列明的每次事故赔偿限额。如果保险合同中约定了每人人身伤亡赔偿限额的，保险人对每次事故每人人身伤亡的赔偿金额不超过每人人身伤亡赔偿限额。对于保险责任事故发生后被保险人为缩小或减少对第三者人身伤亡或财产损失的赔偿责任所支付的必要的、合理的费用，每次事故赔偿金额不超过保险单明细表中列明的每次事故赔偿限额。在保险期限内，保险人对被保险人的累计赔偿总金额不得超过保险单明细表中列明的累计赔偿限额。

六、赔偿处理

被保险人收到受害人的损害赔偿请求时，应立即通知保险人。未经保险人书面同意，被保险人对受害人作出的任何承诺、拒绝、出价、约定、付款或赔偿，保险人不受其约束。对于被保险人自行承诺或支付的赔偿金额，保险人有权重新核定，不属于保险责任范围或超出应赔偿限额的，保险人不承担赔偿责任。

在处理索赔过程中，保险人有权自行处理由其承担最终赔偿责任的任何索赔案件，被保险人有义务向保险人提供一切所需的资料和协助。保险人对每次事故的赔偿，以法院判决、仲裁裁决或经被保险人、受害人及保险人协商确定的应由被保险人赔偿的金额为准。

被保险人给第三者造成损害，被保险人未向该第三者赔偿的，保险人不负责向被保险人赔偿保险金。保险人承担保险责任的前提有二：其一，被保险人对第三者的人身或者财产造成损害；其二，第三者向被保险人索赔，且被保险人已向该第三者予以赔偿。

保险人收到被保险人的赔偿请求后，应当及时就是否属于保险责任作出核定，并将核定结果通知被保险人。情形复杂的，保险人在收到被保险人的赔偿请求后30日内未能核定保险责任的，保险人与被保险人根据实际情形商议合理期间，保险人在商定的期间内作出核定结果并通知被保险人。对属于保险责任的，在与被保险人达成有关赔偿金额的协议后10日内，履行赔偿义务。保险人作出核定后，对不属于保险责任的，应当自作出核定之日起3日内向被保险人发出拒绝赔偿保险金通知书，并说明理由。

发生保险责任范围内的损失，应由有关责任方负责赔偿的，保险人自向被保险人赔偿保险金之日起，在赔偿金额范围内代位行使被保险人对有关责任方请求赔偿的权利，被保险人应当向保险人提供必要的文件和所知道的有关情况。被保险人已经从有关责任方取得赔偿的，保险人赔偿保险金时，可以相应扣减被保险人已从有关责任方取得的赔偿金额。

保险事故发生后，在保险人未赔偿保险金之前，被保险人放弃对有关责任方请求赔偿权利的，保险人不承担赔偿责任；保险人向被保险人赔偿保险金后，被保险人未经保险人同意放弃对有关责任方请求赔偿权利的，该行为无效；由于被保险人故意或者因重大过失致使保险人不能行使代位请求赔偿的权利的，保险人可以扣减或者要求返还相应的保险金。

第三节　雇主责任保险合同

一、雇主责任保险合同的概念

雇主责任保险合同，是指保险人对被保险人因所聘用员工在从事业务工作中遭受人身伤害而依法承担的民事赔偿责任给付保险金的责任保险合同。雇主责任保险合同的保险责任是雇主根据《劳动法》《劳动合同法》等法律法规或者劳动合同对雇员应负的赔偿责任，该赔偿责任仅仅针对雇员的人身损害，主要包括雇员的伤残死亡经济补偿、医疗费用等，物质财产损失则不属于保险责任范围。

二、投保人和被保险人

实务中，三资企业、私营企业、国内股份制公司、国有企业、事业单位、集体企业以及集体或个人承包的各类企业都可为其所聘用员工投保雇主责任保险。所聘用员工是指在一定或不定期限内接受被保险人给付薪金工资而从事劳务且年满 16 岁的人员及其他按国家规定和法定途径审批的特殊人员，包括正式在册职工、短期工、临时工、季节工和徒工。

被保险人是指与雇员有直接雇佣合同关系的人，其承担着对雇员在受雇期间遭受伤害的法律赔偿责任，该雇佣关系以劳动合同为依据并明确了雇主和雇员之间的直接权利义务关系。基于服务合同而非劳动合同为被保险人工作的人不属于雇主责任保险合同承保范畴。[1]

---

① 郭颂平：《保险基础知识》，首都经济贸易大学出版社 2006 年版，第 243 页。

三、保险责任

凡被保险人所聘用的员工，于保险期限内，在受雇过程中(包括上下班途中)，从事于保险单所载明的被保险人的业务工作而遭受意外或患与业务有关的国家规定的职业性疾病，所致伤、残或死亡，对被保险人根据劳动合同和中华人民共和国法律、法规，须承担的医疗费及经济赔偿责任，保险人依据保险单的规定，在约定的赔偿限额内予以赔付。

对被保险人应付索赔人的诉讼费用以及经保险人书面同意负责的诉讼费用及其他费用，保险人亦负责在约定的分项赔偿限额内赔偿。

保险人在保险期限内对保险单项下的各项赔偿的最高赔偿责任之和不得超过保险单明细表中列明的累计赔偿限额。

四、通用附加责任

在投保雇主责任保险合同的基础上，投保人可以选择投保特定的附加险。在实务中，一般有以下通用附加险：

(1) 紧急运输费用，即扩展承保被保险人的雇员发生保险事故时所支付的必需的、合理的紧急运输费用，需要通过每人责任限额、累计责任限额确定保险人承担的赔偿责任上限。紧急运输费用一般包括租车、120 或者空运费用，如果承保地质勘探、海上作业或者类似行业、工种，则风险偏高，其作业地点偏远且普通交通方式无法到达或及时到达，作业地点及周围相当范围内不具备医疗条件。

(2) 就餐时间，即如果被保险人的任何雇员在被保险场所就餐时受伤或死亡，此种伤害或死亡应被视为在受雇过程中发生。该附加险的初衷是指被保险人工作区域内的工作餐时间，但在实务中，地域范围被放大至被保险人所在的地市甚至是中华人民共和国境内。

(3) 恐怖主义，即扩展承保雇员因任何恐怖分子或组织进行恐怖活动直接造成人身伤亡时依法应由被保险人承担的经济赔偿责任。实务中，高加索、中东、中亚、东南亚等敏感地区不属于责任扩展范围。

(4) 临时海外工作，即扩展承保被保险人所聘用的员工临时海外工作过程中遭受意外伤害或疾病时依照中华人民共和国法律应由被保险人承担的经济赔偿责任。如确需扩展该附加险，需要综合考虑海外工作地域的医疗费用水平，特别是欧洲、澳洲和北美地区，并设立相应的每人赔偿限额与累计赔偿限额。

(5) 24 小时，扩展承保被保险人的员工在受雇工作前后 24 小时内发生意外伤亡事故时被保险人依法应承担的经济赔偿责任，一般适用于为员工配备宿舍或休息场所的被保险人。

(6) 运动或娱乐活动,扩展承保被保险员工参加由被保险人组织的福利性活动及体育运动期间发生意外事故导致人身伤亡时依法应由被保险人承担的经济赔偿责任。

(7) 错误与遗漏条款,即保险合同的赔偿责任不因被保险人非故意的延迟、错误或遗漏向保险人申报有关雇员的人数、变更或其他有关信息而被拒绝,一旦被保险人明白其疏忽或遗漏,应在合理的时间内向保险人申报,并同保险人协商支付附加的保险费。

(8) 违反保证,即保险合同的条件和保证将分别适用于每一承保风险,而非共同适用于所有承保风险。因此,对某些条件和保证的违反仅使该违反所适用风险的那一部分保障失效,不影响有关其他风险保障的有效性。

五、责任除外

保险人对下列各项不负赔偿责任:

(1) 战争、军事行动、罢工、暴动、民众骚乱或由于核子辐射所致被保险人所聘用员工伤残、死亡或疾病;

(2) 被保险人所聘用员工由于职业性疾病以外的疾病、传染病、分娩、流产以及因这些疾病而施行内外科治疗手术所致的伤残或死亡;

(3) 由于被保险人所聘用员工自加伤害、自杀、违法行为所致的伤残或死亡;

(4) 被保险人所聘用员工因非职业原因而受酒精或药剂的影响所发生的伤残或死亡;

(5) 被保险人的故意行为或重大过失;

(6) 除有特别规定外,被保险人对其承包商所聘用员工的责任;

(7) 除有特别规定外,在中华人民共和国境外所发生的被保险人所聘用员工的伤残或死亡;

(8) 直接或间接因计算机2000年问题造成的损失。

六、赔偿处理

被保险人在向保险人申请赔偿时,应提交保险单、有关事故证明书、保险人认可的医疗机构(一般是二级及二级以上)出具的医疗证明、医疗费等费用的原始单据及其他投保人、被保险人所能提供的与确认保险事故的性质、原因、损失程度等有关的证明和资料。

在保险有效期内发生保险责任范围内的事件,保险人根据被保险人提供的雇员名册,对发生伤、残、亡的雇员按下列标准赔偿:

（一）雇员死亡

按保险单规定每人最高赔偿额度赔付。

（二）雇员伤残

（1）永久丧失全部工作能力，按保险单规定每人最高赔偿额度赔付。

（2）永久丧失部分工作能力，按医疗机构出具的伤残程度证明以伤残赔偿额度表规定的百分比乘以每人赔偿限额赔付。

（3）暂时丧失工作能力超过5天（不包括5天）的，在此期间，经医院证明，每人每天按当地政府公布的最低生活标准赔偿工伤津贴，工伤医疗期满或确定伤残程度后停发，最长不超过1年。如经过诊断被医疗机构确定为永久丧失全部（部分）工作能力，按（1）或（2）确定赔付金额，多退少补予以赔偿。

（4）医疗费用，保险人赔偿包括挂号费、治疗费、手术费、床位费、检查费（实务中一般以300元为限）、非自费药费部分，不承担陪护费、伙食费、营养费、交通费、取暖费、空调费及安装假肢、假牙、假眼和残疾用具费用。除紧急抢救外，受伤雇员均应在县级以上医院或政府有关部门或承保公司指定的医院就诊。

保险人对被保险人所聘用雇员个人的上述各项总的赔偿金额，最高不超过保险单规定的每人的赔偿金额。死亡和伤残赔偿不得兼得，且与医疗费用限额不能相互调剂使用。

在发生保险合同项下的索赔时，若另有其他保障性质相同的保险合同存在，不论该保险合同赔偿与否，保险人对医疗费、工伤津贴、诉讼费用仅承担比例赔偿责任；当实际保障人数超过投保人数时，保险人应按比例对被保险人所聘用员工进行赔偿。

七、风险评估

在承保雇主责任保险时，保险人需要对相关风险进行综合评估，然后才决定是否承保、以何种条件承保，主要考虑以下因素：

（1）被保险人所处行业风险。一般情况下，保险人依据《国民经济行业分类表》对应费率表确定行业风险等级。需要关注是否存在影响雇员安全生产或健康的特殊危险。原则上，管理人员和室内工作人员风险最小，其次是普通的工厂车间操作工人，高空等特殊工种的风险最高。

（2）被保险人风险管理水平。需要关注被保险人管理人员结构及水平、是否有专门的安全管理机构或人员、是否制订有详细的安全生产规章并有相应措施来保障其实施、员工上岗前是否经过岗位培训、工作场所的安全设施及应急抢救措施或手段如何、是否配备医务室及专职医疗人员、是否为员工提供通勤班车、班车是否由专职司机驾驶并有固定路线、劳动合同中被保险人对所聘用员工因为意外或患职业病而造成伤残或者死亡等规定的赔偿原则及限额高低。

(3) 被保险雇员所处的工作环境。保险人一般关注雇员是室内作业还是露天或野外作业,需要了解雇员工作场所的地理位置、周围环境及建筑物等级或结构、有无损害员工健康的污染存在、具体污染种类以及该污染对职业病的影响、在突发意外事故时对被保险雇员的伤害程度等。

(4) 被保险雇员人数、工种分类、年龄结构、性别占比、从业时间、技术熟练度、健康状况。

第四节　环境污染责任保险合同

一、环境污染责任保险合同的概念

环境污染责任保险合同,是指保险人对被保险人从事生产经营活动时由于突发意外事故造成第三者人身伤亡或直接财产损失而依法承担的民事赔偿责任给付保险金的责任保险合同,这是公众责任保险合同的特殊形态。

环境污染责任险是由公众责任保险发展而来的,在欧美发达保险市场已经较为成熟,经历了从最初仅承保非故意的、突发的环境侵权责任事故,逐渐扩展到有条件地承保渐进型、累积型环境损害风险事故的过程。

当前,我国正处于环境污染事故的高发期。一些地方的工业企业污染事故频发,严重污染环境,危害人民群众身体健康和社会稳定,特别是一些污染事故受害者得不到及时赔偿,引发了很多社会矛盾。因此,采取综合手段加强污染事故防范和处置工作,成为当前环保工作的重要任务。采用保险这种市场机制和经济手段来转移环境污染风险,已获得环保部门以及社会各界的高度重视。2010 年 7 月《侵权责任法》正式实施后,对于环境污染责任实行"举证倒置"方式,对其责任认定与赔偿标准有了更加明确的规定,企业面临的环境污染风险更加明显,投保需求更加迫切。

原国家环境保护总局和中国保险监督管理委员会于 2007 年联合印发《关于环境污染责任保险工作的指导意见》(环发〔2007〕189 号),启动了环境污染责任保险政策试点,各地环保部门和保险监管部门联合推动地方人大和人民政府,制定发布了一系列推进环境污染责任保险的法规、规章和规范性文件,引导保险公司开发相关保险产品,鼓励和督促高环境风险企业投保,取得积极进展。目前我国已在十多个省(自治区、直辖市)开展了相关试点工作,投保企业达 2000 多家,承保金额近 200 亿元。通过环境污染责任保险,运用保险工具,以社会化、市场化途径解决环境污染损害,有利于促使企业加强环境风险管理,减少污染事故发生;有利于迅速应对污染事故，及时补偿、有效保护污染受害者权益。

2013年1月21日，环境保护部与中国保监会联合印发了《关于开展环境污染强制责任保险试点工作的指导意见》（环发〔2013〕10号），指导各地在涉重金属企业和石油化工等高环境风险行业推进环境污染强制责任保险试点，该指导意见明确了强制投保企业的范围：

（一）涉重金属企业

按照国务院有关规定，重点防控的重金属污染物是：铅、汞、镉、铬和类金属砷等，兼顾镍、铜、锌、银、钒、锰、钴、铊、锑等其他重金属污染物。重金属污染防控的重点行业是：

（1）重有色金属矿（含伴生矿）采选业：铜矿采选、铅锌矿采选、镍钴矿采选、锡矿采选、锑矿采选和汞矿采选业等。

（2）重有色金属冶炼业：铜冶炼、铅锌冶炼、镍钴冶炼、锡冶炼、锑冶炼和汞冶炼等。

（3）铅蓄电池制造业。

（4）皮革及其制品业：皮革鞣制加工等。

（5）化学原料及化学制品制造业：基础化学原料制造和涂料、油墨、颜料及类似产品制造等。

上述行业内涉及重金属污染物产生和排放的企业，应当按照国务院有关规定，投保环境污染责任保险。

（二）按地方有关规定已被纳入投保范围的企业

地方性法规、地方人民政府制定的规章或者规范性文件规定应当投保环境污染责任保险的企业，应当按照地方有关规定，投保环境污染责任保险。

（三）其他高环境风险企业

鼓励下列高环境风险企业投保环境污染责任保险：

（1）石油天然气开采、石化、化工等行业企业。

（2）生产、储存、使用、经营和运输危险化学品的企业。

（3）产生、收集、贮存、运输、利用和处置危险废物的企业，以及存在较大环境风险的二恶英排放企业。

（4）环保部门确定的其他高环境风险企业。

二、投保人和被保险人

凡依法设立的企事业单位、社会团体及其他组织，均可作为公众责任保险合同的被保险人。

在实务中，我国存在环境污染风险的主要生产经营主体包括有毒、有害物质的生产企业、“三废”排放企业、生产易燃易爆产品原料企业、仓储运输企业以及其他产生污染的企业，他们的经营模式、风险大小、需求水平等差异较大，风险转嫁需求也不一样。从经营模式来看，大型国企、三资企业管理规范，承担社会责任的意愿较为强烈和充分，其环保设备更加完备，但投保需求相对较弱。民营企业、中小型企业管理相对较差，环保设备配备薄弱，很多形同虚设或者完全没有配备，投保意愿相对较强。

三、保险期间和追溯期

除另有约定外，环境污染责任保险合同的保险期间为一年，以保险单载明的起讫时间为准。

追溯期是指自保险合同保险期间开始向前追溯约定的时间期间。投保人连续向同一保险人投保，追溯期可以连续计算，除另有约定外，一般实务中最长不得超过三年。追溯期的起始日不应超过首张保险单的保险期间起始日。追溯期由保险合同双方约定，并在保险单中载明。

四、保险责任

在环境污染责任保险合同中，保险责任主要分为第三者责任、清污费用和法律费用，具体如下：

（一）第三者责任

在保险期间或保险合同载明的追溯期内，被保险人在保险单列明的保险地址内依法从事生产经营活动时，由于突发意外事故导致有毒有害物质释放、散布、泄漏、溢出或逸出，造成保险合同列明的承保区域内的第三者遭受人身伤亡或直接财产损失，经国家县级以上（含县级）人民政府环境保护管理部门或具有相关资质的鉴定机构认定为突发意外环境污染事故，由第三者在保险期间内首次向被保险人提出损害赔偿请求，依照中华人民共和国法律（不包括港澳台地区法律）应由被保险人承担的经济赔偿责任，保险人按照保险合同的约定负责赔偿。承保区域的具体范围由保险人与投保人协商确定，并在保险合同中载明。

（二）清污费用

被保险人因发生保险事故而对承保区域内非自有场地支出的合理的、必要的清污费用，保险人按照保险合同约定负责赔偿。

（三）法律费用

保险事故发生后，被保险人因保险事故而被提起仲裁或者诉讼的，对应由被保险人支付的仲裁或诉讼费用以及事先经被保险人书面同意支付的其他必要的、合理的费用,保险人按照保险合同约定也负责赔偿。

五、责任免除

环境污染责任保险合同的责任免除主要包括原因除外、费用除外和特约事故除外,具体如下:

(一)原因除外

下列原因造成的损失、费用和责任,保险人不负责赔偿:

(1)投保人、被保险人或其工作人员的故意行为、犯罪行为或重大过失行为;

(2)战争、敌对行动、军事行为、武装冲突、罢工、骚乱、暴动、恐怖活动、盗窃、抢劫;

(3)核反应、核子辐射、电磁辐射、核污染及其他放射性污染和光电、噪音、微生物质污染;

(4)硅、石棉、转基因物质及其制品引起的索赔;

(5)行政行为或司法行为;

(6)自然灾害;

(7)因交通工具导致的任何索赔;

(8)因酸雨导致的任何索赔;

(9)被保险人生产流程本身固有原因导致的污水、废气等污染物排放造成的累进式、渐变式污染。

(二)费用除外

下列费用和责任,保险人也不负责赔偿:

(1)被保险人或其工作人员的任何损失或赔偿责任;

(2)水体、大气、土壤等自然资源的损失以及其他生态损害;

(3)由于石油、天然气勘探、开采所造成的任何损失、费用、责任;

(4)由于船舶上的油或其他有害物质的排放或泄漏,或由于存在这种威胁而导致的任何损失、费用、责任;

(5)保险单列明的追溯日期之前发生的污染事故引起的损失、费用和责任;

(6)由于被保险人所生产或销售的产品自身原因导致保险地址之外发生的任何污染损失、费用和责任;

(7)被保险人应该承担的合同责任,但无合同存在时仍然应由被保险人承担的法律责任不在此限;

(8)因环境污染间接受损的第三者的人身伤亡和财产损失;

(9) 罚款、罚金、惩罚性赔偿;

(10) 精神损害赔偿;

(11) 保险合同中载明的免赔额或者按保险合同中载明的免赔率计算的免赔额。

(三) 特约事故除外

保险事故发生时被保险人具有下列情形的,保险人不负责赔偿:

(1) 生产设备、生产装置、仓储等未依法批准建造,或擅自改变设施且未依法办理相应手续的;

(2) 生产设备、装置、仓储或承保区域被转让、弃置、赠予或被查封,或不在被保险人控制范围内的。

六、责任限额与免赔额(率)

在环境污染责任保险合同第三者责任和清污费用的保险责任项下,保险合同设每次事故第三者责任限额、每次事故清污费用责任限额、累计责任限额。除另有约定外,每次事故第三者责任限额项下设每次事故每人人身伤亡责任限额和每次事故每人财产损失责任限额,每次事故每人人身伤亡责任限额项下设每次事故每人医疗费用责任限额。在环境污染责任保险合同法律费用保险责任项下,保险合同设每次事故法律费用责任限额和法律费用累计责任限额。以上各项责任限额由投保人和保险人协商确定,并在保险合同中载明。

每次事故每人医疗费用免赔额(率)、每次事故财产损失免赔额(率)和每次事故清污费用免赔额(率)由投保人与保险人在签订保险合同时协商确定,并在保险合同中载明。投保人和保险人也可以协商确定其他免赔额(率),并在保险合同中载明。

七、赔偿处理

保险人的赔偿以下列方式之一确定的被保险人的赔偿责任为基础:

(1) 被保险人和向其提出损害赔偿请求的权利人协商并经保险人书面确认;

(2) 仲裁机构裁决;

(3) 人民法院判决;

(4) 保险人认可的其他方式。

保险人按以下方式计算赔偿:

(1) 对于每次事故造成的第三者人身伤亡、财产损失,保险人在每次事故第三者责任限额内计算赔偿,其中保险人对每位第三者人身伤亡的赔偿金额不得超过每次事故每人人身伤亡责任限额,对每人医疗费用的赔偿金额不得超过每次事故每人医疗费用责任限额,并包含在每次事故每人人身伤亡责任限额内;对每人财产损失的赔偿金额不得超过每次事故每人财产损失责任限额；

（2）对于每次事故造成的非自有场地的清污费用，保险人在每次事故清污费用责任限额内负责赔偿；

（3）在依据前述第两项计算的基础上，保险人对第三者财产损失、清污费用和医疗费用在扣除相应的每次事故免赔额或按照保险合同载明的免赔率计算的免赔额后进行赔偿；

（4）保险人对在保险期间或追溯期内发生多次保险事故的，保险人对被保险人的各项赔偿金额之和不超过保险合同载明的累计责任限额。

对于法律费用，保险人在第三者责任和清污费用责任赔偿金额以外按以下方式另行计算赔偿：

（1）对每次事故法律费用的赔偿金额，以实际发生的费用金额为准，但不得超过保险合同列明的每次事故法律费用责任限额；

（2）在保险期间内，保险人对被保险人多次索赔的法律费用累计赔偿金额不超过保险合同列明的法律费用累计责任限额。

发生保险事故时，如果被保险人的损失能够从其他相同保障的保险合同项下也获得赔偿，保险人按照保险合同的责任限额与所有有关保险合同的责任限额总和的比例承担赔偿责任。其他保险人应承担的赔偿金额，保险人不负责垫付。

第五节　产品责任保险合同

一、产品责任保险合同的概念

产品责任保险合同，是指由于被保险人在约定期限内所生产、出售的产品或者商品在承保区域内发生事故，造成使用、消费或操作该产品或商品的人或其他任何人的人身伤害、疾病、死亡或财产损失，依法应由被保险人承担经济赔偿责任，以及因此而产生的诉讼费用时，保险人在约定的赔偿限额内负责赔偿的责任保险合同。[①]在实务中，产品责任保险合同一般分为国内产品责任保险合同和出口产品责任保险合同，两者最主要的区别在于产品存在缺陷造成使用、消费该产品的人或第三者的人身伤害、疾病、死亡或财产损失发生于境内还是境外。

二、保险责任

产品责任保险合同的保险责任主要包括损害责任和费用责任，具体如下：

---

① 许飞琼：《责任保险》，中国金融出版社 2007 年版，第 196 页。

（一）损害责任

在保险期间或保险合同载明的追溯期内，由于保险单及明细表中所列被保险人的产品存在缺陷，造成使用、消费该产品的人或第三者的人身伤害、疾病、死亡或财产损失，由受害人在保险期限内首次向被保险人提出损害赔偿请求，依法应由被保险人承担的经济赔偿责任，保险人根据保险合同的约定负责赔偿。

（二）费用责任

保险事故发生后，被保险人因保险事故而被提起仲裁或者诉讼的，对应由被保险人支付的仲裁或诉讼费用以及事先经保险人书面同意支付的其他必要的、合理的费用，保险人按照保险合同约定也负责赔偿。

实务中，对每次事故，保险人就损害责任和费用责任项下的赔偿金额之和不超过保险单明细表中列明的每次事故赔偿限额；在保险期限内，保险人的累计赔偿金额不超过保险单明细表中列明的累计赔偿限额。

三、责任免除

保险人对下列各项，不负赔偿责任：

（1）被保险人根据与他人的协议应承担的责任，但即使没有这种协议，被保险人仍应承担的法律责任不在此限；

（2）根据劳动法应由被保险人承担的责任；

（3）根据雇佣关系应由被保险人对雇员所承担的责任；

（4）保险产品本身的损失；

（5）产品退换回收的损失；

（6）被保险人所有、保管或控制的财产的损失；

（7）被保险人故意违法生产、出售的产品或商品造成任何人的人身伤害、疾病、死亡或财产损失；

（8）保险产品造成的大气、土地及水污染及其他各种污染所引起的责任；

（9）保险产品造成对飞机或轮船的损害责任；

（10）由于战争、类似战争行为、敌对行为、武装冲突、恐怖活动、谋反、政变直接或间接引起的任何后果所致的责任；

（11）由于罢工、暴动、民众骚乱或恶意行为直接或间接引起的任何后果所致的责任；

（12）由于核裂变、核聚变、核武器、核材料、核辐射及放射性污染所引起的直接或间接的责任；

（13）罚款、罚金、惩罚性赔款；

（14）保险单明细表或有关条款中规定的应由被保险人自行负担的免赔额。

四、赔偿处理

被保险人收到受害人的损害赔偿请求时，应立即通知保险人。未经保险人书面同意，被保险人对受害人作出的任何承诺、拒绝、出价、约定、付款或赔偿，保险人不受其约束。对于被保险人自行承诺或支付的赔偿金额，保险人有权重新核定，不属于保险责任范围或超出应赔偿限额的，保险人不承担赔偿责任。

保险人有权以被保险人的名义，为保险人的利益自付费用向任何责任方提出索赔的要求。未经保险人书面同意，被保险人不得接受责任方就有关损失作出的付款或赔偿安排或放弃对责任方的索赔权利，否则，由此引起的后果将由被保险人承担。被保险人给受害人造成损害，被保险人未向该受害人赔偿的，保险人不负责向被保险人赔偿保险金。

在处理索赔过程中，保险人有权自行处理由其承担最终赔偿责任的任何索赔案件，被保险人有义务向保险人提供一切所需的资料和协助。保险人对每次事故的赔偿，以法院判决、仲裁裁决或经被保险人、受害人及保险人协商确定的应由被保险人赔偿的金额为准。生产出售的同一批产品或商品，由于同样原因造成多人的人身伤害、疾病或死亡或多人的财产损失，应视为一次事故造成的损失。

保险人收到被保险人的赔偿请求后，应当及时就是否属于保险责任作出核定，并将核定结果通知被保险人。情形复杂的，保险人在收到被保险人的赔偿请求后30日内未能核定保险责任的，保险人与被保险人根据实际情形商议合理期间，保险人在商定的期间内作出核定结果并通知被保险人。对属于保险责任的，在与被保险人达成有关赔偿金额的协议后10日内，履行赔偿义务。保险人作出核定后，对不属于保险责任的，应当自作出核定之日起3日内向被保险人发出拒绝赔偿保险金通知书，并说明理由。

保险人自收到赔偿保险金的请求和有关证明、资料之日起60日内，对其赔偿保险金的数额不能确定的，应当根据已有证明和资料可以确定的数额先予支付；保险人最终确定赔偿的数额后，应当支付相应的差额。

【深度阅读】

1. 郑功成：《财产保险》，中国金融出版社2010年版，第八章。
2. 许飞琼：《责任保险》，中国金融出版社2007年版，第四、五章。
3. 刘金章：《责任保险》，西南财经大学出版社2007年版，第四章。
4. 刘建勋：《保险法典型案例与审判思路》，法律出版社2012年版，第七章。

【问题与思考】

1. 责任保险合同的主要特征是什么？
2. 责任保险合同的主要分类？
3. 侵权责任保险合同和合同责任保险合同的区别？
4. 环境污染责任保险合同是否适宜成为强制保险合同？
5. 责任保险合同在赔偿处理方面的特殊性是什么？

第十六章　信用保险合同

第一节　信用保险合同概述

一、信用保险合同的概念

信用保险合同,是指债权人向保险人投保其债务人信用风险的保险合同。信用保险合同中的投保人与被保险人一致,是债权人,对债务人享有应收账款的权益。投保人把其债务人的信用风险转移给保险人,当债务人不能履行支付相应款项的义务时,保险人向被保险人承担赔偿责任。比如,出口商采用赊销的方式向巴西的买家出口一批货物,并以此向保险人投保信用保险,经过买卖双方事先约定的付款期限后,如果买家未能按时足额向该出口商支付货款,则出口商向保险人索赔,保险人承担相应的赔偿责任。

二、信用保险的起源和发展

信用保险起源于出口信用保险,因国际贸易风险应运而生,诞生于 19 世纪末的欧洲,最早萌芽于英国和德国等地。1919 年,英国建立了出口信用保险制度,成立了第一家官方支持的出口信贷担保机构——英国出口信用担保局(Export Credit Guarantee Department,ECGD)。比利时于 1921 年成立了出口信用保险局(ONDD),荷兰于 1925 年建立国家出口信用担保机制,挪威政府于 1929 年建立出口信用担保公司,西班牙、瑞典、美国、加拿大和法国分别于 1929 年、1933 年、1934 年、1944 年和 1946 年相继建立了以政府为背景的出口信用保险和担保机构,专门从事对本国的出口和海外投资的政策支持。第二次世界大战后,随着经济快速发展和世界贸易的持续增长,越来越多的国家和地区纷纷建立出口信用保险机构。日本于 1950 年制定《输出保险法》,同时在通产省成立贸易保险课,其职能是经营出口信用保险,支持日本的出口贸易和资本输出。韩国在 20 世纪 60 年代成立了政府支持的“出口信用保险公社”,我国的香港地区于 1966 年成立香港出口信用保险局(HKEC)。目前,出口信用保险已经成为世界上大多数国家支持出口的重要措施之一,是国际金融服务的重要组成部分,在积极拓展出口贸易、维护世界正常贸易秩序、保障本国企业参加国际经济的正当权益等方面发挥至关重要的作用。[①]

1985年的某次国务院会议中，国务院领导指示，为了增加外汇收入，要求扩大机电产品出口，中国人民保险公司（中国人民财产保险股份有限公司的前身）要开办出口信用保险，支持我国机电产品出口。中国人民保险公司随即开展相关准备工作。1988年8月，田纪云副总理支持会议，听取国务院机电产品出口办公室汇报，会议决定：同意中国人民保险公司开办机电产品出口信用保险。[②] 根据国务院指示，中国人民保险公司于1988年成立出口信用保险部，负责研究开展出口信用保险业务。1989年，中国人民保险公司选择天津、上海、北海、宁波四个沿海城市第一批试办出口信用保险业务，1990年全面推广。1994年，中国进出口银行成立，同时开办政策性出口信用保险业务。1996年，中国人民保险公司代表中国参加国际海外投资和出口信用保险人联盟（简称"伯尔尼协会"）并于1998年成为该组织正式会员。2001年，随着中国加入WTO的进程，国务院批准成立专门的国家信用保险机构——中国出口信用保险公司，由中国人民保险公司和中国进出口银行各自开展的信用保险业务合并组成，中国人民保险公司和中国进出口银行停办出口信用保险业务，其原有的业务和未了责任全部由中国出口信用保险公司承继。

2003年之后，中国平安财产保险股份有限公司、中国人民财产保险股份有限公司相继开展国内贸易信用保险业务。2012年9月，国务院常务会议研究确定了促进外贸稳定增长的政策措施，要求扩大出口信用保险规模和覆盖面，特别注意发展对小微企业的信用保险，扩大短期险业务，支持中小企业开拓国际市场。2013年1月，中国人民财产保险股份有限公司获得国务院批准从事短期出口信用保险业务，成为国内首家具有资格从事该业务的商业保险公司。自此，我国出口信用保险业务的政策垄断大门逐步推开。

三、信用保险合同的特征

（一）承保风险的特殊性

信用保险合同主要承保商业信用风险，即由于债务人破产、债务人拖欠等可归责于债务人的原因产生的信用风险。风险的本质在于不确定性，信用是一种可期待利益，具有不确定性，故信用必然蕴含着风险。信用风险属于无形风险，看不见、摸不着，具有很强的敏感性、关联性、动态性，对其不确定性的把握和评估难上加难，风险识别和管控需要慎之又慎。此外，信用风险的主体是人，人的本性是趋利的，人性天然蕴含着信用风险，而且这种与生俱来的天性在市场经济环境中发挥得淋漓尽

---

① 中国出口信用保险公司：《出口信用保险操作流程与案例》，中国海关出版社2008年版，第3页。

② 秦道夫：《我和中国保险》，中国金融出版社2009年版，第216页。

致。在信用交易环境中，由于市场失灵，一旦违约成本小于违约收益，债务人就有可能在利益驱动下主观地选择违约。信用风险与道德风险密切相关，与逆选择如影随形，信用风险对于人的本性、人的品格有着天然的关系和苛刻的要求。某种意义上说，信用风险起源于人，也终结于人，信用保险是人性因素最为齐全，也是最为复杂的险种，这里提及的人性不仅仅是指作为风险载体的债务人，也包括风险的承担者保险人，以及风险的对应者债权人。另外，出口信用保险合同还承保政治风险，比如，买家所在国家或地区颁布法律、法令、命令、条例或采取行政措施禁止或限制买家以销售合同发票载明的货币或其他可自由兑换的货币向被保险人支付货款，或者禁止买方所购的货物进口，或者撤销已颁发给买方的进口许可证或不批准进口许可证有效期的延展。

（二）风险管理型险种

传统的财产保险中，比如火灾保险、车辆损失保险、机器设备保险，风险的发生主要遵循“大数法则”，即风险单位数量愈多，实际损失的结果会愈接近从无限单位数量得出的预期损失可能的结果。但是，在信用保险中，风险单位数量多少与实际损失结果是否符合预期损失结果并不存在必然关系。正如前述，信用保险蕴含着极为全面而复杂的人性因素，信用风险的发生与否、程度寡众与人的本性、品质操守、主观想法、道德倾向密切相关，与风险单位数量并不正相关。即使被保险人的买方数量众多，但如果保险人疏于信用风险管理，无法识别被保险人的逆选择，无法抑制买方的道德风险，无法对买方的还款施压足够压力，就会导致信用风险激增；即使被保险人的买方数量很少，但如果保险人精于信用风险管理，准确识别被保险人逆选择，确保被保险人始终保持一贯的风险管理水平，促使买方诚实守信，信用风险发生的概率将大为减少。由此可见，信用风险的发生与否，与保险人的风险管理能力强弱、水平高低以及程度粗细息息相关。另外，信用保险承保环节多，链条长，涉及面广，不像传统的财产保险那样签发保单后便万事大吉，只需要祈祷风调雨顺，或者静候风险发生。信用保险保单签发后，被保险人需要向保险人申请买方信用限额，保险人必须对每一个买方进行资信调查后批复信用额度。获得有效的买方信用限额批复后，被保险人才能与买方开始交易。交易发生后，被保险人还必须及时、全面地向保险人申报交易情况和买方回款情况。如果出现买方逾期还款，需要通知保险人，并与保险人积极合作开展催收工作。这一系列的承保过程在客观上充分体现了信用保险风险管理型险种的特点。

（三）坚持风险共担原则

风险共担是指保险人和被保险人对于承保的信用风险按照一定比例共同承担。大多数的传统财产保险对可能发生损失的计算标准相对客观，并且有一系列具体指标。比如,海上保险或者航空保险对风险的评估指标包括船舶或者航空器的适航状况和船员或机组人员的安全航行/飞行记录。但信用保险却没有这样成型、客观的模型可以遵循,对信用风险的控制更多地是取决于对信用风险事故可能性的主观判断,尤其是对债务人还款意愿的判断就更加具有主观性。一般的财产保险中,风险承担责任自保险合同成立之时便由被保险人转移至保险人。但在信用保险中,情况有所不同。信用保险承保债务人未能按时履约的风险,债务人的履行行为除了依靠其自身的履约意愿和能力,很大一部分还依赖于债权人的积极主张和行使权利。如果信用风险全部由保险人一方承担,债权人就有可能因为得到信用保险的保护而怠于向债务人主张和行使债权,疏于日常的信用风险过程管控,尤其是当主张和行使债权的成本可能超过债权实现带来的利润时更是如此。[①] 因此,为了促使被保险人在投保信用保险后仍然能勤勉、尽职地管理、监控债务人信用风险,在选择债务人时并不因为有信用保险存在而毫无顾忌地降低要求和标准,在债务人违约时能够积极地向债务人主张债权,有必要让被保险人自行承担部分信用风险。此外,比之保险人,被保险人对于债务人的还款能力、还款意愿、还款习惯以及品行道德等因素有更加深刻、动态、完整的了解,风险共担是避免被保险人逆选择和道德风险的必要措施。实务中,风险共担比例以赔偿比例的行使体现,与被保险人的盈利能力、信用风险质量密切相关,如果被保险人盈利能力高,信用风险质量差,则其共担比例就高,反之,则低。被保险人的自担比例一般维持在30%—10%之间,保险人的赔偿比例一般是70%—90%。

(四)显著的金融属性

在赊销交易条件下,供应商对买方的债权体现为应收账款,这是期待利益,并无法即时实现,而且其是否能顺利实现存在不确定性,一般属于风险等级较高的资产项目。无论是采用应收账款质押或者应收账款转让的方式实现即时变现,质押权人或者受让人都存在较大的风险,无法确定该应收账款到期后能否顺利实现,这在很大程度上阻碍了应收账款的质押或者转让。如果供应商的应收账款获得信用保险的保障,那么,应收账款的安全等级就得到提高,应收账款的质押权人或者受让人所面临的风险降低,一旦买方未能按时清偿应收账款,保险人承担相应赔偿责任,起到增加信用评级的作用。如此,信用保险促进应收账款的质押或者转让,解决供应商的融资问题,缓解企业资金缺乏困境,体现了显著的金融属性和功能。近年来,信用保险在企业融资方面发挥越来明显的作用,尤其是在供应链融资、中小企业融资等方面,可以说是财产保险中最体现金融基因和属性的险种。

---

① 赵明昕:《中国信用保险法律制度的反思与重构》,法律出版社2010年版,第109页。

【案例研讨】 信用保险保单融资①

某企业获出口订单300万美元,支付方式为非信用证(包括不限于:D/P,D/A,O/A),平均信用期限为90天。该企业自有资金只有110万美元。考虑到出口货物的季节性,海外买家要求出口企业在2个季度(180天)内集中发运。对于上述300万美元出口业务,在货物发运前,企业需要提供210万美元启动资金和60万美元管理(加工)成本。然而,企业110万美元自有资金是无法满足海外买家集中发运的要求的。如何获得160万美元流动资金,满足企业出口业务对流动资金的需求?

该企业可以选择投保短期出口信用保险,利用信用保险保单下的贸易融资扩大资金来源,加速资金流转。企业300万美元的出口分3批发运,账期90天,每批发运金额100万美元。在不利用信用保险保单融资的情况下,仅仅依靠企业110万美元自有资金,300万美元合同执行期为270天。

在利用信用保险保单融资的情况下,300万美元合同执行期缩短到150天,具体操作为:企业利用90万美元自有资金完成第一批次发运后,形成100万美元应收账款。利用信保融资,对于100万美元应收账款一般可从商业银行获得80万美元的贸易融资。企业利用80万美元贸易融资和10万美元自有资金就可以满足第二批次发运的成本投入。在前两个发运批次均未到收汇期的情况下,以第二批发运形成的100万美元应收账款进行信保融资再次获得80万美元流动资金,企业再投入10万美元自有资金就可以满足第三批次发运的成本需求。

企业利用信保融资后,三个批次的发运仅需要150天。按照保险费率1%、贸易融资年利率5%、贷款周期90天计算的信用保险保单融资成本支出见下表:

信用保险保单融资的成本支出分析表

发运批次	成本投入(万美元)				收入	利润
	自有资金	贸易融资	利息支出	保费支出	(万美元)	(万美元)
第一批次	90	—	—	1	100	9
第二批次	10	80	1	1	100	8
第三批次	10	80	1	1	100	8
小计:	110	160	2	3	300	25

该企业通过利用短期出口信用保险保单下的贸易融资,获得了必要的流动资金,实现了大规模集中出运,遵循了季节性商品集中出运的规律,满足了海外买家的要求。

① 资料来源:中国商务部网站,http://www.mofcom.gov.cn/aarticle/difang/hunan/200907/20090706426756.html,2013年12月3日访问。

（五）批复买方信用限额

信用保险的保险利益是被保险人的合同债权，保险标的是被保险人对买方（或者其他债务主体）的应收账款，保险责任是买方长期拖欠或者买方破产等。因此，信用保险真正关注的风险方是买方，买方风险高低、状况好坏直接关系着保险人是否需要赔付以及赔付程度高低。保险人签发信用保险单后，还必须为被保险人的每一个买方批复信用限额，保险人需要对买方进行资信调查，详细了解买方的基本情况、财务状况、经营情况、信用记录以及其他涉及影响信用质量的情形。买方信用限额是指保险人对被保险人向某一买方进行交易所承担赔偿责任的最高限额。被保险人应将保险合同适用范围内的所有交易，向保险人提交信用限额申请单，为每一买方分别申请一个信用限额，买方信用限额在保险期间内可循环使用。若保险人针对某一买方批复的买方信用限额为零，则保险人对被保险人与该买方进行的信用交易不承担赔偿责任，被保险人也无需申报相关信用交易，保险人也不会收取相关保险费。需要强调的是，保险人只对批复了买方信用限额之后的交易承担保险责任，如果被保险人就某个买方尚未获得保险人批复信用限额便开始与该买房进行信用交易，如果发生保险事故，保险人不承担保险责任。

（六）设置索赔等期待

索赔等待期是信用保险经营遵循的主要原则之一，是指债务人未能按照约定的时间足额清偿债务，被保险人并不能马上进行索赔，而是必须等待一段时间后才能提起索赔，保险人方定损核赔。这是信用保险行业的惯例和通用做法，主要是由于债务人违约后，被保险人仍然有可能从债务人处获得全部或者部分债权。尤其是在迟延履行的情况下，债务人未能按时履行债务是暂时的，其履约能力和意愿并没有彻底丧失。只要被保险人采取必要措施进行催收，则债务人履约还是可能的，而且实务中比例还比较高，一般在40%—60%之间。如果债务人在定损核赔前能够履约，对保险人和被保险人都是最为有利、最为经济的方案，保险人不需要进行复杂的定损核赔以及赔后追偿程序，被保险人也无需准备各种索赔、追偿单证，并且可以继续保持与债务人的持续合作关系，这点对被保险人更为重要。某种意义上，索赔等待期也就是保险人给予债务人信用期限外的一个履约延长期。此外，索赔等待期可以使得保险人尽量通过催收实现债务人履约，消除实际的保险事故，避免赔偿后被保险人怠于协助追偿而无法最终迫使债务人履行义务。在实务中，债务人长期拖欠损因项下的索赔等待期是4—6个月，债务人破产则无索赔等期待，被保险人在知悉债务人破产后，即可进行索赔。

四、信用保险合同的分类

根据不同标准，信用保险合同有以下主要分类：

（一）国内贸易信用保险合同和出口信用保险合同

以贸易区域不同为标准，信用保险合同可以分为国内贸易信用保险合同和出口信用保险合同。国内贸易信用保险合同是指买方位于被保险人国内的信用保险合同。而出口信用保险合同则是指买方位于被保险人国外的信用保险合同。两者的不同点在于，买方是否与被保险人位于同一个国家。这是目前实务中最为常见的分类。

（二）短期信用保险合同和中长期信用保险合同

以信用期限长短为标准，信用保险合同可以分为短期信用保险合同和中长期信用保险合同。信用期限是指自被保险人交付货物之日起至贸易合同约定的买方应付款日止的期间。买方超过信用期限而未还款，并经过不同的损因所对应的期限后，视为保险事故发生。短期信用保险合同中的信用期限一般不超过 180 天，最长不超过 1 年，一般适用于日常消费品、原材料贸易。中期信用保险合同中的信用期限一般在 2—5 年之间，长期信用保险合同中的信用期限则是 5 年以上。中长期信用保险合同主要适用于大型机械设备、工程服务以及资本项目，比如机电成套设备、船舶建造贸易等。

（三）出运前信用保险合同和出运后信用保险合同

以保险责任起止时间为准，信用保险合同可以分为出运前信用保险合同和出运后信用保险合同。出运前信用保险合同是指承保贸易合同生效到货物出运这段期间的信用风险的信用保险合同，主要是覆盖被保险人与买方签订贸易合同并备料进行产品生产，最终因为买方违约未能向其交付产品的风险，被保险人的损失包括产品设计、制造、运输以及其他费用等成本损失。出运后信用保险合同则承保货物出运后，被保险人未能按时收到货款的风险，主要是债务人长期拖欠、债务人破产以及政治风险等。

（四）统保信用保险合同、特定信用保险合同和选择信用保险合同

以承保范围和方式为标准，信用保险合同可以分为统保信用保险合同、特定信用保险合同和选择信用保险合同。统保信用保险合同是指被保险人必须将其保险期间内的所有交易都向保险人投保的信用保险合同，这是信用保险的标准、典型的承保方式，适用于多批次、全方位的日常普通交易。特定信用保险合同是指被保险人仅某个具体、单一的交易向保险人投保的信用保险合同，主要适用于大型成套机械设备、工程建设以及资本贸易。选择信用保险合同是指被保险人可以根据事先约定的承保范围和条件，选择一定的交易向保险人投保的信用保险合同，比如，被保险人可以选择将在某个地区或者某个行业的交易向保险人投保，而不是所有的交易。

【背景材料】　　国际三大信用保险协会

国际信用保险及保证保险协会(International Credit Insurance & Surety Association,简称ICISA),1928年在法国巴黎成立,常设机构秘书处现位于荷兰阿姆斯特丹,是国际上第一家信用保险协会,迄今已有八十余年历史。其成员主要是非官方的经营出口信用保险、国内贸易信用保险或保证保险业务的专业信用保险公司或者综合性保险公司。作为世界上第一个信用保险专业组织,ICISA汇聚了当今全球范围内主要的信用保险和保证保险公司,成员的业务量占据全球信用保险业务的95%以上,支持着全球超过2万亿美元的贸易应收账款,并为价值数十亿美元的建设项目、服务和基础设施提供着担保。中国人民财产保险股份有限公司于2009年正式加入ICISA,是中国目前唯一的保险公司会员单位。

国际信用和投资保险人协会(The International Union of Credit & Investment Insurers,中文简称"伯尔尼协会"),1934年在瑞士伯尔尼成立,协会秘书处现设立在英国伦敦。该协会会员包括官方支持的出口信用机构(如美国进出口银行、日本贸易保险)、私营公司(如美国AIG、法国COFACE),以及国际金融组织(如世界银行下属的多边投资担保机构)等。该协会下设短期、中长期和投资保险三个专家委员会。伯尔尼协会在全球出口和海外投资领域发挥着重要的核心作用。中国人民保险公司于1996年以"观察员"身份加入伯尔尼协会,1998年成为正式会员。目前,中国出口信用保险公司作为中国大陆的唯一代表履行伯尔尼协会会员的各项权利和义务。

泛美担保协会(Pan-american Surety Association,简称PASA)成立于1972年,总部设在阿根廷,在37个国家拥有近120家会员,成员多为从事保证、信用保险和再保险的公司。该协会的宗旨是促进保证机构和组织的发展,鼓励私营企业参加合同保证保险,增强公众对信用保险和保证的认知度,改善行业运行的法律和法规环境。

第二节　国内贸易信用保险合同

国内贸易信用保险合同是国内信用保险合同中最主流、最常见的险种,是指保险人对被保险人基于货物或者服务贸易而形成的应收账款提供信用风险保障的信用保险合同。投保人和被保险人是卖方(一般是供货商、销售商),承保买方逾期不付款的信用风险,一般适用于赊销交易、分期付款交易。国内贸易信用保险合同一般按照信用期限长短分为国内短期贸易信用保险合同和国内中长期贸易信用保险合同。我国目前国内贸易信用保险市场上,绝大部分都是国内短期信用保险合同,即信用期限一般在180天内,最长不超过1年。

国内贸易信用保险合同有助于保障被保险人国内应收账款的安全,规避财务风险;有助于促进被保险人从现金交易转向信用结算,提高市场竞争能力,巩固供应链关系,扩大经营规模;有助于减少被保险人的资金占压,减少负债,提高投资收益;有助于提升被保险人在银行的信用等级,便利贸易融资,降低融资成本。

【案例研讨】 **国内贸易信用保险的功能**

1. 采购商借助信用保险,实现从现金采购向信用采购的转变

背景:生产企业A原与上游供货商采用现金采购方式交易,占压大量资金,影响了技改资金投入。

措施:A企业说服上游供应商,变现金采购为信用采购,否则很难继续开展合作。上游供应商投保国内贸易信用保险,开展与A企业的信用交易合作,其对A企业销售的风险得到保障,提高了在银行的信用等级,据此获得了银行贸易融资,资金如现金交易一样及时回收。

效果:A企业减少了采购流程资金占压,拥有更充沛的资金从事生产经营。上游供应商销售风险有了保障,获得贸易融资。供需双方实现双赢,合作关系更为紧密。

2. 生产企业借助信用保险,扩大销售

背景:生产企业B同下游采购商通过赊销的方式进行交易,因其产品质优价廉,采购商决定增加采购量。但B企业生产资金不足,难以接单。

措施:B企业通过投保国内贸易信用保险,获得了应收账款的风险保障,并因此获得银行贸易融资,从而加速了B企业的资金周转,提高了B企业的生产能力。

效果:B企业把握住了市场机会,扩大了产品销量,获得更多利润。

3. 生产企业借助信用保险,理顺了供应链关系

背景:生产企业C所处行业产业链的信用环境不佳,下游采购商时常拖欠货款,造成C企业资金周转困难,并影响了它与上游供货商的关系。

措施:C企业通过投保国内贸易信用保险,与上下游明确了销售环节的信用期限,理顺了采购、销售、结算的环节,改善了行业中的贸易信用体系。

效果:与C企业交易的采购商能够及时支付货款;供货商能够及时收到货款,供货流程顺畅。各企业能将更多精力投入到生产、技术领域。

4. 上市公司借助信用保险,改善了财务报表结构

背景:上市公司D主要采用信用方式销售,财务报表反映应收账款金额大,投资人对收入实现有担忧。

措施:D公司投保国内贸易信用保险,应收账款风险获得保障,获得银行贸易融资买断服务,提前回收资金,原财务报表中的应收账款提前变成了销售收入。

效果:D公司的财务报表结构得到改善,提高了投资人投资热情,获得投资市场认可。

一、适用范围

凡在中华人民共和国境内(不包括港、澳、台地区)注册的法人企业均可作为国内贸易保险合同的投保人和被保险人。投保人和被保险人必须是有限责任公司、股份有限公司等具有独立法人资格的企业,不能是政府机关、事业机关、自然人等。

保险人在国内贸易保险合同下承保符合以下条件的被保险人签订的国内贸易合同:(1)买方是在中华人民共和国境内(不包括港、澳、台地区)注册的法人企业;(2)合同以书面形式订立,且真实、合法、有效,并明确约定了交易标的和付款方式等主要合同内容。如果买卖双方签订的是违反法律法规强制性规定的合同,或者双方虚构、伪造贸易合同,保险人承担保险责任。(3)试销合同和寄售合同不在国内贸易保险合同承保范围之内,因为这两类合同的标的物并未发生所有权转移。

二、保险责任

被保险人在保险期间内交易商品或提供服务,在按贸易合同约定将商品交付买方或提供服务后,由于下列原因引起的被保险人应收账款损失,保险人按照保险合同的约定负责赔偿:

(一)买方破产

买方破产指买方被法院宣告破产,或已接到法院关于破产清算的判决或裁定,需要有相关的司法程序和文件证明。

(二)买方拖欠应收账款

买方超过贸易合同约定的应付款日及被保险人与保险人约定的索赔等待期,仍未支付或未付清应收账款。如贸易合同约定的付款方式为分期付款,买方超过任何一期款项的应付款日之后的等待期,仍未支付或未付清应收账款。索赔等待期是指保险人为了确定保险损失已经发生,被保险人提出索赔前必须等待的一段时期。等待期从贸易合同约定的应付款日开始,由保险合同双方商定,并在保险单中载明。

三、责任免除

国内贸易信用保险合同中,责任免除主要分为原因责任除外和损失费用责任除外,具体如下:

(一)原因责任除外

下列原因造成的损失、费用和责任,保险人不负责赔偿:

(1)被保险人及其雇员的故意行为、违反贸易合同义务的行为或违法行为,比如买卖双方签署枪支走私贸易合同,或者买卖双方虚构、伪造贸易合同投保骗取银行融资；

（2）被保险人依法或依照约定可以终止履行贸易合同时，仍继续履行贸易合同，比如买方已经出现逾期不还款情况，被保险人本来可以行使不安抗辩权而暂停继续交易，但被保险人仍然向买方发送后续货物；

（3）核反应、核辐射和放射性污染；

（4）买方所在地区发生战争、军事行为、恐怖事件、武装冲突、叛乱、暴动、民众骚乱、飓风、洪水、地震、火山爆发和海啸；

（5）非买方原因导致的行政行为或司法行为，比如行政强制征收征用导致买方未能按时还款。

（二）损失费用责任除外

下列损失、费用和责任，保险人也不负责赔偿：

（1）贸易合同中包括有偿劳务，但在保险事故发生时，劳务尚未提供或尚未完全提供，未提供劳务部分的报酬；

（2）被保险人向关联方的交易发生的损失，关联方是指一方控制、共同控制另一方或对另一方施加重大影响，以及两方或两方以上同受一方控制、共同控制或重大影响，实务中常见的是被保险人与买方是母子公司、兄弟公司或者联营合营关系；

（3）被保险人未按保险合同约定申报的交易或申报后未按约定交付保险费的贸易合同下的损失；

（4）买方信用限额撤销通知的生效日期之后，被保险人仍继续履行贸易合同而发生的损失；

（5）除保险合同另有约定外，被保险人任何的利息损失；

（6）保险合同中约定的免赔额。

四、责任限额

在国内贸易信用保险合同中，责任限额主要体现为累计赔偿限额和买方信用限额。

累计赔偿限额是指保险人在单一保险合同项下在保险期间内累计承担的最高赔偿责任。累计赔偿限额以保险单载明的为准，一般采用保费的一定倍数进行确定，也可以采用固定的数值进行确定。

买方信用限额是指保险人对被保险人向某一买方进行交易所承担赔偿责任的最高限额。

买方信用限额按照以下约定申请和使用：

（1）被保险人应将保险合同适用范围内的所有交易，向保险人提交信用限额申请单，为其每一买方分别申请一个信用限额；

(2) 买方信用限额在保险期间内可循环使用,也就是说,如果买方支付了全部或者部分款项,则又恢复和释放出相应的信用额度可供使用;

(3) 若保险人针对某一买方批复的买方信用限额为零,则保险人对被保险人与该买方进行的信用交易不承担赔偿责任,被保险人也无需申报相关信用交易,保险人也不会收取相关保险费;

(4) 被保险人对任何买方填报《可能损失通知书》后,该买方信用限额自动被撤销。但如果《可能损失通知书》中报告的买方欠款金额小于该买家所批限额的10%,经投保人或被保险人申请,保险人可以不取消有关买方的信用限额,被保险人可以继续和该买方进行交易;

(5) 当买方资产或经营状况、买方所处行业或地区经济形势等发生重大变化可能影响买方付款能力的,或者已发现买方有拖欠行为时,保险人有权修改或撤销该买方信用限额,这是信用保险中较为显著的特点,是保险人实施信用风险管理的必要手段。

原则上,买方信用限额都必须经过保险人批复,但在特殊情况下,保险人可以赋予被保险人自行掌握信用限额的权利。自行掌握信用限额是指保险人根据被保险人的实际风险管理状况,在保险单中约定条件由被保险人自行掌握使用的信用限额,是保险人对被保险人向该类每一买方交易所承担的最高赔偿限额。自行掌握信用限额的适用条件和金额在保险单中载明。对于在自行掌握信用限额条件和金额限制内的买方,被保险人无须再向保险人申请信用额度,可以自行决定和使用。

五、交易申报

被保险人应按照保险合同规定将其与买方发生的全部有关交易,按照保险人确定的格式和要求如实向保险人书面申报。实务中,一般是月度申报或者季度申报,即被保险人在规定的时间内将上一个月或者上一个季度与买方发生的全部有关交易向保险人申报。对于被保险人未在约定时间内申报的交易,保险人有权要求被保险人补报。但若补报的交易已经发生损失或可能引起损失的事件已经发生,保险人对此部分损失不承担责任。

六、保险费

保险人定期按照被保险人申报的信用交易额计算保险费,保险费按照下列公式计算:

保险费 = 信用交易额 × 保险费率。

在实务中,投保人一般需要在保险单签发后及时向保险人交付最低保险费。最低保险费是投保人在保险期间内应交付的最少保险费,保险人收取最低保险费后不予退还。保险人定期按照被保险人申报的信用交易额计算投保人实际应交的保险费,投保人应交的保险费将首先从已经支付的最低保险费中冲减,冲减完毕后,投保人须继续交付保险费。不论保险合同因何原因终止,保险人将按照保险期间内实际申报承保的信用交易额计算应收保险费。如计算出的保险费金额低于保险单中载明的最低保险费,则保险费按最低保险费收取。

七、投保人、被保险人的义务

在国内贸易信用保险合同中,投保人、被保险人必须履行以下义务:

(1)投保人应如实填写投保单并回答保险人就被保险人自身的生产经营和管理情况、被保险人与买方的历史交易及预期,以及被保险人和买方的其他有关情况提出的询问,履行如实告知义务。

(2)在保险期间内,若投保单中声明的基本情况发生变更,或其他足以影响保险人决定是否继续接受投保或是否增加保险费的保险重要事项变更,投保人须在该变更发生后的10个工作日内如实书面通知保险人。

(3)被保险人应认真审查贸易合同及有关单据,经常检查合同执行情况,做好应收账款催收工作。在发生或可能发生保险合同项下的损失时,被保险人应及时采取一切必要措施,包括必要时采取法律手段,督促买方及时付款,避免和减少损失。

(4)除保险人不同意承保外,投保人应将适合于保险合同约定的所有贸易合同全部投保,如此规定是为了避免被保险人的逆选择和道德风险。

(5)被保险人应准许保险人在必要的时候核查与保险合同有关的账册、合同、与买方的往来函电等资料,并予以必要的协助。

(6)未经保险人书面同意,被保险人不得转让、抵押、质押或以其他任何方式处置保险合同项下的权益。如此规定,主要是考虑到信用风险具有明显的人身属性和主观性,应收账款的风险状况在不同的债权人和债务人之间可能会发生本质性变化,足以影响到保险人的承保决策,因此,保险人的事先书面同意是必要的。这点完全不同于车辆损失保险中的车辆转让或者货物运输保险中的货物转让,因为车辆和货物是客观存在的,其风险状况一般不会随着转让而发生显著变化。

八、赔偿处理

(一)通报可能损失

被保险人如知悉下列情况,应在规定时间内(一般是10个工作日内)向保险人填报《可能损失通知书》:(1)买方已破产;(2)买方超过最高延长期限截止日之后1个月仍未付或未付清应收账款。“最高延长期限”是指被保险人同意买方在应付款日之后延后付款的最长期限。在该期限之前付款,不视为违约或损失发生。最高延长期限是索赔等待期的一部分,从应付款日开始,一般不超过 15 日,并经保险人和被保险人商议后在保险单中载明。

(二) 正式索赔

若发生买方破产,被保险人应在获悉买方破产或无力偿付债务后 1 个月内向保险人提出索赔;若因买方拖欠应收账款而引起损失,被保险人应在贸易合同约定的应付款日截止且等待期结束后向保险人提出索赔。索赔等待期一般是 4—6 个月。

(三) 定损核赔

保险人自被保险人提交完整的索赔资料、保险人受理索赔案件之日起必须在规定的时间内(一般是 30 个工作日)作出是否承担赔偿责任的决定。对属于保险责任的,保险人应在与被保险人达成有关赔偿协议后的规定时间内(一般是 10 个工作日)履行赔偿义务。

在发生保险责任范围内的损失时,保险人按下列公式计算赔偿金额:当实际损失小于买方信用限额或自行掌握信用限额,则赔偿金额 = 实际损失 × 赔偿比例;当实际损失大于买方信用限额或自行掌握信用限额,则赔偿金额 = 信用限额 × 赔偿比例。

保险人在定损核赔时,通常将从受损金额中扣除下列项目:

(1) 买方在发生损失的贸易合同项下已支付、已抵债的款项;

(2) 经被保险人同意向买方支付的款项;

(3) 被保险人有权抵作应收账款的属于买方的款项和资产,以及被保险人已通过其他途径收回的款项;

(4) 被保险人因不必履行贸易合同而节省的费用;

(5) 被保险人与买方已商定的降价部分;

(6) 其他被保险人在有关交易项下已获得的或确定即将获得的权益。

此外,对于有付款担保的贸易合同,在担保人完全履行担保协议以前,或法院、仲裁机构对担保人作出判决、裁决以前,保险人原则上不予以定损核赔;因贸易纠纷引起买方不付应收账款的,除非经保险人书面认可,在贸易纠纷完全解决并且被保险人与买方均对解决方案表示书面认同之前,均不予以定损核赔。

(四) 追偿

在保险人履行保险赔偿义务后,被保险人应在保险人赔偿金额范围内将赔偿所涉及的合同项下的权利,包括收取贸易合同价款和获得违约赔偿的权利,转让给保险人;将赔偿所涉及的交易标的以及该交易标的有关的单证、票据及担保转让给保险人;协助保险人向买方、买方的担保人或任何其他可以追索的人进行追偿。

第三节 出口信用保险合同

出口信用保险合同是指保险人承保出口商在经营出口业务中因进口商的商业风险或进口国政治风险而遭受损失的信用保险合同。当今世界上的出口信用保险大多数是靠政府支付而存在，具有明显的政策垄断性，主要是因为出口信用保险面临的风险巨大、复杂、多变，难以使用统计方法测算损失概率，一般的商业保险公司无力也不愿意经营这种险种。出口信用保险合同一般按照信用期限分为短期出口信用保险合同和中长期出口信用保险合同，我国目前出口贸易信用保险市场上，绝大部分都是短期出口信用保险合同，即信用期限一般在180天内，最长不超过1年。

对于企业而言，出口信用保险有助于建立风险防范机制，规避应收账款风险，确保出口经营安全；有助于扩展结算方式，提高市场竞争能力，扩大出口贸易规模；有助于提升债权信用等级，便捷获得融资，提高经营规模和能力。

【背景资料】 **中国人保财险短期出口信用险首单在即①**

2013年1月8日，财政部正式批准中国人民财产保险股份有限公司（以下简称"中国人保财险"）开展短期出口信用保险业务，中国人保财险成为国内首家具有资格开展该业务的财产险公司。近3个月来，中国人保财险一直积极推动该项业务的开展。日前，该险种具有突破性意义的首单业务已经准备就绪，即将在条款获得监管部门备案后签发，此举预示着国内出口信用保险市场的大门正在缓慢开启。

中国人保财险信用保证保险事业部主要负责人表示，以短期出口信用险首单为契机，中国人保财险将依托公司累计13年出口信用险和6年国内贸易信用险业务经营的根基，为政策性出口信用险市场注入商业化的新活力，成为市场强有力的补充。同时，还将充分利用遍布全国的4500多个分支机构，发挥机构网络优势和客户优势，为更多的出口企业提供专业的短期出口信用险风险保障服务。

据了解，我国自从出口信用险开办以来，承保规模始终保持着每年10%以上的增长，数十年间出口信用险在我国的渗透率已经从零提升到了11%左右。而去年财政部等相关部门决定引进商业保险公司试点，被业界认为是向全球释放出了强烈的改革开放和市场化的信号。对此，中国人保财险信用保证保险事业部主要负责人表示，向商业保险公司适度开放出口信用保险市场，作为政策性出口信用险的一种有益补充，不仅可以改善

---

① 参见中国人民财产保险股份有限公司网站，该消息发布于2013年4月17日。消息来源：http://piccnet.com.cn/cn/xwdt/xwsd/t20130417_12089.shtml，2013年12月8日访问。

当前出口信用保险市场供应不足的现象,而且商业保险公司的参与,能够形成适度良性的市场竞争环境,有利于提高我国出口信用险的经营管理水平。同时,也可以通过竞争降低出口信用险的费率水平,减轻出口企业的保费负担,满足出口企业多样化的业务需求,提高其投保出口信用险的积极性。

自2007年重返信用险市场以来,中国人保财险在坚持审慎选择风险的基础上,业务呈现逐年跨越式发展的态势。2012年,中国人保财险信用保险保费增速达到137%的历史新高,远远超过市场同期增速,并为近千亿元的国内贸易提供了风险保障,成为国内信用险市场的重要力量。2011年下半年,中国人保财险专门成立了信用保证保险事业部,目前从事专职信用险的管理人员已有近百人,专业营销服务团队则遍布全国,大多数成员都有良好的海外学习或者工作背景。

在实现业务跨越式发展的同时,中国人保财险充分认识到了信用保险的高风险属性,利用自身积累的渠道和网络优势,在国内贸易信用险的经营管理中建立了业内独一无二的"动态资信网",通过充分发挥事前调查、事中监控和事后核查的功能,基本上实现一个小时车程到达买家所在地,对遍布全国各地、城市农村的买家进行实时、实地的风险监控,堪称信用风险管控的"千里眼"和"顺风耳"。

一、适用范围

凡在中华人民共和国境内注册的企业均可作为出口信用保险合同的投保人和被保险人。

出口信用保险合同承保的出口贸易必须同时符合以下条件:(1) 货物从中华人民共和国境内出口,出口是指货物已经报关并交付给承运人或直接交付给买方,或经保险人认可的其他形式;(2) 销售合同真实、合法、有效,应明确订立合同人、货物种类、数量、价格、付款条件及交货日期、地点及方式;(3) 以信用证和非信用证为支付方式,如果是短期出口贸易合同,其信用期限不超过360天。信用证应为按照《跟单信用证统一惯例》开立的不可撤销的跟单信用证。

非信用证支付方式包括付款交单(D/P)、承兑交单(D/A)和赊账(OA)等支付方式。其中:付款交单(D/P)是指买方取得货运单据以买方先付款为条件的销售合同的支付方式以及同等条件的其他形式,承兑交单(D/A)是指买方取得货运单据以买方承兑汇票为条件的销售合同的支付方式以及同等条件的其他形式,赊账(OA)是指买方在未付款或未承兑汇票的情况下可以直接取得货物或货运单据的销售合同的支付方式,包括付款交单和承兑交单支付方式下的货物空运、陆运、部分货物单据直接寄至买方以及同等条件的其他形式。

投保人可以选择将所有以信用证和非信用证为支付方式、或所有以信用证为支付方式、或所有以非信用证为支付方式的出口贸易向保险人投保。投保人和保险人对适保范围的约定在保险单中载明。出口信用保险合同遵循统保原则,投保人应就适保范围内的全部出口向保险人投保、申报出口额并缴纳保险费,保险人依据保险合同承担保险责任。

二、保险责任

出口信用保险合同的保险责任主要分为商业风险和政治风险,其前提条件是被保险人按销售合同约定出口货物后,或作为信用证受益人按照信用证条款规定提交单据后。

(一)商业风险

非信用证支付方式下的商业风险包括以下情形:

(1)买方破产或无力偿付债务;

(2)买方拖欠货款;

(3)买方拒绝接受货物。

信用证支付方式下的商业风险包括以下情形:

(1)开证行破产、停业或被接管;

(2)开证行拖欠;

(3)开证行拒绝承兑,是指在单证相符、单单相符的情况下,开证行拒绝承兑远期信用证项下的单据。

(二)政治风险

非信用证支付方式下的政治风险包括以下情形:

(1)买方所在国家或地区颁布法律、法令、命令、条例或采取行政措施:禁止或限制买方以销售合同发票载明的货币或其他可自由兑换的货币向被保险人支付货款;禁止买方所购的货物进口;撤销已颁发给买方的进口许可证或不批准进口许可证有效期的展延;

(2)买方所在国家或地区,或货款须经过的第三国颁布延期付款令;

(3)买方所在国家或地区发生战争、内战、叛乱、革命或暴动,导致买方无法履行合同;

(4)导致买方无法履行合同的、经保险人认定属于政治风险的其他事件。

信用证支付方式下的政治风险包括以下情形:

(1)开证行所在国家或地区颁布法律、法令、命令、条例或采取行政措施,禁止或限制开证行以信用证载明的货币或其他可自由兑换的货币向被保险人支付信用证款项;

(2)开证行所在国家或地区,或信用证付款须经过的第三国颁布延期付款令;

(3) 开证行所在国家或地区发生战争、内乱、叛乱、革命或暴动,导致开证行不能履行信用证项下的付款义务;

(4) 导致开证行无法履行信用证项下付款义务的、经保险人认定属于政治风险的其他事件。

三、责任免除

在出口信用保险合同中,保险人对下列损失不承担赔偿责任:

(1) 汇率变更引起的损失;

(2) 被保险人或其代理人的违约、欺诈或其他违法行为,或被保险人的代理人的破产引起的损失;

(3) 被保险人知道或应当知道保险合同条款项下任一风险已经发生,或由于买方根本违反销售合同或预期违反销售合同,被保险人仍继续向买方出口而遭受的损失;

(4) 非信用证支付方式下发生的下列损失:可以及通常由货物运输保险或其他保险承保的损失;买方的代理人破产、违约、欺诈或其他违法行为引起的损失;银行擅自放单、运输代理人或承运人擅自放货造成的损失;被保险人向其关联公司出口,由于商业风险引起的损失;由于被保险人或买方未能及时获得各种必需许可证、批准书或授权,致使销售合同无法履行引起的损失。

(5) 信用证支付方式下发生的下列损失:因单证不符或单单不符,开证行拒绝承兑或拒绝付款所造成的损失;信用证项下的单据在递送或电讯传递过程中迟延或遗失或残缺不全或误邮而引起的损失;虚假或无效的信用证造成的损失。

四、责任限额

出口信用保险合同项下的责任限额主要分为累计赔偿限额和信用限额,基本与国内贸易信用保险合同一致,但出口信用保险合同的信用限额不仅有买方信用限额,还有开证行信用限额。

累计赔偿限额是指在保险期间内,保险人对被保险人按照保险合同约定申报的出口可能承担赔偿责任的累计最高额度,该累计最高赔偿限额在保险单中载明。

信用限额包括买方或开证行信用限额。买方或开证行信用限额是保险人对被保险人向特定买方或特定开证行开立的信用证项下的出口可能承担赔偿责任的最高额度,但赔偿额应按保险合同载明的赔偿比例计算。除特别注明外,买方或开证行信用限额在保险期间内均可循环使用。

被保险人应就保险合同适保范围内的出口,按每一买方或开证行,分别向保险人申请买方或开证行信用限额。保险人批复的买方或开证行信用限额对其生效日后的相应出口有效。

保险人有权根据被保险人对买方或开证行信用限额的实际使用情况调整买方或开证行信用限额。对于被保险人超出保险单列明的"限额闲置期"仍未申报出运的,保险人有权撤销相应限额。被保险人就买方或开证行提交《可能损失通知书》之日起,保险人对该买方或开证行批复的信用限额自动被撤销。当风险发生重大变化时,保险人有权书面通知被保险人撤销或修改针对特定买方或开证行、特定国家或地区所有买方或开证行的信用限额,上述撤销或修改适用于该通知中载明的生效日期之后的出口,不影响买方或开证行信用限额被降低或撤销前保险人已承担的保险责任。对于任一买方或开证行,如果被保险人未在出运前获得信用限额或信用限额已失效或被撤销,保险人对相应出口不承担赔偿责任。

除了常规的保险人批复的买方或开证行信用限额外,还存在被保险人自行掌握的买方或开证行信用限额。被保险人自行掌握的买方或开证行信用限额不需被保险人申请,保险人在《国家(地区)风险分类表》承保条件内,自动赋予被保险人对特定买方或特定开证行开立的信用证项下的出口可能承担赔偿责任的最高额度。该被保险人自行掌握的买方或开证行信用限额在保险单中载明。对被保险人自行掌握买方或开证行信用限额下的出口,保险人按被保险人自行掌握的买方或开证行信用限额承担保险责任,但赔偿额应按照保险合同载明的赔偿比例计算。

五、保险费

保险人按保险单约定的方式计算并收取保险费。出口信用保险保险费的计算方式为:保险费=申报出口额×保险费率。保险费率一般由以下因素决定:(1)买方所在国别或者地区。保险人通常根据经济发展情况、外汇储备情况、外汇政策和政治稳定形势等因素对世界各个国家或者地区进行分类评级,不同级别的国家和地区代表不同的商业风险和政治风险,费率水平也不同。(2)支付方式。信用证以及付款交单(D/P)、承兑交单(D/A)和赊账(OA)等支付方式的信用风险不尽相同,其费率水平也不同,信用证支付方式风险最低,付款交单(D/P)、承兑交单(D/A)和赊账(OA)的风险则依次上升。(3)信用期限长短。一般情况下,信用期限越长,风险越大,费率越高,反之亦然。

投保人应在保险单签发后及时向保险人交付保险单中载明的最低保险费。最低保险费是投保人在保险期间内应交付的最少保险费。保险人收取最低保险费后不予退还。保险合同履行过程中,投保人应交的保险费将首先从最低保险费中冲减。被保险人应就保险单载明的适保范围内的全部出口,按照保险单载明的保险费率向保险人缴纳保险费,除向保险人批复的信用限额为零的买方出口,或向保险人批复的信用限额为零的开证行开立的信用证项下出口以外。当风险发生重大变化时,保险人有权修改针对特定买方或开证行、特定国家或地区的全部买方或开证行的保险费率,并书面通知投保人。修改后的保险费率适用于该通知中载明的生效日期之后的出口。

六、投保人和被保险人的义务

在出口信用保险合同项下,投保人和被保险人必须遵守以下义务:

(1) 未经保险人书面同意,投保人不得就保险合同项下的约定保险范围内的出口向其他机构投保信用保险。

(2) 被保险人应将可能影响保险人风险预测、费率厘定、限额审批和理赔追偿的信息真实、全面、准确、及时地书面告知保险人。被保险人应当保证其向保险人提供的资料或申报真实合法有效。

(3) 被保险人应按照保险单载明的申报方法,以保险人要求的格式,向保险人申报适保范围内的出口。保险人对被保险人未申报或误申报的出口不承担保险责任。对于未在约定期限内申报的出口,被保险人有义务及时向保险人补报并补缴保险费。对于在补报前已经发生的损失或可能引起损失的事件已经发生,保险人对该补报部分的出口不承担赔偿责任。被保险人故意不申报或故意误申报,对保险合同项下被保险人所有出口发生的损失,保险人有权拒绝承担赔偿责任,并不退还已收保险费。

(4) 被保险人在申请信用限额后,变更销售合同的支付方式、付款期限、转让债权债务以及其他可能影响保险人权益的合同内容时,应事先征得保险人书面同意,否则,保险人对相关出口项下发生的损失有权拒绝承担赔偿责任。

(5) 被保险人应保证销售合同真实、合法、有效,并认真审查适保范围内的销售合同及相关单据,经常检查销售合同的履行情况,切实做好货款催收工作。

(6) 被保险人在获悉风险发生时,应当按照保险合同约定提交《可能损失通知书》。

(7) 在知道或应当知道买方或开证行不利的消息以及风险发生时,被保险人应及时采取一切必要措施,避免或减少损失,并书面通知保险人。买方或开证行进入破产程序的,被保险人有义务及时在相关法院或机构登记债权。

七、赔偿处理

(一) 通报可能损失

被保险人应在知道或应当知道风险发生后的一定期限内向保险人提交《可能损失通知书》。实务中,被保险人被保险人应在知道或应当知道拖欠风险发生之日起

30天内,或其他风险发生之日起10个工作日内,向保险人提交《可能损失通知书》。

被保险人提交《可能损失通知书》是索赔的前提条件。被保险人未能在保险合同规定期限内提交《可能损失通知书》,保险人有权降低赔偿比例。如果被保险人在规定期限后的较长期限内(一般是180天)仍未提交《可能损失通知书》,保险人有权拒绝承担保险责任。

（二）正式索赔

被保险人应在提交《可能损失通知书》后一定期限内(一般是120天)向保险人提交《索赔申请书》以及《索赔单证明细表》载明的相关文件和单证。超过上述期限,保险人有权降低赔偿比例或拒绝受理索赔申请,但事先经保险人书面同意的除外。被保险人提交的索赔单证不全而又未能按照保险人要求提交补充文件的,保险人有权拒绝受理索赔申请。

（三）定损核赔

保险人在受理被保险人的索赔申请后,应在规定期间内(一般是120天)核实损失原因,并将核赔结果书面通知被保险人。保险人对保险责任范围内的损失,按照核定的损失金额与保险人批复的信用限额从低原则确定赔付基数,该赔付基数在任何情况下不得超过出口货物的申报发票金额。保险人赔付金额为赔付基数与保险合同约定的赔偿比例的乘积。

对有付款担保的销售合同,除非保险人书面同意,在担保人按担保协议付款以前,或被保险人对担保人申请仲裁或在担保人所在国家(地区)提起诉讼,在获得已生效的仲裁裁决或法院判决并申请执行以前,保险人不予定损核赔。因贸易双方存在纠纷而引起买方拒付货款或拒绝接受货物,除非保险人书面同意,被保险人应先行申请仲裁或在买方所在国家(地区)提起诉讼,在获得已生效的仲裁裁决或法院判决并申请执行以前,保险人不予定损核赔。

保险人定损核赔时,应扣除下列款项:

(1) 买方已支付、已抵债的款项及被保险人已同意接受买方反索赔的款项;

(2) 被保险人已通过其他途径收回的相关款项,包括但不限于转卖货物或变卖抵押物所得的款项及担保人支付的款项;

(3) 被保险人擅自与买方商定的降价部分及被保险人擅自放弃债权的部分;

(4) 被保险人根据销售合同应向买方收取的利息、罚息和违约金等;

(5) 被保险人已从开证行或买方获得或确定能够获得的其他款项或权益;

(6) 其他不合理的费用。

在发生保险责任范围内的风险时,如涉及货物处理,在被保险人处理完货物前,保险人原则上不予定损核赔。被保险人处理货物的方式和金额,应事先取得保险人的书面认可，否则保险人有权降低赔偿比例。

（四）追偿

保险人赔付后，被保险人应将赔偿范围内的销售合同、信用证项下的权益转让给保险人。

被保险人仍有义务协助保险人向买方或开证行追偿。追回欠款后，按照保险人和被保险人在保险合同项下各自的权益比例分摊追偿费用和追回款项。被保险人及其代理人从买方或开证行追回或收到的任何款项，在与保险人分摊之前，视为代保险人保管。被保险人应在收到上述款项后将保险人应得部分退还保险人。

【背景材料】　**出口信用保险合同的法律属性①**

中华人民共和国最高人民法院公告

最高人民法院《关于审理出口信用保险合同纠纷案件适用相关法律问题的批复》已于2013年4月15日由最高人民法院审判委员会第1575次会议通过，现予公布，自2013年5月8日起施行。

最高人民法院

2013年5月2日

最高人民法院

关于审理出口信用保险合同纠纷案件

适用相关法律问题的批复

（2013年4月15日最高人民法院审判委员会第1575次会议通过）

法释〔2013〕13号

广东省高级人民法院：

你院《关于出口信用保险合同法律适用问题的请示》（粤高法〔2012〕442号）收悉。经研究，批复如下：

对出口信用保险合同的法律适用问题，保险法没有作出明确规定。鉴于出口信用保险的特殊性，人民法院审理出口信用保险合同纠纷案件，可以参照适用保险法的相关规定；出口信用保险合同另有约定的，从其约定。

---

① 资料来源：最高人民法院网站，http://www.court.gov.cn/qwfb/sfjs/201305/t20130508_184000.htm，2012年12月12日访问。

【深度阅读】

1. 赵明昕:《中国信用保险法律制度的反思与重构》,法律出版社2010年版,第一章。

2. 秦道夫:《我和中国保险》,中国金融出版社2009年版,第二十四章。

3. 曾鸣:《信用保险理论与实务》,上海财经大学出版社2008年版,第三章。

4. 中国出口信用保险公司:《出口信用保险操作流程与案例》,中国海关出版社2008年版,第一章。

【问题与思考】

1. 信用保险合同的主要特征是什么?

2. 如何理解信用保险风险管理型险种的特征?

3. 信用保险有哪些主要作用?

4. 信用保险合同的主要分类是什么?

5. 国内贸易信用保险合同和出口信用保险合同的区别是什么?

第十七章　保证保险合同

第一节　保证保险合同概述

一、保证保险合同的概念

保证保险合同,是指债务人向保险人投保自身信用风险的保险合同。保证保险合同涉及三方主体:投保人是债务人,保险人是具有保证保险业务经营资格的保险公司,这两者是保证保险合同的当事人;被保险人是债权人,属于保证保险合同的关系人。债务人向保险人投保保证保险,保险人以债权人作为被保险人,保障债权人对债务人所享有的债权。当债务人不能按时偿还债务,保险人代替债务人向债务人履行相应的债务。保证保险的保险利益是债权,保险标的是债务的履行风险,本质上仍然是信用风险。在保证保险的发源地美国,保证保险被称为"bond"(保证、担保之意),三方主体分别称为 surety(保证人)、principal(债务人)、obligee(债权人)。

最高人民法院 2000 年 8 月 28 日发布的《中国工商银行郴州市苏仙区支行与中保财产保险有限公司湖南省郴州市苏仙区支公司保证保险合同纠纷一案的请示报告的复函》([1999]经监字第 266 号)中为保证保险下的概念是:"保证保险是由保险人为投保人向被保险人(即债权人)提供担保的保险,当投保人不能履行与被保险人签订合同所规定的义务,给被保险人造成经济损失时,由保险人按照其对投保人的承诺向被保险人承担代为补偿的责任。"中国保监会 1999 年 8 月 30 日发布的《关于保证保险合同纠纷案的复函》(保监法[1999]16 号)认为:"保证保险是财产保险的一种,是指由作为保证人的保险人为作为被保证人的被保险人向权利人提供担保的一种形式,如果由于被保险人的作为或不作为不履行合同义务,致使权利人遭受经济损失,保险人向被保险人或受益人承担赔偿责任。"

二、保证保险的发展

保证保险最早起源于 18 世纪末 19 世纪初,是随商业信用的发展而出现的。最早产生的保证保险是诚实保证保险,由一些个人商行或银行办理。1852 年前后,英国几家保险公司试图开办合同担保业务,但因缺乏足够的资本而没有成功。1901年,美国马里兰州的诚实存款公司首次在英国提供合同担保,英国几家公司相继开办此项业务,并逐渐推向了欧洲市场。保证保险随着商业道德危机的频繁发生而发展,它的出现是保险业功能由传统的补救功能、储蓄功能向现代的资金融通功能扩展的结果,对拉动消费,促进经济增长会产生积极的作用。

美国、西欧各国目前仍然是保证保险最大的需求和发展市场。根据瑞士再保险公司(Swiss Re)发布的统计数据,全球2004年的保证保险保费收入为76亿美元,美国是最大的市场,保费收费42.8亿美元,占全球保费收入的56%。意大利、法国、德国等西欧国家的保费收入为14亿美元,占全球比重为18%。韩国保证保险保费收入为7.77亿美元,全球占比为是亚洲最大、世界第二的市场。

我国的保证保险业务起步于20世纪80年代,伴随着改革开放的进程,中国人民保险公司逐步拓展涉外保险业务,保证保险应运而生,当时主要适用于三资企业在我国的建筑工程保证保险领域。1994年,中国人民保险公司正式推出了“产品质量保证保险”新险种,1996年7月25日,中国人民银行发布了《保险管理暂行条例》,规定保险公司可以经营的保证保险业务包括投资保险、保障与赔款保险和雇员忠诚担保保险等,这基本上是我国有关“保证保险”的最早正式官方文件。1997年,中国人民银行《关于保证保险业务的批复》(银复[1997]48号)认为,“保险保险”是保险业务的门类之一,同意中保财产有限责任公司开办“保证保险”业务,从此拉开了我国保证保险业务正式发展的序幕。1999年,中国保监会批准中国人民保险公司在全国范围内开办“机动车辆消费贷款保证保险”,正式启动了中国保险企业为消费信贷提供保证保险的划时代新业务。此后,“工程质量保证保险”“住宅质量保证保险”“学生助学贷款保证保险”以及“中小企业贷款保证保险”等一系列保证保险险种如雨后春笋,不断增长。

进入21世纪,各保险公司几乎都把汽车消费信贷保证保险作为主打业务,发展迅猛,但由于经营不规范等诸多方面的原因,基本处于野蛮生长、无序发展的格局,赔付率远远超出保险公司的预计,给保险公司造成极大的损失。2003年底,汽车消费信贷保证保险在全国范围内被紧急叫停,成为我国保证保险经营史上的悲壮一页。2004年1月15日,中国保监会发出《关于规范汽车消费贷款保证保险业务有关问题的通知》,要求各保险公司根据该通知要求重新规范车贷险业务,汽车消费信贷保证保险业务回归理性,进入规范发展时期。

【背景材料】　**2004 年全球保证保险市场状况①**

国家	保费收入(百万美元)	世界市场份额	保险深度	保险密度(美元)
西欧各国	1402	18%	0.011	3.8
其中:				
法国	291	4%	0.014	5
德国	224	3%	0.008	2.7
意大利	545	7%	0.032	9.6
荷兰	137	2%	0.022	8.8
葡萄牙	10	0%	0.005	1
西班牙	93	1%	0.009	2.4
英国	105	1%	0.006	1.8
中东欧各国	60	1%	0.004	0.3
其中:				
克罗地亚	0	0%	0.001	0.1
捷克	7	0%	0.007	0.7
匈牙利	2	0%	0.002	0.2
波兰	33	0%	0.014	0.9
斯洛文尼亚	1	0%	0.003	0.5
爱沙尼亚	1	0%	0.007	0.5
拉脱维亚	2	0%	0.021	0.9
立陶宛	14	0%	0.065	3.8
北美各国	4486	59%	0.035	15
其中:				
美国	4280	56%	0.036	15.9
加拿大	206	3%	0.021	7
拉丁美洲各国	577	8%	0.029	1.6
其中:				
阿根廷	52	1%	0.034	1.5
巴西	70	1%	0.012	0.4
智利	8	0%	0.009	0.6
哥伦比亚	75	1%	0.078	1.9
墨西哥	316	4%	0.047	3.4
委内瑞拉	56	1%	0.05	2.5
亚洲各国	942	12%	—	—
其中:				
中国	25	0%	0.001	0
日本	140	2%	0.003	1.1
韩国	777	10%	0.114	17.1
全世界合计	7644	100%	0.019	1.2

① Swiss Re:Economic Research & Consulting 2004.

三、保证保险合同的特征

与其他财产保险合同相比，保证保险合同具有以下特征：

（一）三方法律关系主体

普通的财产保险合同中，合同当事人是投保人和保险人，整体法律关系主体一般是两方，即投保人（被保险人）和保险人，投保人和被保险人是一致的。在保证保险合同中，合同当事人是投保人和保险人，但整体法律关系主体是三方，即投保人、被保险人和保险人。

（二）承保风险特殊性

一般财产保险合同的保险标的都是有形实体物质，比如汽车、机械设备、船舶等，相对客观、稳定，但保证保险承保债务人的信用风险，是一种期待利益，相对主观、动态，侧重于人的心理和意愿。一般的财产保险合同基于大数法则进行风险精算，把握风险发生的规律和概率。而保证保险合同则不适用大数法则，需要充分利用各种交易信息、市场动态进行风险的识别和把握。

（三）追偿权普遍适用于投保人

投保人是指与保险人订立保险合同，并按照合同约定负有支付保险费义务的人。保险事故发生后，保险人对被保险人履行了赔偿责任，保证保险合同中的保险人有权对投保人进行追偿，投保人必须将保险人代为先行履行的内容予以返还；但在传统的财产保险合同中，则不存在保险人向投保人追偿事宜。

（四）保险费本质上是手续费

保险人在承保一般的保险业务时，都必须做好赔偿准备。能不能承保某种风险，归根结底是要看承担这种风险所收取的保险费是否足以抵补这种风险发生的损失赔款。而保证保险是一种担保业务，它基本上是建立在无赔款基础上的，因此，保证保险合同收取的保险费本质上是一种手续费，是保险公司提供担保的报酬。[①]

四、保证保险与保证担保的区别

从21世纪90年代以来，关于保证保险的性质、法律属性，保险理论界、司法界以及实务界一直存在诸多争议，保证保险究竟是一种保证抑或保险，保证保险案件审理中应优先适用担保法、保险法，还是可同时适用，保险人应承担保证责任还是保险责任，这些问题是多年来困扰国内保险法学界的核心争论之一，由此基本形成保

① 郑成功、许飞琼：《财产保险》，中国金融出版社2010年版，第385页。

证说、保险说及二元说之纷争。我国《保险法》第95条第1款规定“财产保险业务，包括财产损失保险、责任保险、信用保险、保证保险等保险业务”，我国台湾地区“保险法”在第三章财产保险的第95条规定：“保证保险人于被保险人因其受雇人之不诚实行为或其债务人之不履行债务所致损失，负赔偿之责。”在理论界，保证保险是独立的保险险种已经成为主流观点。保证保险与保证担保存在以下主要区别：

（一）主要功能不同

界定一种行为或者制度的法律属性时，必须从其主要功能出发，而不能依赖其附属功能进行判断，否则难免导致不同行为或者制度间差异的消失，也难以真正把握该行为或者制度的本质属性。保证保险与保证担保两种制度虽然都具有保障债权实现之功能，也都具有分散转移风险之功能，但二者的侧重点不同，保证保险的主要功能是分散转移风险而非担保债权实现，保证担保的主要功能则是保障债权实现而非分散及转移风险。相比之下，保证保险能够更有效地实现风险的分散与损失的转移，而担保则更强调为债权提供保障。①

在保证保险合同中，保险人对投保人（债务人）的信用风险进行承保，被保险人（债权人）可通过保证保险合同将债务人的信用风险转移给保险人，保险人通过其特有的保险经营机制进行风险的聚合、分散和转移，实现信用风险在更大范围内的流动和分散，即风险社会化，这是保险的灵魂所在。在保证担保中，如果是自然人等非营利性主体作为保证人，确实存在信用风险，但却不存在信用风险的分散和转移，因为此类担保人通常很难将其承担的信用风险再转移给其他主体。如果是银行或担保公司等营利性主体作为保证人，通常可要求债务人提供抵押、质押或者反担保等规避风险方式，虽然存在一定的信用风险的分散和转移，但其分散、转移的程度和范围远远不能与保证保险相提并论，无法实现信用风险分散和转移的社会化。

（二）独立性不同

独立性是指某个法律行为或者制度不需要依赖其他法律行为或者制度便可独立存在。保证担保合同依附于基础的债权债务合同，体现明显的从属性，不具有独立性，基础债权债务合同的不成立、无效、变更、撤销或终止必然导致保证担保合同的不成立、无效、变更、撤销或终止。保证保险合同的订立虽然必须以基础债权债务合同的存在为原因和前提，但其效力并不当然受到基础债权债务合同效力的影响，其在效力上具有鲜明的独立性。具体表现为：其一，基础债权债务合同的不成立、无效、变更或撤销并不必然导致保证保险合同的不成立、无效、变更或撤销。其二，虽然基础债权债务合同有效，保证保险合同却可能因欠缺保险法上的要素而无效或者

① 任自力：《保证保险法律属性再思考》，载《保险研究》2013年第7期。

存在效力缺失等问题，比如，保证保险合同的投保人故意或者重大过失不履行如实告知义务，保险人可以解除保险合同，并对解除合同前的保险事故不承担赔偿责任。

保证保险合同的独立性更多地体现在保险责任的独立性，即保证保险责任的成立、存在、履行均不从属于基础债权债务合同，只遵从于保证保险合同约定。基础债权债务合同中的债务人未履行其所负债务的，保险人却不一定必然向相关债权人履行保证保险责任，保险人在履行保证保险合同责任时，需要审查投保人依法依约承担的各项义务，并可以援引保险立法和保证保险合同规定的实体权利向债权人进行抗辩，保证保险责任的可抗辩性便在于此。例如，假如发生了保证保险合同约定的战争、军事行动等责任除外情况导致债务人无法履行债务时，保险人可以依据上述约定提出不承担保险责任的抗辩，不向被保险人承担保险责任。而在保证担保中，根据我国《担保法》第6条规定，保证责任的内容根据当事人的约定分为保证人代为履行主债务的代偿责任和负担不履行债务所应承担的赔偿责任两种。只要是主债务人不履行主债务，保证人就应当根据主债权人的要求，按照保证担保合同约定履行保证责任。换言之，基础债权债务合同中的债权人只须证明该债权债务的存在和债务人未履行债务的事实即可，除了法律或保证担保合同另有规定以外，保证人一般没有实体法上的免责理由，其保证责任作为担保义务具有特有的不可抗辩属性。①

保证保险合同独立性的根基在于保证保险合同的无因性，其无因性的存在是商事交易规则类型化与独立化发展趋势和要求演进过程在保险领域中的体现，并源自于现代保险商业实践追求效率、安全和便捷的内在需求。保证保险合同的无因性成就了其独立性，并使得保证保险合同下的债权可以像所有权、票据权利一样独立存在及自由流转。② 保证保险合同与基础合同的独立性、无因性，打破了传统保证担保制度下的主从合同关系建构，降低了债权人对保证担保合同基于其从属性而易于无效、变更、撤销所导致交易不确定性的担忧。

（三）主动性不同

保证保险作为一种独立的保险产品，其适用目的是提高相关债务人履行债务的概率，降低参与商品交换活动的当事人违约的风险。而该适用目的的实现途径包含两个层面：其一，保险人通过其在承保过程中的各种途径调查搜集而掌握的投保人的资信状况和履约能力，借助保证保险合同约定的制约机制来督促被保险人主动向相关债权人履行其承担的债务。其二，在投保人未能依约履行相关债务而构成违约，保险人经审查具备保证保险合同约定的条件时，向相关债权人履行保险责任而确保其债权利益的实现。后者类似于保证担保中保证责任的实施，体现着保证保险

---

① 贾林青：《重构保证保险法律制度的》，载《保险研究》2012年第2期。
② 任自力：《保证保险法律属性再思考》，载《保险研究》2013年第7期。

的补充性保障效果，而前者却是保证保险特有的实施路径，表现出其作为保险险种独有的主动性所体现的风险管理手段和保障效果，表明其保障方式更为丰富，并具有极大的主动性，其在经济生活中的保障范围和保障程度均强于单一的被动性的保证担保。①

五、保证保险与信用保险的区别

保证保险与信用保险都承保信用风险，都以债务的履行与否作为保险标的，都以债务人未能按照约定履行债务为保险事故，共性较大，在实务中非常容易混淆，产生误解。但保证保险和信用保险作为各自独立的险种，仍有具有明显的区别，具体如下：

（一）投保主体不同

在保证保险合同中，投保人是基础债权债务合同中的债务人，被保险人是基础债权债务合同中的债权人；在信用保证合同中，投保人和被保险人都是基础债权债务合同中的债权人。换言之，保证保险合同中，投保人向保险人投保自己的信用风险；在信用保险合同中，投保人向保险人投保其债务人的信用风险。

（二）法律关系主体不同

在保证保险合同中，存在投保人（债务人）、被保险人（债权人）和保险人三方直接的法律关系主体；但在信用保险合同中，投保人和被保险人都是债权人，故只存在投保人（被保险人）和保险人两方直接法律关系主体，而债务人并未与保险人建立直接的法律关系。

（三）信息知晓范围不同

在保证保险合同中，基础债权债务合同中的债务人作为投保人，明确知晓保险合同存在，更容易产生债务人的道德风险，因此，保险人对投保人普遍行使追偿权是必要的。在信用保险合同中，基础债权债务合同中的债务人一般都不会知晓保险合同的存在，不太容易产生道德风险。

（四）信用风险转移程度不同

在保证保险合同中，债务的履行最终由债务人自己承担，并没有发生风险的实质转移或者转移的程度较低，保险人收取保险费本质上是凭其信用资格而得到的一种手续费。而在信用保险合同中，投保人交纳保费是为了把其债务人的信用风险完全彻底地转移给保险人，保险人确实承担着完整的风险，必须把保险费的大部分或

① 贾林青：《重构保证保险法律制度的》，载《保险研究》2012 年第 2 期。

全部用于赔款。保险人赔偿后虽然可以向债务人追偿,但成功率一般较低。

第二节　保证保险合同的分类

一般而言,保证保险合同通常被划分为确实保证保险合同和诚实保证保险合同。在确实保证保险合同和诚实保证保险合同项下又有诸多更加细致的分类。

一、确实保证保险合同

确实保证保险合同,是指在债务人未能依约履行债务而使债权人遭受损失时,由保险人承担损失赔偿责任的保证保险合同。确实保证保险合同的投保人是债务人本身,其保险标的是债务人的履约风险。确实保证保险合同又可以细分为以下种类:

(一)合同保证保险合同

合同保证保险合同,又称为契约保证保险合同,是指保险人对债务人不履行各种合同义务造成债权人的经济损失进行赔偿的保证保险合同。合同保证保险合同主要是为了满足投资人对建设工程要求承包人如期履约的需要而设立,其中最普遍的是建筑工程承包合同的保证保险合同,常见的包括:

1. 工程履行保证保险合同

工程履行保证保险合同,是指保险人对工程所有人因承包人不能按时、按质、按量交付工程而遭受的经济损失进行赔偿的保证保险合同。工程所有人是债权人,承包人是债务人,而具有保证保险经营资格的保险公司是保险人。如果承包人未能完整履约导致债权人损失,保险人将进行赔偿。

2. 投标保证保险合同

投标保证保险合同,是指保险人对工程所有人因中标人未能按时签订合同而遭受损失承担保险责任的保证保险合同。依照我国《招标投标法》第46条的规定:“招标人和中标人应当自中标通知书发出之日起30日内,按照招标文件和中标人的投标文件订立书面合同。”招标活动失败,招标人将面临其机会成本损失,如果投保了投标保证保险合同,招标人就可以依顺序选择标价次低的合格投标者得标,或者重新进行招标,前后两次标价的差额则由保险人予以赔偿。

3. 预付款保证保险合同

预付款保证保险合同,是指保险人对工程所有人因承包人不能履行合同而受到的预付款损失承担保险责任的保证保险合同。在建筑工程或其他工程中,工程所有人一般按工程进展的阶段,逐步向承包商支付工程的预付款,但可能会面临承包商收取预付款后不履行义务的风险。为了防范该风险,工程所有人在支付预付款前,可以要求承包商投保此险种。从民法角度上看,这是保险人承保承包商不当得利返还的风险。

4. 维修保证保险合同

维修保证保险合同,是指保险人对工程所有人因承包人不能履行合同所规定的维修任务而受到的损失进行赔偿的保证保险合同。根据我国《建筑法》第62条规定:"建筑工程实行质量保修制度。建筑工程的保修范围应当包括地基基础工程、主体结构工程、屋面防水工程和其他土建工程,以及电气管线、上下水管线的安装工程,供热、供冷系统工程等项目;保修的期限应当按照保证建筑物合理寿命年限内正常使用,维护使用者合法权益的原则确定。具体的保修范围和最低保修期限由国务院规定。"国务院据此颁布了相应细则对不同类型工程的具体质量保修范围和最低保修期限予以具体规定。投资方或业主投保维修保证保险合同后,如果在工程保修期限内发现应由承包商承担的维修任务其无力完成或拒绝完成时,有权向保险公司索赔。

(二) 贷款保证保险合同

1. 个人消费贷款保证保险

个人消费贷款保证保险,是指自然人贷款人作为投保人与保险人约定,当投保人不能按时缴纳贷款时,由保险人负责向被保险人赔偿的保证保险合同。投保人是自然人,被保险人为银行等贷款金融机构,承保的风险为投保人不能按贷款合同约定的期限偿还所欠款额的风险。这是基于金融机构的个人消费贷款业务而开办的一项新型保险业务,其主要适用范围包括个人旅游贷款、个人大额耐用消费品贷款、个人住房装修贷款、个人学费贷款等等,不包括机动车辆及个人住房的消费贷款。

2. 机动车辆消费贷款保证保险合同

机动车辆消费贷款保证保险合同,是指保险人对被保险人因投保人未能按照约定偿还机动车辆消费贷款造成的损失承担赔偿责任的保证保险合同。与被保险人订立机动车辆消费贷款合同,以贷款购买机动车辆的中国公民、法人、国家机关和其他组织,均可作为该保险合同的投保人。经中国人民银行批准为投保人提供机动车辆消费贷款的金融机构均可作为该保险合同的被保险人。此险种主要是为利用贷款购买汽车的个人或法人提供还款保证的保险。

3. 个人购房抵押贷款保证保险合同

个人购房抵押贷款保证保险合同,是指保险人对被保险人因投保人未能按照约定偿还购房抵押贷款造成的损失承担赔偿责任的保证保险合同。投保人是申请住房抵押贷款的借款人,被保险人是银行等提供购房抵押贷款的金融机构。该险种类似于机动车辆消费贷款保证保险,主要是为利用贷款购买商品房的个人提供还款保证的保险。

4. 企业贷款保证保险合同

企业贷款保证保险合同,是指保险人对被保险人因投保人未能按照约定偿还贷款造成的损失承担赔偿责任的保证保险合同。投保人是与金融机构签订借款合同的企业,被保险人是经银行监督管理部门批准开办企业贷款业务的金融机构,承保投保人不能如期还款的风险。

【案例研讨】 **借款保证保险合同纠纷①**

2001年4月13日,中国农业银行徐州市贾汪支行(以下简称"贾汪农行")与中国人民保险公司徐州市贾汪支公司(以下简称"贾汪保险公司")签订《汽车消费贷款保险业务合作协议书》(以下简称"保险协议书"),其中约定:为培育汽车消费市场,贾汪农行为不能一次性向指定汽车销售商支付货款的购车人提供购车消费贷款,并督促购车人向贾汪保险公司办理汽车消费贷款保证保险和机动车辆保险。购车人(投保人)如不能按期偿还贷款本息,保险公司承担连带还款责任。机动车辆消费贷款保险实行10%的绝对免赔率。

2001年5月15日,中国农业银行徐州市新城分理处(以下简称"新城分理处")与王世猛签订《消费借款合同》(以下简称借款合同)。约定:新城分理处向王世猛发放汽车消费贷款14万元,借款期限自2001年5月15日起至2003年5月15日止。年利率为6.534%。按季还本付息18810.73元。若王世猛不能按期足额还本付息时,新城分理处有权提前收回已发放的贷款,并按规定对逾期的本金按日万分之二点一计收逾期利息。合同还对其他事项作了详细约定。

同日,新城分理处与贾汪保险公司、王世猛三方签订《分期还款消费贷款履约保险合同》(以下简称"保险合同")。约定:新城分理处向王世猛发放14万元汽车消费贷款,王世猛向贾汪保险公司购买"分期还款履约保险"等险种,若王世猛连续六个月未履行合同规定的还款计划,保险公司负责向新城分理处赔付王世猛所欠所有未清偿贷款本息及逾期利息。保险金额为15.4万元,保险费3080元,保险费由王世猛一次足额交纳。保险期限为自2001年5月15日零时起至2003年11月15日零时止。另约定贾汪保险公司所承担的分期还款履约保险责任为不可撤销的连带责任。合同还对其他事项作了详细约定。合同签订后,新城分理处依约发放了贷款,王世猛于同日向原告出具了借款凭证,向贾汪保险公司交纳了保险费。

此后,王世猛分别于2001年9月5日,12月20日,12月28日三次共偿还贷款本金

---

① 资料来源:中国法院网网站,http://www.chinacourt.org/article/detail/2003/08/id/74306.shtml,2013年12月12日访问。

33317.50元,利息4446.51元。从2002年2月起未履行还本付息的义务,贾汪保险公司亦未履行保险责任。截止到2003年3月31日,王世猛尚欠本金106682.42元及利息5879.32元未付。另查明,新城分理处系贾汪农行的分支机构。2003年3月24日,原告贾汪农行将王世猛和贾汪保险公司诉至法院,要求两被告连带给付本金106682.42元及利息5879.32元。

徐州市贾汪区人民法院审理后认为,贾汪农行与王世猛之间的借款合同以及贾汪农行与王世猛和贾汪保险公司之间的保险合同系两个不同的法律关系,但借款合同的权利义务与保险合同的权利义务关系密切相关,故本案可以合并审理。《保险协议书》《借款合同》《保险合同》均系当事人之间的真实意示表示,不违反相关法律强制性规定,应为合法有效合同。贾汪农行依约发放了贷款,王世猛已连续6个月以上未履行还款义务,其行为已构成违约,应承担相应的民事责任,其除应按合同约定偿还全部贷款外,还应支付合同期内利息及逾期利息。

贾汪保险公司与贾汪农行签订的《保险合同》中约定,当借款人王世猛连续6个月未履行合同规定的还款计划,贾汪保险公司负责向贾汪农行赔付王世猛所欠的所有未清偿贷款本息及逾期利息,该合同的性质应为保证保险合同,王世猛按期还本付息的义务即为该保险合同的标的,故贾汪保险公司应依照约定承担相应的赔偿责任。另双方在保险业务合作协议书中约定了贾汪保险公司有10%的绝对免赔率,故贾汪保险公司对王世猛所欠贷款本息的90%承担赔偿责任的辨称理由,应予支持。贾汪保险公司辨称,其不应承担连带责任,因双方当事人在合作协议书及保险合同中均约定贾汪保险公司的保险责任为连带责任,该约定并不违反相关法律法规的强制性规定,应为有效,故该辨称理由,不予支持。王世猛经传票传唤无正当理由拒不到庭参加诉讼,可以缺席判决。依照《中华人民共和国民事诉讼法》第130条,《中华人民共和国合同法》第205条、第206条、第207条、《中华人民共和国保险法》第24条及相关法律法规的规定,作出(2003)贾经初字第107号民事判决:(1) 被告王世猛于本判决生效后10日内一次性偿还原告贾汪农行借款本金106682.42元及利息5879.32元。(2) 被告贾汪保险公司对上述款项的90%承担连带清偿责任。案件受理费3758元,由两被告共同负担。

(三) 司法保证保险合同

司法保证保险,是指保险人对因法律程序而造成的损失承担保险责任的保证保险合同。按其内容可分为诉讼保证保险合同和受托保证保险合同。

1. 诉讼保证保险合同

诉讼保证保险合同,是指诉讼当事人(原告、被告均可)要求法院为其利益采取某种行动或措施而有可能伤害另一方的利益时,法院为了维护双方的合法权益,要求申请人提供的保证保险合同。投保人为申请人,法院是被保险人,涉及的司法行动或措施主要是扣押、查封、冻结财产等。

具体而言,诉讼保证保险合同又可细分为保释保证保险合同、上诉保证保险合同、扣押保证保险合同、禁令保证保险合同等。其中保释保证保险合同和上诉保证保险合同比较常见。保释保证保险合同,是指保险人对诉讼中的被保释人未能够在规定时间出庭受审承担保险责任的保证保险合同。上诉保证保险合同,是指保险人对上诉人在上诉失败时的相关诉讼费用承担赔偿责任的保证保险合同。

2. 受托保证保险合同

受托保证保险合同,是指保险人对财产保管人、破产管理人、遗嘱执行人或遗产管理人未能忠实地履行受托管理财产义务承担保险责任的保证保险合同。如果上述人员未尽勤勉职责,导致被管理人的财产发生损失,保险人承担赔偿责任。

(四) 特许保证保险合同

特许保证保险合同,又称许可证保证保险合同,是指保险人对从事经营活动领取执照的人遵守法律法规或者履行义务提供保险责任的保证保险合同。这是经营某一行业或从事某种活动,在申领许可证明时所必须提供的遵守相关法律或履行相关义务的保险。该保证保险合同是申请人申请执照时投保,但承保的是领取到执照以后的行为。实务中,主要适用于从事美容院、加油站、娱乐业,或者经营汽油、酒类、烟草业务的企业和个人。这些行业利润高,逐利性强,经营者违法和违反义务的情况更多见一些。一些国家规定从事上述行业的企业和个人在向政府申请执照或许可证时,必须投保此类保证保险。常见的特许保证保险合同有两种:

(1) 如果执照申请人违反了政府的法令或者损害了公共利益,保险人需承担赔偿责任。此种保证保险合同中,执照申请人为投保人,政府则为被保险人,保险人承保申请人领取执照后是否守法经营的风险。

(2) 保险人保证执照申请人在获取执照以后将按照国家法律规定履行纳税义务,否则,保险人承担保险责任。

(五) 产品保证保险合同

产品保证保险合同,又称为产品质量保险合同,是指因被保险人制造或销售丧失或不能达到合同约定效能的产品给使用者造成经济损失时,由保险人对有缺陷的产品本身以及由此引起的有关损失和费用承担赔偿责任的保证保险合同。

产品质量保证保险合同的保险责任包括:(1) 使用者更换或修理有质量缺陷的产品所蒙受的损失和费用;(2) 使用者因产品质量不符合使用标准而丧失使用价值的损失和由此引起的额外费用;(3) 被保险人根据法院的判决或有关政府当局的命令,收回、更换或修理已投放市场的存有质量缺陷的产品所承受的损失和费用。除外责任包括:(1) 产品购买者故意行为或过失引起的损失;(2) 不按产品说明书安装、调试和使用引起的损失；(3) 产品在运输途中因外来原因造成的损失或费用等。

二、诚实保证保险合同

诚实保证保险合同，又称为忠诚保证保险合同，旨在保障用人单位（雇主）的合法权益而产生。在此保险合同项下，如果雇员盗窃、贪污、非法侵占、挪用、伪造票据文件、误用等不法行为造成损失，保险人承担相应赔偿责任。该保险合同本质上承保雇员的品行与信誉。用人单位（雇主）是权利人，雇员是投保人。可以看到，按其承保方式，诚实保证保险分为以下几类：

（一）指名保证保险合同

指名保证保险合同，是指以指定姓名的特定雇员为投保人，雇主遭受该特定雇员造成的损失状况下，由保险人对其进行赔偿的保证保险合同。指名保证保险合同又可细分为两种形式：

(1) 个人保证保险合同，即以特定的雇员个人为投保人。当该雇员单独或与他人合谋造成雇主损失时，保险人承担赔偿责任。

(2) 表定保证保险合同，即以两个以上的雇员为投保人，每一个人都有其具体的保险金额。此类保证保险合同中，承保的雇员人数可以进行增减，但必须在规定的表内列出每一个投保人的姓名及其各自的保证金额。

（二）职位保证保险

职位保证保险合同，是指承保对象是某一职位上的若干雇员的保证保险合同。不同于指名保证保险合同，它不列明承保雇员的姓名，只是将担任有关职位的人都纳入承保合同，并按职位确定保险金额。只要雇员担任相关职位，便自动获得相应保险。此类保险也可以细分为两种形式：

(1) 单一职位保证保险合同，即同一保险合同只承保某一职位上的若干雇员，无论谁担任此职位均有效。承保的职位数与承保职员的人数不变，但被保证人有更换时，无须通知权利人即雇主；如果承保职员的人数有变动时，则必须通知权利人。此类保险的特点是如果相同职位中的一人投保，则其他人也必须同时投保，适用于员工流动性较大的单位。

(2) 职位表定保证保险合同，即同一保险合同将承保几个不同的职位，不同的职位对应不同的保险金额，而其余规定则与单一职位保证保险合同相同。

（三）总括保证保险合同

总括保证保险合同，是指在一份保险合同中承保雇主所有员工的保证保险合同。一般来说，在这种保证保险合同中，所有雇员的保险金额均相同。通常分为两类：

(1) 普通总括保证保险合同，即对全体雇员不指名和不确定职位进行承保的保证保险合同。这种保证保险下,只要认定雇主的损失由雇员的不诚实行为造成,保险人就要承担相应的赔偿责任。

(2) 特别总括保证保险合同,即专门承保各种金融机构由于雇员的不诚实行为对雇主造成的损失的保证保险合同。金融机构经营风险较大,如果雇员有不诚实行为,极易引起严重后果。此类保证保险最早起源于英国伦敦劳合社的保险人所开办的银行总括保证保险,其后逐渐扩展到各种金融机构。具体而言,如果金融机构工作人员偷窃、欺诈、伪造等不诚实行为造成金融机构金钱、有价证券、金银以及其他贵重物品的损失,由保险人承担赔偿责任。

【案例研讨】 **员工挪用公款 保险赔付 183 万**①

2007 年 9 月 20 日,厦门一家银行盘点查账时发现,9 月份应入账的公路规费 1832684 元不翼而飞。而现金对账明细表、银企对账单均表明,该银行驻点公路稽征所代征公路规费的莲前支行柜员曾某,于 2007 年 8 月 30 日至 2007 年 9 月 20 日分九笔挪用该资金,至今尚未归还。铁证如山,曾某不得不承认自己的罪行:早在 2005 年 6 月,曾某就开始挪用银行资金,借贷给亲戚使用至今。曾某在担任银行莲前支行柜员期间,被派驻到一家基层稽征所,提供上门收款服务,利用该职务便利,曾某采取了延迟入账时间的手段,并不断循环以后挪用的款项归还前次挪用的款项,一直将其擅自挪用造成的资金空当掩盖得严严实实。2007 年 9 月 21 日案发后,曾某在单位工作人员的陪同下,向市公安局经济犯罪侦查支队投案自首。直至 2008 年 6 月被判刑 8 年入狱,曾某仍无法归还该款项。

2007 年 3 月 20 日,某保险公司向该银行发出一份保险建议书,建议银行投保因雇员不忠诚而造成的损失,随后银行接受建议,双方于 2007 年 4 月 28 日签订了"雇员忠诚保险"合同。保险条款中约定,在银行提交的各营业网点、各 ATM 机及上门收款点清单范围内,雇员发生携款潜逃、贪污、职务侵占、单独或与他人共谋抢劫、盗窃现金等不忠诚行为,造成的经济损失由保险公司负责赔偿,保险期限自 2007 年 5 月 1 日零时至 2008 年 4 月 30 日 24 时止。

2008 年 7 月 8 日,该银行向保险公司提交了财产保险出险通知书及索赔申请书等相关资料,要求保险公司依法予以理赔,但保险公司却认为:该事故不属于"雇员忠诚险"的承保责任范围。保险公司列出了拒赔的三大理由。首先,银行雇员曾某犯下的是"挪用资金罪",并非保险条款规定的"携款潜逃、贪污和职务侵占",其行为性质与保险条款的约定不符。其次,本案事故地点是一家基层稽征所,并非保险合同约定清单所列的"稽征处"。第三,曾某在保险期间内挪用的资金只是填补之前的资金空当,并没对银行造成损

① 资料来源:中国保险学会网站,http://www.iic.org.cn/D_infoZL/infoZL_read.php?id=22261&pagex=1,2013 年 12 月 15 日访问。

失;而早在2005年6月,曾某就挪用银行资金借贷他人,借钱的时间才是银行产生损失的时间,不在保险期间内。

银行认为,条款中关于保险责任的陈述是对雇员不忠诚行为的描述,并非对刑法罪名的描述,例如刑法中也没有“携款潜逃罪”这样的罪名;而关于不忠诚行为,在保险学会的理解中包含了挪用等行为。而且,银行还认为,案发前银行并未发现曾某的不忠诚行为,2007年9月20日案发时才造成损失,属于合同约定的保险期间范围。

主审法官认为,参照中国保险学会的定义,雇员的侵占和挪用等不诚实的行为均属于保险公司承保的雇员忠诚保险责任范围,本案合同中列举的保险责任,是指雇员的不忠诚行为,而不是雇员所犯的罪名。而承保地点范围的问题,鉴于事故地点“稽征所”隶属于“稽征处”,且在同一地点办公,应认定“稽征所”属于保险合同约定的“上门收款地点清单”范围内。最后,由于曾某在2005年起至案发时的不法行为是连续性,且查实其自2007年8月30日至2007年9月20日分九笔挪用资金不能归还,故明确:发生保险事故的时间在保险期间内。

因此,思明区法院一审判决,扣除免赔金额后,保险公司应依约支付保险金1832684元。随后,保险公司不服上诉,厦门市中级人民法院二审最终维持原判。

【深度阅读】

1. 〔美〕约翰·道宾:《美国保险法》,梁鹏译,法律出版社2008年版,第十三章。
2. 郑功成:《财产保险》,中国金融出版社2010年版,第十七章。
3. 曾鸣:《信用保证保险研究》,上海财经大学出版社2009年版,第六章。
4. 邢海宝:《中国保险合同法立法建议及说明》,中国法制出版社2009年版,第八章。

【问题与思考】

1. 保证保险合同的主要特征是什么?
2. 保证保险与保证担保的主要区别是什么?
3. 保证保险与信用保险的主要区别是什么?
4. 保证保险合同的主要分类是什么?

第十八章　再保险合同

再保险合同是原保险人与再保险人之间就再保险业务的分出与分入问题所达成的协议。根据再保险合同,原保险人将其所承保的风险的一部分或者全部分出给再保险人,并按照双方约定的再保险费率支付再保险费,再保险人应当接受原保险人分出的全部再保险业务,并对再保险合同项下原保险人所发生的保险赔付承担赔偿责任。

第一节　再保险合同的概念与特征

一、再保险合同的概念

我国《保险法》第28条规定:"保险人将其承担的保险业务,以分保形式部分转移给其他保险人的,为再保险。应再保险接受人的要求,再保险分出人应当将其自负责任及原保险的有关情况书面告知再保险接受人。"据此,再保险合同是再保险人承诺赔偿原保险人因保险合同事故所发生的部分或者全部责任而达成的协议。再保险源于保险,由保险派生发展而来。保险是基础和前提,再保险是后盾和保障,是保险发展的支柱。

再保险是对原保险人所承担的危险赔偿责任的保险。当保险人承保的直接保险业务金额较大且危险过于集中时,就有必要进行再保险。通过与其他保险人订立再保险合同,支付规定的分保费,将其承保的危险和责任的全部或者分转嫁给其他保险人,以分散责任,保证自身业务经营的稳定性。随着危险事故造成的损失不断增大,保险人的责任越来越大,保险组织开展保险经营所面临的危险也越来越大,保险人需要将超过自身承受能力的保险责任转移给其他保险人来分担。世界各国的保险公司都需要根据自身经营状况,将其所承保的保险责任在国内或国际再保险市场上转移出去。分保接受人对原保险人由于在原保单下的赔偿引起的经济损失负补偿责任,所以再保险合同是以保护原保险公司偿付能力为目的的补偿合同。

再保险合同中的法定分保是指根据国家法律法规的规定必须办理的再保险,也称强制再保险。为了保护被保险人的利益,世界各国政府都规定了保险公司的最低资本额，并规定了每笔业务或每一个危险单位的最高自留额不能高于其资本加准备金的一定百分比，一般为5%至10%。我国《保险法》第103条规定："保险公司对每一危险单位，即对一次保险事故可能造成的最大损失范围所承担的责任，不得超过其实有资本金加公积金总和的10%；超过的部分应当办理再保险。"法定分保在一定程度上对保险公司的危险程度加以限制，防止保险公司过度追求业务规模导致危险积累，也为保险公司提供了最基本的再保险保障。此外，还可以对本国保险市场实施有效的保护。

二、再保险合同的特征

（一）合同主体特殊性

再保险合同是再保险人与原保险人之间的合同，原保险合同的投保人并非再保险合同的一方当事人。原保险合同的当事人是投保人和保险人；而再保险合同的当事人都是保险人，即原保险人和再保险人。尽管再保险合同中的分出人就是原保险合同的保险人，但其享有的权利和履行的义务完全不同。在保险合同中，他享有向被保险人收取保险费的权利，承担向被保险人支付赔款的义务；而在再保险合同中，他享有摊回赔款的权利，承担缴纳分保费的义务。另外，再保险合同并不体现被保险人与再保险人之间的法律关系，被保险人只是与保险人具有保险合同关系。同时，原保险合同通常仅涉及一家保险公司和某一保户，而且多在国内范围承保，再保险合同则往往涉及面很广，经常分给几个甚至上百个国内外分保接受人。

（二）合同标的特殊性

保险合同的标的是被保险人的财产、人身、信用及其有关的利益和责任，而再保险合同中的保险标的是分出人所承担的责任或风险。分保接受人并不直接对物质的损失给予赔付，而是对原保险人的分出责任给予补偿，并以此构成再保险的客体。但由于再保险合同是以原保险合同为基础的，是为分散原保险合同所承担的风险而订立的，因而再保险合同与原保险合同关系密切。再保险合同当事人的权利、义务与原保险合同当事人的权利、义务密切相关。再保险合同所承保的风险以及合同的标的与原保险合同相同。再保险合同的条款是以原保险合同为基础的，甚至是与原保险合同条款相同。再保险合同是紧随原保险合同之后的，原保险合同的条款有时就并入再保险合同之中。

（三）操作流程特殊性

原保险的安排通常先于再保险，即保险合同先于再保险合同。但在现代保险实务中，有时原保险与再保险的安排背离了这一顺序。例如，由保险经纪人公司首先安排再保险人提供全额的再保险再与一些保险人商谈直接保险事务，其中一些保险人在得知已经安排全额再保险的情况下同意承保。

(四) 损失补偿特殊性

原保险合同具有补偿性或给付性;在分保合同中,不论何种险别都是以补偿为原则,再保险人根据分保合同规定的限额和自己承担的比例,对分出公司所支付的赔款予以分摊、补偿。所以,再保险合同并不能提供完全、充分的赔偿。原保险人仅能从再保险人处获得部分的赔偿;只有在少数情况下,再保险人赔偿原保险人的全部损失。再保险人对于直接保险合同规定范围之外的损失,不承担赔偿责任。再保险人在向原保险人履行填补损失的赔付义务时,有权要求原保险人出示损失的证据,原保险人应承担举证责任,否则,再保险人有权拒绝承担赔偿责任。即使原保险合同所规定的保险事故发生,而且属于再保险合同承保的责任范围,再保险人的填补责任也并不当然发生,而是应根据再保险方式而定,再保险方式不同,再保险人的填补责任也大不相同。

三、再保险合同的种类

(一) 临时再保险合同、合同再保险合同和预约再保险合同

按照再保险安排方式的不同,可以将再保险合同分为临时再保险合同、合同再保险合同和预约再保险合同。

临时再保险是最早出现的一种再保险方式,也是一种基本的再保险方式。在临时再保险中,再保险人有权选择是否接受特定的风险。对某一风险,是否安排分保,分保条件,自留多少等,完全由保险人视风险情况和自身的财力而定,以一张保险单或一个危险单位为基础,逐笔与再保险人洽谈;再保险人根据风险的性质、责任大小、与保险人的关系等因素,确定接受或拒绝。临时再保险业务往往是新险种、新业务。保险人安排临时再保险时,通常在分保条上简要列明临分业务的有关情况,如保险标的细节、保险期限、险别、费率、保险金额、接受成份、分保手续费等,再保险人若同意接受,应迅速签回分保条。可见,临时再保险是以一张保险单或一个危险单位为基础,由保险人随意安排、再保险人自由接受的,其分保条件清楚,便于分保接受人了解和掌握业务情况,与合同分保相比,临时再保险手续费一般较低,通常不扣保费准备金和纯益手续费;但因逐笔洽分,手续繁琐,费用较高,且要求时间性较强。

合同再保险是一种使用最为广泛的基本再保险方式,是通过签订合同的方式确定分保关系,在一定时期内对一类或若干类业务进行缔约人之间的约束性再保险。根据再保险合同的规定,再保险人无权选择原保险人所分出的分保业务,再保险人必须全部接受原保险人分出的分保业务。保险人和再保险人在合同中将分保方式、起期、业务范围、责任免除、自留额、限额、分保费、分保手续费等内容固定下来,明确

双方的权利和义务。合同再保险的承保范围一般仅限于某一险种。合同再保险起始期多为日历年的1月1日,时限最低1年,通常规定年终前3个月互发临时注销通知,否则自然延续。

预约再保险是临时再保险与合同再保险的混合,兼有两者的特点,原保险人对分出的分保业务有选择权,即原保险人可以确定将哪些业务分出以及分出的份额,但再保险人必须接受原保险人分入的分保业务,即再保险人没有选择权。预约分保实际上是固定分保的一种补充。可见,预约再保险对分出公司来说比较主动、灵活,但对分保接受人则有强制性,不太受再保险人的欢迎。

(二)人身再保险合同和财产再保险合同

按照再保险对象的不同,可以将再保险合同分为财产再保险合同和人身再保险合同。在再保险合同中,财产再保险合同占重要地位,对再保险的需求较大。在通常情况下,人身保险合同的保险金额较小,对再保险的需求不大。

在人寿险再保险中,寿险公司经营再保险业务,首先应该确定公司的最高自留额。最高自留额是保险公司可以接受的单笔寿险业务保额的最高限,是进行再保险业务的前提。寿险公司应该综合考虑注册资本、保险标的、分保方法,以及财务和管理水平等各种因素,根据自身的特点和需要来确定适用于本公司的最高自留额。意外伤害及健康险常面临突然事件,形成责任积累,原保险人往往安排事故超赔再保险以保障再保险双方当事人的利益。

财产再保险合同可分为火灾再保险合同、运输工具再保险合同、货物运输再保险合同、责任再保险合同等。火灾保险的危险性质或程度因财产自身情况的不同而有较大差别,火灾险分保安排一般采用溢额分保方式。汽车险保单一般是综合性保单,所以汽车险再保险是按每次事故安排超赔分保。责任险再保险按责任险的不同种类分别采用比例和非比例方式安排分保。有时还要安排赔付率超赔分保。

第二节　再保险合同的内容

在国际再保险市场,分出公司与再保险人双方协商,共同拟订再保险合同的主要条款。再保险合同种类繁多,因再保险方式和业务类别的不同而有不同内容,但根据国际惯例,再保险合同有一些通用的基本条款,这些条款的内容无需原保险人和再保险人约定,只需在再保险合同中载明即可。

一、共命运条款

在再保险合同中，共命运条款的一般表述为："兹双方当事人特别约定，凡属本合同约定的任何事项，再保险人在其利害关系范围内，与原保险人同一命运。"

共命运条款的含义是，与原保险人有关的诉讼结果对再保险人也有约束力，而且原保险人根据诚实信用原则所作出的非诉讼赔偿，也对再保险人有约束力。但是，原保险人因调查和抗辩保单持有人的权利请求而支出的费用，再保险人不予负担。共命运条款也不能要求再保险人承担超过合同规定限额之上的损失，以及合同规定责任范围之外的灾害性事故所造成的损害。

共命运条款早期在再保险合同中表现为"按约赔偿"。一是涉及再保险人被迫支付赔款；二是涉及再保险人被迫支付赔款的条件与数额，即按照原保险人所同意的条件进行保险赔付。"按约赔偿"要求再保险人在不进一步询问原保险人的情况下，向原保险人支付其诚实地向被保险人赔付的任何保险赔款。如果再保检合同中有"按约赔偿"的规定，原保险人要获得再保险人的赔偿只要做到两点：一是基于诚实信用原则对被保险人进行保险赔偿；二是证明再保险的责任范围。

共命运条款在再保险实务中已经成为一个惯例，在所有的再保险合同中均有共命运条款的规定。即使当事人没有约定，也不妨碍共命运条款在再保险合同中的适用。在再保险业务中，无需原保险人作出任何明确表示，再保险人就必须受到该条款的约束。

在美国，共命运条款的目的在于最大限度地在众多原保险人和再保险人之间有效地分散风险，促使法院不同程度地接受并在司法实践中广泛适用这些原则。共命运条款要求再保险人必须履行原保险人已经履行的义务，禁止再保险人对原保险人基于诚实信用原则所作出的赔偿决定提起诉讼。禁止再保险人对原保险人提起诉讼，不仅适用于原保险人诚实信用的赔偿行为，而且还适用于原保险人本身所具有的基于诚实信用而放弃抗辩的决定。虽然再保险人有权调查原保险人与被保险人之间关于保险范围的最终处理决定，但是再保险人不能重新审查这些最终处理决定。共命运条款进而通过禁止法院或者仲裁庭重新审查原保险人的赔偿行为，强制再保险人偿付原保险人的保险赔偿，除非再保险人能够证明原保险人的赔偿行为具有恶意，或者没有进行适当的调查。

二、错误与遗漏条款

错误与遗漏条款旨在保护原保险人的利益，避免因错误或者遗漏而产生对原保险人极为不利的后果。再保险手续十分繁杂，从风险的分配与安排到账单的编制以及再保险费的支付等，可能会有错误、遗漏和迟延等情形的发生，因而有可能影响再保险合同的效力。为避免由此而引发双方之间的纠纷,影响正常再保险业务的开展,在再保险合同中通常规定错误与遗漏条款。目的在于防止因疏忽而未报告分出分保以及不正确报告分出分保,导致再保险合同解除,也是为了防止在原保险人遗漏必要的信息或者在提供错误信息的情况下,再保险人拒绝承担正当的再保险责任范围。

根据错误与遗漏条款,原保险人在分保业务分出过程中发生错误、遗漏或者迟延的,再保险人不得以对方当事人的错误、遗漏或者迟延为由而拒绝承担原有的责任。但原保险人发生的错误、遗漏或者迟延在主观上应不存在故意。原保险人一旦发现错误、遗漏或者迟延的,应立即通知再保险人,并及时纠正错误、遗漏。

大多数再保险合同均要求有错误与遗漏条款,并且再保险合同项下的所有交易均受到该条款的约束。但是,错误与遗漏条款并不能导致其他合同条款无效。为了确保再保险当事人基本目的的实现,错误与遗漏条款必须保证书写上的错误不会影响再保险责任的范围,而且不会由于错误的发生同时免除了再保险人更大的责任范围。

三、直接索赔条款

在通常情况下,直接保险合同的保单持有人不得直接向再保险人行使赔偿请求权,因为直接保险合同与再保险合同是两个独立的合同,直接保险合同的保单持有人并非再保险合同的当事人,再保险人既不向被保险人承担赔偿责任,也不能向被保险人行使权利。但可以在再保险合同中订立直接索赔条款,即在再保险合同中特别规定,允许指名的保单持有人直接向再保险人行使索赔权。

直接索赔条款的目的,是在直接保险人丧失支付能力的情况下保护被保险人的利益。一旦原保险人丧失偿付能力,再保险人向直接保险合同的保单持有人直接支付其应承担的赔款。在这种情形下,再保险人可以直接向保单持有人支付赔偿,但是必须采取措施避免受到原保险人的起诉。

直接索赔权的行使仅限于直接索赔条款规定的特别事项。直接索赔条款既可以以特别条款的形式出现,也可以以补充条款的形式出现。在原保险人的偿付能力有限的情形下,原保险人通常采取直接索赔条款的方式吸引大的商业保险客户,为保险客户提供担保。一旦原保险人发生丧失偿付能力、付款迟延、清算等情形,被保险人便可适用该条款,直接要求再保险人承担保险责任。

再保险合同还有直接索赔补充条款。直接索赔补充条款是再保险人与直接保险的被保险人之间的独立协议,但最终成为再保险合同的一部分。直接索赔补充条款通常也适用于原保险人丧失偿付能力的情形。

再保险合同中,不论是直接索赔条款还是直接索赔补充条款,再保险人仍然承担与原保险人完全相同的责任。直接索赔条款使直接保险合同的被保险人成为再保险合同的受益人。对再保险人来说,无论是对原保险人还是对被保险人,均承担同样的责任;通过直接索赔条款,再保险人能够进入其没有被合法准入的市场,为保险客户提供保险服务。对原保险人来说,在缺乏充分的财务支持的情况下,直接索赔条款对吸引大的商业保险客户非常有效。

但是,直接索赔条款可能与保险和清算法律、法规相冲突,而且直接索赔条款违反了合同的相对性原则。

四、再保险合同的其他内容

再保险合同涉及合同的业务范围。通常分保合同责任与原保单相同,但由于各保险公司往往对同一类业务所承保的责任范围互不一致,在业务范围一项内,除规定一般承保责任外,还都列明包括哪些附加险及除外责任等。再保险合同还涉及承保业务的地理区域。通常应说明合同的业务属于哪一地区,因为不同国家有其特别做法,对分保接受人尤为重要。如果有几个或多个分保接受人参加合同,要列明各分保接受人的具体成分。

分保手续费是再保险人根据分保费付给分出公司的报酬,用以分担和补偿分出公司为招揽业务和经营管理所需的费用开支,是再保险合同必须列明的。分保合同起期后,承担责任的方式通常有两种,一是以保单签发为基础,即在分保合同有效期内所签发的保单,都属于合同承担的责任,此外还包括合同有效期内的续转业务。二是以赔款发生为基础,也就是说,凡是在分保合同有效期内所发生的赔款,都是合同所应承担的责任。因此,当分保合同终止时往往会有未了责任。处理未了责任的办法有两种:一是自然期满法,即保持各笔业务的分保责任,直到它们的责任到期或结束时为止;二是结清法,即在分保合同终止时,再保险人对各笔业务的责任也同时终止,未了责任转移给下一个业务年度的分保接受人。

为确保再保险人根据合同规定支付其未了责任,分出公司往往在分保合同将部分保费扣留一定时期,作为保费准备金。保费准备金通常按毛保费的40%在每期账单中扣存,至翌年同期归还。对于业已发生但尚未支付的赔款称为未决赔款,分出公司往往对未决赔款从分保费中提存部分或全部金额,作为赔款准备金,一般按未决赔款的90%扣存,用以支付未决赔款。

【深度阅读】

1. 郭颂平:《保险基础知识》,首都经济贸易大学出版社2006年版,第十一章。

2. 吴定富:《中华人民共和国保险法释义》,中国财政经济出版社2009年版,第四章。

3. 邢海宝:《中国保险合同法立法建议及说明》,中国法制出版社 2009 年版,第八章。

【问题与思考】

1. 再保险合同的主要特征是什么?
2. 再保险合同的主要分类是什么?
3. 再保险合同的主要内容是什么?

第四编

保险业法论

第十九章　保险法的组织规则

第一节　保险业的组织形式

一、保险业组织形式概述

保险组织的设立和组织形式直接关系到公众利益和社会的稳定，所以各国一般都实行保险业务经营许可证特许管理，特别规定经营者的资格。除英国等极少数国家和地区外，各国的保险经营者必须是法人组织，禁止个人经营保险业务。

保险业的组织形式是指保险业经营者的表现形式。经营保险业务必须采取一定的组织形式，成立经营机构。保险机构组织形式从其经营目的而言，可分为营利保险组织和非营利保险组织。从其经营主题而言，可分为公营保险组织和民营保险组织。公营保险组织指由政府或其他公共团体设立的经营保险业务的机构。这些组织通常为非营利性的，其成立主要是为了增加财政收入或实施某项政策。民营保险组织，是由私人或私法上的团体设立的经营保险业务的机构，一般以营利为目的。

经营组织是保险业务活动的基础，各国立法都对保险经营组织给予规范。在大陆法系国家或地区，保险业的组织形式主要包括保险股份有限公司和相互保险组织。

德国《保险企业监督法》对保险经营组织形式规定为：(1) 股份有限公司；(2) 相互保险公司；(3) 依照公法设立的公司或其他企业机构；(4) 依照公法设立的协会，即依照公法设立而对公务人员或教会职员提供专业的老年、残废或生存利益的保险经营组织。该法规定保险企业是指以从事商业保险为目的的企业，不包括从事社会保险者在内；相互保险公司为保险经营组织形式之一种，适用《保险企业监督法》。

日本《保险业法》对保险经营组织的形式作了明确分类并定义：保险公司，是指依法得到内阁总理大臣许可的保险业者；生命保险公司，是指在保险公司中取得依法经营生命保险许可证的保险业者；损害保险公司，是指依保险业法设立的以人身保险为目的的社团；保险控股公司，是指保险公司为子公司的控股公司，得到内阁总理大臣的许可而成立，或得到有关延缓期限之规定而认可的公司。

瑞士《联邦私营保险机构监督法》规定保险公司只能采取股份公司或合作企业

的法律形式。意大利对保险公司组织形式在1959年第449号法令中规定为:“设立国家保险公司,该公司的保险单由国家作担保”。“国家保险公司具有法人资格并自主经营,法人地址在罗马,受工业贸易部和国库部监管。该公司的体制由公司章程规定,并由工业贸易部部长听取国务院意见后提出方案,由共和国总统令批准。”1995年第175号法令规定保险经营组织形式有股份保险公司、相互保险公司和责任有限合作公司。

英美法系国家保险人的组织形式还包括个人保险组织、相互保险社和相互保险公司。美国对于保险经营组织形式的规定以州立法为主,各州的规定并不完全一致,并把社会保险纳入与商业保险立法并列的范畴。如美国《纽约州保险法》规定,保险组织形式有股份公司、相互保险公司、保险合作社和劳合社等。其中,股份公司和相互保险公司是美国主要的保险组织形式,自保公司在美国也有一定的影响力。英国在1982年《保险公司法》中对保险组织形式作了规定,其中包括股份公司、相互保险公司和劳合社等。而保险合作社则在1923年《简易人寿保险法》和1948年《简易寿险及友爱社法》中作了专门规定。美国保险法的渊源还表现在各州的其他商事立法与劳工雇员立法,以及关于保险合同方面的判例当中。

澳大利亚《保险法》对保险经营组织的形式确认为:国有保险公司,其财产归各州的政府所有。各州的国有保险公司,不论其经营范围是否超出本州的业务,均不受保险法制约。此外还有股份保险公司、互助保险公司、特殊保险公司和自营保险公司。

我国台湾地区“保险法”第136条第1款规定:保险业之组织形式,以股份有限公司及合作社为限。但依其他法律或经主管机关核准设立者,不在此限。因而,我国台湾地区保险业的组织形式有:股份有限公司、保险合作社和其他形式。股份保险公司、保险合作社与国际通行做法一致;其他形式的保险组织是依其他法律法规规定而经营保险业务者,如“‘财政部中央信托局’人寿保险处”。

在我国,设立保险公司必须符合保险法律、法规所规定的实体内容,遵守法定的设立程序,如申请和批准程序等。否则,要依法承担法律责任。如擅自设立保险公司或者非法从事商业保险业务活动的,由保险监督管理机构予以取缔;构成犯罪的,依法追究刑事责任;尚不构成犯罪的,由保险监督管理机构没收违法所得,并处以罚款。

二、国有保险公司

国有保险公司是由国家或政府投资设立的保险经营组织。国有独资保险公司是国有保险公司最重要的组织形式。国有独资保险公司,是国家授权投资的机构或者授权的部门单独投资设立的保险有限责任公司。它最显著的特征就是公司的出资者只有国家一人,因而也称为“一人保险公司”。国有独资保险公司的股东只有一个——国家,是国家授权投资的机构或者授权的部门投资设立的。并且,国有独资保险公司是有限责任公司,是“一人”投资设立的有限责任公司。国有独资保险公司的资产所有权最终归国家所有。国有保险公司的特点是资金雄厚,被保险人有较强的安全感;经营规模大,危险分散广泛,业务稳定,注重社会效应,同时还承担国家指定的政策性保险业务。

西方国家中也存在国有保险公司,如由政府投资设立的专门经营出口信贷保险或海外投资风险保险的组织。法国曾经设立过国有保险公司,但由于效率低下等原因,逐步股份化,一些则转化为国家控股的保险公司。

三、保险股份有限公司

保险股份有限公司是指依法设立的、全部资本均分为若干股份、股东以其持有的股份为限对公司承担责任、公司则以其全部资本对公司债务承担责任的经营保险业务的企业法人。公司的全部资本均分为若干股份,其成员以其出资金额为限对公司债务承担责任,公司以其全部资产对公司债务承担责任。

保险股份有限公司的优点是:

(1) 股份保险公司资本容易筹集。保险股份公司采取发行股票的方式筹集资本,可以在较短的时间内募集到数额巨大的资本,使其拥有雄厚的财力。股份保险公司的财力越雄厚,赔付能力就越强,经营风险就越小,被保险人的利益越能得到充分的保障。

(2) 股份保险公司采取资本与经营分离的制度,股东对公司承担的责任仅以其所认购的股份为限。股份有限公司是典型的资合公司,股东以其所拥有的股份数额获取对公司的投资权以及对公司经营的决策权,但一般不直接参与公司的经营活动,公司的经营管理由董事会及其领导下的经理人员负责,为专业人才充分施展自己的才能提供了用武之地。公司的所有权与经营权相分离有利于提高经营管理效率,增加保险利润,对被保险人的保障更强。

(3) 股份保险公司组织严密健全,有利于规范和高效率经营。股份公司必须依法建立股东大会、董事会、监事会等组织机构,健全财务会计制度和公示制度。严密的组织机构和健全的管理制度,有利于公司经营的规范和经营效率的提高。

(4) 股份有限公司采取确定保费制,容易积累巨额保险基金。保险股份公司的保险费率是通过预先计算确定下来的,参加保险的人需要按照预定的费率缴纳保险费,使保险人的资金来源比较稳定,并能因此积累到巨额的保险基金。投保人负担确定也比较符合现代保险的特征和投保人的需要,为业务扩展提供了便利。

在日本,股份保险公司在1940年修改的《保险业法》中得以明确确定,并在以后的《保险业法》修改中，逐渐稳固了其地位。英国采取股份保险公司这一形式始于18世纪。现在股份保险公司占有英国的80%左右的非寿险市场和60%左右的寿险市场，64家综合保险公司中有63家是股份保险公司。

四、相互保险公司

相互保险公司，是指所有参加保险的人自己设立并为自己提供保障的法人组织。相互保险公司是保险业特有的公司组织形态，属于社团法人。

相互保险公司由所有参加保险的人共同组成，创立时的费用以及业务费用和担保基金来源于社员事先缴纳的一定的资金。此种资金是公司的债务，在一定条件下是需要偿还的，投保人还须按时缴纳保险费，由公司承担被保险人的风险损失。相互保险公司由被保险人控制，有选举或被选举为公司董事的权利，并参加公司的年会，行使表决权等。相互保险公司均签发分红保单，以分享公司的盈余。公司盈余是公司资产扣除负债后的余额，盈余中可以分给被保险人的部分为可分割盈余。公司亏损的，则以由投保人摊交保险费的方式或者用公司以前的盈余去弥补。

相互保险公司的投保人具有双重身份，即相互保险公司股东、保单持有人的地位与股份公司的股东地位类似，公司为他们所拥有。他们既是公司所有人，又是公司的顾客；既是投保人或被保险人，同时又是保险人。他们只要缴纳保险费，就可成为公司成员，而一旦解除保险关系，也就自然脱离公司，成员资格随之消失。相互保险公司是一种非营利性组织。相互保险公司没有资本金，以各成员缴纳的保险费形成公司的责任准备金，来承担全部保险责任，各成员也以缴纳的保险费为依据，参与公司盈余分配和承担公司发生亏空时的弥补额。相互保险公司的组织机构类似于股份公司。相互保险公司的最高权力机关是会员大会或会员代表大会，即由保单持有人组成的代表大会，由他们选举董事会，由董事会任命公司的高级管理人员。

如德国《保险企业监督法》把相互保险公司明确定义为：社团法人按照相互性原则保险其成员，并获得主管监督机关授权经营业务，以法人组织形态存在的公司。英国法律规定，相互保险公司是可以直接接受风险业务的重要的法定保险组织。它在寿险业务中约占30%，在非寿险业务中只占10%左右。

瑞士的保险合作社也是由一些具有保障某种同一风险要求的人自愿集股设立的保险组织，在这点上与相互保险社很相似，但两者是有区别的：保险合作社是由社员共同出资入股设立的，加入保险合作社的社员必须缴纳一定金额的股本；而相互保险社则无股本。只有保险合作社的社员才能作为保险合作社的被保险人，但是社员也可不与保险合作社建立保险关系；而相互保险社与社员之间是为了一时的目的而结合的，如果保险合同终止，双方则自动解约。保险合作社的业务范围仅局限于合作社的社员，只承保合作社社员的风险。保险合作社采取固定保险费制，事后不补交；而相互保险社保险费采取事后分摊制，事先并不确定。①

【背景资料】　　日本的相互保险公司②

日本的相互保险公司最为典型。按照日本《保险业法》的规定，设立相互公司时，必须由发起人制定公司章程，并在章程上签名。设立相互公司所必需的成员人数为100人以上。发起人在认购基金的总额全部缴齐，并且达到规定的人数之后，应立即召开创立大会。公司成立后，能称为其成员者，在创立大会中具有表决权。创立大会应有半数以上的成员出席。其决议须经具有表决权的3/4以上成员通过，公司的设立登记应在创立大会结束后两周内完成。投保人为公司社员，以其交付的保险费为限承担责任。成员可以根据下列事由退出公司：一是保险关系的消灭；二是发生章程规定的事由。退出成员根据章程或保险条款的规定，可以向公司提出要求归还属于退出成员所有的金额的请求。相互保险公司的组织机构由成员大会、成员代表会、董事及董事会和监事组成。成员大会、成员代表会是最高权力机关。成员出席成员大会，每个成员均有一表决权。成员享有提案权、召集成员大会的请求权和选任成员大会检查人的请求权。根据章程的规定，可以设置从成员中选出来的成员代表组成的成员代表会，以代替成员大会。董事和监事均由成员选举产生。董事会为业务执行机构，监事会为业务监督机构。

第二节　保险公司的设立

保险公司的设立，是为取得保险组织的主体资格而依法定程序进行的。保险公司因其以风险为经营对象，直接关系到社会经济秩序的稳定，所以必须具备比一般企业设立更为严格的条件，这是世界各国保险法的普遍规定。保险组织需经国家主管部门核准才能成立，而且法律对其核准考查的文件都有明确规定。

一、保险公司设立的条件

设立保险组织的条件大都包括实体条件和程序条件。实体条件是指设立保险组织所应达到的能承担责任的物质标准和其他标准，诸如组织的章程，资本金的规定，高级管理人员的规定，有关组织机构和管理制度的规定，还有关于营业场所和与业务有关的其他设施的规定等。设立保险组织的程序条件，是指法律法规规定的设

① 邓成明：《中外保险法律制度比较研究》，知识产权出版社2002年版，第111页。
② 许崇苗：《中国保险法适用与案例精解》，法律出版社2008年版，第591页。

立保险组织须遵循的程序方面的要求。

(一) 股东条件

对于股东的资格,一般公司并无限制,但向保险公司投资入股则不同。中国保监会于2010年5月4日颁布《保险公司股权管理办法》,2010年6月10日起施行,该办法总体规定:保险公司单个股东(包括关联方)出资或者持股比例不得超过保险公司注册资本的20%;两个以上的保险公司受同一机构控制或者存在控制关系的,不得经营存在利益冲突或者竞争关系的同类保险业务,中国保监会另有规定的除外;保险公司的股东应当用货币出资,不得用实物、知识产权、土地使用权等非货币财产作价出资;股东应当以来源合法的自有资金向保险公司投资,不得用银行贷款及其他形式的非自有资金向保险公司投资。该办法明确规定了保险公司的股东资格,即向保险公司投资入股,应当为符合该办法规定条件的中华人民共和国境内企业法人、境外金融机构,但通过证券交易所购买上市保险公司股票的除外。境内企业法人向保险公司投资入股,应当符合以下条件:(1) 财务状况良好稳定,且有盈利;(2) 具有良好的诚信记录和纳税记录;(3) 最近3年内无重大违法违规记录;(4) 投资人为金融机构的,应当符合相应金融监管机构的审慎监管指标要求;(5) 法律、行政法规及中国保监会规定的其他条件。境外金融机构向保险公司投资入股,应当符合以下条件:(1) 财务状况良好稳定,最近3个会计年度连续盈利;(2) 最近一年年末总资产不少于20亿美元;(3) 国际评级机构最近3年对其长期信用评级为A级以上;(4) 最近3年内无重大违法违规记录;(5) 符合所在地金融监管机构的审慎监管指标要求;(6) 法律、行政法规及中国保监会规定的其他条件。持有保险公司股权15%以上,或者不足15%但直接或者间接控制该保险公司的主要股东,还应当符合以下条件:(1) 具有持续出资能力,最近3个会计年度连续盈利;(2) 具有较强的资金实力,净资产不低于人民币2亿元;(3) 信誉良好,在本行业内处于领先地位。

党政机关、部队、团体以及国家拨给经费的事业单位,不得向保险公司投资。除法律、法规另有规定或国务院批准外,银行、证券机构不得向保险公司投资。单个股东直接投资,或以其他股东名义投资,或通过关联公司投资,持有股份超过保险公司总股本10%的,应当报经中国保监会批准。

符合上市条件的保险股份有限公司,经中国保监会、中国证券监督管理委员会批准,可向公众募集股本。

我国《保险法》第68条在"设立保险公司应当具备下列条件"的第1项中规定:"主要股东具有持续盈利能力,信誉良好,最近3年内无重大违法违规记录,净资产不低于人民币2亿元"。

（二）资本条件

资本条件即保险公司设立时所应具备的法定最低资本限额。为了保证保险公司具备经营所需的资本，多数国家都通过保险立法，对保险公司设立时应当具备的最低资本限额给予明确规定。

我国法律要求保险公司在设立时，必须具有最低限额的注册资本，即发起人认缴和向社会公开募集的股本达到法定资本最低限额。《保险法》第69条规定："设立保险公司，其注册资本的最低限额为人民币2亿元。国务院保险监督管理机构根据保险公司的业务范围、经营规模，可以调整其注册资本的最低限额，但不得低于本条第1款规定的限额。保险公司注册资本最低限额必须为实缴货币资本。"《保险公司管理规定》依据《保险法》的这一规定，根据保险公司经营规模的大小，分别规定了注册资本的最低限额：全国性的保险公司为5亿元人民币，区域性的保险公司为2亿元人民币。注册资本必须是在保险公司设立登记时股东认缴的股款或出资已经实缴到位而构成的资本总额。我国台湾地区"保险法"规定，保险组织在设立前，应按资本或基金实收总额的15%，缴存保证金于"国库"。其中，保险公司按资本实收总额的15%缴存，缴存机关均为"国库"。

澳大利亚对保险公司要求实收资本总额不得少于200万澳元；成立时在澳资产必须超过负债总额200万澳元以上；在澳资产总值必须超过其在澳负债总额200万澳元。韩国要求保险业者经营人身保险业须交纳2亿元以上资本金或基金，经营损害保险须交纳3亿元以上资本金或基金，否则不得开业；财务部长官从事业规模、资产状态、市场状况及其他情况考虑，可命令增加或限制增加资本金或基金。英国《保险公司法》规定，经营保险业务股份制保险公司的实收资本必须达到或超过10万英镑；相互保险社必须有2万英镑的注册资本。美国纽约州对不同的保险人有不同的注册资本要求：人寿保险股份有限公司的最低注册资本金为450万美元，相互人寿保险公司的最低注册资本金为15万美元。我国台湾地区"保险法"规定申请设立保险公司最低资本额为台币20亿。

（三）公司章程条件

保险公司章程是规范保险公司的组织及其行为的重要文件，是保险公司设立的必要条件。保险公司的组织形式不同，章程的制定、应记载的事项以及通过的程序也不相同。

设立保险股份有限公司的，其章程由发起人共同制定，并且应当明确法律规定的事项。设立国有独资保险公司的，其章程可以由国家授权投资的机构或者国家授权的部门根据法律规定制定，也可以由董事会制定。由董事会制定的，应当报国家授权投资的机构或者国家授权的部门批准。

美国法律规定公司章程必须包括如下内容:(1) 公司的名称,如果是一家相互保险公司,则名称必须包括“相互”字样;(2) 公司的主要办公地点;(3) 将要经营的业务范围;(4) 公司行使权力的方式;(5) 公司董事会的人数;(6) 选举董事和高级职员的时间和方式;职务空缺的填补办法;(7) 公司第一次年会之前首任董事的名称和居住地址;(8) 公司存续时间一般不得少于30年等。

澳大利亚保险公司设立章程和公司章程是两个不同的文件,规定的是公司权力及管理办法。公司设立章程必须包括以下内容:公司名称;公司的经营目标和宗旨以及为达到这一目标所使用的权利说明;资本结构的说明;公司关闭时每个成员需要担负的债务责任说明;资本认购人姓名以及每人认购的股数;认购人签署的愿意成立股份公司的说明。公司章程应说明股份公司如何达到经营目的,建立公司内部组织和行政管理的规定,并且规定股票的分配与发行以及股份资本变动的程序;如何召开股东会议以及此类会议的程序;董事的权利和义务以及任命方式;公布股票分红情况等。

二、保险公司设立的程序

国家对保险公司经营保险业实施许可制度,故保险公司的设立必须首先取得保险监管部门的许可,取得经营许可证,然后向工商行政管理部门办理设立登记。

(一) 筹建申请

在我国,设立保险公司,应首先向保险监管部门提出筹建申请,并提交筹建申请书、可行性研究报告以及保险监管部门规定的其他文件。

筹建申请书是申请设立保险公司的基础文件,其中应当载明拟设立保险公司的名称、注册资本、业务范围等。可行性研究报告,是发起人对申请前保险市场情况的分析和对拟设立的保险公司各种情况,如资本投入、业务范围、市场拓展、资金运用、偿付能力、业务风险、人才条件等进行的综合性研究预测。通过可行性研究报告,也可以反映出申请人对保险行业及保险市场的熟悉程度和把握能力,对保险监管部门决定是否许可申请人的申请,具有重要的意义。此外还应提交投资人股份认购意向书及其背景材料,包括机构性质、组织形式、成立时间、审批部门、法定代表人、注册资本。

在美国,组建有限责任形式的保险组织的发起人(包括9名自然人)必须向监管部门提交书面意见,注明该组织的预定名称、主要办公场所所在地以及其将要发布成立公告的公开报刊的名称和地址。如果监管者同意该名称及报刊,则需要通知发起人。发起人收到认可意见后,须在认可的报刊上连续2周每周2次或连续6周每周1次刊登将要成立该有限责任公司的意向公告,公告须指明公司的预定名称、经营的保险险种、发起人姓名和居住地址及主要办公地点。如果是股份有限公司,还须注明原始股本。

（二）筹建工作

保险监管部门自收到筹建保险公司申请文件之日起6个月内，作出批准或者不批准筹建的决定，并书面通知申请人。决定不批准的，应当书面说明理由。经批准筹建的，筹建申请人应当在1年内完成保险公司的筹建工作。筹建工作按照法律规定的保险公司设立的条件进行，包括：拟订公司章程，认缴出资或缴纳股款并办理验资证明手续，临时选任公司的高级管理人员，组建公司董事会，设立监事会，制定公司经营方针和计划，确定公司的营业场所和其他相关设施。逾期未完成的，原批准筹建的文件自动失效。筹建机构在筹建期间不得从事任何保险业务活动。

（三）正式申请

设立保险公司申请人的筹建申请获得批准，通过在法定期限内的筹建，符合保险公司设立的法定条件的，可以向中国保监管会提出设立的正式申请。提出正式申请应当提交的文件和资料包括：(1) 开业申请书；(2) 创立大会决议，没有创立大会决议的，应当提交全体股东同意申请开业的文件或者决议；(3) 公司章程；(4) 股东名称及其所持股份或者出资的比例，资信良好的验资机构出具的验资证明，资本金入账原始凭证复印件；(5) 中国保监会规定股东应当提交的有关材料；(6) 拟任该公司董事、监事、高级管理人员的简历以及相关证明材料；(7) 公司部门设置以及人员基本构成；(8) 营业场所所有权或者使用权的证明文件；(9) 按照拟设地的规定提交有关消防证明；(10) 拟经营保险险种的计划书、3年经营规划、再保险计划、中长期资产配置计划，以及业务、财务、合规、风险控制、资产管理、反洗钱等主要制度；(11) 信息化建设情况报告；(12) 公司名称预先核准通知；(13) 中国保监会规定提交的其他材料。

中国保监会应当审查开业申请，进行开业验收，并自受理开业申请之日起60日内作出批准或者不批准开业的决定。验收合格决定批准开业的，颁发经营保险业务许可证；验收不合格决定不批准开业的，应当书面通知申请人并说明理由。经批准开业的保险公司，应当持批准文件以及经营保险业务许可证，向工商行政管理部门办理登记注册手续，领取营业执照后方可营业。

在英国，要求提交设立保险经营组织的申请书。申请书中一般需概要说明公司发起人的名称及法定代表人，设立公司的目的及方案，公司的宗旨及保险业务经营范围，公司设立的方式与资本结构，发起人的基本情况和资信证明，以及其他需要说明的问题。此外还应提交设立保险经营组织的可行性报告。可行性报告应包括下列内容：公司的名称地址；公司的注册资本、股份类别及结构；公司的保险业务经营范围、发展方向及市场需求状况；公司的经济效益及发展前景预测；其他需要说明的问题。

德国《保险监督法》规定经营健康险公司所需的材料包括:保单的基本条款,保费的计算原则和它的数学基础(包括计算公式),再保险安排计划;建立业务管理和保障系统所需费用的初步估算;对于援助性的保险附加险种,公司必须提供其确实的能够落实这样的援助的法定证明材料;有关借以评定公司高层经理和董事的可靠性和资质的必要材料;提供保险公司主要的参股情况,其中包括:持股者及其参与数额、财政资质,在此之前三年的财务状况,有关该持股公司所属集团公司的情况等。

(四)设立登记

保险公司进行设立登记的期限,是从取得经营保险业务许可证之日起6个月内,超过6个月未办理登记的,因经营保险业务许可证自动失效而使设立登记权也随之丧失。

国有独资保险公司的设立登记,由国家授权投资的机构或授权的部门为申请人,向工商行政管理部门提出设立登记申请,并提交下列文件:保险监管部门颁发的经营保险业务许可证;公司董事长签署的设立登记申请书;国家授权投资的机构或授权的部门指定的代表或者委托代理人的证明;法定验资机构出具的验资证明;保险公司的章程;投资人的资格证明;记载保险公司的董事、监事、经理的姓名、住所的文件以及有关委派、选举或者聘用的证明;法定代表人的任职文件和身份证明;保险公司名称预先核准通知书;营业场所的证明等。

保险股份有限公司的设立登记,由董事会向工商行政管理部门提出设立登记申请,并提交下列文件:保险监管部门颁发的经营保险业务许可证;公司董事长签署的设立登记申请书;国务院授权部门批准设立股份有限公司的文件,募集设立的保险股份有限公司还应当提交国务院证券管理部门的批准文件;法定验资机构出具的验资证明;保险公司的章程;筹办公司的财务审计报告;发起人的法人资格证明或自然人的身份证明;记载保险公司的董事、监事、经理的姓名、住所的文件以及有关委派、选举或者聘用的证明;法定代表人的任职文件和身份证明;保险公司名称预先核准通知书;营业场所的证明等。

(五)领取营业执照

登记机关收到申请人提交的合格文件后,发给《公司登记受理通知书》,并自发出通知书之日起30日内,作出核准登记或者不予登记的决定。不予登记的,应当自作出决定之日起15日内通知申请人,发给《公司登记驳回通知书》;核准登记的,应当自核准登记之日起15日内通知申请人,发给《企业法人营业执照》。经登记机关核准登记并核发《企业法人营业执照》,保险公司即告成立。保险公司凭登记机关核发的《企业法人营业执照》,刻制公章,开立银行账户,申请纳税登记,正式开展营业活动。

美国纽约州内的保险企业,无论股份公司或相互公司,在完成创立和筹集资金工作后,必须取得监管者签发的允许在纽约州经营某类保险业务的营业执照。在获取执照前,董事和发起人共同对筹建公司的所有债务负连带责任。英国规定,在注册登记时符合国家对保险经营组织设立的资本条件及缴存的规定,该经营组织即可领取经营保险业务的许可证,在保险管理机关进行注册登记,在领取营业执照后即可正式开展业务。注册登记的内容包括:组织名称、注册地址及保险业务许可证颁发日期;经核准经营保险业务的种类;注册资本、实收贸易资本;保险组织负责人及其简历;业务经营状况及财务状况。

在德国,在下列情况下将不颁发营业许可证:董事和经理资质不符合要求;未能达到对于合格投资规定的要求;根据所呈交的营业计划,被保险人(客户)的利益得不到恰当维护,或保险合同所承担的责任无法长期得以履行。

【背景资料】　　如何在境外设立和收购保险机构?

2006年3月13日,中国保监会公布了《保险公司设立境外保险类机构管理办法》,自2006年9月1日起施行。该办法对我国保险公司设立和收购境外分支机构、境外保险公司和保险中介机构作出了规定(收购,是指保险公司受让境外保险公司、保险中介机构的股权,且其持有的股权达到该机构表决权资本总额20%及以上或者虽不足20%但对该机构拥有实际控制权、共同控制权或者重大影响的行为)。

保险公司设立境外保险类机构的,应当具备的条件是:(1) 开业2年以上;(2) 上年末总资产不低于50亿元人民币;(3) 上年末外汇资金不低于1500万美元或者其等值的自由兑换货币;(4) 偿付能力额度符合中国保监会有关规定;(5) 内部控制制度和风险管理制度符合中国保监会有关规定;(6) 最近2年内无受重大处罚的记录;(7) 拟设立境外保险类机构所在的国家或者地区金融监管制度完善,并与中国保险监管机构保持有效的监管合作关系;(8) 中国保监会规定的其他条件。保险公司应当向中国保监会提交申请设立境外分支机构、境外保险公司和保险中介机构的相关材料。

未经中国保监会批准,擅自设立境外保险类机构的,由中国保监会责令改正,并处5万元以上30万元以下的罚款;情节严重的,可以限制业务范围、责令停止接受新业务或者吊销经营保险业务许可证。擅自设立境外代表机构、联络机构、办事处等非营业性机构的,由中国保监会责令改正,并处3万元以下的罚款。

第三节　保险公司的变更

一、保险公司变更的概念和内容

保险公司的变更，是指保险组织在名称、组织上的变更和在活动宗旨、业务范围等方面的变化，包括组织名称和营业场所的变更、章程的修改、资产的变动、业务范围的调整以及组织的分立和合并等。我国《保险法》第 84 条规定的变更事项包括：(1) 保险公司名称的变更，包括分支机构名称的变更。(2) 注册资本的变更，即注册资本的增加或减少，或者是保险股份有限公司调整股权结构。保险公司减少注册资本的，其减少后的注册资本不得低于法定资本最低限额。(3) 营业场所的变更，即保险公司及其分支机构的营业场所的变更。(4) 撤销分支机构。(5) 公司的分立或者合并。(6) 修改公司章程。(7) 变更出资额占有限责任公司资本总额 5% 以上的股东，或者变更持有股份有限公司股份 5% 以上的股东。(8) 国务院保险监督管理机构规定的其他变更事项。保险公司变更的，应当报请保险监管部门批准。

各国保险立法有关保险组织变更的事项包括：保险经营组织形式变更，如保险经营组织名称的变更和保险经营组织营业场所的变更等；保险经营组织实体方面的变更，如注册资本的增加或减少和业务范围的调整、保险经营组织的合并和分立。

英国《保险公司法》关于保险公司业务的变更包括保险单所涉风险的变更。保险公司的变更须获得保险监管机关的许可。保险公司董事等重要人员变更，除需获得保险监督机关的批准外，还并需办理变更声明。在变更的程序上要求：拟订变更的内容；提出变更申请；变更申请的审批和变更的登记。

美国各州立法对保险组织停止经营某项业务要求不完全一致。有的州立法规定，如果保险公司要在市场上停止某项业务，必须事先通知监管者。保险公司通过修改营业执照取消某类业务来停止继续承保该类业务，须把修改的营业执照提交监管者予以确认。对于保险组织的董事和负责人的变更，大多数州的保险立法都要求提交公司董事和负责人的履历和指纹，以使监管者检验确定这些人是否值得信任。

德国有关保险组织变更的管理职权集中在联邦保险监督局和州保险管理局，前者主要监督私营保险公司以及一些跨州经营法定保险业务的机构。后者主要监督境内各州经营法定保险业务的机构。保险组织变更的内容包括：经理或董事的辞职；资本金的增加或减少；公司章程的修订；合并或认购；去国外设立保险分支机构；保险机构的改变；保险经营计划的改变等。对经理或董事的辞职、为了增加资本金而对公司章程作出改变、合并或收购等，保险机构有向保险监管机构汇报的义务。从一家保险机构向另一家保险机构转移有效保单必须经过保险监督机构批准，该批准必须公布在联邦公告上。保险机构经营计划的任何改变也只有经过保险监督机构的批准后方能生效。

二、保险公司的分立

保险公司的分立,是指一个保险公司分成两个或两个以上保险公司的法律行为。保险公司的分立是以保险公司变更,即通过解散原保险公司成立新公司,或者从原保险公司中分离出一部分成立新公司,原保险公司继续存在的方式来实现。保险公司的分立是保险公司自身的行为,由公司的权力机关作出决定,只要符合法定程序,即可进行分立。

保险公司的分立包括新设分立和派生分立。新设分立是指将一个保险公司分成两个或两个以上保险公司的分立形式。分立后原保险公司解散,并须办理注销登记;新设立的保险公司必须符合法律规定的条件,须办理设立登记。派生分立,是指从保险公司中分出一部分成立新保险公司的分立形式。分立后原保险公司继续存在,但应依法办理变更登记;成立的新保险公司应符合法律规定的条件,并办理设立登记。

保险公司分立由保险公司的权力机构作出决定,经过保险监管部门的批准,并且应当分割财产,编制资产负债表和财产清单,签订分立协议,明确分立后债权的行使及其债务的分担,通知债权人到登记机关办理相应的登记。

在澳大利亚,法定资金合并与分立是保险组织变更的一项重要内容。澳大利亚1995年《人寿保险法》对法定资金的分立规定为:保险公司在取得专员的批准以后,可以合并或分立法定资金。公司必须按照保险专员条例向保险专员提出申请。除了其他必要的内容以外,申请单位必须向保险专员证明,新建立的资金或经合并而建立的资金符合偿付能力和资本充足的要求。

三、保险公司的合并

保险公司的合并,是指两个或两个以上的保险公司依照法定程序并成一个保险公司的法律行为。保险公司合并是保险公司变更的形式,通过一个保险公司吸收其他保险公司,或者通过两个以上的保险公司一起消灭而设立一个新保险公司的方式来实现。合并的基础是合并协议,是合并各方共同的法律行为;合并的主体只能是保险公司,非经营保险业的公司不存在保险公司的合并问题。

保险公司的合并包括新设合并和吸收合并。新设合并是两个或两个以上的保险公司通过合并成立一个新保险公司,同时合并各方随新保险公司的成立而终止的合并形式。被合并的保险公司统归消灭,办理注销登记;通过合并成立新保险公司,被合并保险公司的财产、债权和债务由新设的保险公司享有和承担,新设的保险公司需要办理设立登记。吸收合并是两个或两个以上的保险公司合并中,其中一个保险公司吸收了其他保险公司而继续存在、而被吸收的保险公司则归于消灭的合并形式。吸收的保险公司继续存在,保留自己原有的名称,但因接收被合并保险公司的财产以及债权和债务,需要办理变更登记;被合并的保险公司归于消灭,成为合并保险公司的组成部分,需要办理注销登记。

保险公司合并由合并各方的权力机构作出决定,经保险监管部门许可。合并各方的法定代表人应当在协商一致的基础上签订合并协议,编制资产负债表和财产清单,通知债权人,并向登记机关办理相应的登记。

保险公司因分立或合并引起的保险公司主体资格的变化包括:保险公司解散、保险公司变更、新保险公司设立。但保险公司的分立或合并,并不产生消灭债务的后果,因分立或合并而消灭的保险公司的债务,由存续的保险公司或新设的保险公司承受。保险公司的分立或合并也不自然消灭股东的资格。保险公司分立的,新设分立时,原股东可以分别加入新设立的保险公司;派生分立时,原股东可以仍然留在原保险公司,也可以从原保险公司中分出来加入新设立的保险公司。保险公司合并的,因合并而消灭的保险公司的股东,是继续留在存续的保险公司,还是加入到新设立的保险公司,有权自主决定。愿意继续留下或者加入的,合并后的保险公司应当接纳使其成为存续保险公司或者新设保险公司的股东;股东不愿意合并而要求退出的,其股东资格随着股份或出资的转让而消灭。

美国纽约州的保险法律只允许相互保险公司并入相互保险公司以及股份保险公司并入股份保险公司。其他州也通常只允许发生在许可经营类似业务的保险公司间,如寿险公司只能与寿险公司合并。保险公司合并须得到合并双方经营地所在州的监管者的同意,相互保险公司间的合并除了需要得到监管者的同意外,还需要得到合并各方拥有2/3以上表决权的保单持有人投票通过。此外,保险公司的兼并相对活跃,既有保险公司被其他保险集团或金融投资机构兼并,也有一些负有盛名的保险公司兼并其他公司。保险公司的兼并,必须经过兼并方本州的监管者的审查和批准。兼并方必须向本州监管者提交申请,列明有兼并和兼并行为的某些情况,兼并方对被兼并公司进行清算。

澳大利亚1995年《人寿保险法》规定:一个公司的人寿保险业务只能按照联邦法院批准的计划转卖给其他的公司或者与其合并。转卖及合并计划必须报送保险专员方可获得批准。经过批准的计划概要必须发至每一位受到影响的投保人。

在日本,相互公司可与其他相互公司或经营保险业的股份有限公司合并。保险组织的合并,须经内阁总理大臣许可,保险组织合并之后应进行登记。

第四节　保险公司的终止

保险公司的终止是指因一定的法律事实发生而导致其法人资格的消失，包括保险公司的解散、破产及其清算。保险公司终止以后，其权利能力和行为能力即丧失，其保险业务活动也应随之停止。

一、保险公司的解散及其清算

（一）保险公司解散的概念和种类

保险公司的解散，是指依法设立的保险公司经过保险监管部门的同意而终止业务经营活动，并从清算终结时起绝对消灭其法人资格的情形。

保险公司解散的种类有主动解散和撤销解散。

主动解散是保险公司依照其章程的规定或股东大会的决定而自动解散的情形。引起保险公司主动解散的原因主要有：保险公司章程规定的营业期限届满或者章程规定的其他解散事由出现。关于股东大会决议解散，股份有限保险公司由出席股东大会所持表决权的2/3以上通过决议解散；国有独资保险公司可以由国家授权投资的机构或国家授权的部门决定。保险公司的主动解散必须经过保险监管部门的批准。我国《保险法》第89条第2款规定："经营有人寿保险业务的保险公司，除因分立、合并或者被依法撤销外，不得解散。"即经营有人寿保险业务的保险公司，除了因分立或合并而需要解散之外，由于人寿保险的储蓄性和长期性及对社会稳定的巨大影响，不得任意解散。

撤销解散是指保险公司因违反法律的有关规定而被监管部门撤销，从而使其法人资格绝对消灭的情形。保险公司有违法行为并造成严重后果的，保险监管部门均有权通过吊销其经营保险业务许可证而予以撤销。根据我国《保险法》的规定，保险公司应被吊销经营保险业务许可证的原因有：(1) 保险公司违反保险法的规定，超出核定的业务范围从事保险业务，保险监管部门责令改正，逾期不改正或者造成严重后果的；(2) 保险公司未按照保险法的规定提存保证金，或者违反规定动用保证金、未按照规定提取或者结转未到期责任准备金，或者未按照规定提取未决赔款准备金，未按照规定提取保险保障基金、公积金，未按照规定办理再保险分出业务，违反规定运用保险公司资金，未经批准分立、合并，以及未按规定将应当报送的险种的保险条款和保险费率报送审批的。

在我国，保险公司还会因被公司登记机关吊销营业执照而解散。保险公司违反《公司法》规定，在办理公司登记时，虚报注册资金，提交虚假证明文件或者采取其他手段欺诈隐瞒重要事实取得公司登记,情节严重的,工商行政管理机关可撤销公司的登记,将该公司解散。公司成立后无正当理由超过6个月未开业的,或者开业后自行停业连续6个月以上的,由工商行政管理机关吊销其营业执照,该公司予以解散。

我国台湾地区"保险业管理规定"第25条规定,保险业因下列事项之一而解散:章程规定解散事由的发生;股东或社员大会解散的决议;与其他保险业合并、破产;保险合同全部转让;股东或社员不足法定人数;解散的命令或裁判等。其中因解散的命令或裁判而解散包括:(1)因撤销营业执照而解散,保险业因违反保险分业经营的规定、或违反资金运用的规定、或超额承保,而被撤销营业执照时当然解散。(2)因主管机关的命令而解散,保险经营业务有违反法令的情节,主管机关责令改正而不改正者;或不依法增资补足者,主管机关命令解散之。

(二)保险公司解散的清算

保险公司的解散清算是保险公司宣告解散时,对其资产及其债权债务关系进行处分。我国《保险法》第89条第3款规定:"保险公司解散,应当依法成立清算组进行清算。"保险公司解散后只有经过清算,才能终结保险公司现存的法律关系。在清算期间,保险公司不能再进行以营业为目的的任何活动。

保险公司撤销解散的,由保险监管部门依法及时组成清算组,进行清算。清算组在清理公司财产、编制资产负债表和财产清单后,应当制订清算方案,并报保险监管部门确认后执行。清算结束后,清算组应当制作清算终结报告,报保险监管部门确认,然后报送登记机关,申请保险公司注销登记,公告保险公司终止;不申请保险公司注销登记的,由登记机关吊销其营业执照,并予以公告。

我国台湾地区保险业因命令解散而解散时,由主管机关派清算人从事清算。保险公司解散的清算程序适用台湾地区"公司法"关于股份有限公司清算的规定,保险合作社解散的清算程序适用台湾地区"合作社法"关于清算的规定。保险业解散清算时应将其营业执照缴销。

日本保险股份有限公司的解散适用《商法》的规定,相互保险公司也适用《商法》,但保险组织解散的法定程序适用《保险业法》。股东大会等作出的有关保险公司解散的决议非经内阁总理大臣许可无效。保险公司得到解散许可时,按照总理府令、大藏省令的规定,须及时地将其得到该许可予以公告。保险公司在进行解散公告后,要办理解散登记手续,提交登记申请书。

二、保险公司的破产及其清算

(一)保险公司破产的概念和条件

保险公司的破产是保险公司不能清偿到期债务时人民法院依据保险公司(债务

人)或其债权人的申请,宣告保险公司破产,并在人民法院的主持下将破产保险公司的财产清偿给债权人。保险公司的破产必须严格按照法律规定的程序进行。

我国《保险法》第90条规定:"保险公司有《中华人民共和国企业破产法》第2条规定情形的,经国务院保险监督管理机构同意,保险公司或者其债权人可以依法向人民法院申请重整、和解或者破产清算;国务院保险监督管理机构也可以依法向人民法院申请对该保险公司进行重整或者破产清算。"保险公司破产的条件包括:保险公司不能支付到期债务,即缺乏清偿能力,对已届清偿期且债权人已提出清偿请求的债务不能清偿;不能清偿的债务占债务人所承担债务的全部或大部分。保险公司破产的条件除了不能清偿到期债务外,还必须经过保险监管部门同意。保险公司符合以上条件,经过申请人的申请,被法院依法宣告破产的,即进入清算程序。

(二) 保险公司的破产清算

保险公司的破产清算是保险公司被依法宣告破产后,在人民法院的主持下按照法定程序对破产保险公司的资产及其债权债务关系进行处分。

保险公司被宣告破产的,由人民法院组织保险监管部门以及政府财政、工商行政管理、审计、税务、劳动、人事等部门和有关人员如会计师、精算师、律师等成立清算组,进行清算。清算组负责破产保险公司财产的保管、清理、估价、处理和分配,并可以依法进行必要的民事活动。清算组对人民法院负责并且报告工作。

清算组通过清算活动,确定并清理破产财产,拟订破产财产的分配方案,经债权人会议讨论通过,报请人民法院裁定后执行。我国《保险法》第91条规定:"破产财产在优先清偿破产费用和共益债务后,按照下列顺序清偿:(一) 所欠职工工资和医疗、伤残补助、抚恤费用,所欠应当划入职工个人账户的基本养老保险、基本医疗保险费用,以及法律、行政法规规定应当支付给职工的补偿金;(二) 赔偿或者给付保险金;(三) 保险公司欠缴的除第1项规定以外的社会保险费用和所欠税款;(四) 普通破产债权。破产财产不足以清偿同一顺序的清偿要求的,按照比例分配。破产保险公司的董事、监事和高级管理人员的工资,按照该公司职工的平均工资计算。"破产财产分配完毕,由清算组提请人民法院终结破产程序。破产程序终结后,由清算组向破产保险公司原登记机关办理注销登记。经营有人寿保险业务的保险公司被依法撤销的或被依法宣告破产的,其持有的人寿保险合同及准备金,必须转移给其他经营有人寿保险业务的保险公司。《保险法》第92条第1款规定:"经营有人寿保险业务的保险公司被依法撤销或者被依法宣告破产的,其持有的人寿保险合同及责任准备金,必须转让给其他经营有人寿保险业务的保险公司;不能同其他保险公司达成转让协议的,由国务院保险监督管理机构指定经营有人寿保险业务的保险公司接受转让。"

同时,我国《保险法》还首次明确了保险保障基金用途。《保险法》在第100条第2款中第一次明确了保险保障基金的使用范围:“(一)在保险公司被撤销或者被宣告破产时,向投保人、被保险人或者受益人提供救济;(二)在保险公司被撤销或者被宣告破产时,向依法接受其人寿保险合同的保险公司提供救济;(三)国务院规定的其他情形”。这是为保护被保险人利益设置的专门条款。该法第92条第2款也规定,转让或者由国务院保险监督管理机构指定接受转让人寿保险合同及责任准备金的,应当维护被保险人、受益人的合法权益。

英国对保险公司的终止情形规定为:(1)保险公司不能够偿还它的债务;(2)保险公司已不能够承担它本身所应承担的义务或根据《保险公司法》规定应承担的义务;(3)保险公司已不能够承担它应服从保险当局根据所提供法律对其产生实质性影响而形成的义务;(4)保险公司对保存财务会计记录的强制性义务不能完全履行或者国务大臣不能查明其财务状况。国务大臣也可接受保险公司适用有关破产的法律提出破产的申请。

美国法律规定保险公司的终止条件是:(1)风险性资本要求严重不符合有关监管法律的规定。根据寿险公司与财产、责任保险公司在业务、资产及其他风险方面的差异性,对风险性资本的要求也有所不同。根据风险性资本报告,若提交报告的保险公司的风险性资本不足,监管者可以或必须采取某些措施。采取这些措施后,该组织还不能满足要求,则可申请终止。(2)发生财务危机和丧失偿付能力。如果一个保险公司陷入财务困境和丧失偿付能力,监管机构可根据情况要求保险公司采取某些补救措施或要求法院下令对保险公司接管或进行清算终止。

德国保险法规定保险公司终止的条件是:(1)公司章程规定的公司存续期已过;(2)经会员大会决议;(3)对公司资产开始实行破产程序;(4)依照终局法院因公司欠缺足够资金偿付破产程序的费用而拒绝开始破产程序的裁定。

【背景资料】　　友邦保险携600亿美元资产单飞①

美国国际集团AIG和友邦保险有限公司日前联合宣布,得到监管机构批准,友邦保险有限公司将被置于一个特定成立的独立法定机构下。这个特定机构将向AIG发行普通权益,并向纽约联邦储备银行发行优先权益。该机构的成立,可使友邦保险定位成为一家独立营运的机构。

美国友邦保险有限公司(简称“友邦保险”或“AIA”)成立友邦保险集团前是美国国际集团(AIG)的全资附属公司,自1931年在上海创立以来,已在亚洲地区开展业务长达约80年。自从AIG爆发财务危机,友邦保险一直笼罩在AIG阴影之下,退保事件一度甚嚣尘上。友邦(香港)资深代理人方淑范告诉记者,投保人无须忧虑,无论香港还是内地,

① 林峥:《脱钩AIG,友邦保险携600亿美元资产单飞》,载《南方都市报》2009年3月6日。

《保险法》都对公司破产后的保单给予了充分保障规定，会指定公司接手保单，保险保障基金也会补偿投保人的损失。但尽管动用了大量资料和上门主动说明的方式，仍有一些问题显得解释不清，“客户仍有担心，对一些 AIG 的信息感到困惑”。截至 2008 年 11 月 30 日，友邦综合偿付能力比率平均超过监管规定之 200%，目前资产超过 600 亿美元。独立消息对友邦的正面影响立竿见影，国际评级机构标准普尔在友邦宣布独立的第二天即调高其信用及财务实力评级。

【深度阅读】

1. 史学瀛：《保险法前沿问题案例研究》，中国经济出版社 2001 年版，第 264—272 页。
2. 郑云瑞：《财产保险法》，中国人民公安大学出版社 2004 年版，第四章。
3. 梁宇贤：《保险法新论》，中国人民大学出版社 2004 年版，第六章。

【问题与思考】

1. 保险公司的组织形式有几种？
2. 保险公司的设立条件包括哪些内容？
3. 如何看待我国公司组织规则的变化与发展趋势？

第二十章　保险法的经营规则

第一节　保险公司的经营原则

一、经营范围法定原则

我国《保险法》第95条规定："保险公司的业务范围：(一) 人身保险业务，包括人寿保险、健康保险、意外伤害保险等保险业务；(二) 财产保险业务，包括财产损失保险、责任保险、信用保险、保证保险等保险业务；(三) 国务院保险监督管理机构批准的与保险有关的其他业务。保险人不得兼营人身保险业务和财产保险业务。但是，经营财产保险业务的保险公司经国务院保险监督管理机构批准，可以经营短期健康保险业务和意外伤害保险业务。保险公司应当在国务院保险监督管理机构依法批准的业务范围内从事保险经营活动。"

保险公司不得以任何方式强制或者变相强制投保人投保，也不得委托非法的保险代理人为其展业。保险公司不得接受非法的保险经纪人介绍的保险业务，不得向任何非法的保险代理人或者保险经纪人支付手续费、佣金或者类似的费用。保险公司不得捏造、散布虚伪事实，损害其他保险公司的信誉。保险公司不得劝说、诱导投保人或者被保险人解除与其他保险公司的保险合同，也不得利用政府及其所属部门、垄断性企业或者组织，排挤、阻碍其他保险公司开展保险业务。保险公司不得向投保人、被保险人、受益人或者其利害关系人提供或者承诺提供保险费回扣或者违法、违规的其他利益。保险公司的保险业务宣传资料应当客观、完整、真实，不得预测公司的盈利以及保险单分红、利差返还等不确定的保险单利益。保险公司对保险合同中的除外责任或者责任免除、退保及其他费用扣除、现金价值、犹豫期等事项应当采取明确的方式特别提示，不得将其保险条款、保险费率与其他保险公司的类似保险条款、保险费率或者金融机构的存款利率等进行片面比较。

2007年9月30日，中国保监会公布了《保险公司养老保险业务管理办法》，自2008年1月1日起施行。人寿保险公司、养老保险公司经中国保监会核定，可以经营养老保险业务。经营企业年金管理业务依法需经有关部门认定经办资格的，还应当经过相应的资格认定。养老保险公司经营企业年金管理业务，可以在全国展业。养老保险公司应当具备完善的公司治理结构和内部控制制度，建立有效的风险管理体系。养老保险公司应当按照中国保监会的规定设置独立董事,对养老保险公司的经营活动进行独立客观的监督。养老年金保险产品的说明书、建议书和宣传单等信息披露材料应当与保险合同的相关内容保持一致,不得通过夸大或者变相夸大保险合同利益、承诺高于保险条款规定的保底利率等方式误导投保人。保险公司销售投保人具有投资选择权的养老年金保险产品,应当在投保人选择投资方式前,以书面形式向投保人明确提示投资风险,并由投保人签字确认。对投保人具有投资选择权的养老年金保险产品,在保险合同约定的开始领取养老金年龄的前5年以内,保险公司不得向投保人推荐高风险投资组合。个人养老年金保险的投保人自愿选择高风险投资组合的,保险公司应当制作独立的《高风险投资组合提示书》,明确提示投资风险;投保人坚持选择的,应当在《高风险投资组合提示书》上签字确认。保险公司销售团体养老年金保险产品,应当对团体养老年金保险投保、退保事宜进行谨慎审查。

【背景资料】　　企业自保与保险经营的区别

关于运输公司涉嫌经营保险业务行为性质认定的复函

保监厅函〔2008〕232号

山西保监局:

你局《关于对运输公司涉及保险业务的经营行为如何认定的请示》(晋保监发〔2008〕38号)收悉。经研究,现函复如下:

企业自保的本质特征在于,企业将自身可能面临的风险进行自我安排与承担,是一种自身风险管理方式。对来函所涉运输公司的行为,首先应根据该行为所涉及的车辆以及相应的险种风险保障范围,分析判定风险是否属于运输企业自身,如风险与该企业没有关系,则不属于企业自保。其次,运输公司收取保险费用后,是否按照约定进行了理赔。如不属于企业自保,且又进行了理赔,则该行为符合商业保险的基本特征,应属于涉嫌非法从事保险业务活动;如并未理赔,则该行为可能涉嫌诈骗或者其他违法行为。

中国保险监督管理委员会

二〇〇八年八月一日

二、分业经营原则

我国《保险法》明确了"分业经营、分业管理"的法律原则。在该法第一章"总则"部分,首次明确强调"保险业和银行业、证券业、信托业实行分业经营、分业管理”,“保险公司与银行、证券、信托业务机构分别设立”。

在保险业务中,财产保险业务和人身保险业务性质不同,经营技术有别。财产保险具有补偿性,人身险中的寿险业务则具有储蓄性,为了防止将寿险资金用于补偿财产保险所带来的风险,立法禁止兼营。而短期健康保险和意外伤害保险虽是人身保险业务,但属于短期保险,与财产保险同样具有补偿性,大多数国家和地区都允许财产保险公司和人身保险公司同时经营短期健康保险和意外伤害保险业务。

英国法律原本允许同一保险公司兼营财产保险业务和人身保险业务。自接受欧盟第一次人寿保险指令后,现在则禁止财险、寿险兼营,即同一保险公司不得同时兼营财产保险业务和人身保险业务。美国大部分法律规定寿险公司不允许承保财产、责任保险,而财产、责任保险公司也不允许经营寿险及年金业务。但寿险公司和财产、责任保险公司均可经营意外伤害和健康保险。纽约州保险法基本上禁止财险、寿险兼营,但意外伤害保险与健康保险保险公司都可经营,并允许以子公司方式兼营。德国经营寿险或健康险的营业许可与经营其他险别的营业许可互不兼营。日本 1996 年 4 月 1 日生效的新《保险业法》放松了对保险公司业务范围的限制,允许生命保险公司和损害保险公司通过子公司方式经营对方业务;允许生命保险公司和损害保险公司经营医疗、意外伤害、看护保险,允许保险公司扩大金融和证券业务。我国台湾地区“保险法”则规定,财产保险业经营财产保险,人身保险业经营人身保险,同一保险业不得兼营财产保险及人身保险业务。

保险公司应遵守保险法分业经营的规定,同一保险人不得同时兼营财产保险业务和人身保险业务。经中国保监会核定,财产保险公司可以经营下列全部或者部分保险业务:财产损失保险;责任保险;法定责任保险;信用保险和保证保险;农业保险;其他财产保险业务;短期健康保险和意外伤害保险;上述保险业务的再保险业务。经中国保监会核定,人寿保险公司可以经营下列全部或者部分保险业务:意外伤害保险;健康保险;传统人寿保险;人寿保险新型产品;传统年金保险;年金新型产品;其他人身保险业务;上述保险业务的再保险业务。

我国原《保险法》第 105 条规定:“保险公司的资金不得用于设立证券经营机构,不得用于设立保险业以外的企业。”2009 年修订的《保险法》在第 106 条第 2 款中规定:“保险公司的资金运用限于下列形式:(一)银行存款;(二)买卖债券、股票、证券投资基金份额等有价证券;(三)投资不动产;(四)国务院规定的其他资金运用形式。”这是修订后《保险法》的一个亮点,拓宽了保险资金运用的渠道,将近几年国务院批准的新增投资渠道上升为法律。

【背景资料】　**2012年保险业经营情况①**

单位：万元

项目	金额
原保险保费收入	154879298.09
1. 财产险	53309273.47
2. 人身险	101570024.62
（1）寿险	89080569.76
（2）健康险	8627607.13
（3）人身意外伤害险	3861847.73
养老保险公司企业年金缴费	6617266.36
原保险赔付支出	47163184.60
1. 财产险	28163316.38
2. 人身险	18999868.23
（1）寿险	15050143.88
（2）健康险	2981707.45
（3）人身意外伤害险	968016.90
业务及管理费	21714623.69
银行存款	234460040.26
投资	450965776.16
资产总额	735457303.92
养老保险公司企业年金受托管理资产	20090059.76
养老保险公司企业年金投资管理资产	17111617.63

英国法律允许保险公司通过子公司或控股公司方式从事银行、证券及投资顾问等业务。美国纽约州法律允许保险公司以子公司方式投资除银行及类似行业外的任何合法行业，但投资总额及股份有比例限制。日本允许保险公司以成立子公司的方式，经营银行、证券业务。保险公司可进入银行与证券市场，银行、证券公司和保险公司可互相进入对方的市场领域。荷兰规定，银行可以加入保险公司，保险公司也可以加入银行，但一般不能直接或间接拥有对方净资产5%以上的股份。

---

① 资料来源：中国保监会网站，http://www.circ.gov.cn/web/site0/tab5201/info234401.htm，2013年12月15日访问。

第二节　保险保证金和准备金

一、保险保证金

保险保证金是国家规定保险公司成立时向国家缴存的保证金额,可以用现金或其他方式交纳。

我国《保险法》第97条规定:"保险公司应当按照其注册资本总额的20%提取保证金,存入国务院保险监督管理机构指定的银行,除公司清算时用于清偿债务外,不得动用。"《保险公司管理规定》第77条也规定:"保险公司应当依法提取保证金。除清算时依法用于清偿债务外,保险公司不得擅自动用或处置保证金。"《外资保险公司管理条例》规定:"外资保险公司成立后,应当按照其注册资本或者营运资金总额的20%提取保证金,存入中国保监会指定的银行;保证金除外资保险公司清算时用于清偿债务外,不得动用。"

2007年8月2日,中国证监会发布《保险公司资本保证金管理暂行办法》,规定保险公司应遵循"足额、安全、稳定"的原则提存资本保证金。保险公司可选择一至三家全国性中资商业银行作为资本保证金的存放银行。存放银行应符合以下条件:(1)注册资本不少于40亿元人民币,上年末资本充足率、不良资产率符合银行业监管部门有关规定;(2)具有完善的公司治理结构、内部稽核监控制度和风险控制制度;(3)与本公司不具有关联方关系;(4)最近2年无重大违法违规记录。资本保证金存款存放期间,如存放银行存在可能对资本保证金的安全存放具有重大不利影响的事项(如,因发生重大违法违规事件受到监管部门处罚等),保险公司应及时向中国保监会报告,并将资本保证金存款转存至新的存放银行。保险公司在一家存放银行就单一币种只能开立一个资本保证金存款专用账户。该账户内只能存放资本保证金,且每笔资本保证金存款的金额不得低于人民币100万元(或等额外币)。

对于保证金的存放日期,规定为保险公司应在中国保监会批准开业后30个工作日或批准增加注册资本(营运资金)后15个工作日内,将资本保证金足额存入符合中国保监会规定的银行。在存放方式上,保险公司可以以定期存款、大额协议存款、存款协议中明确规定保险公司提前支取时银行保证本金的外币结构性存款和中国保监会批准的其他形式存放资本保证金。资本保证金存款存期不得短于1年。

保险公司提存资本保证金,应与拟存放银行的总行或一级分行签订《资本保证金存款协议》。未经中国保监会批准,合同双方不得擅自撤销协议。保险公司应要求存放银行对资本保证金存单进行背书:"本存款为资本保证金存款。存款银行未见到中国保监会的书面批准,不得同意存款人变更存款的性质、将存款本金转出本存款银行以及其他对本存款的处置要求。存款银行未尽审查义务的,应当在被动用的资本保证金额度内对保险公司的债务承担连带责任。”保险公司应在资本保证金存妥后10个工作日内向中国保监会备案。保险公司对资本保证金的处置行为:(1) 变更存款性质;(2) 提前支取或到期支取(到期后在原存放银行续存除外);(3) 转存其他银行;(4) 清算时使用资本保证金偿还债务;(5) 注册资本(营运资金)减少时,部分支取资本保证金;(6) 其他动用和处置资本保证金的行为,都应事先得到中国保监会的批准。未按照规定提存、处置资本保证金的,由中国保监会依据《保险法》的有关规定处罚。

【背景资料】　　未缴存保证金的行政处罚

行政处罚决定书
鄂保监罚〔2008〕44号

受处罚机构名称:武汉兴业保险代理有限公司

地址:武汉市江岸区兴业路2号5楼

主要负责人:李军情

根据中国保监会中介监管部统一要求,我局对你公司定点缴存营业保证金情况进行了检查清理,发现你公司未按规定缴存营业保证金。

你公司上述行为,违反了《中华人民共和国保险法》第132条和《保险代理机构管理规定》第21条的规定,鉴于你公司对违规事实认识较为深刻,并积极采取措施加以整改,依据《中华人民共和国行政处罚法》第27条、《中华人民共和国保险法》第145条和《保险代理机构管理规定》第129条规定,我局决定对你公司处以2万元罚款。

你公司应在接到本处罚决定书15日内按下述账户上缴罚款,并在缴纳罚款后的10日内将缴款凭据复印件提交我局。到期不缴纳罚款的,将每日按罚款金额的3%加处罚款。

账户名称:中国保险监督管理委员会湖北监管局

账号:42001865757058901344

开户行:中国建设银行武汉梨园支行

如不服本处罚决定,可在接到本处罚决定之日起60日内依法向中国保监会申请行政复议,或3个月内向武汉市武昌区人民法院提起行政诉讼。逾期不履行处罚决定,又不申请复议或起诉的,我局将申请人民法院强制执行。

二〇〇八年十一月十一日

二、保险准备金

保险准备金或称保险责任准备金，是指保险公司为了承担未到期责任和处理未决赔款而从保险费收入中提存的一种资金准备。保险公司为保证其如约履行保险赔偿或给付义务，应当根据保障被保险人利益、保证偿付能力的原则，从保费收入或盈余中提取与其所承担的保险责任相对应的一定数量的基金，作为各项责任准备金。保险公司及时、正确地履行其赔付责任是对投保人最根本的保障。如果保险公司不足额提取各项责任准备金，一旦发生赔付责任，出现无法履行保险合同的局面，对被保险人的利益是极大的损害。保险公司以被保险人的信任为基础，切实起到减少被保险人面临的风险损失的作用，当保险公司有充足的各项责任准备金作为后盾时，就能及时对被保险人的损失进行赔付。所以，保险公司必须以保障被保险人利益为原则，提取各项责任准备金。保险责任准备金包括未决赔款准备金、未到期责任准备金、寿险责任准备金、长期责任准备金、长期健康险责任准备金等。

（一）未决赔款准备金

未决赔款准备金是指公司对在保单有效期内发生的未决赔款所计提的赔款准备金。保险公司应当按照已经提出的保险赔偿或者给付金额，以及已经发生保险事故但尚未提出的保险赔偿或者给付金额，提取未决赔款准备金。例如，2008 年 6 月 2 日，中国证监会发布《关于修订短期意外伤害保险法定责任准备金评估有关事项的通知》，其中规定："四、对已经发生保险事故并已提出索赔、保险公司尚未结案的赔案，保险公司应当提取已发生已报案未决赔款准备金。保险公司应当采取逐案估计法、案均赔款法等合理的方法谨慎提取已发生已报案未决赔款准备金。五、对已经发生保险事故但尚未提出的赔偿或者给付，保险公司应当提取已发生未报案未决赔款准备金。对已发生未报案未决赔款准备金，应当根据险种的风险性质、分布、经验数据等因素采用至少下列两种方法进行谨慎评估提取：（1）链梯法；（2）案均赔款法；（3）准备金进展法；（4）B-F 法等其他合适的方法。"

【背景资料】　　少提未决赔款准备金的行政处罚

中国保险监督管理委员会行政处罚决定书
保监罚[2009]8 号

受处罚人：彭从友，永安财产保险股份有限公司精算责任人

地址：陕西省西安市南二环西段 60 号永安大厦 11 层

经查，永安财产保险股份有限公司 2007 年未决赔款准备金的提取不符合《保险公司

非寿险业务准备金管理办法》的有关规定，2007年准备金合计少提2.15亿元，由此导致2007年末偿付能力充足率由－184%虚增至－151%，2007年12月31日资产负债表股东权益虚增2.15亿元，2007年税前营业利润虚增2.15亿元。

根据《中华人民共和国保险法》第94条"保险公司应当根据保障被保险人利益、保证偿付能力的原则，提取各项责任准备金"和第150条"对违反本法规定尚未构成犯罪的行为负有直接责任的保险公司高级管理人员和其他直接责任人员，保险监督管理机构可以区别不同情况予以警告，责令予以撤换，处以2万元以上10万元以下的罚款"的规定，我会决定对你作出责令永安财产保险股份有限公司撤换精算责任人的行政处罚。

如不服本处罚决定，可在接到本行政处罚决定书之日起60日内依法向中国保监会申请行政复议或在3个月内向北京市第一中级人民法院提起行政诉讼。逾期不履行处罚决定，又不申请复议或起诉的，我机关将申请人民法院强制执行。

中国保险监督管理委员会

二〇〇九年二月十六日

（二）未到期责任准备金

未到期责任准备金，是指公司对1年期以内（含1年）的财产险、意外伤害险和健康险业务在会计期末，按规定从本期保费收入中未到期责任部分提存的、以备下年度发生赔款的准备金，按当期自留保费收入的50%提取。有条件的公司在执行上述规定的基础上，可按八分之一法、二十四分之一法或三百六十五分之一法提取未到期责任准备金。并在开始实行年度前，报主管财政机关及保险监督管理部门备案。未到期责任准备金提取方法一经确定，不得随意变动，如须变动，应报经主管财政机关批准。《关于修订短期意外伤害保险法定责任准备金评估有关事项的通知》规定对短期意外伤害保险业务，保险公司应当提取未到期责任准备金。未到期责任准备金的提取方法一经确定，不得随意更改。保险公司在提取未到期责任准备金时，应当对其充足性进行测试。未到期责任准备金不足时，要提取保费不足准备金。

2007年8月15日，国家税务总局《关于保险企业非寿险业务未到期责任准备金税前扣除问题的通知》明确：保险企业非寿险业务在本期依据保险精算结果计算提取的未到期责任准备金，大于上期提取的未到期责任准备金的余额部分，准予在所得税前扣除；小于上期提取的未到期责任准备金的差额部分，应计入当期应纳税所得额。未到期责任准备金是指保险企业非寿险业务在准备金评估日为尚未终止的保险责任而提取的准备金，包括保险企业非寿险业务为保险期间在1年以内（含1年）的保险合同项下尚未到期的保险责任而提取的准备金，以及为保险期间在1年以上（不含1年）的保险合同项下尚未到期的保险责任而提取的长期责任准备金。

（三）寿险责任准备金

寿险责任准备金是指公司对人寿保险业务为承担未来保险责任而依据精算结果计算提取的准备金。保险公司寿险责任准备金的提取计算方法在开始实行年度前，报主管财政机关及保险监督管理机构备案，提取计算方法一经确定，不得随意变动，如须变动，由保险监督管理机构批准并报主管财政机关备案。

寿险公司通常会使用三类寿险责任准备金：(1) 法定准备金是用于保险监管人员估计保险公司的财务状况而使用的准备金；(2) 盈余准备金是保险公司希望得到最佳经营状况估计而使用的准备金，它是在运用最佳的精算假设基础上评估出来的，比较真实地反映了公司的负债状况；(3) 税收准备金是税务部门为了确定保险公司的税收而使用的准备金。

第三节 保险保障基金

保险保障基金是根据保险法的规定，保险公司为了有足够的能力应付可能发生的巨额赔款，从年终结余中所专门提存的后备基金。保险保障基金属于保险组织的资本，由保险公司缴纳形成。保险保障基金分为财产保险保障基金和人身保险保障基金。财产保险保障基金由财产保险公司缴纳形成。人身保险保障基金由人身保险公司缴纳形成。

保险保障基金以保障保单持有人利益、维护保险业稳健经营为使用原则，依法集中管理，统筹使用，用于救助保单持有人、保单受让公司或者处置保险业风险的非政府性行业风险救助基金。经保险监督管理机构批准设立，并在境内依法登记注册的中资保险公司、中外合资保险公司、外资独资保险公司和外国保险公司分公司均应依法缴纳保险保障基金。

一、保险保障基金公司

2007 年 10 月，国务院批准成立中国保险保障基金有限责任公司，负责保险保障基金的筹集、管理和使用。保险保障基金公司独立运作，其董事会对保险保障基金的合法使用以及安全负责。保险保障基金公司依法建立健全公司治理结构、内部控制制度和风险管理制度，依法运营，独立核算。保险保障基金公司的成立体现了保险保障基金管理“市场化、专业化运作”的要求，增强了保险保障基金保值增值的能力。通过中国保监会、财政部、中国人民银行三方协同监管，增强了对保险保障基金的风险管控，初步建立了内控严密、管理高效、监管全面的保险保障基金管理体制。

保险保障基金公司的业务包括：(1) 筹集、管理、运作保险保障基金；(2) 监测保险业风险,发现保险公司经营管理中出现可能危及保单持有人和保险行业的重大风险时,向中国保险监督管理委员会提出监管处置建议;(3) 对保单持有人、保单受让公司等个人和机构提供救助或者参与对保险业的风险处置工作;(4) 在保险公司被依法撤销或者依法实施破产等情形下,参与保险公司的清算工作;(5) 管理和处分受偿资产;(6) 国务院批准的其他业务。

为救助保单持有人和保单受让公司、处置保险业风险的需要,经中国保监会与有关部门制定融资方案并报国务院批准后,保险保障基金公司可以多种形式融资。中国保监会定期向保险保障基金公司提供保险公司财务、业务等经营管理信息。中国保监会认定存在风险隐患的保险公司,由中国保监会向保险保障基金公司提供该保险公司财务、业务等专项数据和资料。

保险保障基金公司对所获悉的保险公司各项数据和资料负有保密义务。保险保障基金公司解散须经国务院批准。

二、保险保障基金的筹集

保险保障基金的来源有:(1) 境内保险公司依法缴纳的保险保障基金;(2) 保险保障基金公司依法从破产保险公司清算财产中获得的受偿收入;(3) 捐赠;(4) 上述资金的投资收益;(5) 其他合法收入。

2004 年的《保险保障基金管理办法》规定保险保障基金以保险公司自留保费作为缴纳基数,对分出业务部分,由接受该业务的分入保险公司缴纳保险保障基金。因此,保险保障基金不仅需要救助破产保险公司自留保费业务的保单持有人,还要在分入保险公司破产时,救助作为"投保人"的分出保险公司。根据我国《保险法》的规定,保险保障基金应以救助保险公司的保单持有人而非救助分出保险公司为原则。因此,2008 年的《保险保障基金管理办法》对缴纳基数进行了修改,规定保险公司以毛保费收入作为保险保障基金的缴纳基数,分入保险公司不再缴纳保险保障基金,当其破产时,分出保险公司不再受到保险保障基金救助。保险保障基金最大限度地覆盖了各项保险业务,使更多的保险消费者受益,更有利于维护保险消费者的信心和市场稳定。

保险公司应当对经营的财产保险业务或者人身保险业务缴纳保险保障基金,缴纳保险保障基金的保险业务纳入保险保障基金救助范围:(1) 非投资型财产保险按照保费收入的 0.8% 缴纳,投资型财产保险,有保证收益的,按照业务收入的 0.08% 缴纳,无保证收益的,按照业务收入的 0.05% 缴纳;(2) 有保证收益的人寿保险按照业务收入的 0.15% 缴纳,无保证收益的人寿保险按照业务收入的 0.05% 缴纳;(3) 短期健康保险按照保费收入的 0.8% 缴纳,长期健康保险按照保费收入的 0.15% 缴纳;(4) 非投资型意外伤害保险按照保费收入的 0.8% 缴纳,投资型意外伤害保险,有保证收益的,按照业务收入的0.08%缴纳,无保证收益的,按照业务收入的0.05%缴纳。

保险公司应当及时、足额将保险保障基金缴纳到保险保障基金公司的专门账户。但在下列情形下可以暂停缴纳:(1) 财产保险公司的保险保障基金余额达到公司总资产6%的;(2) 人身保险公司的保险保障基金余额达到公司总资产1%的。保险公司的保险保障基金余额减少或者总资产增加,其保险保障基金余额占总资产比例不能满足前述要求的,应当自动恢复缴纳保险保障基金。

保险公司开展不属于保险保障基金救助范围的业务,不缴纳保险保障基金:(1) 保险公司承保的境外直接保险业务;(2) 保险公司的再保险分入业务;(3) 由国务院确定的国家财政承担最终风险的政策性保险业务;(4) 保险公司从事的企业年金受托人、账户管理人等企业年金管理业务;(5) 中国保监会会同有关部门认定的其他不属于保险保障基金救助范围的业务。

三、保险保障基金的使用

可以动用保险保障基金的情形有两种:(1) 保险公司被依法撤销或者依法实施破产,其清算财产不足以偿付保单利益的;(2) 中国保监会经商有关部门认定,保险公司存在重大风险,可能严重危及社会公共利益和金融稳定的。

动用保险保障基金,由中国保监会拟定风险处置方案和使用办法,商有关部门后,报经国务院批准。财产保险保障基金仅用于向财产保险公司的保单持有人提供救助,以及在存在重大风险的情形下,对财产保险公司进行风险处置。人身保险保障基金仅用于向人身保险公司的保单持有人和接受人寿保险合同的保单受让公司提供救助,以及在重大风险的情形下,对人身保险公司进行风险处置。

保险公司被依法撤销或者依法实施破产,其清算财产不足以偿付保单利益的,保险保障基金按照下列规则对非人寿保险合同的保单持有人提供救助:(1) 保单持有人的损失在人民币5万元以内的部分,保险保障基金予以全额救助;(2) 保单持有人为个人的,对其损失超过人民币5万元的部分,保险保障基金的救助金额为超过部分金额的90%;保单持有人为机构的,对其损失超过人民币5万元的部分,保险保障基金的救助金额为超过部分金额的80%。保单持有人的损失,是指保单持有人的保单利益与其从清算财产中获得的清偿金额之间的差额。

经营有人寿保险业务的保险公司被依法撤销或者依法实施破产的,其持有的人寿保险合同,必须依法转让给其他经营有人寿保险业务的保险公司;不能同其他保险公司达成转让协议的,由中国保监会指定经营有人寿保险业务的保险公司接收。

被依法撤销或者依法实施破产的保险公司的清算资产不足以偿付人寿保险合同保单利益的,保险保障基金可以按照下列规则向保单受让公司提供救助:(1) 保单持有人为个人的，救助金额以转让后保单利益不超过转让前保单利益的90%为限；(2) 保单持有人为机构的，救助金额以转让后保单利益不超过转让前保单利益的80%为限。保险保障基金救助金额应以保护中小保单持有人权益从而维护保险市场稳定为原则，并根据保险保障基金的资金状况确定。

保险公司被依法撤销或者依法实施破产，保险保障基金对保单持有人或者保单受让公司予以救助的，按照下列顺序从保险保障基金中扣减：(1) 被依法撤销或者依法实施破产的保险公司保险保障基金余额；(2) 其他保险公司保险保障基金余额。其他保险公司保险保障基金余额的扣减金额，按照各保险公司上一年度市场份额计算。

保险公司被依法撤销或者依法实施破产的，在撤销决定作出后或者在破产申请依法向人民法院提出前，保单持有人可以与保险保障基金公司签订债权转让协议，保险保障基金公司以保险保障基金向其支付救助款，并获得保单持有人对保险公司的债权。清算结束后，保险保障基金获得的清偿金额多于支付的救助款的，保险保障基金应当将差额部分返还给保单持有人。

保险公司被依法撤销或者依法实施破产，其董事、高级管理人员或者股东因违反法律、行政法规或者国家有关规定，对公司被依法撤销或者依法实施破产负有直接责任的，对该董事、高级管理人员在该保险公司持有的保单利益、该股东在该保险公司持有的财产损失保险的保单利益，保险保障基金不予救助。

【深度阅读】

1. 史学瀛：《保险法前沿问题案例研究》，中国经济出版社2001年版，第232—240页。

2. 郑云瑞：《再保险法》，中国人民公安大学出版社2004年版，第三章。

3. 朱有彬：《保险法实务与案例评析》，中国工商出版社2003年版，“保险经营规则”。

【问题与思考】

1. 保险保证金与准备金的意义何在？

2. 保险分业经营的必要性是什么？

3. 如何评价我国保险保障基金的功能？

第二十一章　保险法的监管规则

第一节　保险监管体制

一、保险监管的概念和意义

对保险业进行严格监督和管理是各国保险法的重要内容。保险监管是国家设立监管机关对保险业的组织及其经营活动等进行的监督和管理。鉴于保险业所具有的社会公益性以及经营的特殊性,各国设立专门的监管机关来负责对其实施监督管理,并对监管机关的职责明确加以规定。

加强监管的意义在于保证保险人有足够的偿付能力,维护被保险人及受益人的合法利益。保证保险人具有足够的偿付能力,不仅有利于保险人自身的健康发展,而且有利于保护被保险人、受益人的合法权益,稳定社会的经济秩序。同时,保证保险人与投保人之间的公平交易和保险人之间在同等保险条款和保险费率的条件下公平竞争,对保险交易条件进行严格的监督和管理,限制保险人在保险条件和保险价格上各行其是,制定共同的保险条件和费率标准,保险人之间在共同的保险条款和保险费率的条件下,展开公平竞争。为了防止保险人在竞争中采用不正当的手段,法律强调保险人及其工作人员不得承诺向投保人、被保险人或者受益人给予保险合同规定以外的保险费回扣或者其他利益。

二、保险监管的职责和类型

根据我国《保险法》及《保险公司管理规定》的有关规定,保险监管机关的职责主要包括:(1) 依法制定和执行国家关于保险业发展的方针、政策;(2) 根据法律、行政法规的规定,拟订保险业管理的规章和实施办法;(3) 审批和管理保险机构的设立、变更和终止;(4) 制定、修改主要险种的保险条款和保险费率;(5) 监督保险准备金的提取以及保险资金的运用;(6) 对保险公司进行整顿或接管;(7) 监督、管理、检查和稽核保险业;取缔和查处擅自设立的保险机构及非法经营或变相经营保险业务的行为。

英国的保险监管机关负责对保险业的监督管理。其职责主要是:批准保险组织的设立、审查保险组织高级管理人员的任职资格是否合乎要求、审核保险组织的财务状况、限制保险组织的业务活动、控制保险组织的投资方向、制止或纠正保险组织违规操作行为等。美国由各州的保险局履行对保险业的监管职能，侧重于对保险组织偿付能力的监督，以充分保护被保险人的利益。日本的保险监管机关职责主要是：批准保险组织的设立、检查保险组织的业务经营状况和财务状况、审批保险公司开发的新险种等。其他国家也皆设立有相应的监管机关。

美国新罕布什尔州于1841年建立了世界上最早的保险监管制度，英国于1870年也建立了保险监管法律制度。欧美各国保险监管方式主要有三种：

一是国家对保险企业的经营活动不加以任何直接管理，而仅把保险业的资产负债、营业结果以及其他有关事项予以公布，至于保险业务的品种、内容、保险企业的经营情况，由投保人、被保险人、保险公司股东及一般公众自己分析判断。关于保险业的组织形式、保险合同格式的设计、资本金的运用都由保险公司自主决定。1944年以前的英国保险业采用这一管理方式。这种监管方式是政府对保险业监管最为宽松的一种方式，但已经不适应现代保险市场监管的需要。

二是由政府预先以法律形式规定保险市场准入的必备条件和保险业经营的一般准则，政府对保险经营中和与保险经营相关的重大事项进行监管，如规定保险企业的最低资本额，审查保险企业的资产负债表，监督保险企业的偿付能力，检查保险企业公示内容的准确性和真实性，审查管理当局的制裁方式的合法性等。这种方法不能有效地监管形式上合法而实质上不合法的行为，也不能很好地实现国家对保险业的监管。

三是国家颁布完善的保险监管法律、法规，保险监管机关也对保险公司的整个经营过程和全部经营活动进行具体而全面的监管。在保险组织创办时，必须经监管机关审核批准，发放许可证；在经营过程中，监管机关要对保险企业的财务、业务等方面的情况进行监管；在保险企业破产清算时，监管机关介入并予以监督。此外，监管机关对保险经营中的违法、违规行为有严厉的制裁手段和措施。此种方式对保险机构从设立到经营乃至清算的全面、严格的审查，使社会公众的利益得到有效的保护，因此正取代其他方式而为各国所采用。①

【背景资料】　　**我国保险监管的发展历程**

第一阶段是国内保险业刚恢复的初始阶段，保险监管和保险经营没有明确分离。第二阶段是以1985年3月国务院颁布《保险企业管理暂行条例》为标志，我国保险监管与保险经营正式分离，国务院用行政法规的形式明确中国人民银行履行保险监管的职责。

---

① 邓成明：《中外保险法律制度比较研究》，知识产权出版社2002年版，第275页。

第三阶段是以1995年6月《中华人民共和国保险法》的正式颁布为标志,我国保险监管开始进入了一个依法监管的新阶段。第四阶段是以1998年11月中国保监会的成立为标志,我国的保险监管开始进入一个专业化监管的新时期。

从我国保险监管的发展历程分析,我国的保险监管从整体上仍然属于美国式的较为严格的监管模式,即以政府监管为主,而以行业自律和社会监督为辅。主要特点如下:(1)单一的分业监管机构。1998年成立的中国保监会为全国商业保险的主管机关,独立行使保险市场的监管职能。(2)直接的实体监管方式。通过一系列法规条文严格规定了保险企业的经营规则,对保险企业进行直接监管。(3)严格的监管内容。对保险企业的监管内容不仅涉及范围广,并且限制性很强:第一,对保险企业的组织监管,实行严格的市场准入限制。我国保险法规定内资保险企业设立的开业资本最低限额为2亿元人民币,且必须为实缴货币资本。对外资保险公司进入中国则规定了更为严格的市场准入限制。而对保险企业的组织形式规定仅限于股份有限公司和国有独资公司。第二,对保险企业的经营活动也作了严格的限制,如保险人在经营范围上不能完全兼业和兼营。①

三、保险监管的体制

1985年3月,国务院颁发《保险企业暂行管理条例》,开始对保险业进行管理。1994年,中国人民银行设置保险司对各类保险公司进行监管;设置稽核监督局负责对各类金融机构的现场稽核检查。1998年11月18日,中国保险监督管理委员会成立,作为全国商业保险的主管机关,统一监督管理保险市场。其主要任务是:拟定有关商业保险的政策和行业规划;依法对保险企业的经营活动进行监督管理和业务指导,依法查处保险企业违法违规行为,保护保险人的利益;维护保险市场秩序,促进保险企业公平竞争,建立保险业风险的评价与预警系统,防范和化解保险风险。此后,修订了《保险业监督管理规定》《保险公司管理办法》《保险代理人管理办法》;制定了《保险经纪人管理办法》《保险公估人管理办法》《外资保险公司管理规定》《保险公司信用等级评估办法》和《再保险公司管理办法》等。这些保险法规和规章的制定和实施,对于保护保险当事人的合法权益,扩大保险开放发挥了重要的作用。

2008年12月30日,中国保监会发布《关于实施保险公司分类监管有关事项的通知》,根据保险公司的风险程度,将保险公司分为四类:A类公司,指偿付能力达标,公司治理、资金运用、市场行为等方面未发现问题的公司。B类公司,指偿付能力达标,但公司治理、资金运用、市场行为等方面存在一定风险的公司。C类公司,指偿付能力不达标,或公司治理、资金运用、市场行为等方面存在较大风险的公司。D类公司,指偿付能力严重不达标,或者公司治理、资金运用、市场行为等至少一个

① 许崇苗等:《中国保险法适用与案例精解》,法律出版社2008年版,第665页。

方面存在严重风险的公司。保监会日常监管中在产品、机构、资金运用等方面对四类公司采取不同的监管政策，并根据公司存在的风险采取不同的监管措施。

【背景资料】　**保险公司分类监管监测指标一览表**

序号	指标类别	产险公司的具体指标	寿险公司的具体指标
1	偿付能力充足率	偿付能力充足率	偿付能力充足率
2	公司治理、内控和合规性风险指标	公司治理 内部控制 合规性风险指标	公司治理 内部控制 合规性风险指标
3	资金运用风险指标	(1) 预定收益型非寿险投资型产品投资收益充足率 (2) 基金和股票市场风险 (3) 存款信用风险 (4) 债券信用风险 (5) 资金运用集中度 (6) 违反投资规定情况	(1) 资产负债持有期缺口率 (2) 投资收益充足率 (3) 基金和股票市场风险 (4) 存款信用风险 (5) 债券信用风险 (6) 资金运用集中度 (7) 违反投资规定情况
4	业务经营风险指标	(1) 保费增长率 (2) 自留保费增长率 (3) 应收保费率 (4) 未决赔款准备金提取偏差率 (5) 再保险人资质 (6) 单一危险单位自留责任限额	(1) 长期险保费收入增长率 (2) 短期险自留保费增长率 (3) 标准保费增长率 (4) 退保率 (5) 保单持续率 (6) 准备金充足状况
5	财务风险指标	(1) 产权比率 (2) 自留保费资本率 (3) 综合成本率 (4) 资金运用收益率 (5) 速动比率 (6) 现金流	(1) 产权比率 (2) 盈利状况 (3) 短期险综合赔付率 (4) 现金流测试情况

1997 年以前，英国主管保险业监管的机关是英国贸易工业部下设的保险局。根据英国的《保险公司法》，英国贸工部国务大臣享有对保险业实行全面监管的权力。保险监管的主要内容包括确定保险公司的最低偿付能力标准、对保险公司的经营管理提出指导；监管保险公司的经营行为，甚至处理有关个人就保单的投诉事项。1997 年 10 月，英国成立了金融服务局，为加强金融监管，通过立法将原来由银行、证券及保险等各行业内部自行行使的监管权统一于金融服务局。目的在于通过保障

公平竞争的良好经营来保护客户利益，并加大对金融犯罪的监控力度。

美国最初的保险监管仅限于保险公司章程的管理，保险监管都是在州一级进行。纽约州的保险监管始于19世纪中期。1906年，《保险法》由纽约立法机关修改，内容包括降低寿险承保费用，规范分红保单，禁止寿险公司投资股票和从事营销活动。后又修改了财产保险费率的监管办法，确立了对保险公司进行定期检查的制度。1977年颁布的《联邦保险法》，授权联邦保险委员会对各类保险公司签发联邦许可证，获得许可证的公司可在任何一个州经营保险业务。在联邦注册的保险公司受联邦投资限制的管辖，而不受州法律中关于准备金、保证金、投资监管及某些险种的费率和保费的法律的管辖。1992年《联邦偿付能力法》建议成立一个联邦保险监管机构，实施全国统一的偿付能力标准，建立全国性的保证协会，联邦注册的保险公司和再保险公司可以从州监管中部分豁免。除了政府的保险监管外，属于民间性质的保险评级机构在保险监管中也发挥着重要作用。评级结果可以供保险公司在经营中参考，起到预警作用，也可以为保险客户在决定与哪些保险公司签订保险合同时提供参考。

德国最初的保险监管是依据商法而进行的。1901年颁布了第一部保险监管法。1931年，德国第一次出现了保险公司因无偿付能力而破产的情况。为强化对保险业的监管，制定了《保险机构和建筑业监督法》。现行德国《保险业监督法》颁布于1993年11月。联邦政府委托联邦保险监督局对保险业进行监管，保险监督的目的在于维护被保险人的权利，确保保险公司的财政稳定性。德国保险监督局的职责包括：健康险、养老金和死亡抚恤金方案、委托人等的监管；非寿险、数据统计、理赔、损失准备金的监管；非寿险、股东监控、公司章程、公司负责人等的监管；私营保险公司的财务监督；以及寿险、精算和打击洗黑钱的监管。

日本的保险监管源于1893年的日本《商法典》，第二次世界大战后，为了保护投保人权益，日本对保险业法进行了部分修改，并就有关保险监管的重要事项制定了一些单项法令，如《保险销售管理法》《损害保险费率计算团体法》《外国保险业者法》等。保险监管机关也相应地作了调整。1965年，在银行局内设立保险部，主要负责颁发保险营业许可证；对保险公司进行一般性监管，如公司章程的变更许可、资产运用及财会处理的认可及指导，要求保险企业提供各种报告材料；对保险市场主体发布行政命令及吊销许可证等；对保险销售进行监管，如对保险销售行为规范化及保险销售制度合理化进行指导。1997年，日本颁布《金融监督厅设立法》。新设立的金融监督厅为总理府直属局，金融监管、检查与规划改由金融监督厅负责，保险公司的许可审批、监管、检查等业务全部交由金融监督厅长官管辖。

第二节　保险监管的内容

一、保险条款和保险费率的监管

保险条款是保险合同的核心内容,保险费率是保险人按照单位保险金额向投保人收取保险费的计算标准。保险条款格式化后,拟订或审核保险条款、厘定保险费率是保险监管机关的主要职责。

我国原《保险法》《保险公司管理规定》规定商业保险的主要险种的范围由保险监管部门认定,这主要是因为我国保险业尚处于初步发展阶段,对费率和条款进行严格监管有利于保险公司的规范运作和监管部门的规范化管理。但随着保险业的发展,对保险条款和费率的严格监管不利于保险公司经营的自主性。因而2009年修订的《保险法》第114条规定:"保险公司应当按照国务院保险监督管理机构的规定,公平、合理拟订保险条款和保险费率,不得损害投保人、被保险人和受益人的合法权益。"第136条第1款规定:"关系社会公众利益的保险险种、依法实行强制保险的险种和新开发的人寿保险险种等的保险条款和保险费率,应当报国务院保险监督管理机构批准。国务院保险监督管理机构审批时,应当遵循保护社会公众利益和防止不正当竞争的原则。其他保险险种的保险条款和保险费率,应当报保险监督管理机构备案。"第137条规定:"保险公司使用的保险条款和保险费率违反法律、行政法规或者国务院保险监督管理机构的有关规定的,由保险监督管理机构责令停止使用,限期修改;情节严重的,可以在一定期限内禁止申报新的保险条款和保险费率。"

根据上述规定,保险公司经营保险险种的保险条款和保险费率应当报经中国保监会审批的有:(1) 依法实行强制保险的险种;(2) 新开发的人寿保险险种;(3) 中国保监会认定的其他关系社会公众利益的险种。保险公司使用的其他险种的保险条款和保险费率,应报中国保监会备案。保险公司对已经获得批准或者备案的保险条款和保险费率进行变更的,应当按照规定重新申报审批或者备案。

中国保监会在对保险条款和保险费率进行审批或者备案时,遵循保护社会公众利益和防止不正当竞争的原则。中国保监会可以要求保险公司对保险条款和保险费率进行修改,也可以责令保险公司停止使用的情形包括:(1) 违反法律、行政法规或者中国保监会的禁止性规定;(2) 违反国家有关财政金融政策;(3) 损害社会公共利益;(4) 内容显失公平或者形成价格垄断,侵害投保人、被保险人或者受益人的合法权益;(5) 条款设计或者厘定费率、预定利率不当,可能危及保险公司偿付能力;(6) 中国保监会基于审慎监管原则认定的其他事由。保险公司在订立具体保险合同时,可以就特定事项与当事人订立补充协议,但是不得具有相关规定禁止的情形。

我国《保险公司管理规定》在“第四章　保险条款和保险费率”中的第75条还专门规定：“保险公司使用的保险条款和保险费率所采用的语言应当通俗易懂、明确清楚，便于理解。”但现实情况却不容乐观。调查结果显示，保险合同晦涩难懂成投诉重灾区。在某次调查中，被问及“您认为现在保险行业存在的最突出问题是哪些”时，45%的网友认为保险合同文本“晦涩难懂，故弄玄虚”，存在歧义。近四成的消费者认为保险业务员当时并没有清楚地向他们解释保险条款的具体内容，而合同文本却又“晦涩难懂”。33.1%的网友认为保险产品现在最需要改善的是保险条款的合理性。①

【背景资料】　　**保险条款的备案**

关于保证保险条款备案有关法律问题的复函

保监厅函〔2006〕335号

深圳保监局：

你局《关于保证保险条款及备案有关法律问题的请示》(深保监发〔2006〕131号)文件收悉。经研究，现函复如下：

一、关于条款内容审核的意见

根据《海关法》有关规定，在确定货物的商品归类、估价和提供有效报关单证或者办结其他海关手续前，收发货人要求放行货物的，海关应当在其提供与其依法应当履行的法律义务相适应的担保后放行。银行或者非银行金融机构的保函可以为收发货人提供相应担保。

从保险原理上看，保证保险一般承保的是投保人的履约责任，是以被保证人(投保人)的作为或不作为致使权利人(被保险人)遭受经济损失为保险标的。而太平洋财产深圳分公司开发的《海关监管中港澳运输企业车辆及驾驶员保证保险条款(深圳地区适

---

① 《保险合同晦涩难懂成投诉重灾区》，资料来源：新浪网，http://finance.sina.com.cn/money/insurance/bxdt/20090314/22585977407.shtml，2009年4月12日访问。另：“霸王条款看似公允实难获赔”：保险条款繁杂难懂往往令消费者望而生畏，更让消费者畏惧的是其中的霸王条款，乍一看挺公允，真正操作起来却如同废纸，根本无法操作，对投保人极为不利。典型案例：买保险要证明活不过半年。5年前朱女士的丈夫在太平洋保险福州分公司买了一份人身保险，2008年他患了尿毒症，等着保险金治病，但保险公司却告知：要找医院或医生开一份证明，证明病人活不过半年，否则就不能赔钱。关于此事，保险公司貌似有理，因为保险合同规定的保险责任有两项：一是如果被保险人身故或全残，保险公司将赔10万元保险金；二是如果被保险人患了合同中所列的重大疾病，并且存活期间在6个月以内，那么保险公司将提前赔付保险金的50%。病人要求取得提前赔付的50%保险金，先要证明“活不过半年”。不过，哪家医院会开出这样的证明？这无疑是“水中月”，可望而不可即。参见吕波：《保险维权年度报告》，载《成都商报》2009年3月13日。

用)》以投保人违反相关法律法规后未及时补缴税款、罚款等造成海关的税金和罚金损失为保险标的,承保的是投保人的违法责任,这与保证保险的原理相悖。

根据《保险法》规定,投保人对保险标的应当具有保险利益。保险利益是法律上承认的利益。因违法行为导致的罚款是行政处罚的一种方式,起到惩戒和制裁作用,是否能将其作为一种保险利益还有待论证。

鉴于上述原因,我们认为,在中国目前的法律环境和社会经济发展水平下,保险公司尚不适于开发和经营此类保证保险。

二、关于备案程序的意见

保监局在受理备案类保险产品过程中,发现保险条款和费率中有违法违规的内容,可以不予备案,并及时向申报公司提出审核意见。

二〇〇六年十一月二十七日

英国认为条款和费率属于保险公司的经营自主权范围,公司可以根据市场变化决定保单的条款和费率,监管机构没有必要干预,因而政府监管机关一般不过问保险条款费率问题。

德国的保险业法规定保单的基本条款必须包含明确保险人有义务支付赔付及因特别原因保险责任被排除或终止的情况、保单所保利益的性质、保险责任范围、约定的保费支付日期以及如果迟交保费带来的法律后果、投保人和保险人详细约定保单内容的权利、损失发生前后提供实情的义务和责任、被保险人参与任何盈利分红的原则和标准等内容。

美国保险公司拟定的保单在投放市场前必须先经所欲使用的州的保险署的批准并备案存档,如果保单条款或格式前后不一致,产生歧义或有误导性,都不能出售。州保险署最主要的职能之一是对费率厘定的监管。保险署一般要求保险公司自行拟订费率,并向费率适用州的保险署提交存档。费率监管的目的是使厘定的费率符合足够、合理和公平的原则。保费足够原则要求保费的全额足以保证保险公司的偿付能力;保费合理原则是指费率不能过高,以免使保险人获得过高利益;保费公平原则是应对具有相同损失分布的投保人或被保险人按照相同费率征收保费,不能歧视收费。

日本保险公司盈余金的分配方法是"公司章程"的记载事项,保险费、分红的计算方法是"保险费及责任准备金计算方法书"的记载事项。这些事项的登记、变更必须经监管当局认可。为分析各项盈余发生的原因,监管当局可要求保险公司提供报告资料。在新险种销售中被认为对投保人利益损害可能性较小的部分,由认可制改为呈报制。这些险种主要是以大企业为对象的大宗企业保险和与国际性交易有关的保险。

二、偿付能力的监管

偿付能力是保险公司进行赔偿或给付保险金的能力。如果偿付能力不足,保险公司就无法履行其赔付职责,承担应有的责任。各国保险法都明确规定保险人应具有的最低偿付能力。对于最低偿付能力标准,各国的计算方法和具体数额或比例并不一样。

我国在1995年6月的《保险法》中首次将偿付能力的监管作为监管机关的重要职责。2009年修订的《保险法》在第86条要求保险公司应当按照保险监督管理机构的规定,报送偿付能力报告,报告必须如实记录保险业务事项,不得有虚假记载、误导性陈述和重大遗漏。第101条规定:"保险公司应当具有与其业务规模和风险程度相适应的最低偿付能力。保险公司的认可资产减去认可负债的差额不得低于国务院保险监督管理机构规定的数额;低于规定数额的,应当按照国务院保险监督管理机构的要求采取相应措施达到规定的数额。"第138条要求国务院保险监督管理机构应当建立健全保险公司偿付能力监管体系,对保险公司的偿付能力实施监控。

在我国,偿付能力充足率即资本充足率,是指保险公司的实际资本与最低资本的比率。保险公司的最低资本,是指保险公司为应对资产风险、承保风险等风险对偿付能力的不利影响,依据中国保监会的规定而应当具有的资本数额。保险公司的实际资本,是指认可资产与认可负债的差额。对偿付能力不足的保险公司,国务院保险监督管理机构应当将其列为重点监管对象,并可以根据具体情况采取下列措施:(1)责令增加资本金、办理再保险;(2)限制业务范围;(3)限制向股东分红;(4)限制固定资产购置或者经营费用规模;(5)限制资金运用的形式、比例;(6)限制增设分支机构;(7)责令拍卖不良资产、转让保险业务;(8)限制董事、监事、高级管理人员的薪酬水平;(9)限制商业性广告;(10)责令停止接受新业务。

2008年6月30日,中国保监会颁布了《保险公司偿付能力管理规定》,要求经营商业保险业务的保险公司和外国保险公司分公司应当具有与其风险和业务规模相适应的资本,确保偿付能力充足率不低于100%。在中国境内设有多家分公司的外国保险公司应当合并评估境内所有分支机构的整体偿付能力。保险公司应当于每个会计年度结束后,按照中国保监会的规定,报送董事会批准的经审计的年度偿付能力报告。保险公司应当于每季度结束后,按照中国保监会的规定报送季度偿付能力报告。

【背景资料】　2013 年中国保险业首次实现全部公司偿付能力达标①

中国保监会偿付能力监管委员会日前召开第 22 次会议,研究讨论了 2013 年第一季度保险公司偿付能力状况和分类监管评价结果,会议决定建立偿付能力监管信息通报机制,定期向社会公开相关信息。中国保监会通报显示,2013 年一季度末,除三家寿险公司外,其他保险公司偿付能力充足率均处于充足Ⅱ类水平(偿付能力充足率高于 150%),产险公司、寿险公司和再保险公司的偿付能力溢额总计为 4418 亿元,较 2012 年一季度末增加 1775 亿元,增幅 67%。与此同时,绝大多数保险公司预测 2013 年二季度末偿付能力充足率将继续维持充足Ⅱ类水平。

据中国保监会相关部门负责人介绍,自 2008 年底建立分类监管制度以来,保监会对风险较高的公司采取了针对性的监管措施,促使保险公司风险状况持续改善。2013 年一季度,保监会对 128 家保险公司进行了分类监管评价,比上季度增加 24 家。评价结果显示,保险业首次实现所有公司均处于风险较小的 A、B 类。具体结果是,A 类公司 33 家,比上季度增加 2 家;B 类公司 95 家,比上季度增加 29 家;C 类公司 0 家,比上季度减少 7 家;D 类公司 0 家,与上季度一致。

上述负责人同时表示,下一步,中国保监会将继续坚持审慎监管,加强风险监控,完善偿付能力监管和分类监管,重点做好以下四项工作:一是完善偿付能力信息及分类监管信息定期通报机制;二是继续加强对偿付能力风险相对较高公司的监测,通过采取预警措施,要求其加强偿付能力管理,及时补充资本,确保偿付能力达标;三是继续拓宽行业资本补充渠道,加大资本补充机制创新力度;四是积极推进第二代偿付能力监管制度体系建设,完善偿付能力监管制度,促进行业科学发展。

保险公司在定期报告日之外的任何时点出现偿付能力不足的,保险公司董事会和管理层应当在发现之日起 5 个工作日内向中国保监会报告,并采取有效措施改善公司的偿付能力。保险公司发生下列对偿付能力产生重大不利影响的事项的,应当自该事项发生之日起 5 个工作日内向中国保监会报告:(1) 重大投资损失;(2) 重大赔付、大规模退保或者遭遇重大诉讼;(3) 子公司和合营企业出现财务危机或者被金融监管机构接管;(4) 外国保险公司分公司的总公司由于偿付能力问题受到行政处罚、被实施强制监管措施或者申请破产保护;(5) 母公司出现财务危机或者被金融监管机构接管;(6) 重大资产遭司法机关冻结或者受到其他行政机关的重大行政处罚;(7) 对偿付能力产生重大不利影响的其他事项。偿付能力充足率不高于 150% 的保险公司,应当以下述两者的低者作为利润分配的基础:(1) 根据企业会计准则确定的可分配利润;(2) 根据保险公司偿付能力报告编报规则确定的剩余综合

---

① 张兰:《保险业首次实现全部公司偿付能力达标》,载《金融时报》2013 年 6 月 14 日。

收益。

中国保监会根据保险公司偿付能力状况将保险公司分为下列三类,实施分类监管:(1) 不足类公司,指偿付能力充足率低于 100% 的保险公司;(2) 充足 I 类公司,指偿付能力充足率在 100% 到 150% 之间的保险公司;(3) 充足 II 类公司,指偿付能力充足率高于 150% 的保险公司。对于不足类公司,中国保监会应当区分不同情形,采取下列一项或者多项监管措施:(1) 责令增加资本金或者限制向股东分红;(2) 限制董事、高级管理人员的薪酬水平和在职消费水平;(3) 限制商业性广告;(4) 限制增设分支机构、限制业务范围、责令停止开展新业务、责令转让保险业务或者责令办理分出业务;(5) 责令拍卖资产或者限制固定资产购置;(6) 限制资金运用渠道;(7) 调整负责人及有关管理人员;(8) 接管;(9) 中国保监会认为必要的其他监管措施。

英国的最低偿付能力标准主要是采用认可资产及评估负债后制定最低的标准。经营不同业务的保险公司的最低偿付能力标准也不同,在实际操作中一般是对保险公司首先进行快捷的偿付能力检测,然后对有问题的保险公司进行进一步的财务分析,若需要,可进一步委托社会中介机构进行现场稽核。在客观评估公司资产和负债后,针对保险公司面临的种种风险,监管当局可以对保险公司的偿付能力额度提出要求。

美国主要是根据承保业务和投资活动过程中保险公司所面临的特定风险的大小来进行量化和计算。风险性资本的计算公式也因人寿保险、财产及责任保险和健康保险而各有区别。对于影响偿付能力的事项,保险公司应定期向监督官进行年度、季度报告。监管部门一旦确定保险公司存在财务问题,并可能影响其偿付能力,则可以选择行政命令和行政监控,或者接管和解散。

日本 1996 年《保险业法》开始将监管的重点转移到偿付能力上。各生命保险公司自 1997 年度决算起,比原来计划提早一年开始公开偿付能力的比率。偿付能力比率是监管当局判断保险公司是否有应付无法预测的风险的赔偿能力的指标。

三、保险业务监管

保险业务监管是对保险公司的经营行为实施监管,禁止没有取得授权而开展全部或部分保险业务。

保险监管机关对保险公司业务范围一般实行产寿险分业经营的原则,即同一保险公司不得同时经营财产保险和人寿保险。我国《保险公司管理规定》规定:"保险与银行、证券分业经营;财产保险业务与人身保险业务分业经营。"因为财产保险和人寿保险的危险性质不同,保费的核算办法、保险期限、保险准备金的提存、保险资金的运用也不同,如果同一保险公司兼营财产保险和人寿保险,业务和资金方面难以正常运转，容易造成寿险资金被侵占、流失，会损害被保险人的利益和影响保险公司自身的经济效益。

为规范财产保险市场秩序，严厉打击违法违规经营行为，中国保监会对采取各种手段造成保费收入严重不真实的，要给予停止接受新业务至少6个月、责令撤换负有直接责任的高管人员并依法罚款的行政处罚，情节严重的吊销经营保险业务许可证。对制造假赔案或故意扩大赔款挪作他用，涉嫌犯罪的，移交司法机关处理。对故意拖赔、惜赔、无理拒赔的严格按规定处理。对采取各种手段虚列经营管理费用数额较大的，要给予停止接受新业务至少6个月、责令撤换负有直接责任的高管人员并依法罚款的行政处罚，情节严重的吊销经营保险业务许可证。对不执行报批报备的条款费率进行恶性价格竞争的，要责令撤换负有直接责任的高管人员，并追究上一级乃至总公司的管控责任。对不按规定计提各种责任准备金的，要依法给予罚款或者限制业务范围、停止接受新业务、责令撤换负有直接责任的高管人员等行政处罚，情节严重的吊销经营保险业务许可证。对经营交强险公司违反交强险相关法规的从严从重处罚。

中国保监会对各人寿保险公司、养老保险公司和健康保险公司实施分类监管，要求寿险公司应定期按照《寿险公司分类监管报送信息一览表》报送分类监管信息。寿险公司应于每年4月30日报送经董事会审议通过的法人机构上年度“内部控制自我评估结果”的相关信息，其他分类监管信息的报送时间按《保险统计管理暂行规定》中关于季报、年报的相关规定执行。

为加强再保险业务监管，中国保监会建立再保险信息定期报告制度，要求经营再保险业务的公司于每季度后一周内，将上一季度产险公司再保险合约中的首席或最大份额再保接受人情况（再保合约名称、再保接受人评级（不涉及地震风险的再保接受人评级、单列地震风险再保接受人评级）、资本金、资本公积、接受人偿付能力是否符合公司注册地监管当局规定、接受人是否在合约起期前2个会计年度无重大违法违规行为）和其余再保接受人情况（再保接受人名称、再保接受人评级（不涉及地震风险的再保接受人评级、单列地震风险再保接受人评级）、资本金、资本公积、接受人偿付能力是否符合公司注册地监管当局规定、接受人是否在合约起期前2个会计年度无重大违法违规行为）以及再保险临分业务中的再保接受人情况（再保接受人名称、资本金、资本公积、接受人偿付能力是否符合公司注册地监管当局规定、接受人是否在合同起期前2个会计年度无重大违法违规行为）分别以文本、电子版（Excel格式）上报。

我国保险分支机构数量非常庞大。由其只销售保险产品、不生产和提供保险产品、不具备独立的法人主体地位、不承担最终的法律责任的特点决定，保险分支机构并不完全适用保险公司业务的监管模式。在实践中，主要通过非现场监管和现场检查,对保险分支机构的经营成果、风险管控、遵纪守法和诚信经营等方面进行评价。对有不诚信经营行为记录的保险分支机构,要加强监管。考察保险分支机构的投诉率、退保率和费用率等,抑制恶性竞争,规范市场秩序,保护投保人的利益。保险公司分支机构可以经营其总公司业务范围内的全部或部分保险业务。保险公司或其分支机构违反以上规定,超出核定的业务范围从事保险业务或擅自在规定的经营区域范围外开展保险业务的,给予警告,责令改正;有违法所得的,没收违法所得,并处以违法所得1倍以上5倍以下的罚款,没有违法所得的,处以10万元以上50万元以下的罚款,逾期不改正或者造成严重后果的,可以责令停业整顿或者吊销保险许可证。

对保险专业中介机构实行分类监管,对于下列行为进行监管:欺骗保险人、投保人、被保险人或者受益人的;隐瞒与保险合同有关的重要情况的;阻碍投保人履行法律规定的如实告知义务,或者诱导投保人不履行法律规定的如实告知义务的;给予或者承诺给予投保人、被保险人或者受益人保险合同约定以外的其他利益的;利用行政权力、职务或者职业便利以及其他不正当手段强迫、引诱或者限制投保人订立保险合同的;伪造、擅自变更保险合同,或者为保险合同当事人提供虚假证明材料的;串通投保人、被保险人或者受益人,骗取保险赔款或者保险金的;以保险代理、经纪、公估名义从事非法活动的;挪用、侵占保险费、保险赔款或者保险金的;泄露保险人、被保险人、投保人或者受益人的商业秘密或者个人隐私的;利用业务便利为其他单位和个人谋取非法利益的。设立指标评估保险专业中介机构的合规风险、稳健风险和综合风险,按照综合风险分值将保险专业中介机构划分为现场检查类机构、关注性非现场检查类机构、一般非现场检查类机构。对涉嫌违法违规的保险专业中介机构,应根据实际情况及时采取现场检查等有效监管措施。

【背景资料】 **英国对保险业务的监管**

英国1982年《保险公司法》规定新进入保险市场的人(包括联合王国的申请人和其他欧盟成员国的申请人)必须获得国务大臣的许可方能营业。对从事有限保险活动的保险人设立的监管包括:(1) 在财务方面,要求经营者建立账户,按时报送财务报表,对有关长期业务进行定期调查,及进行账户的审计等;(2) 将"长期业务"(如寿险)和"普通业务"(如非寿险)分开立账;(3) 对于保险人的偿付能力区分普通业务和长期业务计提;(4) 禁止长期业务的转让,但普通业务允许转让;(5) 保险公司的终止按照公司法的规定向国务大臣提出请求;(6) 保险公司高级管理人员,如总裁、董事、经理等的任命、变动须事先批准并公告;(7) 国务大臣有权因公司高级管理人员不适合而拒绝颁发营业许可证;(8) 保险公司的行为规则,如对保险广告的要求;诱导性陈述、诱使他人与之签订保险合同的法律责任;保险交易的中介人、有关长期保单保险人的法律义务;涉及长期保单的撤回交易权利;资本回赎业务;以及违反上述规定的惩罚或犯罪规定。在英国,对简易保险有一套特殊的监管体制，简易保险委员会负责人有权进行检查、监督，并可处理简易保险业纠纷。

四、外资保险公司监管

（一）外资保险公司的准入

外资保险公司是根据保险公司的国籍对保险公司所作的分类。在我国，外资保险公司是指依照外国法律在我国境外设立的保险公司。对外资保险公司的监管，是以本国保险市场的对外开放为前提的。

对于外资保险公司，发达国家一般只是在批准程序与要求上不同于本国公司，而这些要求多表现在外国保险人的设立方面。这些国家在法律上对外国保险服务提供者给予充分的市场准入机会和完全的国民待遇，对外资保险公司进入本国不作特别限制，外资保险公司只要符合本国法律规定的条件，就可以进入本国市场，并具有与本国保险公司相同的权利和义务。发展中国家为了维护本国经济，对外资保险公司的进入采取有条件的市场准入和部分国民待遇原则。在实际操作中，它们大多通过限制外资保险公司在合资公司中的股权比例，来防止外资对保险市场的冲击。例如，要求外资保险公司在本国储存一定数额的保证金，要求外资保险公司必须将一定比例的保险资金在当地投资等。

按照我国《外资保险公司管理条例》的规定，外资保险公司是指依照中华人民共和国有关法律、行政法规的规定，经批准在中国境内设立和营业的下列保险公司：(1) 外国保险公司同中国的公司、企业在中国境内合资经营的保险公司；(2) 外国保险公司在中国境内投资经营的外国资本保险公司；(3) 外国保险公司在中国境内的分公司。设立外资保险公司，应当经中国保监会批准。设立经营人身保险业务的外资保险公司和经营财产保险业务的外资保险公司，其设立形式、外资比例由中国保监会按照有关规定确定，合资保险公司、独资保险公司的注册资本最低限额为2亿元人民币或者其等值的自由兑换货币；其注册资本最低限额必须为实缴货币资本。外国保险公司分公司应当由其总公司无偿拨给不少于2亿元人民币等值的自由兑换货币的营运资金。中国保监会根据外资保险公司的业务范围、经营规模，可以提高上述规定的外资保险公司注册资本或者营运资金的最低限额。

外资保险公司的具体业务范围、业务地域范围和服务对象范围，由中国保监会按照有关规定核定。外资保险公司只能在核定的范围内从事保险业务活动。中国保监会有权检查外资保险公司的业务状况、财务状况及资金运用状况，有权要求外资保险公司在规定的期限内提供有关文件、资料和书面报告，有权对违法违规行为依法进行处罚、处理。外资保险公司应当接受中国保监会依法进行的监督检查，如实提供有关文件、资料和书面报告,不得拒绝、阻碍、隐瞒。

2009年修订前的《保险法》规定保险公司需要办理再保险分出业务的,应当优先向中国境内的保险公司办理;保险监管机构有权限制或禁止保险公司向中国境外的保险公司办理再保险分出业务或者接受中国境外再保险分入业务。我国作为世贸组织成员国应当遵守国民待遇的原则,因原《保险法》关于境内优先分保的条款与入世承诺不符,在2009年修订的《保险法》中删除了该项规定。

【背景资料】　　我国保险业对外开放的三阶段

我国保险业对外开放可以分为三个阶段:第一阶段从1980年至1992年,是我国保险业对外开放的准备阶段,开始允许一些外国保险公司在我国设立代表处。第二阶段自1992年到加入世贸组织前,是我国保险业开放的试点阶段。这一阶段的标志是国务院选择上海作为第一个保险对外开放的试点城市。1992年7月,中国人民银行颁布了《上海外资保险机构暂行管理办法》,对外资保险公司的设立条件、业务范围、资金运用以及对外资保险公司的监管等作出了较为明确的规定。1992年9月,美国友邦保险公司作为第一家外资保险公司在上海设立分公司。第三阶段是从2001年底我国加入世贸组织至今,是我国保险业逐步进入全方位对外开放的阶段。根据我国加入世贸组织的对外承诺,保险业是对外开放力度较大的一个行业。将有限范围和领域的开放,转变为全方位的对外开放;由以试点为特征的政策主导下的开放,转变为法律框架下可预见的开放;由单方面为主的自我开放,转变为与世贸组织成员国之间的相互开放。①

(二)外资保险公司的设立

申请在我国设立外资保险公司的外资保险公司,应当具备下列条件:(1)经营保险业务30年以上;(2)在中国境内已经设立代表机构2年以上;(3)提出设立申请前一年年末总资产不少于50亿美元;(4)所在国家或者地区有完善的保险监管制度,并且该外资保险公司已经受到所在国家或者地区有关主管当局的有效监管;(5)符合所在国家或者地区偿付能力标准;(6)所在国家或者地区有关主管当局同意其申请;(7)中国保监会规定的其他审慎性条件。

设立外资保险公司,申请人应当向中国保监会提出书面申请,并提交下列资料:(1)申请人法定代表人签署的申请书,其中设立合资保险公司的,申请书由合资各方法定代表人共同签署;(2)外国申请人所在国家或者地区有关主管当局核发的营业执照(副本)、对其符合偿付能力标准的证明及对其申请的意见书;(3)外国申请

① 许崇苗:《中国保险法适用与案例精解》,法律出版社2008年版,第614页。

人的公司章程、最近 3 年的年报;(4) 设立合资保险公司的,中国申请人的有关资料;(5) 拟设公司的可行性研究报告及筹建方案;(6) 拟设公司的筹建负责人员名单、简历和任职资格证明;(7) 中国保监会规定提供的其他资料。

中国保监会应当对设立外资保险公司的申请进行初步审查,自收到完整的申请文件之日起 6 个月内作出受理或者不受理的决定。决定受理的,发给正式申请表;决定不受理的,应当书面通知申请人并说明理由。申请人应当自接到正式申请表之日起 1 年内完成筹建工作;在规定的期限内未完成筹建工作,有正当理由的,经中国保监会批准,可以延长 3 个月。在延长期内仍未完成筹建工作的,中国保监会作出的受理决定自动失效。筹建工作完成后,申请人应当将填写好的申请表连同下列文件报中国保监会审批:(1) 筹建报告;(2) 拟设公司的章程;(3) 拟设公司的出资人及其出资额;(4) 法定验资机构出具的验资证明;(5) 对拟任该公司主要负责人的授权书;6. 拟设公司的高级管理人员名单、简历和任职资格证明;(7) 拟设公司未来 3 年的经营规划和分保方案;(8) 拟在中国境内开办保险险种的保险条款、保险费率及责任准备金的计算说明书;(9) 拟设公司的营业场所和与业务有关的其他设施的资料;(10) 设立外国保险公司分公司的,其总公司对该分公司承担税务、债务的责任担保书;(11) 设立合资保险公司的,其合资经营合同;(12) 中国保监会规定提供的其他文件。中国保监会应当自收到设立外资保险公司完整的正式申请文件之日起 60 日内,作出批准或者不批准的决定。决定批准的,颁发经营保险业务许可证;决定不批准的,应当书面通知申请人并说明理由。经批准设立外资保险公司的,申请人凭经营保险业务许可证向工商行政管理机关办理登记,领取营业执照。

设立再保险公司应经中国保监会批准。保险监管机构要从资本、股东资格等方面进行监管。人寿再保险公司和非人寿再保险公司的实收货币资本金应不低于 2 亿元人民币或等值的可自由兑换货币;综合再保险公司的实收货币资本金应不低于 3 亿元人民币或等值的可自由兑换货币。外国保险公司的出资应当为可自由兑换货币。再保险公司应当聘用经中国保监会认可的精算专业人员。投资再保险公司的中资股东应符合中国保监会《向保险公司投资入股暂行规定》的要求,其持股比例和股权的变更,应遵守中国保监会的有关规定。投资中外合资、外资独资再保险公司的外国保险公司,应符合中国加入世界贸易组织的有关承诺。

外资保险公司成立后,应当按照其注册资本或者营运资金总额的 20% 提取保证金,存入中国保监会指定的银行;保证金除外资保险公司清算时用于清偿债务外,不得动用。外资保险公司按照中国保监会核定的业务范围,可以全部或者部分依法经营下列种类的保险业务:(1) 财产保险业务,包括财产损失保险、责任保险、信用保险等保险业务;(2) 人身保险业务,包括人寿保险、健康保险、意外伤害保险等保险业务。外资保险公司经中国保监会按照有关规定核定,可以在核定的范围内经营大型商业风险保险业务、统括保单保险业务。同一外资保险公司不得同时兼营财产保险业务和人身保险业务。

【背景资料】　“入世”十年,外资保险公司助力国内保险业发展①

“入世”十年以来,中国保险业不断开放、不断学习,取得了长足的发展。2011 年全国实现保费收入 1.43 万亿元,十年间保险业务的平均增长速度超过 20%,远高于同期国内生产总值的增长水平,是国民经济中发展最快的行业之一。除保费收入持续增长外,保险业总资产也呈快速上升的趋势,至 2011 年底,保险公司总资产达到 6.014 万亿元,保险业的地位不断提升。“入世”十年,保险业的市场主体不断增加,市场体系不断完善,截至 2011 年末,全国共有保险公司 126 家,已经形成了多种组织形式保险机构公平竞争、共同发展的格局。

随着中国保险市场的逐步开放,外资保险公司在中国保险市场中的地位越来越重要。一是外资保险公司的市场份额不断上升,2010 年,外资保险公司保费收入达 63.3 亿元,市场份额为 4.37%,而在北京、上海、广东等外资保险公司相对集中的区域保险市场上,市场份额分别达到 16.31%、17.94%、8.23%;二是外资保险公司资产不断增加,2010 年底外资保险公司总资产为 2621.12 亿元,占总资产的比例为 5.19%;三是外资保险机构在中国开展业务的数量大幅增长,加入 WTO 前为 18 家公司、44 家总分支机构,截至 2011 年末,全国共有外资保险公司 58 家,其中,外资产险公司 21 家,外资寿险公司 32 家,外资再保险公司 5 家。

外资保险公司给中国保险市场注入了新的活力,国内的保险公司并没有因为引进外资而变得不堪一击,相反,对外开放带来的竞争压力和示范效应加速了保险业对内改革的进程。在开放和竞争中,保险企业的经营观念和经营机制有了明显转变,经营管理逐步走向成熟,业务增长方式逐步从单纯注重规模向重视质量和效益转变,发展模式从粗放经营向结构调整和可持续发展转变,企业内部活力和市场竞争力不断增强。

外国保险机构驻华代表机构监管

代表机构代表的外国保险机构有下列情形之一的,代表机构应当自事件发生之日起 10 日内,向中国保监会提交书面报告,同时抄报当地中国保监会派出机构:(1) 公司章程、注册资本或者注册地址变更;(2) 分立、合并或者主要负责人变动;(3) 经营严重亏损;(4) 因违法、违规行为受到处罚;(5) 外国保险机构所在国家或者地区的有关主管当局对其实施重大监管措施;(6) 对经营有重大影响的其他事项。

代表机构只能在所在城市的行政辖区内变更办公场所,并应当自变更之日起 5 日内向中国保监会和当地中国保监会派出机构书面报告下列事项:(1) 新办公场所合法使用

---

① 中国社会科学院金融研究所:《中国金融发展报告(2012)》,社会科学文献出版社 2012 年版,第 92—94 页。

权证明;(2) 新办公场所电话、传真、邮政通讯地址。

代表机构撤销的,应当自撤销之日起20日内,向中国保监会书面报告下列事项:(1) 撤销代表机构的情况说明;(2) 外国保险机构撤销代表机构文件的复印件。

中国保监会或者当地中国保监会派出机构根据监管需要,可以对代表机构的总代表或者首席代表进行监管谈话,提示风险,并要求其就有关问题作出说明。中国保监会及其派出机构依法对代表机构进行日常和年度检查,检查的内容包括:(1) 代表机构变更事项的手续是否完备;(2) 各项申报材料的内容与实际情况是否相符;(3) 代表机构工作人员的任用或者变更手续是否完备;(4) 代表机构是否从事经营性活动;(5) 中国保监会及其派出机构认为需要检查的其他事项。

【深度阅读】

1. 唐金龙:《海商法保险评论》,知识产权出版社2007年版,第145—161页。
2. 郑云瑞:《再保险法》,中国人民公安大学出版社2004年版,第九章。
3. 张洪涛:《保险学》,中国人民大学出版社2002年版,第五篇。

【问题与思考】

1. 保险监管的必要性与可行性何在?
2. 保险监管的内容是什么?
3. 如何评价我国保险监管的职能和效能?